浅野八郎の

占い心理学大全

日本占術協会会長
浅野八郎

はじめに

私が占いや心理テストなどを研究し始めたきっかけは、フランスに留学した際、心理学者C・G・ユングが手相に注目していたということを知った時でした。学者であったユングがなぜ、「占い」に興味を抱いたのか？　私は強い好奇心に駆られました。合わせて、フランスでは日常的に占いが存在しており、書物にしても一般の人が気軽に読めるような環境であったということも驚きでした。

私は2つの夢を抱き、帰国してきました。

1つは占いを誰もが気軽に楽しめるものにしたいということ。

もう1つは占いを怪しいものではなくちゃんとした学問にしたいということ。

この願いを叶えるべく、私は多くの占いや心理テストを執筆していきました。また、学術団体として業界の発展に貢献できるように日本占術協会も設立し、今日に至っております。

正確な数字は私自身も把握していないのが正直なところですが、執筆した本は200冊近くに及び、中国や韓国などの海外翻訳本も含めると400冊を超えるものがあります。いずれも、可能な限り、科学的根拠を求め、データを重視し調査を重ねた賜物《たまもの》だと自負しております。データを重視することで信頼が生まれます。信頼がなければ、占いは信じられるものではないでしょう。

私はある年、某出版社の協力を得て、何千人もの子どもの手相を鑑定したことがあります。ただたんに手相を見て、その子がどういう性格かを見ただけではありません。その後の追跡調査も重ねたのです。その時に得た膨大なデータは私の手相学の大きな礎《いしずえ》となりました。

本書で紹介している心理テストや血液型占いなども同様です。根拠なく「ひらめいた」ということではなく、ちゃんと原典ともいえる資料や書物を踏まえて提唱しています。

本書はそのような私の長年の研究の集大成ともいえるものです。ブームではなく文化として定着した占いと心理テストですが、その奥深さをあらためて感じてもらえればと願っております。

目次

第3章　占い〜心の内がわかる〜

第１章

心理テスト

～本当の自分を知る～

Q1

あなたの
性格タイプは？①

ホームの右側から電車が入ってきました。
進行方向は左です。
ドアが開いたら、どこに行きますか？

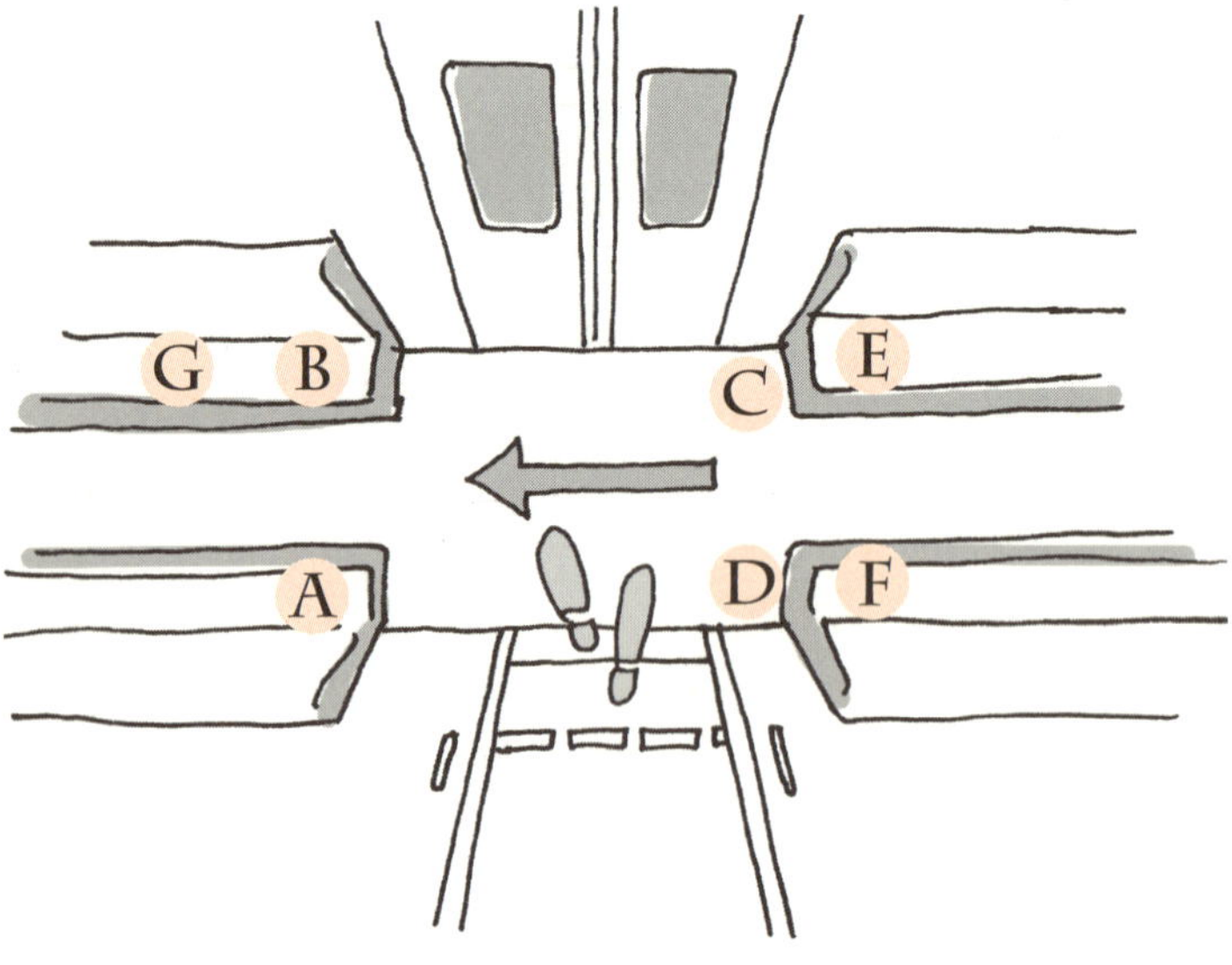

Answer

どの位置に向かうかであなたの性格的な傾向がわかります。

A 入って左手前

いつも控えめなタイプです。毎日毎日同じようなことの繰り返しでもそれを飽きることはなく、真面目にコツコツと積み重ねて生活をしていく方です。しかし、いざという時、大胆な行動を取ることができないタイプともいえます。

B 入って斜め左

常識的でおとなしい人です。自分の能力の限界を知っていて、その範囲で上手く生活するタイプといえます。

C 向かい側のドアの右に立つ

少し神経質なタイプです。常に欲求不満状態で何をしてもイライラすることが多いでしょう。不眠がちになったり、食べすぎになったりで生活が乱れがちなタイプに多く見られます。

D 入ったドアのすぐ右手に立つ

典型的なロマンチストです。いつも心の中に夢を抱いているような人です。いつか夢を実現させて、みんなに注目されたいという願望もあります。生活もその目標が中心となりそうです。

E 入って斜め右

安全第一主義者です。生活は乱れているということもないのですが、取り立てて何か新しいこともしない無気力型といえます。

F 入って右手前

本来は割と好奇心の強い方なのですが、それがあまり表には表れず、何に対しても意欲が出ず、消極的になりがちなタイプといえます。

G 入って斜め左の端

いつでも熱血ハッスル型です。変化のある生活を望むタイプに多いでしょう。

Q2

あなたの性格タイプは？②

次の６枚の絵から１枚をもらい部屋に飾るとしたら、どれを選びますか？

A

B

D

C

F

E

Answer

木はあなた自身が潜在的に投影されたものです。どのような木を好むかによってあなたの深層心理が見えてきます。

A

枯れた木の絵を選んだ人は、社会への批判的傾向を持つタイプです。反社会的側面もあることでしょう。自分の身体や才能にコンプレックスを抱いており、ときに無力状態な人にも見受けられます。

性格的には引っ込み思案で自分の考えていることを正直に表現しません。また、両親やパートナー、友達からも避難したい、自分一人になりたいという強い気持ちが隠れています。潜在的に人を信じることができず、仮に頼ったとしてもいつかは裏切られるのではないかという恐怖感が働いているわけです。

行動的にも無気力な状態です。

このタイプの人はまずは人を信じる素直な気持ちを取り戻すことが最優先です。

B

風で曲がった木は外向性を表しています。誰とでも交際をしたい、人と接近したいという欲求が見え隠れしています。特に、自分の嫌な過去や辛い思い出がある人はそのことを早く忘れて夢を未来に見出したいという意識が強く、この絵を選びやすいといわれています。

このタイプの人は、自分の実力以上の力を周囲の人に見せたいという意識が強くあり、対人関係においても感激したり、熱狂したり、泣いたりという激しさがあります。何より、人とつき合いたいという行動力が高いのです。とはいえ、そこに焦りのようなものがあるのかもしれません。

C

枝の先が尖った棘《とげ》のような木を選んだ人は、攻撃的衝動の強いタイプです。対人関係にとどまらず、やや異常者的とでもいえるぐらいの攻撃的な性格の持ち主であるといえます。

D

太く大きな木を選んだ人は男性的で自信家です。強い個性を周囲に見せつけ、野心家的な行動を取りやすいタイプです。恋愛や人づき合いの面でも強引なところがあり、「黙って俺についてこい!」といった態度を取りやすく、その分、頼もしい人といえます。

性的にも円熟しておりスタミナがあります。ただしこのタイプの人は、命令されたり、コツコツと地道に積み重ねたりすることが苦手であり、欠点といえます。

責任感と指導力があるのですが、それは一方で自分の力への過信というかたちになって現れることもあります。何につけても「俺が、俺が」と自分を前面に押し出してしまう衝動が強いのです。

E

白樺のようなスマートな木を選ぶ人は、一般的にいって、女性的でエレガントなタイプといえます。誰よりも美しくなりたい、スマートでありたいという意欲が心の奥底に潜んでいます。

ロマンチックな愛を常に求め、デリケートな感情を対人関係で示していきます。

人とのおしゃべりが上手く、また大好きなタイプです。セックスやお金よりも好きな人と語り合うという愛を大切にし、ムードを大事にすることでしょう。そのため、ムードを感じさせない相手とは全くつき合いができません。

F

松のように土を這《は》うような木を選んだ人はやむをえずに相手の言いなりになってしまう、服従タイプです。これは自分の本心から相手の言いなりになっているのではなく、「今にみていろ」と反抗心はあるけれど今はそれを隠しているということです。

社会的な名声や地位、財産への野心も大きいですが、それを決して表には出さない、やや陰湿な面があります。

中年女性でこの絵を選んだ人は、家庭生活や夫婦生活への諦めという面もあります。

性格診断 本当の自分を知る

Q3

あなたの性格タイプは？③

今、愛子さんと恵さんが歩いています。
2人はお互いの存在を知っていますが、
見ず知らずの他人です。
愛子さんはどの道に進むと思いますか？

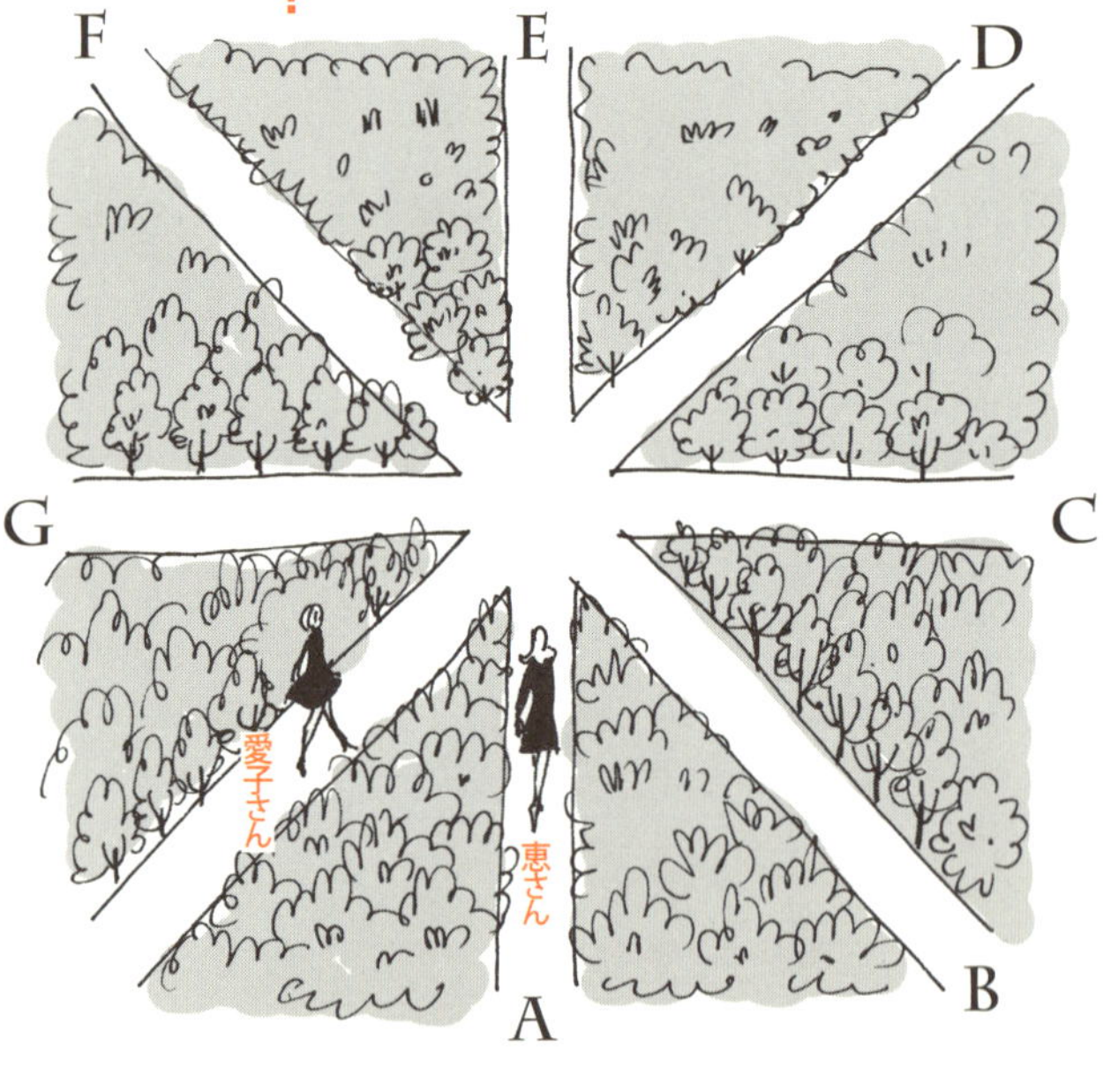

Answer

何も障害がない場合は、真っ直ぐにほとんどの人が進みます。また、Y字型などでは右ではなく左を選択する人が多いのです。とっさに除けようとした際も右ではなく左に傾けるのが人の本能だといえます。つまり、向かって左側はパーソナルスペース的な場所なのです。

左に意識が行きやすい人は他人から影響を受けやすいタイプ。右に意識が行きやすい人は他人に自分を押し出したいタイプといえます。

A

決断力と即決力が高いタイプです。

B

他人に対する過度な関心と興味を持っているタイプです。反面、競争心が強いため敵を作りやすいでしょう。典型的な自己中心人間です。

C

他人には影響を受けず、我が道を進む気楽なタイプです。のんびりした自由な思考と行動の持ち主です。

D

常にいろいろなことを考える慎重型です。

E

自信過剰なタイプです。周りから注目されたいという欲求が常に働いているといえます。

F

他人の言葉を気にしやすく、また、自分が誤解されないかと不安に感じているタイプです。

G

周りの意見に左右されやすいタイプです。

Q4 あなたの性格タイプは？

図形の枠の中にある点を、あなたの思いつくまま、好きなようにつないでください。

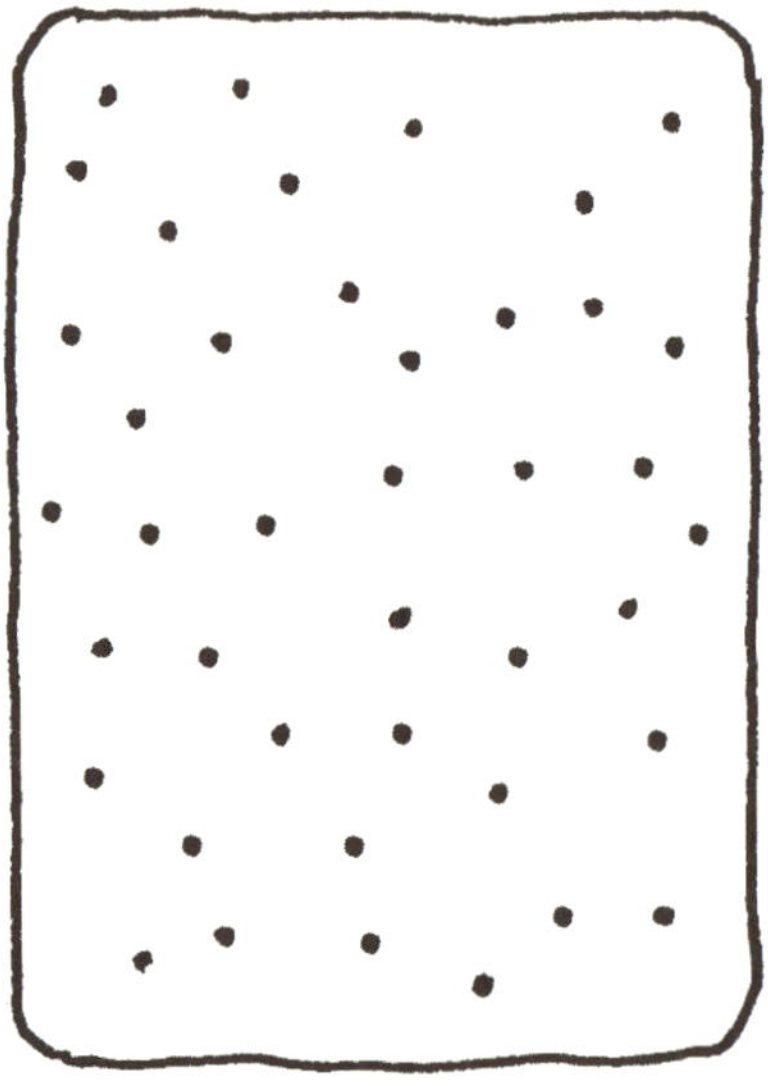

Answer

このテストは、あなたが点をどのようにつなぐか、またつないだ時にどのような図形になるかによって、その人の性格や心の状態を知るものです。

一般に、根気よく粘り強い時や頭が冴えている時には線は規則的で、どの点もしっかりつないだ図形となります。反対に、イライラした時は、つなぐ点が乱れ、同じところに何度も戻ることがあります。

丸みのある図形になればロマンチストです。鋭角的な図形の場合はリアリストといえます。

また、あなたが点をつないだスタートポイントはどこかによって次のように判定をします。

中央の点から始めた……A型
中央の下から始めた……B型
中央の上から始めた……C型
左側の点から始めた……D型
右側の点から始めた……E型

A型

楽天的で細かなことにクヨクヨしないタイプです。困っている人を見ると、すぐ同情する世話好きなところもあります。冒険心があり、変わったことをやろうという積極性も強いでしょう。浮気をすれば、すぐ表情に出てしまい、ウソがばれてしまいます。他人のためにお金を使ったり頼まれたりすると嫌と言えないため、損害を受けやすいでしょう。積極的に行動すればするほど金運も強いといえます。

B型

控えめで、きちんとした性格のタイプです。テキパキ物事を処理する真面目なところがあり、間違ったことをしないし、できない人です。嫌なことや悲しいことがあっても、それを表情に表しません。

子どもや夫・妻、両親などの家族を大切にし、その気持ちを言葉に出すことは上手ではありませんが、優しい思いやりを細かなところに示していきます。

結婚当初はあまり情熱的でないかもしれませんが、年が経つにつれて相手に対する愛情が深まってきます。

このタイプは目標を掲げて貯金をしていくことがぴったりです。

C型

順応性があり何をやってもそつなくこなす平均的な力を持ったタイプです。意志が強く、外観はおとなしそうなのに芯が強い人が多いでしょう。

このタイプの人は、わりあい注意深いため、何をするにも慎重で、石橋を叩いて渡っていく安全第一主義です。

交友関係も幅が広く、いろいろな人から信用されます。

真面目で几帳面すぎて、パートナーとしてはうるさい人に見えるかもしれません。また、他人には親切なのに、自分には冷たいと感じたりすることもあるでしょう。


大恋愛結婚であることが多く、金銭的にはややケチで、細かなところにうるさいです。

しかし、合理主義者ですから、長期プランを立てて不動産を手に入れたり大金を手にしたりする人です。

D型

いろいろ細かなことを考えやすい典型的な慎重型です。あまりにも慎重すぎて決断力が不足しやすいでしょう。理想が高く、平凡なことでは満足しません。

心の中では新しいものを求めていきますが、それを実行する勇気が不足するため、イライラして欲求不満に悩まされることもあるでしょう。

ヤキモチを焼きやすく、相手に愛情を表現する方法がそれほど上手ではありません。本当は相手のことが好きでもそれを口に出すことができず、冷たい言動をしてしまいます。セックスのスタミナもあり、ベッドでは素晴らしい愛情ぶりを示します。

ただ、仕事や対人関係のイライラがあると、普通よりも性生活に影響して相手の不満を高めます。

E型

神経質でイライラしやすい内気なタイプです。ロマンチストで、いつも夢のようなものに憧れがあります。

寂しがり屋で、周りに誰かいないと機嫌が悪くなるのもこのタイプです。趣味も多く、いろいろなことに関心を持ち、アイデアも溢れている人です。

気分にムラがありますが、基本的には優しく思いやりのある人です。

スタミナ不足で、欲求不満が高まることもあります。ムードや寝室のちょっとした変化で気分を変えると、元気を取り戻すでしょう。

COLUMN.1

"嫌いな色であなたのタイプがわかる①"

好きな色がその人のタイプを表すように、嫌いな色からもその人の傾向が読み取れるのです。逆転の発想で、「嫌いな色は?」と相手に尋ねてみてください。そこには隠された本心が見えてくるはずです。

赤が嫌いな人

自分だけが周りから置いてきぼりになってしまうのではないかという恐怖を常に抱えているタイプです。安らぎをもたらしてくれる、包容力のあるタイプに心を開くことが多いでしょう。典型的な年上好みな人です。

オレンジが嫌いな人

安易な生活や見せかけだけの中身のない生活に嫌悪感を抱くタイプです。控えめですが実直な性格の持ち主に惹かれることでしょう。

Q5

あなたはどんな人？

あなたは恋人と
ある国立公園にやってきました。
6カ所の中から2つを選んで
あなたの見物コースを
書いてください。

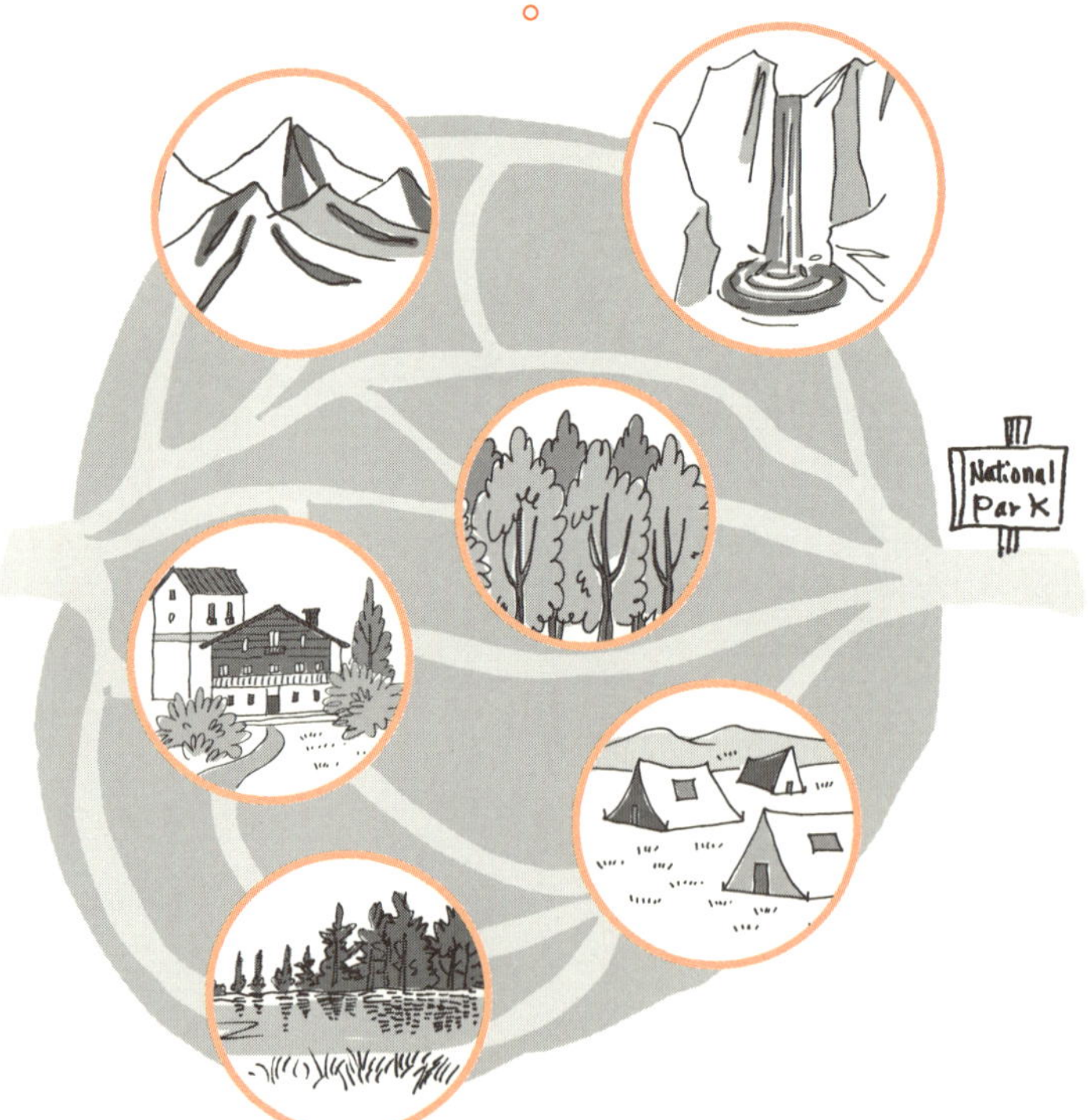

Answer

第一のコース

あなたのコースの第一目標として選ばれた場所は、その人が普段から抱いている潜在的な欲求を表しています。

■森

最初のコースに森を選んだ人の心には、平静さと温和さがあります。危険な欲求やイライラはほとんどみられません。女性の場合、やや感傷的になりやすい状態にあり、バラ色の夢を抱きやすい気分にあるといえます。そのため、このタイプの女性は、相手を批判したり、相手を疑ったりするということができません。「自分は騙されることはない」と危険を感じないほどのお人好しです。

男性の場合、攻撃的なところがなく、相手と静かに話し合い、相手の気持ちをじっくり聞いてみようという心理状態にあります。

■滝

もともとはバイタリティのあるタイプです。活動的なことを求め、考えることよりも行動することを求めやすいでしょう。変化を好み、社交性もあります。新しいものをつぎつぎに取り入れようとするバイタリティは、平均以上あります。

何でも中途半端なことを嫌い、最大のエネルギーを集中する人であり、そのような状態にあるといえます。ただし、現在は不活発で欲求不満状態である可能性が強いかもしれません。

■山

女性の場合でも男性の場合でも攻撃的になりやすく、ちょっとしたことでも反抗したい気分になりやすいタイプです。相手の気持ちになって判断することができないために、誤解されることも多いでしょう。

何事に対しても冷静で、自分の本当の気持ちを外に表すことはしません。そのため、ちょっと冷たい印象を与えて、結果、損をすることも多いのが特徴です。周囲の人をもっと温く見る心のゆとりを持つことが必要です。

　男性はやや無口で、仕事一筋に打ち込むタイプといえます。頑固なところが欠点ですが、ときおり子どもっぽい一面も見せることでしょう。

■ホテル

　地位や名誉、金銭に対する欲望がかなり高いタイプです。エリートである誇りか、エリートになりたい憧れを潜在的に抱いています。

　見栄っ張りなところがありますが、ロマンチストで、結婚や仕事に対していつも大きな夢や目標を掲げて前進しようとします。

　創造力と空想力はかなり優れています。また、流行にも敏感で、知識欲も高いでしょう。ただし、実力以上のものを求めて失敗することも多いのがこのタイプの特徴です。

■キャンプ場

　毎日の生活に一生懸命努力するタイプです。大きな夢も考えず、それほど大きな欲望も持たずに、平凡に生きようとする傾向が強いでしょう。

　ただ、漠然と性的な楽しみを求めるとか、セックスが生活のすべてになるというほど本能的な欲求だけで行動することもあります。もともとが、性的欲求が強いのです。男性の場合、痴漢的行動を取る危険性も高いかもしれません。

■湖

　女性的な欲求の強い状態です。ロマンを求め、映画の主人公のような恋物語を実現させたいという気持ちを常に抱いているタイプです。人生や恋愛、結婚に対しても、美しいイメージを持ち、清純さを重要視している処女性の心理状態といえます。既婚者や性体験者であっても処女時代への憧れが秘められているのです。

第二のコース

近い自分の未来に対する関心や恐怖を表しています。

■森・湖

不安感がかなり強い状態です。結末や結果に対して、はっきりしない不安を抱いています。しかし、その分、夢や希望は大きいでしょう。

■山・キャンプ場

諦めの気持ちが強く働いている状態です。結果はわかっていても積極的に取り組むことができずに、なりゆきに任せてしまうことが多そうです。

■滝・ホテル

積極的に取り組もうという意欲があり、不安感があまりありません。

第一のコースの欲望がどのようなかたちで実現されるかを、第二のコースの選択で判断します。例えば、第一が滝で第二が森であれば、セックスへの強いバイタリティがあるが、不安を持ちながら期待しているということなのです。これが、第二のコースでホテルなら、実現させようというファイトがあるといえます。

Q6 あなたは周りからどう思われている？

今の自分が周りからどう思われているのか？　とても気になることではないでしょうか。思った以上に好かれているのかもしれませんし、ひょっとすると嫌われているのかもしれません。このテストではあなたの行動パターンからあなたの今の人気度を見ていきます。

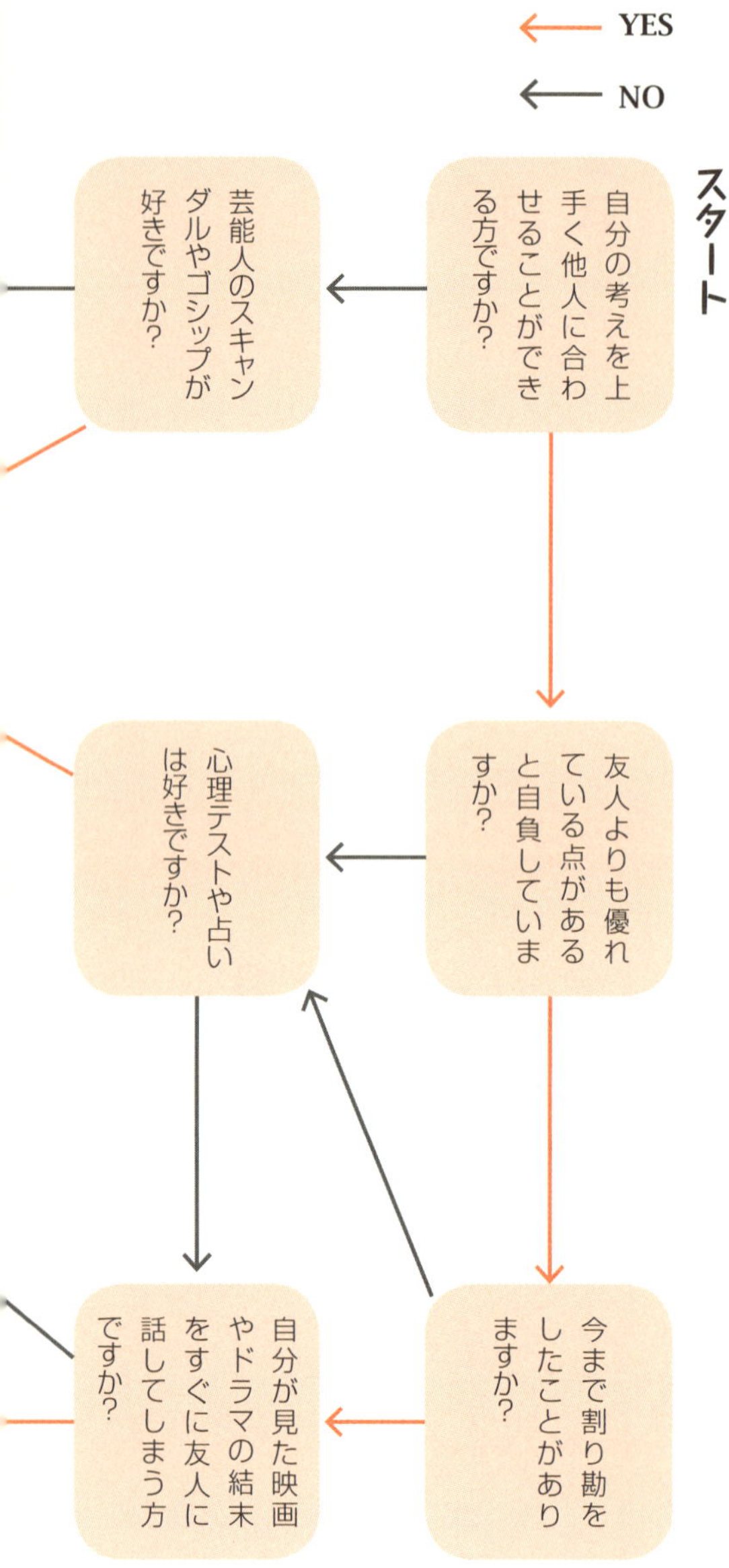
YES
NO
スタート
自分の考えを上手く他人に合わせることができる方ですか？
芸能人のスキャンダルやゴシップが好きですか？
友人よりも優れている点があると自負していますか？
心理テストや占いは好きですか？
今まで割り勘をしたことがありますか？
自分が見た映画やドラマの結末をすぐに友人に話してしまう方ですか？

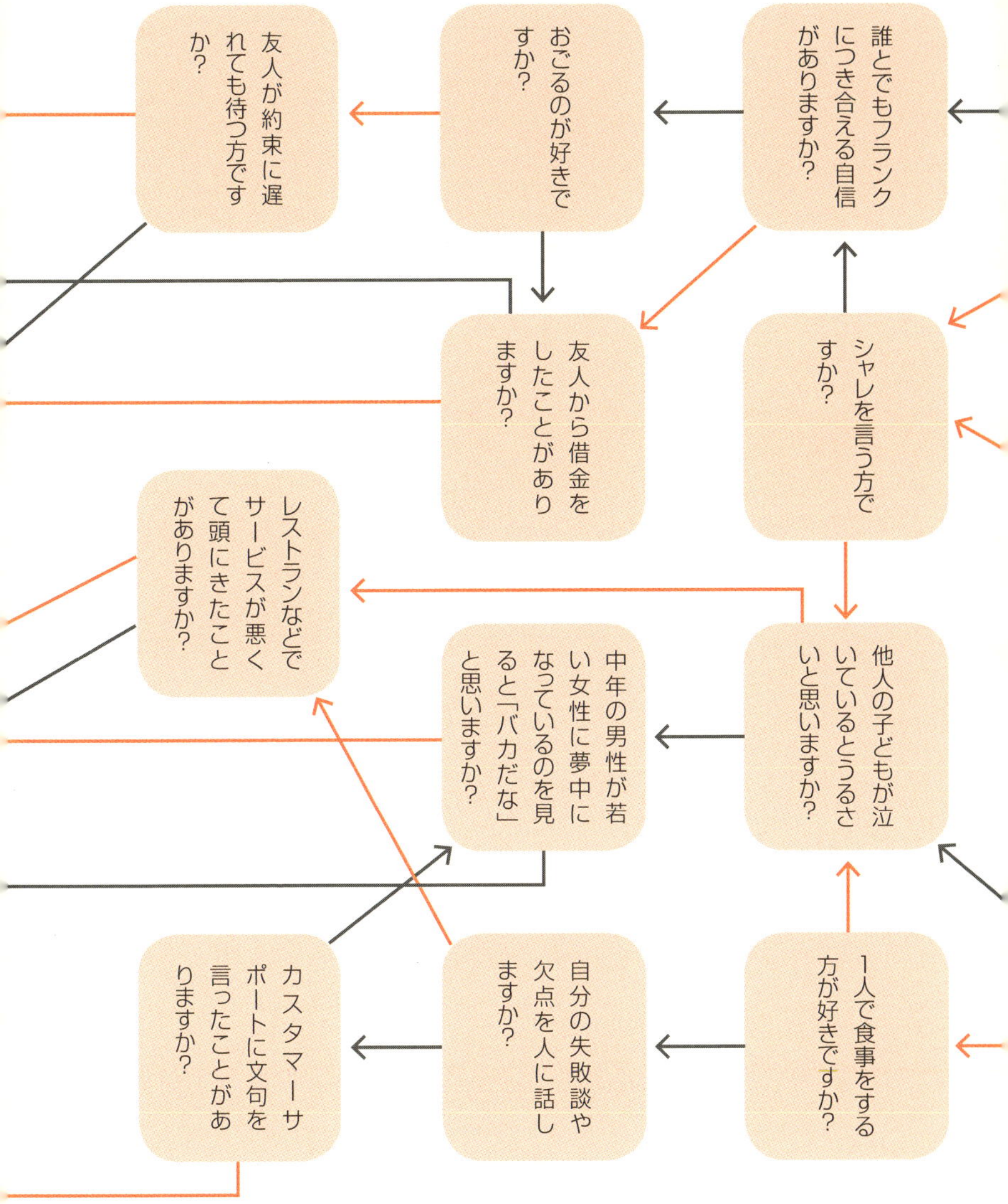
誰とでもフランクにつき合える自信がありますか？
シャレを言う方ですか？
他人の子どもが泣いているとうるさいと思いますか？
1人で食事をする方が好きですか？
おごるのが好きですか？
友人から借金をしたことがありますか？
中年の男性が若い女性に夢中になっているのを見ると「バカだな」と思いますか？
自分の失敗談や欠点を人に話しますか？
友人が約束に遅れても待つ方ですか？
レストランなどでサービスが悪くて頭にきたことがありますか？
カスタマーサポートに文句を言ったことがありますか？

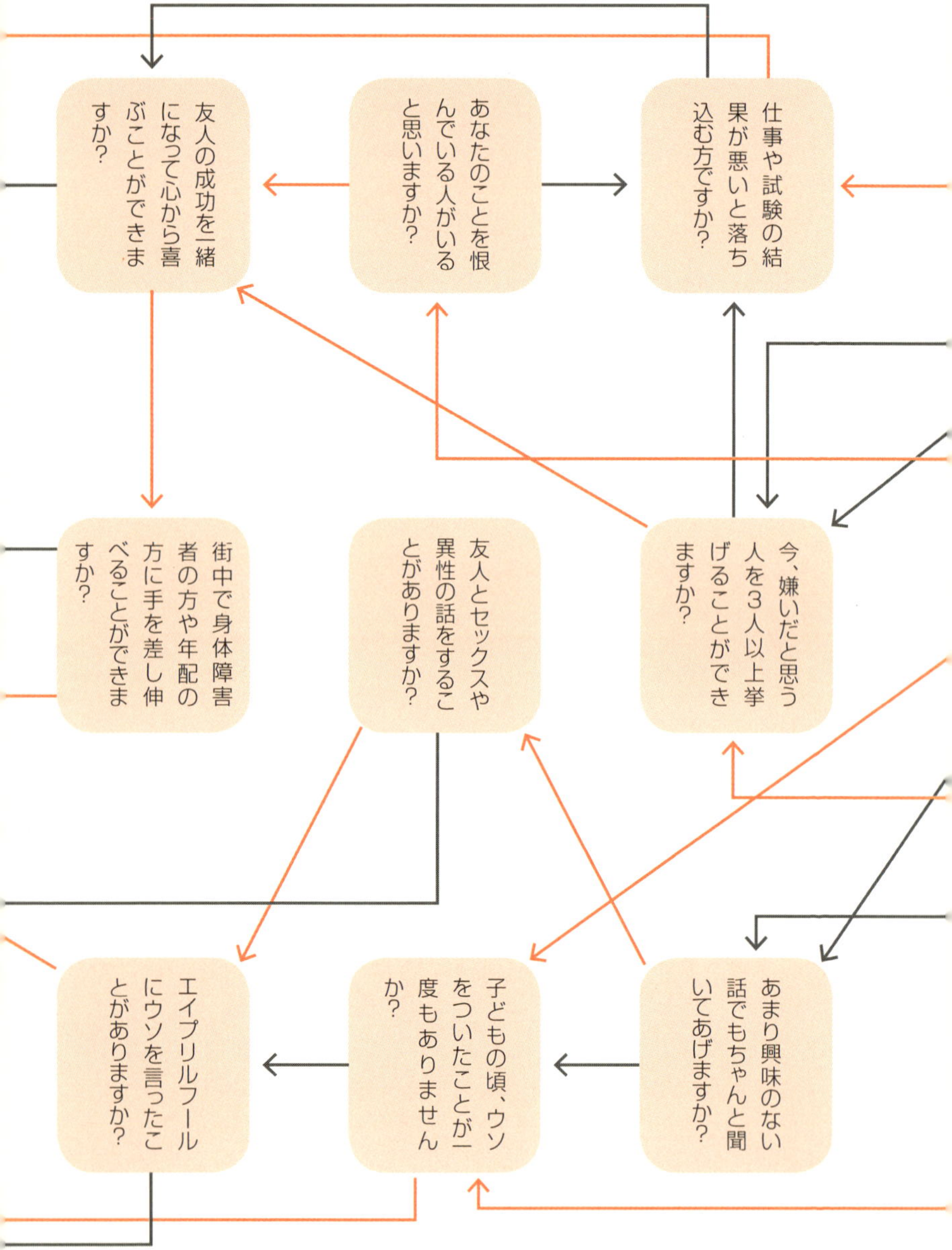

仕事や試験の結果が悪いと落ち込む方ですか？
あなたのことを恨んでいる人がいると思いますか？
友人の成功を一緒になって心から喜ぶことができますか？
今、嫌いだと思う人を3人以上挙げることができますか？
友人とセックスや異性の話をすることがありますか？
街中で身体障害者の方や年配の方に手を差し伸べることができますか？
あまり興味のない話でもちゃんと聞いてあげますか？
子どもの頃、ウソをついたことが一度もありませんか？
エイプリルフールにウソを言ったことがありますか？

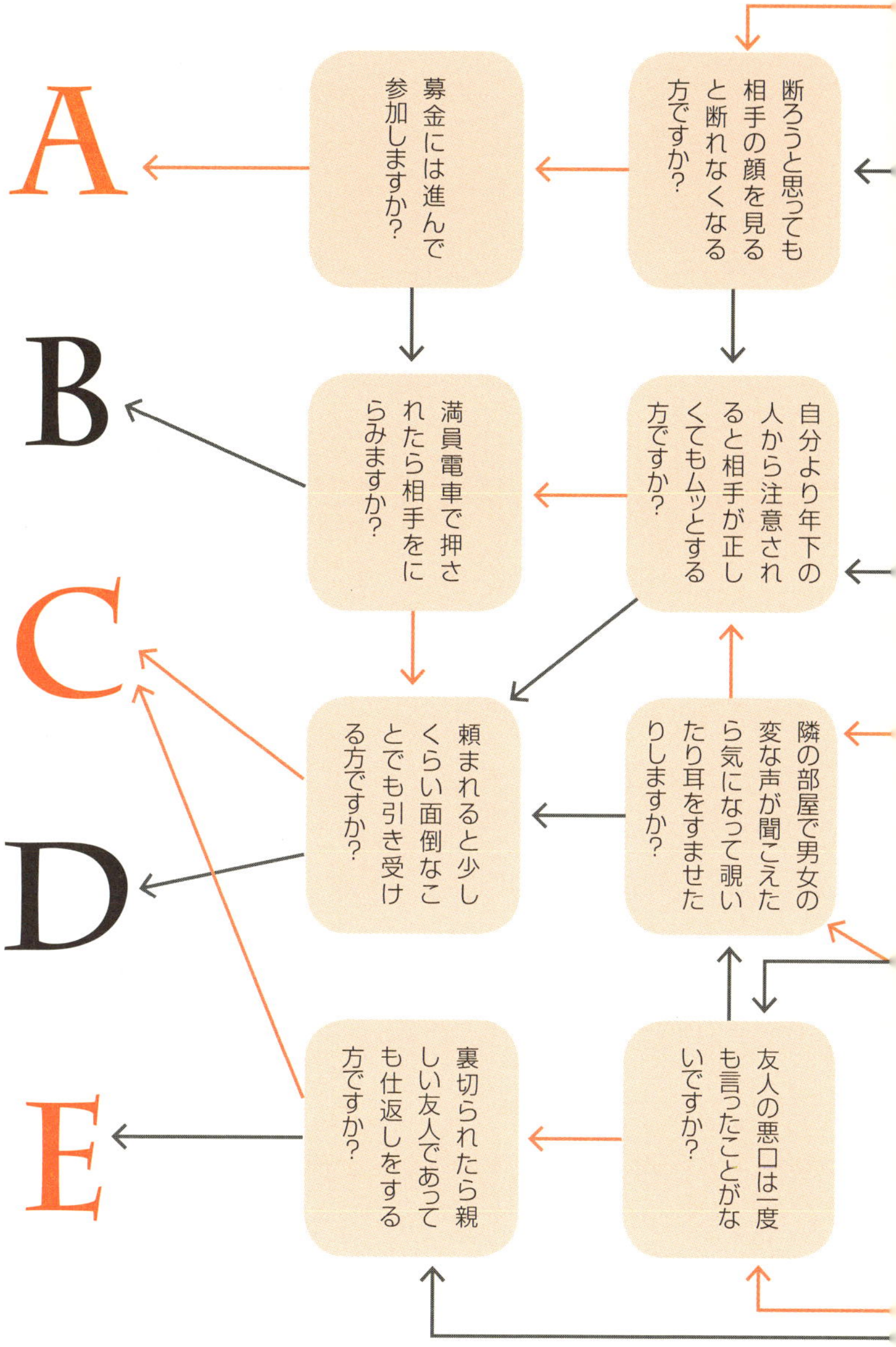
断ろうと思っても相手の顔を見ると断れなくなる方ですか?
自分より年下の人から注意されると相手が正しくてもムッとする方ですか?
隣の部屋で男女の変な声が聞こえたら気になって覗いたり耳をすませたりしますか?
友人の悪口は一度も言ったことがないですか?
募金には進んで参加しますか?
満員電車で押されたら相手をにらみますか?
頼まれると少しくらい面倒なことでも引き受ける方ですか?
裏切られたら親しい友人であっても仕返しをする方ですか?
A
B
C
D
E

Answer

A ときには嫌と言うことも必要

あなたは人に信用され、好かれているはずです。今のあなたはあまり出しゃばらず控えめですし、人から頼まれると嫌な顔もしません。また、自分の感情を表情に出さず、相手の気持ちを読み取ってくれると思われているのではないでしょうか。

ただし、注意しなければいけないのは、人によく思われようとしすぎてしまい、かえってあなた自身が無理をしてしまうことです。例えば、意見を求められたり、あなたが何かを決断しなければいけないような時に、相手の喜ぶ返事をしてしまい、自分自身を追い詰めたり、不満感が残ったりすることがあるのです。

今のあなたにとって必要なことは、嫌なものは嫌とはっきり言うことです。嫌われることを恐れてはあなた自身、何も進歩も成長もないままに終わってしまいます。

B 警戒心を捨てて積極的に

あなたはいわゆる仲間内では好かれているといえますが、その上の大きな集団・組織から見ると何ともいえない状態にあるといえます。

それはあなた自身が仲間以外には警戒心を持っていてなかなか打ち解けていないからです。

自分のよく知っている人の中では努力を惜しまずに相手のために尽くしたり、また自分の本音をぶつけたりしますが、それほど親しくない人に対しては極端に人見知りをし、冷淡な態度が出ているからです。

これからのあなたには、今の友情に篤《あつ》い面を大切にしながらも、自分の知っている人以外の人にもより熱意を注ぎ、積極的につき合うことが必要となってくるでしょう。あなたの交友範囲が広がれば広がるほど、職場や学校で好かれていきます。何より、あなたにとって本当の友人と出会える確率がぐんと上がるのです。

C　生かされていない人柄の良さ

今のあなたの状態は決して人から好かれているとはいえません。周囲から愛される素晴らしい人柄なのに、その人柄を上手く表していけない何かがあります。それはあなたの心の中にある、周りと張り合う気持ちかもしれません。どこといって大きな欠点があるわけではありませんが、意識的に人に好かれようとか、周りと自分を比較しようとする気持ちが今の状態を作っているのです。

例えば、あなたよりも成績や才能、家柄が下の人よりも上の人に好かれようとか、自分より少しでもレベルの上の人から好感を持たれたいとか、そのような自分を売り込みたいという意識的な行動がかえって相手から反発を受けてしまうのです。

今のあなたには、人に対して区別や差別をせずに接して、ありのままの自分を打ち出すことが必要です。

D　気分のムラがマイナスに

あなたは気分屋でつかみにくい人だと思われています。あなたの本心がわからないので友達とのつき合いも短期間で本当の心のつき合いにまでなかなか発展しないことが多いでしょう。

少しわがままで自信がありすぎるのが欠点なのかもしれません。

気分の良い時や相手に優しくされた時は明るくさっぱりとした面を見せるのですが、ちょっとでも嫌なことがあると人柄がガラリと変わってしまうのです。

そのために、周囲から好かれている時と嫌われている時の差が大きいのです。

何か嫌なことがあった時は、言葉や態度、表情に注意を払いましょう。できれば鏡を見て今の自分の顔を確認し、和らげる努力をするぐらいの気持ちを持つとさらによいでしょう。

Q7 あなたが起こしやすい問題とは？

あなたは自分の性格を本当によく理解していますか？　性格が千差万別なように、その人が起こすトラブルや巻き込まれる問題というのもさまざまです。ここではあなたの性格からあなたがどんなトラブルに遭いやすいかを見ていきます。

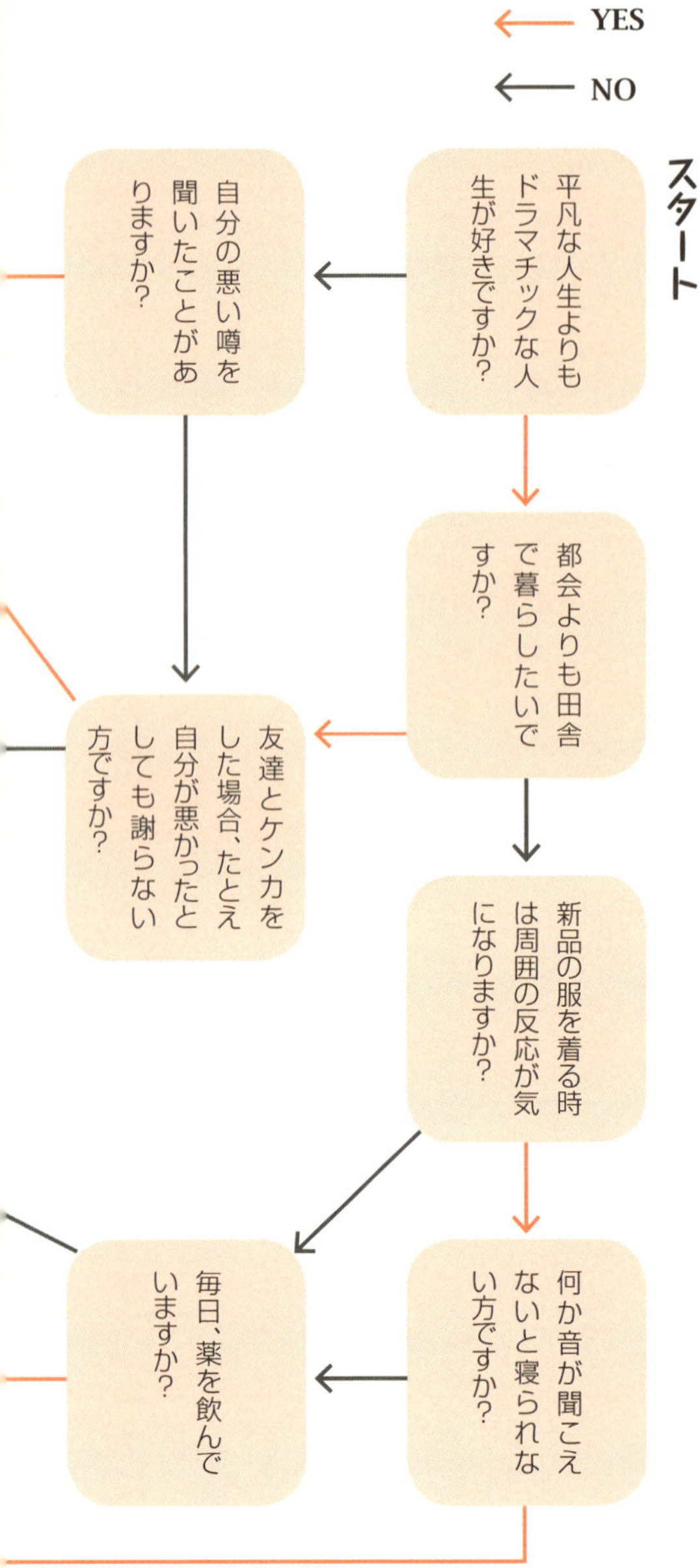
YES
NO
スタート
平凡な人生よりもドラマチックな人生が好きですか？
自分の悪い噂を聞いたことがありますか？
都会よりも田舎で暮らしたいですか？
友達とケンカをした場合、たとえ自分が悪かったとしても謝らない方ですか？
新品の服を着る時は周囲の反応が気になりますか？
何か音が聞こえないと寝られない方ですか？
毎日、薬を飲んでいますか？

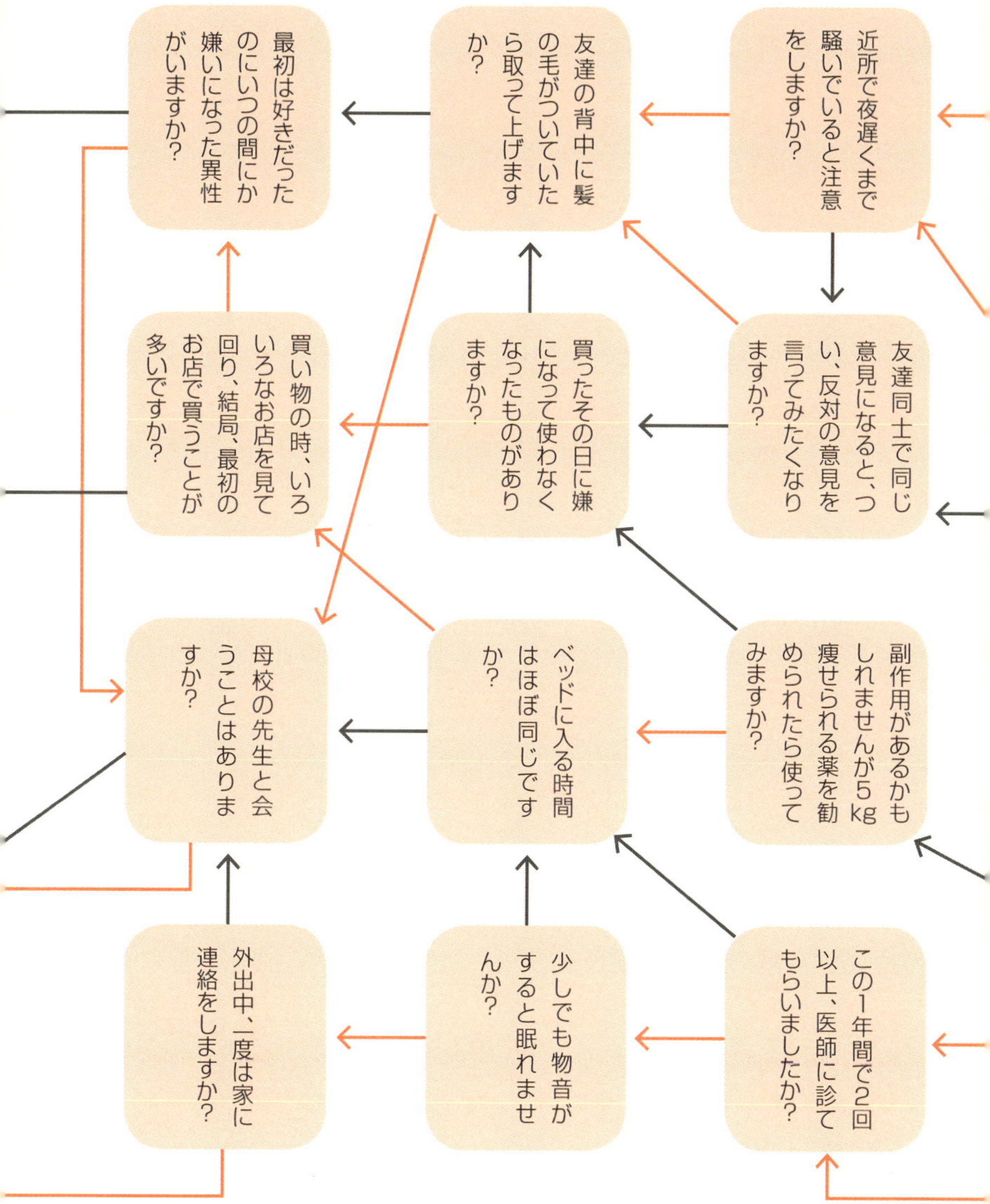
近所で夜遅くまで騒いでいると注意をしますか?
友達同士で同じ意見になると、つい、反対の意見を言ってみたくなりますか?
副作用があるかもしれませんが5kg痩せられる薬を勧められたら使ってみますか?
この1年間で2回以上、医師に診てもらいましたか?
友達の背中に髪の毛がついていたら取って上げますか?
買ったその日に嫌になって使わなくなったものがありますか?
ベッドに入る時間はほぼ同じですか?
少しでも物音がすると眠れませんか?
最初は好きだったのにいつの間にか嫌いになった異性がいますか?
買い物の時、いろいろなお店を見て回り、結局、最初のお店で買うことが多いですか?
母校の先生と会うことはありますか?
外出中、一度は家に連絡をしますか?

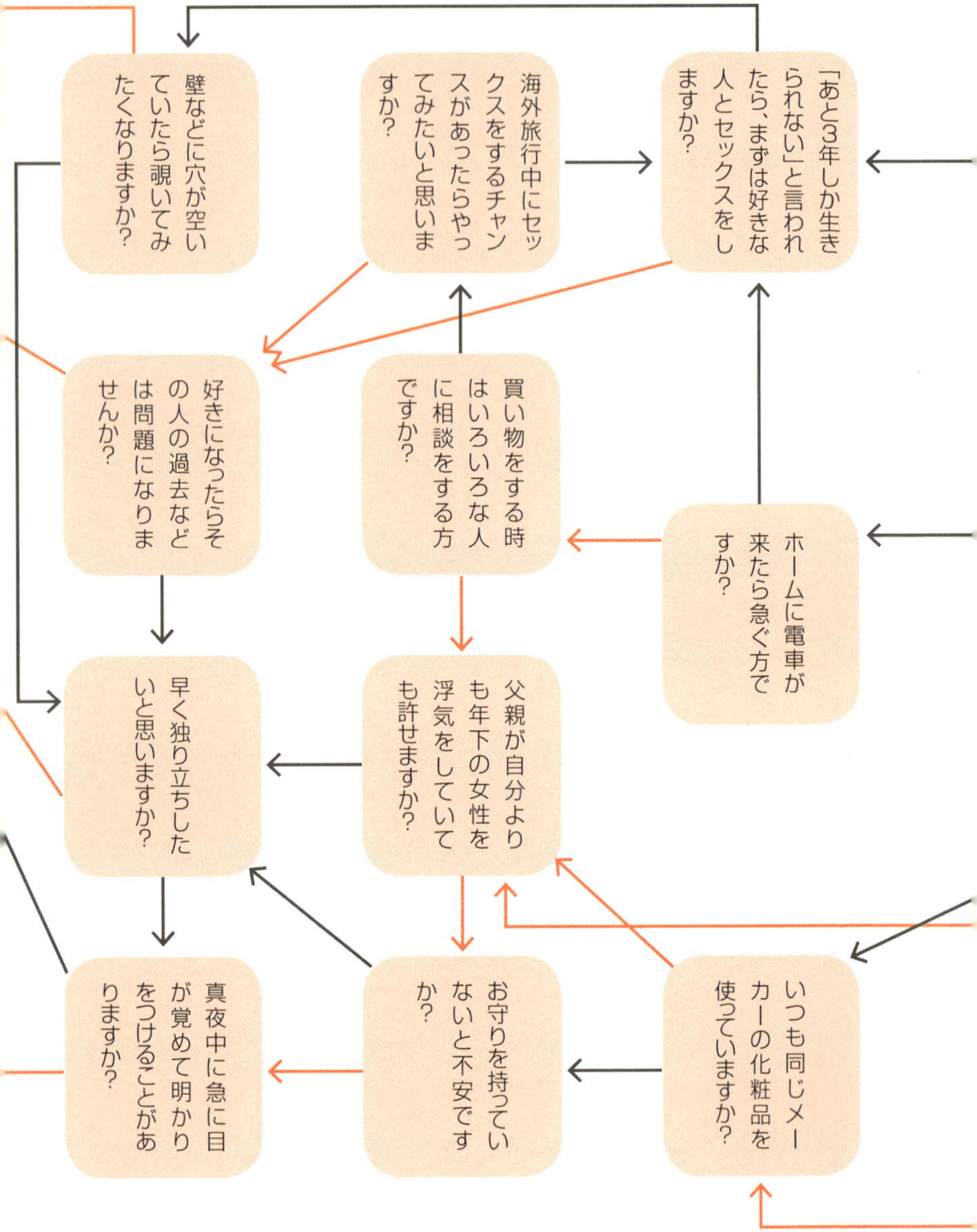
「あと3年しか生きられない」と言われたら、まずは好きな人とセックスをしますか？
ホームに電車が来たら急ぐ方ですか？
いつも同じメーカーの化粧品を使っていますか？
海外旅行中にセックスをするチャンスがあったらやってみたいと思いますか？
買い物をする時はいろいろな人に相談をする方ですか？
父親が自分よりも年下の女性を浮気をしていても許せますか？
お守りを持っていないと不安ですか？
壁などに穴が空いていたら覗いてみたくなりますか？
好きになったらその人の過去などは問題になりませんか？
早く独り立ちしたいと思いますか？
真夜中に急に目が覚めて明かりをつけることがありますか？

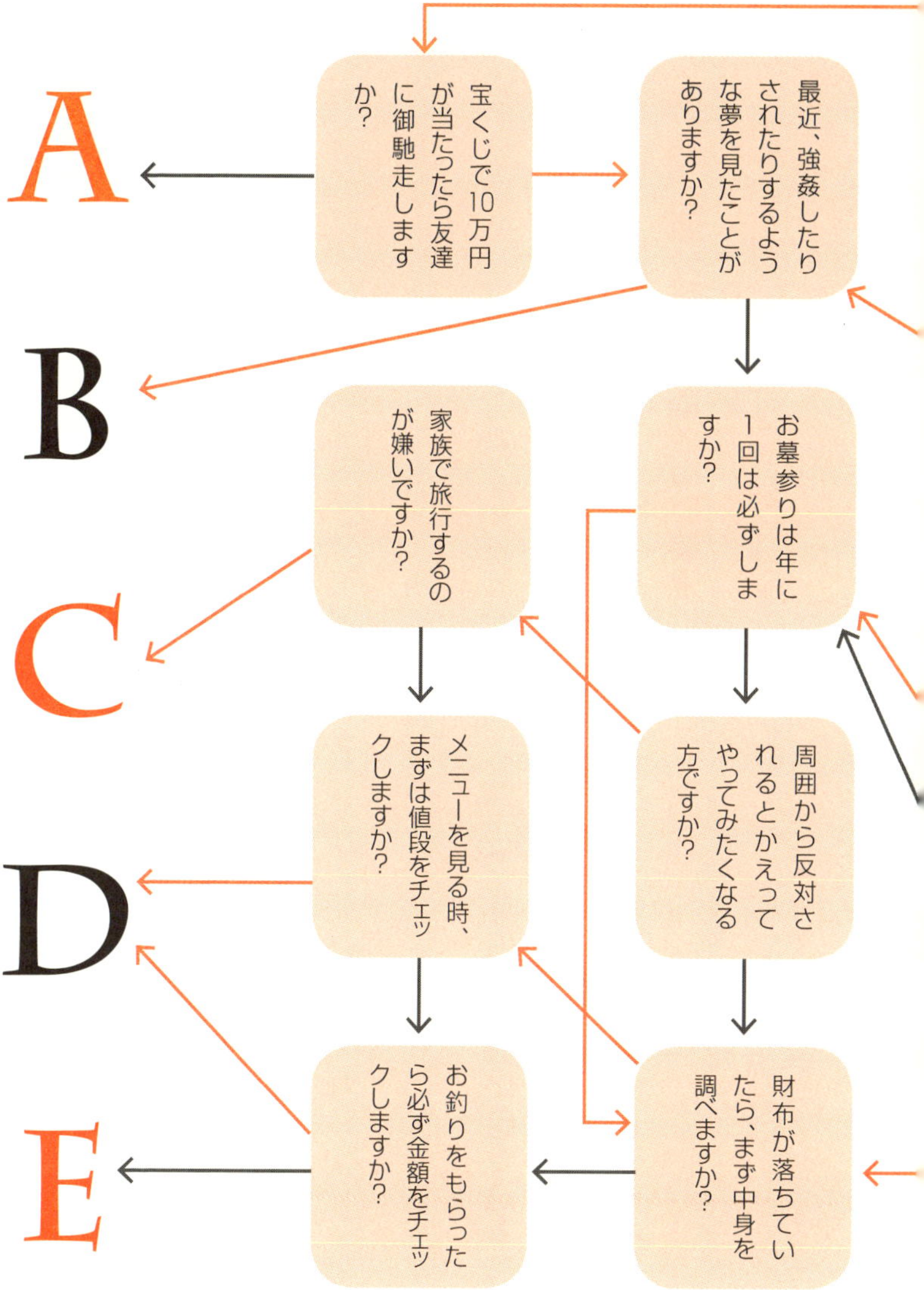
最近、強姦したりされたりするような夢を見たことがありますか？
お墓参りは年に1回は必ずしますか？
周囲から反対されるとかえってやってみたくなる方ですか？
財布が落ちていたら、まず中身を調べますか？
宝くじで10万円が当たったら友達に御馳走しますか？
家族で旅行するのが嫌いですか？
メニューを見る時、まずは値段をチェックしますか？
お釣りをもらったら必ず金額をチェックしますか？
A
B
C
D
E

Answer

A 人間関係から問題が起こる

あなたは近所づき合いや職場や学校での人間関係での問題が起こりやすいタイプです。

正義感が強く、自分にも相手にも厳しいあなたは、間違ったことを許しませんし、命令されたり人に頭を下げたりすることが嫌いです。自分で主張していく方なのです。そのため、人間関係を上手く続けていくのがあまり得意ではありません。お世辞を言うのも下手ですし、人間関係で面倒になり、近所づき合いでトラブルが発生しやすいのです。

近所や職場、学校であなたをのけものにしたり、悪口を言ったりする人が増えてしまう可能性がありますし、何より、あなたがたとえ正しい行動を取ったとしても、それを正当に評価されないおそれがあります。

B 無分別な行動でつい間違いを

あなたは異性問題、特にセックスでトラブルを起こしやすいタイプです。

あなたの場合、冷静に考えれば絶対に間違いを犯さないのに、つい欲を出してしまったりとか、つい開放的な気分になり無分別な行動を取ってしまったりということが多いのです。

例えば、お酒の席で異性と知り合い、そのまま相手とセックスをしてしまった後でトラブルが持ち上がるといった危険性があるのです。

なぜあんなことをしたのかとその時は深く後悔するのですが、歳月が経つと忘れ、また同じような失敗やトラブルを繰り返してしまう典型的なタイプなのです。

C 身内の争いに巻き込まれる

あなたは両親や兄弟など、家族間の問題に巻き込まれるタイプです。

あなたは大変にエゴイストな面があり、自分さえよければ周りはどうなってもよいというように、何でもかんでも自己中心的になりすぎているのです。

親は親で、子は子であるといった考え方ですので孤立しやすく、兄弟の間でも日常生活のやりとりなどで問題が起きてしまいます。

　家庭内で何か起こっても自分は関係ないという態度を取り続けていると、家族全員の反発を受けやすくなりますから、もっと慎重に家庭での自分の位置を考えた方がよいでしょう。

　いざという時、本当に頼りになるのは家族なのだと肝に銘じておきましょう。

D　ルーズな金銭処理で苦労する

　あなたは金銭の問題でトラブルを起こすタイプです。

　あなたは目先の利益ばかり考えて大損をしたり、無計画な金遣いのためにお金に悩んだりしそうです。

　例えば、「お金が儲かる」というウマイ話にすぐ乗ってしまい、騙されたり詐欺に遭ったりするかもしれません。また、簡単に他人の保証人なってしまいその債務が自分に回ってくるとか、ギャンブルで元手まで失ってしまうとか、さらにはその日の金にさえ困るということもあるでしょう。

　見栄を張りルーズな金銭処理によって後で苦労をするのは自分であるということを忘れてはいけません。

E　精神的な悩みが絶えない

　あなたは精神上の悩みが絶えないタイプです。

　あなたはちょっとしたことでも不安になり、「近いうちに大地震があるぞ」と言われると不安で夜も眠れなくなるとか、ささいなことがいつまでも気になって他のことが手につかないとか、そんなストレスを抱えやすいのです。

　また、いつも先の先まで考えすぎたり、いろいろな人の意見を聞きすぎてかえって迷ったりしてしまうところがあります。占いや迷信に支配されやすく、何か悪いことが起こるとすべて自分が悪いのだと思い込みやすいのです。

　自分でも気がついていない過敏な傾向によって、内向的で閉鎖的な精神状態を作り上げてしまっているのです。

Q8

あなたの
潜在意識は？

あなたは体や顔のどの部分に
一番念入りなお化粧をしますか？
お化粧をする部分に○をつけてください。
【女性用】

Answer

■目に○をした人

自分を美しく見せたい、注目されたいという欲求が強いタイプです。目の化粧は、「若さ」を強調したいという意識の表れです。また、性的なものより知的なものを求め、モダンで衝動的です。

このタイプの女性は、どんなに自分が美人であり、男性にモテても、満足できないでしょう。

■口やくちびるに○をした人

口を強調した人は、性的に円熟したタイプです。特に、くちびるに時間をかけて化粧をするタイプは、処女性は少ないといえます。

■ほほや肌に○をした人

パウダーやファンデーション、クリームなどによるほほや肌にお化粧を念入りにする人は、地味でやや内気なタイプです。都会派ではなく農村派で、保守的です。女性の純潔についても道徳的な考え方をしやすいでしょう。

流行や変化に対してはとても消極的です。

■爪や手に○をした人

典型的な自己顕示欲タイプです。特にマニキュアだけの強調は、異常な欲望を示す人で、独断的で、ヒステリー的な傾向があります。

■まゆ毛に○をした人

潜在的に「美しい女性」への憧れが人一倍強いタイプです。映画やドラマのような恋愛願望があります。

Q9 健康で注意すべきポイントは?

普段は気づかないかもしれませんが、病気やケガになった時、初めて健康のありがたさがわかるというのはよくあることです。あなたは健康に一生を過ごせることができるのでしょうか?

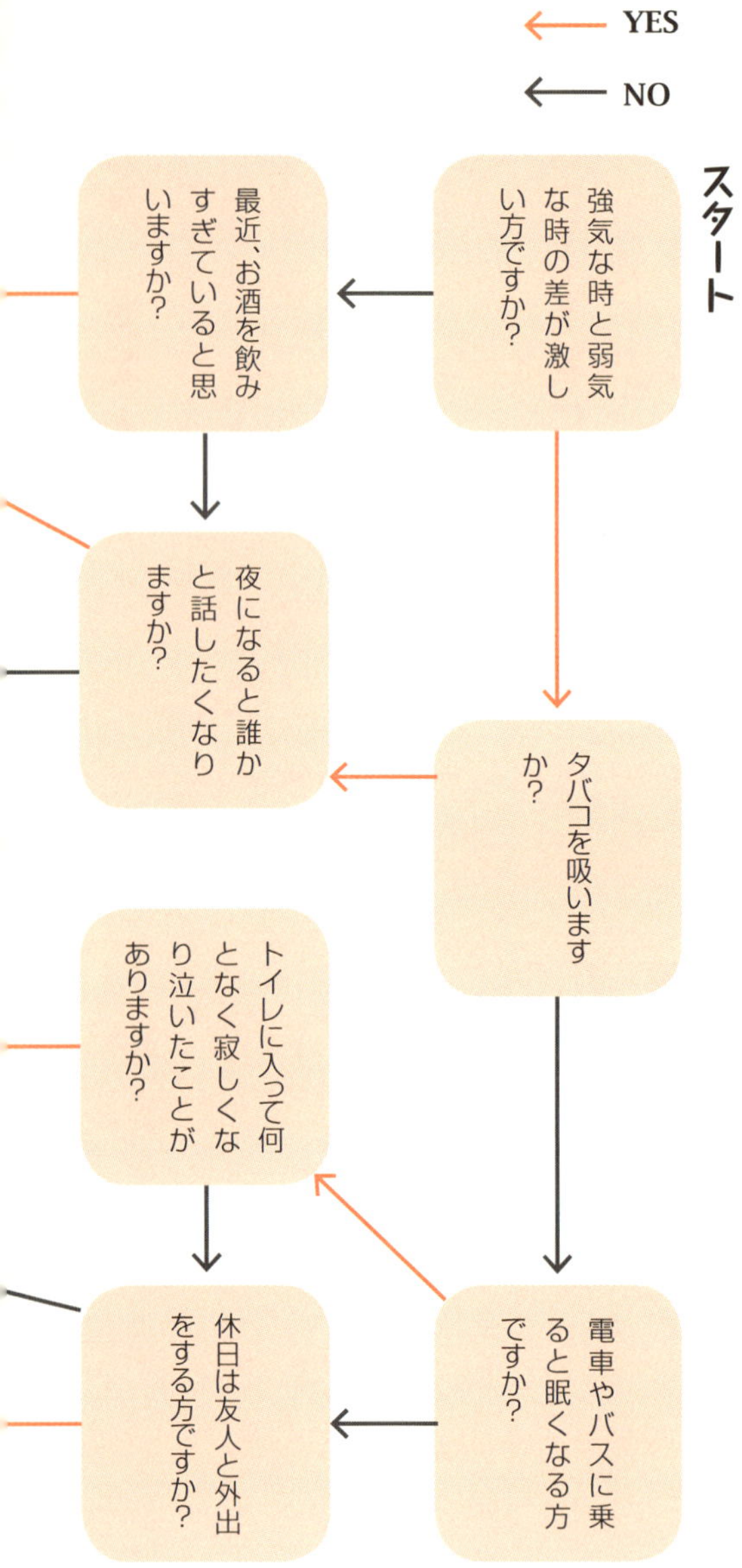
YES
NO
スタート
強気な時と弱気な時の差が激しい方ですか?
最近、お酒を飲みすぎていると思いますか?
タバコを吸いますか?
夜になると誰かと話したくなりますか?
電車やバスに乗ると眠くなる方ですか?
トイレに入って何となく寂しくなり泣いたことがありますか?
休日は友人と外出をする方ですか?

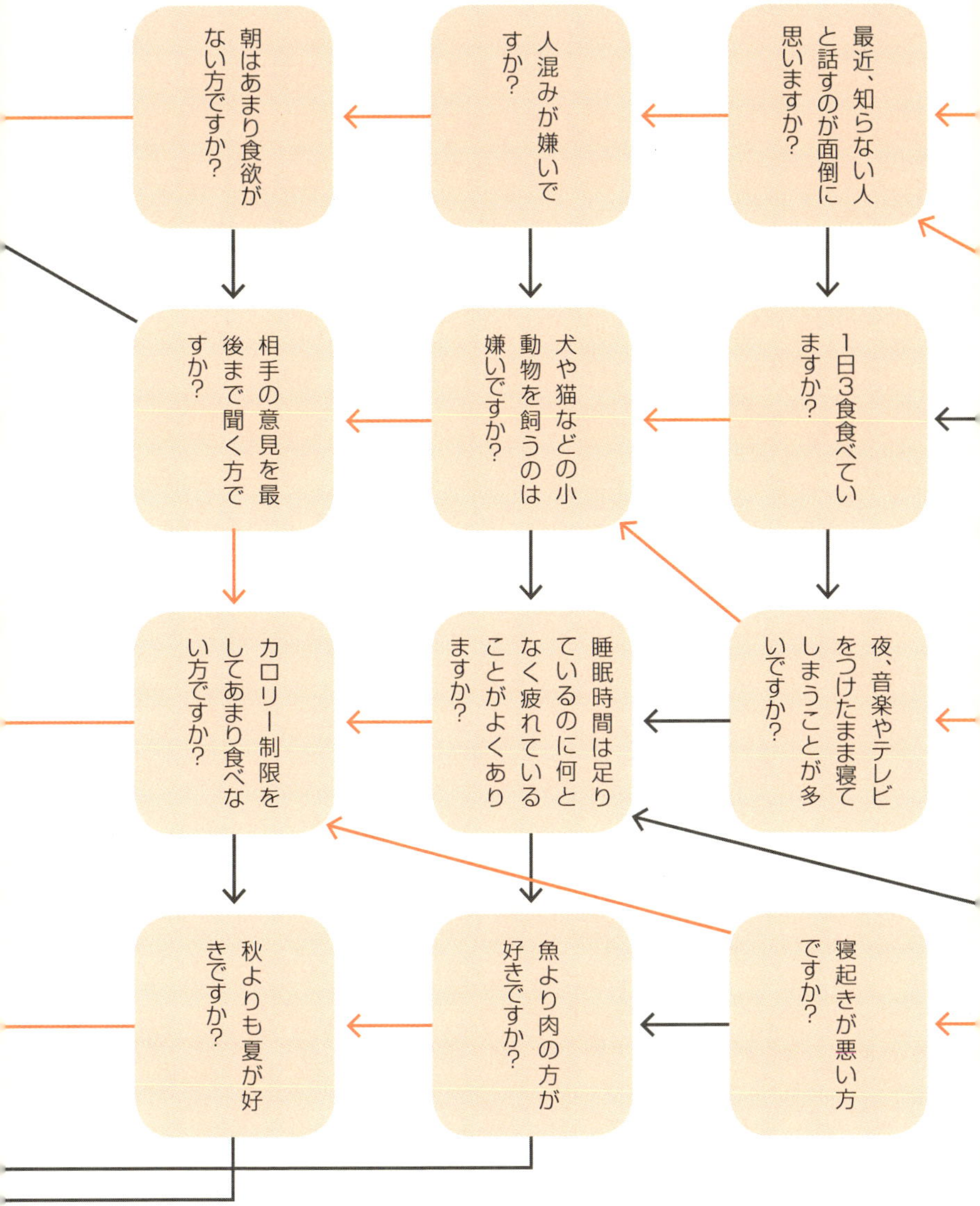
最近、知らない人と話すのが面倒に思いますか？
人混みが嫌いですか？
朝はあまり食欲がない方ですか？
1日3食食べていますか？
犬や猫などの小動物を飼うのは嫌いですか？
相手の意見を最後まで聞く方ですか？
夜、音楽やテレビをつけたまま寝てしまうことが多いですか？
睡眠時間は足りているのに何となく疲れていることがよくありますか？
カロリー制限をしてあまり食べない方ですか？
寝起きが悪い方ですか？
魚より肉の方が好きですか？
秋よりも夏が好きですか？

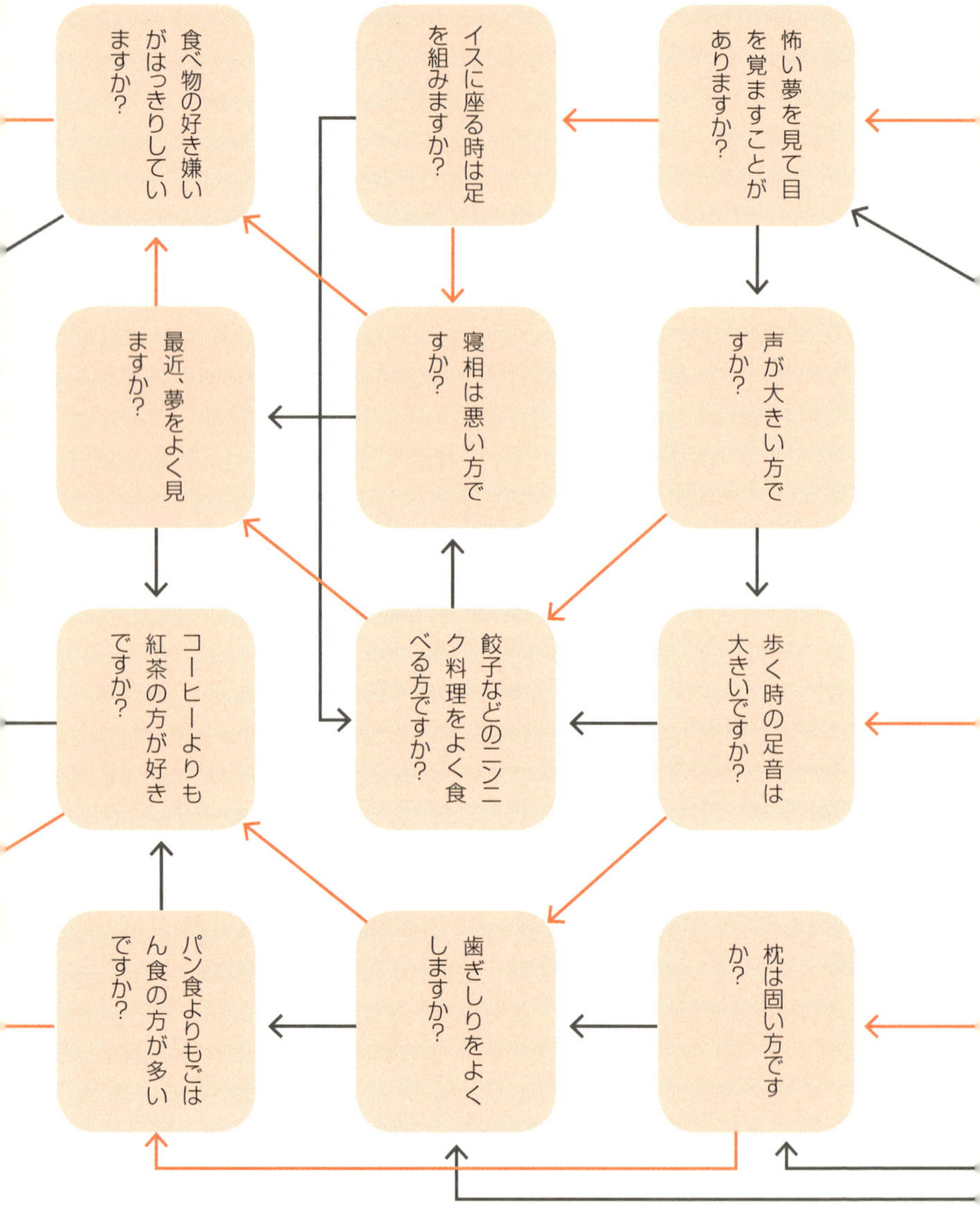
怖い夢を見て目を覚ますことがありますか?
声が大きい方ですか?
歩く時の足音は大きいですか?
枕は固い方ですか?
イスに座る時は足を組みますか?
寝相は悪い方ですか?
餃子などのニンニク料理をよく食べる方ですか?
歯ぎしりをよくしますか?
食べ物の好き嫌いがはっきりしていますか?
最近、夢をよく見ますか?
コーヒーよりも紅茶の方が好きですか?
パン食よりもごはん食の方が多いですか?

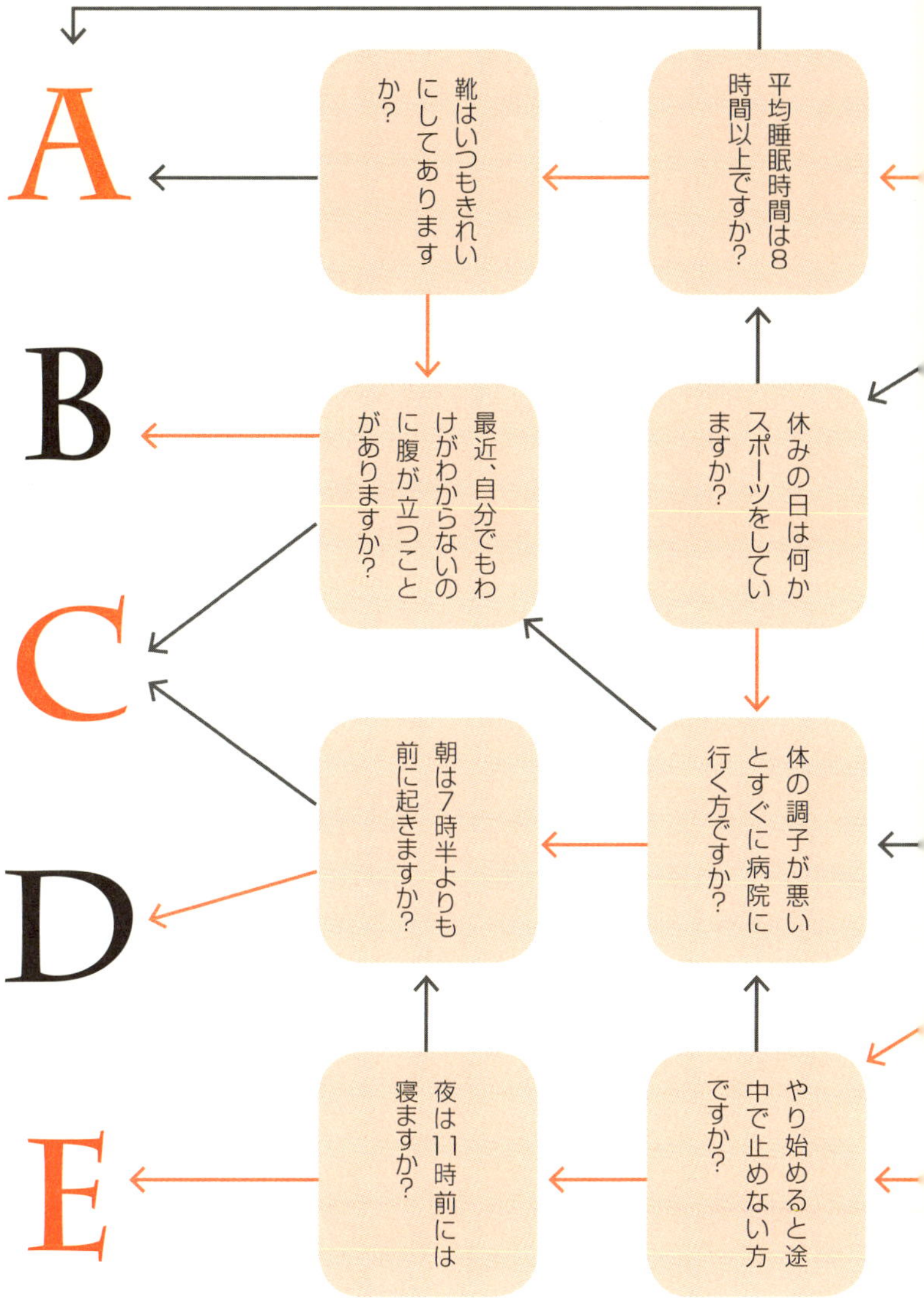
平均睡眠時間は8時間以上ですか？
靴はいつもきれいにしてありますか？
休みの日は何かスポーツをしていますか？
最近、自分でもわけがわからないのに腹が立つことがありますか？
体の調子が悪いとすぐに病院に行く方ですか？
朝は7時半よりも前に起きますか？
やり始めると途中で止めない方ですか？
夜は11時前には寝ますか？
A
B
C
D
E

Answer

A 呼吸器や胃腸系に要注意

あなたは体力がなく、疲れやすい体質といえます。もともとがあまり丈夫なタイプではありません。ちょっとした病気が大病に発展することもありますので、この体質の人は、無理は禁物です。

電車に乗ればすぐに眠たくなり、食欲もあまりなく、何となく元気が出ない毎日かもしれません。食べてもあまり太らないタイプともいえます。

仕事や勉強などに意欲はあっても体力がついていかず、すぐにバテてしまうことが多いでしょう。

普通の人よりも食べ物に気を使い、好き嫌いが激しいタイプなのです。

呼吸器や胃腸系に異常が起こりやすいでしょう。とりわけ、季節の変わり目には要注意です。年間を通じては特に夏に気をつけてください。

回復するのに時間がかかりますから、定期的な健康診断をすることで自分の体のメンテナンスを行うとよいでしょう。

B 神経質で精神的な不安が

あなたは、元来丈夫な体の持ち主なのですが、神経質で、精神的に影響を受けやすいタイプです。

神経の使いすぎや睡眠不足、対人関係のストレスなど、精神のトラブルがすぐに体に現れてしまうのです。ガンノイローゼや大病の不安にかかりやすいのもこのタイプの特徴です。

環境の変化に弱く、例えば、旅行先ではなかなか寝つけないことがあるかもしれません。また、日中、嫌なことがあるとそれが夜まで引きずり、気分がすぐれないことも多いでしょう。体の中では特に目が疲れやすいので注意してください。

一般的に朝型で、朝から午前中は調子が良いのですが、午後になるとその反動で疲れが出てきます。また、不眠症や肩こり、胃潰瘍などの病気には十分に気をつけましょう。

もともとが丈夫なのですから、ヨガや呼吸法、瞑想、禅などの精神的な鍛錬によって心を鍛えれば見違えるほどに健康的になるはずです。

C　不規則な生活が内臓を痛める

あなたは健康にあまり関心を持たないタイプです。どこか体の部分に調子の悪いところがあっても、健康に対して本気で考えないため、かなり悪化するまで放っておくことが多いでしょう。

また、不規則な生活や無理をして過労に陥ることもあるでしょう。

体も午前中は何となく疲れが残っていて、やる気も出ませんが、午後になると徐々に元気になるタイプです。

現在はそうでなくとも太りやすい体質ですから、生活習慣には注意を払った方がよいでしょう。

また、高血圧や心臓病にも注意をすることです。お酒や食事にコントロールが利かないタイプですから、飲み過ぎや食べ過ぎで胃腸や肝臓を傷める危険性が高いといえます。

あなたの場合、不規則な生活が体に響いているのでまずは生活リズムを見直すことから始めるとよいでしょう。夜遅くまで遊ぶのを控え、朝は決まった時間に起きるように努力をしましょう。

D　環境の急変が危険信号

あなたはおおむね丈夫で健康に恵まれているといえます。また、普段の生活においても自分の健康に気を配りますので、今の生活ペースや環境を変える必要はあまりないでしょう。

もし、危険信号が現れるとすると、過度な仕事や勉強が続いて体力の消耗が激しい時です。

また、このタイプの人は環境の変化に弱いため、田舎から都会に移った時などに病気が起こることが多いので、引越した最初の1年間は特に注意をした方がよいでしょう。

引越しにかぎらず、就職・転職直後や結婚直後なども同様です。

睡眠不足には徹底的に弱いので、どんなに忙しくとも一定の睡眠時間は確保するようにしてください。

Q10
あなたの二重人格度は？

あなたはとても美しい指輪をもらいました。
薬指にはめようと思いましたが、
薬指には既に別の指輪がはまっています。
あなたはこの指輪をどの指に着けますか？

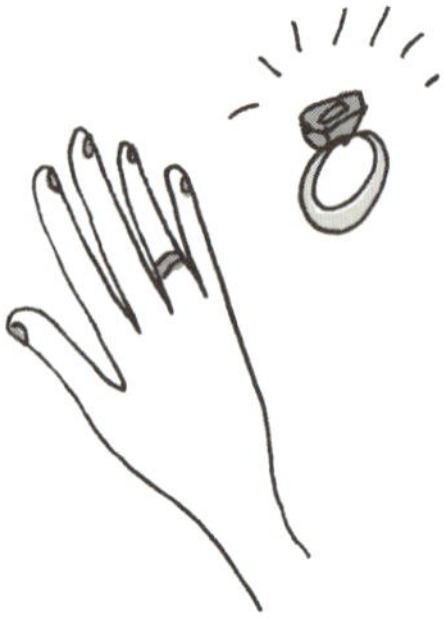

A　人差し指
B　小指
C　中指
D　薬指

Answer

この質問ではあなたの二重人格度がわかります。美しい指輪はいわばもう1人のあなたといえます。その指輪をどの指につけるかであなたの知られざるペルソナ（仮面）がわかるのです。

A

二重人格度0％です。ストレートに自分らしさを表していきたい人です。単純明快で、ウソも上手にはつけませんので、周囲からの信用度は抜群に高いものがあります。その反面、融通が利かずに頑固なところもあります。

B

二重人格度60％です。どちらかというとおとなしいタイプで、なかなか本心を外に見せない人です。家族や親しい人とあまり親しくない人への態度は180度変わっていて「ネコ被っている」と言われることがあるかもしれません。

C

二重人格度40％です。よく考え、一度決心したら自分の意志を貫いていく人です。ただし、自分の本音が出せるまでにはかなり時間がかかるので、知り合った頃と親しくなってからでは、別人だと思われることがあります。

D

二重人格度80％です。気分や相手によってコロコロと態度が変わったりする、二面性のある人です。臨機応変さを発揮してプラスになることもありますが、やりすぎるとかえって逆効果となります。

Q11

あなたの変身願望は？

朝起きて鏡を見てみると、
あなたは違う動物に変身していました。
どの動物になっていましたか？

A　ライオン
B　ゴリラ
C　ウサギ
D　恐竜

Answer

この質問ではあなたの変身願望度がわかります。より強烈なイメージを持つ動物を選んだ人ほど、「変わりたい!」という願望が強いのです。また、それによってどのような人間関係を作りたいかも見えてきます。

A

変身願望度70％です。特にもっと強い自分になりたい、自信をつけたいという願いが強くあります。変身してみんなから注目されたい、目立ちたいといった気持ちがいっぱいあるタイプです。

B

変身願望度50％です。取り立てて大きな変身願望はありませんが、人との交流に意欲的な時です。自分を変えることで、もっと人づき合いを上手くしたい、人と親しくなりたいといった気持ちが隠されています。

C

変身願望度20％以下です。今の自分に満足し、変身願望はあまりないでしょう。自分自身を大切にしたい気持ちが強いといえます。今の人間関係を壊したくないという気持ちも強いのです。

D

変身願望度90％以上です。今とは全く違った自分になりたいという気持ちがあります。プチ整形をしてでも変身したいというぐらいの強さです。とりあえずは髪型を変えたり、服装や化粧を変えたり、コスプレをしたりしてリフレッシュをオススメします。

Q12

あなたにとって本当に大切なものとは？

あなたがコンビニに入って、最初に目につくものは何ですか？

A　レジの店員

B　お菓子

C　コピー機などの機械

D　新聞・雑誌

Answer

この質問では、今のあなたにとっての「大切なもの」とは何かがわかります。

A

あなたが今一番大切に思っているのは、人間関係や友情です。心を開ける友人がほしい、誰かと語り合いたいという気持ちが強いでしょう。多少自分が損をしたとしても、友情を示していくこともあります。

B

あなたが今一番大切に思い、気にかけているのは健康です。何となく疲れていて、もっと身体を大事にしたい、休みたいといった気持ちが高まりつつあるのかもしれません。健康第一の生活を心がけてみてください。

C

あなたが今一番大切に思っているのは、仕事やライフワークです。もっとバリバリと活動して、もっと自分の実力を示していきたいという気持ちがあり、意欲満々です。お金に対する関心も上昇しているはずです。

D

あなたが今一番大切に思っているのは、とにかく自分自身です。現状に不満も多く、もっと目立ちたい！　もっと自分をわかってもらいたい！　という気持ちが強まっています。人のことよりまず自分が優先という状況なのです。

Q13

あなたの精神年齢は？

ジャンケンをします。

「ジャンケンポン！」

さて、何を出しますか？

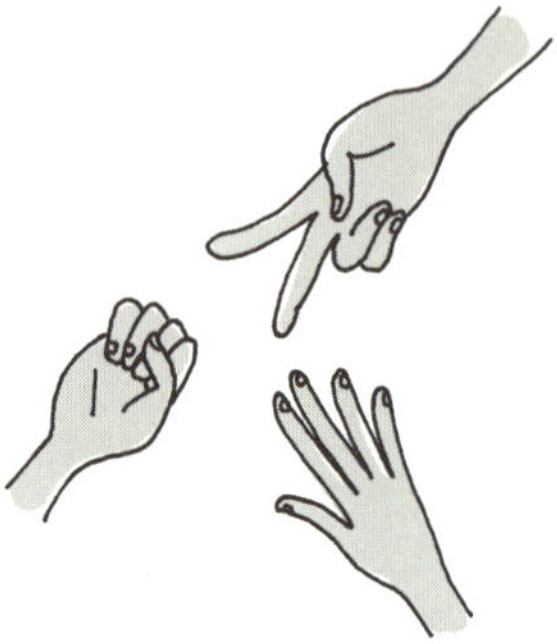

A　グー
B　チョキ
C　パー
D　迷って出せない

Answer

この質問ではあなたの精神年齢がわかります。

A

嫌なこともジッと我慢できる力を持った大人で、実際の年齢よりも精神年齢の高い人です。頼りがいのある人で、金銭計画を立てるのも上手い、しっかり者です。

B

大人な部分と子どもの部分が共存している人です。普段は年相応の行動をしていても、負けたくないと思うと、急に子どもっぽい部分が出てきて、意地をはりわがままを言うことがあるかもしれません。

C

どんなことでもなりゆき任せになりやすく、無理をしない人です。やや甘えん坊のところもあり、精神年齢は低めです。ただ、何歳になっても、若々しい発想や行動ができそうです。

D

精神年齢はかなり高い大人のタイプですが、自分の過去の体験に縛られすぎて、身動きができなくなることがあります。考えすぎてチャンスを逃してしまい、新しいことになかなか挑戦できないかもしれません。

Q14
あなたにとっての「品格」とは？

あなたの顔のパーツを1つだけ新しく取り替えられるとしたら、どこを変えますか？

A 耳
B 鼻
C 口
D 目

Answer

この質問ではあなたにとっての「品格」とは何であるかがわかります。

A

あなたにとっての品格とは、情報や知識と関係があります。知的なことで品格を高めていくタイプです。勉強をし、内面を磨いていくことで、どんどん品格が高まっていくでしょう。

B

とても自尊心の強い人です。さらに人から認められ、注目されていくことで、品格が作られていくタイプでしょう。ただし、自尊心が強くなりすぎると、かえって品格が失われることがあるので注意してください。

C

会話や言葉に、品格が表れると考える人です。エレガントなしゃべり方やスマートな会話で、品格を表していきます。汚い言葉やガサツな態度は、品格を落とす原因になるでしょう。

D

あなたにとって品格とは、生活の中のちょっとしたところに現れてくるものです。ささいな気遣いをして、誠実な人づき合いをしていくことで、品格を高めていけると思っています。

Q15

あなたは
尽くすタイプ？

ハイキングに行くことになったので、
おにぎりを作っていこうと思います。
おにぎりの中身は何を入れますか？

A　おかか
B　梅干し
C　シャケ
D　そぼろ

Answer

この質問ではあなたが尽くすタイプかどうかがわかります。

A

ギブ&テイク型です。相手のために尽くしてもよいけれど、その分、相手からも尽くしてもらわないと嫌なタイプです。愛されているという実感があれば、尽くしていける人でしょう。

B

好きになっても、あまり相手に尽くそうと思わないタイプです。それよりも、相手に尽くしてもらわないと満足できません。まるでお姫様や王様のように扱ってもらうのが夢かもしれません。

C

つき合いが長くなるにつれて、自然に相手に尽くすようになりそうです。最初は、尽くすより尽くされたいと思うかもしれませんが、だんだん相手の世話が苦じゃなくなってきます。

D

とことん尽くすタイプです。好きになったら、相手のために尽くしていくのが、何よりの喜びになります。たとえ苦労があっても全く問題になりません。逆に尽くされると、落ち着かないかもしれません。昔の恋をいつまでも引きずるタイプともいえます。

Q16

あなたはキレイ好き？

トランプが上から下に5枚、裏向きに並んでいます。どのカードを選びますか？

A　一番上のカード

B　一番下のカード

C　上から3番目の真ん中のカード

D　その他

Answer

この質問ではあなたのキレイ好き度がわかります。

A

まずは「目につくところ」からキレイにしていきたいというタイプです。第一に気になるのは表面で、その他は案外大雑把になることが多いでしょう。性格的にも裏と表が極端に違ってくることもありそうです。

B

人が目をつけないところや、隠れたところからまずはキレイにしていきたいタイプです。やるからには徹底的にキレイにしていきたいけれど、やる気が出るまで時間がかかることが多いでしょう。

C

バランスを第一に考えていくタイプで、ほどほどにキレイ好きです。いつもピカピカにキレイにしていなければ気がすまないわけではありませんが、こまめに掃除していきたい方だといえます。

D

潔癖型で、いつでもキレイにしてないとイライラし、ときには神経質になることがあるタイプです。掃除にも自分なりにこだわりがあって、自分のルールに従って完璧にやりたいと思う人です。

Q17

あなたの学習能力度は？

あるイベントでリボンを渡され、「胸につけてください」と言われました。どこにつけますか？

A　胸の左上あたり

B　胸の右上あたり

C　胸の真ん中

D　かなり下の方

Answer

この質問ではあなたの学習能力度がわかります。

A

かなり学習能力があるタイプで、同じ失敗を繰り返さない人です。一度覚えたことは絶対に忘れずに、根気よく実行していきます。小さなことでも、学んでいこうという意欲も満々です。

B

学習能力があるようで、意外にミスが多いかもしれません。普段は慎重に、今まで学んだことを生かそうとしますが、アクシデントがあって慌てるとすべて台無しになってしまうタイプです。

C

目立ちたがり屋で派手好きです。一応学習したことを生かそうと努力はしますが、目立ちたいと思い、欲に目がくらむと、学習したことをすべて忘れて、暴走してしまうことでしょう。

D

おっちょこちょいなところがあり、残念ながら学習能力はあまりなさそうな雰囲気です。同じ失敗を何度も繰り返しそうですが、あまり気にせず楽天的に対処していくタイプです。この手のタイプがいると周りはフォローが大変かもしれません。

Q18

あなたは
計画実行型？

サンマを食べようと思います。
どこから箸をつけて食べ始めますか？

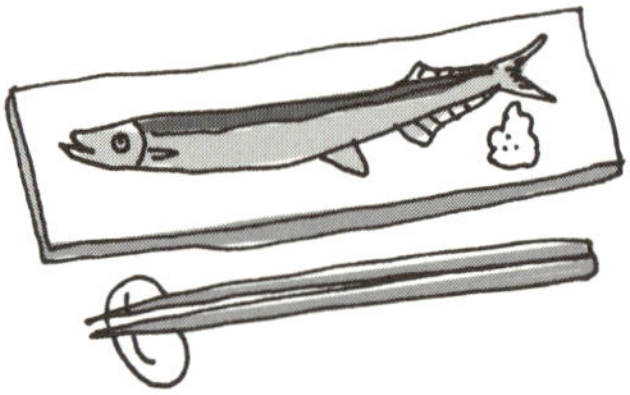

A　頭の方から

B　シッポの方から

C　真ん中から

D　その他の位置から、ちょっとずつ突っつく

Answer

この質問ではあなたが計画を実行できるタイプかどうかがわかります。

A

計画力はイマイチですが、行動力と決断力は抜群です。きちんと計画してなくても、何とかやり遂げてしまうタイプといえます。逆に、細かく計画を立てすぎると、持ち前の行動力が生かせないことがあるので気をつけましょう。

B

何をやるにも慎重に進めるタイプです。小さなことでも、念入りに計画を立てていくので、失敗は少ない方でしょう。ただし、計画に時間がかかりすぎて、行動のための絶好のタイミングを逃してしまうこともあります。

C

計画力抜群の人です。先を読む天才的なカンや突飛なアイデアを生かして計画を立て、それをきちんと実行していけるでしょう。大きな計画であればあるほど、力を発揮していきそうです。

D

アイデアはいっぱいあるのに、なかなか計画がまとまらない人です。特に１人で考えていると、いろいろなものに目移りすることがあります。良き指導者やアドバイザーがいると、計画実行が可能になることでしょう。

Q19

あなたは楽観派？
悲観派？

今、電池切れで止まっている時計があります。
この時計は、
何時を指していると思いますか？

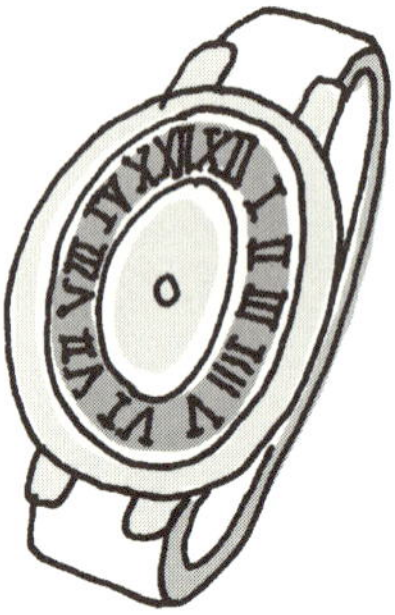

A　6時

B　10時10分

C　5時

D　8時20分

Answer

この質問ではあなたが楽観派なのかそれとも悲観派なのかがわかります。

A

どちらかというと神経質で、悲観的になりやすいタイプです。一度悪いと思い込むと、なかなか気持ちを切り替えられません。小旅行などで気分転換することで、またポジティブになれますから、適度な息抜きを心がけてください。

B

かなりの楽観派です。何か嫌なことがあったとしても、過ぎ去ったことはさっさと忘れるでしょう。ただし、忘れすぎて同じ失敗を繰り返してしまうこともあるので、要注意です。

C

一見楽観的に見えるかもしれませんが、実は心の奥底ではいろいろ考えているタイプです。反省点をリストにしてみると、これからの具体的な目標が見えてきて、心がすっきりしやる気もアップするのでオススメです。

D

かなり悲観的になりやすいタイプです。本当はたいしたことないことでも、つい悪い方へ考えてしまいそうです。1人で考え込まないで、周りのアドバイスをよく聞くのがストレスを減らすコツです。

Q20

あなたは理系？文系？

公園の中の木々に囲まれた一角に、ベンチが1つポツンと置かれていました。今は誰も座っていませんが1時間後はどうなっていると思いますか？

A　やっぱり誰も座っていない

B　女性２人、男性１人のグループがおしゃべりしている

C　カップルが愛を語り合っている

D　リスの家族がくつろいでいる

Answer

この質問ではあなたの隠れた才能が理系であるか、それとも文系であるかがわかります。

A

物事を論理的に考えて、合理的に処理していこうとするタイプで、典型的な理系の才能を隠し持っていそうです。理系的な技術を生かした仕事や趣味などに実は心惹かれていますす。機会があるのならチャレンジしてみるとよいかもしれません。

B

どちらかというと理系の才能を隠し持っていそうです。計算や分析は得意かもしれません。ただし、理系的なものだけにこだわらず、ときには文系の考えを大事にし、ときには体育会系の特徴が出ることもあります。バランスの良い人です。

C

文理ミックス型ですが、やや文系寄りの才能を隠し持っているタイプです。文章を書くのが得意で、教養や文化を大切に考えていますが、理論や数字も忘れないしっかり者かもしれません。

D

直観やひらめきの鋭さを発揮していく人で、文系の才能を隠し持っているタイプです。文系の趣味を持つことで、イキイキしそうです。美しい文章や芸術に触れると、豊かな才能が目覚めるかもしれませんのでオススメします。

Q21

あなたは
秘密主義？

ある古い蔵から「宝の地図」が出てきました。
地図の4カ所に謎の印がつけられており、
そのどこか1つに莫大《ばくだい》な
埋蔵金が隠されているといわれています。
埋蔵金が隠されているのは、
どこだと思いますか？

A 大木の根元
B 洞窟
C 滝つぼ
D 湖の近く

Answer

この質問ではあなたがどれくらい秘密主義なのかがわかります。

A

あまり隠し事のできないオープンな人で、さらに目立ちたがりで秘密を作るのが苦手なタイプです。「秘密だ」とか「ここだけの話」と念を押されれば押されるほど、しゃべりたくてたまらなくなるかもしれません。

B

自分のことは黙っておきたい秘密主義で、個人情報はがっちりガードしていくタイプです。基本的に口は堅いので信頼ができますが、その分、秘密にしなくてよいことまで秘密にして、かえって疑われることもあるかもしれません。

C

口は堅いけれど、秘密主義というより、余計なことは一切しゃべらない無駄口のないタイプです。時と場合により、しゃべっても良いことと悪いことをきちんと判断していくでしょう。

D

秘密主義というわけではありませんが、ミステリアスな秘密の匂いのようなものを好むタイプです。結局は話すことでも、最初はもったいぶったり、ミステリアスな演出をしたりすることが多いでしょう。

Q22 あなたの管理能力は？

手元に大事な書類があります。
家の中のどこかにしまうとしたら、
どこにしまっておきますか？

A　机の引き出しや収納棚

B　金庫

C　屋根裏や床下収納

D　タンス

Answer

この質問ではあなたの管理能力が見えてきます。

A

自分ではさほど感じてないかもしれませんが、お金や書類の管理は、得意な方かもしれません。一番スタンダードであるこの管理場所は、自然体で管理していける能力を物語っています。特に気合いを入れなくても、普通に管理していける人で、後のフォローも細やかなはずです。

B

金庫は、セキュリティに対して敏感になっていたり、何でもしっかり引きしめていこうという心の表れです。しかし、一見きちんとしているようで、意外に細かい管理は下手かもしれません。安全な場所に入れてしまうことですっかり安心してしまい、その後のフォローはしないことが多いのです。

C

普通は考えないような場所にしまうのは、アイデアが豊富な証拠です。ただし、凝りすぎてかえって管理に失敗することも多いかもしれません。工夫したのはよいのですが、自分で置いた場所を忘れてしまい、自分以外の人に場所がわからずに、いざという時に困るといったことが起こりやすいタイプです。

D

タンスは本来服を入れる場所ですが、そこに書類などを入れるということは、何事にもほどほどに自分らしい工夫を加えていくタイプです。お金や書類の管理にも、セキュリティや管理のしやすさなどバランスよく考えて工夫し、ほどよく管理していくことでしょう。

Q23

あなたのこだわり度は？

地球最後の日がやってくるというその前夜。
好きな人と2人で最後の食事をするとしたら、
何を食べますか？

A　ラーメン

B　お茶漬け

C　本格インドカレー

D　一流レストランのサンドイッチ

Answer

この質問ではあなたのこだわり度がわかります。

A

ラーメンは、昔懐かしいものや子どもの頃からの思い出を象徴しています。昔のことにこだわりがあったり、昔からずっとハマっているものがあったりするのかもしれません。また、１回ハマると、ちょっとやそっとのことでは飽きたりしないタイプでしょう。努力家で頑張り屋の面もあります。

B

お茶漬けは、あっさりとしたものの象徴です。１つのことにどっぷりハマったり、こだわり続けたりする気力はなさそうです。何か始めても、壁にぶつかると、すぐに諦めてしまうでしょう。レジャーなどもほどほどに楽しんでリラックスできれば満足しそうです。

C

カレーは、ホットな魂の象徴です。何かやるならば、熱意やこだわりをもって徹底的にやっていきたいタイプです。何事も半端で済ませるのが嫌なのです。また、いつも自分ならではのこだわりを持って行動しますが、ときにはそのこだわりが人から理解されないこともありそうです。

D

一流レストランは、外見を気にする心を物語っています。少しでも、カッコイイ自分を外に見せていきたいタイプです。何事も「中身」より「外見」にこだわりを持っていくでしょう。また、１つのものにどっぷりハマるというより、いつも流行の先端を行きたい人です。

Q24

あなたの
ナルシスト度は？

4つの鏡があります。
自分自身を映すとしたら、
あなたはどの鏡に映したいですか？

A　四角形の鏡

B　円形の鏡

C　三角形の鏡

D　アンティーク調の飾りのついた鏡

Answer

この質問ではあなたの自己愛度がわかります。

A

四角形は家庭の象徴です。家庭的なものや穏やかで平凡なものを求める、控えめなタイプです。自分のことはほどほどに好きでしょう。ただ、それをアピールしたり、自分の考えをゴリ押ししたりすることはなさそうです。いつも自分より家族や仲間のことを考えて行動するでしょう。

B

円は愛情の象徴です。ロマンチックな恋愛への憧れが強く、少女のような心を持っている人です。自己愛度は普通です。どちらかというと愛を与えていくタイプですが、ときには素敵な相手と愛し合っている自分を想像して、うっとりすることがあるかもしれません。

C

三角形は男性的なものや情熱の象徴です。派手な恋愛やにぎやかなことが大好きで、自分が中心にいないと嫌というタイプです。自分のやり方を第一に考えていく点では、自己愛は高めですが、いざという時は自分を犠牲にしても愛する人を守っていく力強さがあるでしょう。

D

鏡の飾りは、自分を飾りたいという意識の反映です。自分が愛おしくてたまらず、いつも素敵な自分を見てもらいたいという気持ちがある、自己愛度の高い人でしょう。自分をアピールするのは上手ですが、ときには自分をかわいがりすぎて、失敗することもありそうです。

性格診断　本当の自分を知る

Q25

あなたのグループの中での役割は？

1カ月間だけ「犬」に変身するとしたら、どの犬に変身したいですか？

A　シェパード

B　土佐犬

C　プードル

D　秋田犬

Answer

この質問ではあなたがグループや組織でどのような役割を果たしているのかがわかります。

A

警察犬や救助犬に多いシェパードは、行動力や奉仕の心を表しています。人づき合いでは、人をサポートしていく役がぴったりです。あなたのちょっとした言葉や気配りでみんなの仕事がやりやすくなりそうです。また、信頼できる相談できる相手だと思われていそうです。

B

闘犬である土佐犬は、強さや意志の力を表しています。あなたは人づき合いでも、みんなを引っぱっていく強さのようなものを示していくでしょう。どこにいても、いつの間にかグループを引っぱっていくリーダーのような役割を果たし、頼られることもありそうです。

C

プードルは、明るさやかわいらしさを表しています。グループの中で、あなたがいるとパッと明るくなる感じがするでしょう。そんなあなたはグループのムードメーカー的存在です。周りの雰囲気が悪くなっても、あなたの一言で、空気が和んできそうです。

D

秋田犬は、忠犬ハチ公のような真面目さや忠実さを表しています。あなたは、地道にコツコツと努力をしていくタイプでしょう。グループの中では、縁の下の力持ち的な存在となることが多そうです。普段は目立たなくても、いざという時にとても頼りになる人です。

Q26 

あなたの
隠れた才能は？

趣味で何かをコレクションするとしたら、
どれをコレクションしてみたいですか？

A　時計

B　切手

C　絵画や絵ハガキ

D　キャラクターの
　　マスコットやフィギュア

Answer

この質問ではあなたの隠れた才能を見ることができます。

A

時計は、時間やスケジュールを表しています。何をやるにも、きちんと計画をして、きっちりとスケジュールをこなしていきたいと考えるタイプです。そんなあなたの隠れた才能は、ディレクター的な役目や幹事などで発揮されそうです。まずは身内のイベントを仕切ってみてはいかがでしょうか。

B

コレクションの王道ともいえる切手は、伝統や古典を象徴しています。何でも基本を大切にし、古き良きものを大切にする心を持っています。古くからみんなに親しまれ、伝統のある趣味の分野で、あなたの隠れた才能が開花するかもしれません。

C

絵画や絵ハガキは美的センスを表しています。あなたには、自分らしさを何かで表していきたいという欲求がありそうです。そんなあなたの隠れた才能は、芸術の分野にありそうです。ちょっとした写真を撮ってみたり、何かを手作りしてみたりするとよいのではないでしょうか。

D

マスコットやフィギュアは、空想の世界に対する興味を物語っています。想像力も高く、少し夢見がちです。あなたの隠れた才能は、その想像力にありそうです。いろいろなことを考えては、それを文章にして発表するなどしてみるとよさそうです。

Q27

あなたの常識度は？

目の前に男女のカップルが歩いています。
2人の位置は
どうなっていると思いますか？

A　女性が右側、男性が左側の位置で並んで歩いている

B　女性が左側、男性が右側の位置で並んで歩いている

C　男性が、女性の少し前を歩いている

D　女性が、男性の少し前を歩いている

Answer

この質問であなたの常識度がわかります。

A

この位置は新しい常識を象徴しています。人並みの常識度を持っている人ですが、新しいものに敏感に反応し、少しずつ取り入れていこうという気持ちのある人です。新しい常識にも、最初は抵抗を感じるかもしれませんが、すぐに慣れていくでしょう。

B

この位置は昔からのしきたりを象徴しています。どちらかというと古くからの常識や伝統を大切にして、守っていこうという気持ちのある人でしょう。ときには、新しい常識に対応しようという気持ちになりますが、なかなかそれについていけないかもしれません。

C

この位置は今までの常識を固く守っていきたいという気持ちを象徴しています。誰よりもモラルを大切にし、常識的な行動をしていきたいという気持ちが強く、たとえその常識が古臭いといわれようと、しっかり守っていきたいと思っているでしょう。

D

この位置は強い向上心を表しています。今までの常識にとらわれずに、何か大きなことをやってみたいという野望が心の底に眠っていそうです。10年先の常識を予見して先取りしていくこともありそうですが、早すぎて誰にも理解されないかもしれません。

Q28

あなたの空想力は？

ミロのヴィーナスには手がありません。
何か手に持っているとしたら、
何を持っていると思いますか？

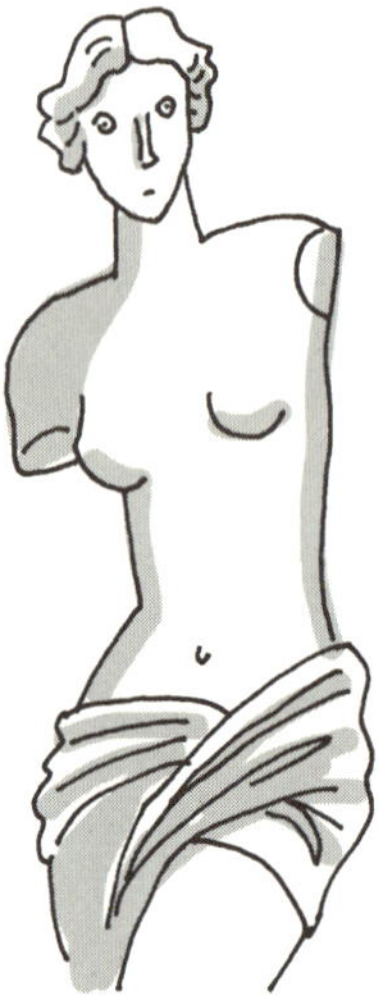

A　竪琴《たてごと》

B　ピンクの花

C　本

D　ブドウの入ったカゴ

Answer

この質問ではあなたの空想力が見えてきます。

A

竪琴は芸術の象徴です。かなり芸術的センスがあり、空想力も高い方です。空想を自分ならではの作品に仕上げていくことが好きなタイプです。自分ではあまりそのことに気がついていないかもしれませんが、一度文章を書いたり、絵を描いたりしてみると目覚めるかもしれません。

B

ピンクの花は夢の象徴です。いつも現実的なことよりも、夢のようなことばかり考え、イマジネーションを働かせて物事を解決していく人です。空想力はかなり高い方でしょう。ただ、ときどき自分の世界に入り込みすぎてしまうこともありそうです。

C

本は知識の象徴です。何かを空想するというより、知識の蓄積から物事を判断し、経験を元に考えていくタイプといえます。空想力はさほど強くないかもしれませんが、知っている知識を合わせてアレンジして、面白いアイデアをひねり出すことが可能です。

D

食べ物であるブドウは現実を表しています。花より団子と考えやすい人で、あまり空想力を働かせる方とはいえません。空想するよりも前に、まずは行動が先に出る人でしょう。空想力はあまりありませんが、他の人の空想を現実にするパワーがありそうです。

Q29

あなたの謙虚さは？

これから写真を撮るとします。
少し斜めを向いて写真を撮るとしたら、
どの角度で撮りたいですか？

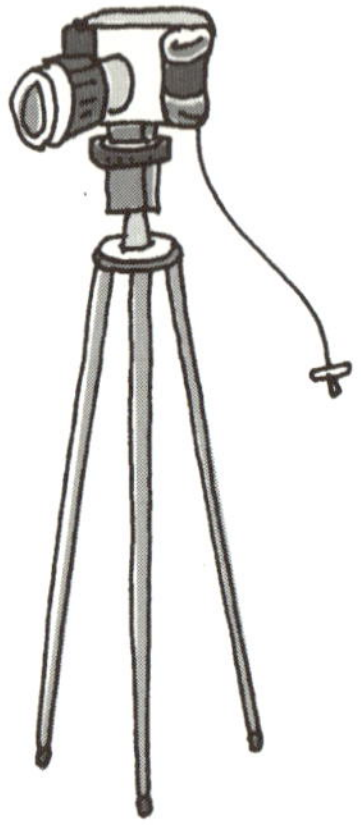

A　少し顔の左側を見せて、アゴを引く

B　少し顔の右側を見せて、アゴを引く

C　少し顔の左側を見せて、アゴを上げる

D　少し顔の右側を見せて、アゴを上げる

Answer

この質問ではあなたの謙虚さがわかります。

A

少し顔の左側を見せて、アゴを引くという答えは、安定した気持ちを表しています。人の長所や物事の良い面、人生の明るいところに目を向けやすいタイプです。肩の力を抜き、人に対しても虚勢をはって偉ぶることなく、何かと謙虚な態度でいられる人です。

B

少し顔の右側を見せて、アゴを引くという答えは、理論家であることを表しています。いつも理路整然と発言をし、自分の考えをきちんと主張していくタイプです。その意味では、あまり謙虚な方とはいえません。特に理不尽なことがあると、さらに謙虚さを失いそうです。

C

少し顔の左側を見せて、アゴを上げるという答えは、少々ナルシスト気味な傾向を表しています。自分の長所をよく知っていて、その長所を人に見せたいという意識が強いでしょう。普段は謙虚な態度を取っていても、自分をアピールすべき時には謙虚さを捨てるタイプです。

D

少し顔の右側を見せて、アゴを上げるという答えは、行動力を表しています。物事を客観的に見る目があり、決断力も抜群です。常に人の先頭に立って行動していくタイプでしょう。謙虚さはほとんどありません。少々強引な時もありそうですが、頼もしさを感じさせる人といえます。

Q30

あなたの幸運を引きつける力は？

駅の改札で待ち合わせをすることになりました。
改札は４カ所ありますが、
どの改札で待ち合わせをしたいですか？

A　北口
B　東口
C　西口
D　南口

Answer

この質問では現在のあなたの幸運を引きつける力が何であるかがわかります。

A

北口は発展力の弱さを表しています。今は、何かを手に入れるために、がむしゃらに行動していく気持ちにはなれないでしょう。幸運を引きつける力も強くはありません。ただ、今ある幸せを大事にしていきたいという、落ち着いた気持ちの時なのだといえます。

B

東口は強い発展力とやる気を表しています。何か新しいことをやりたいという気持ちに溢れている時で、幸運を引きつける力も抜群です。人間関係を大事にしていくことで、さらにハッピームードが出てきて、思いがけない幸運が舞い込んで来そうです。

C

西口はプラスとマイナスの両極端なイメージを表しています。意欲に燃えていても、ちょっとしたことで急にやる気をなくすことがあります。幸運を引きつける力にもムラがありそうです。最初から飛ばしすぎず、コンスタントに力を示す努力が大事でしょう。

D

南口は活動力に溢れている場所で、激しい動きを表しています。何をするにもかなりアクティブに動いていくので、幸運を引きつける力も強烈です。ただ、ときにはやりすぎてしまうこともありそうです。幸せをみんなで分かち合う気持ちも忘れないことが大切です。

Q31

あなたは夢見がち？

カフェで友達と
待ち合わせをしました。
先に着いたとしたら、
どの席で待っていますか？

A　壁際の端の席
B　窓際の席
C　真ん中あたりの席
D　入口の近くの席

Answer

この質問ではあなたが夢見がちなタイプかどうかがわかります。

A

壁際の端の席は、今の状況から逃避したい気持ちを表しています。現実よりも、夢のようなことばかり想像しては楽しんでいる、夢見がちなタイプでしょう。いくつになっても、心に少年少女のような夢を抱いている、純粋なところもありそうです。

B

窓際の席は順応性を表しています。いろいろなことを夢見たりしますが、きちんと現実にも順応していくタイプです。心の中には夢がいっぱいつまっていて、１人になると、急に夢見がちになるといったこともあります。ただ普段の生活では、あまりそういう面を出しません。

C

真ん中あたりの席は、極端なことを嫌い、平凡さを大切にする心理を表しています。何よりも常識を大切にして、慎重にコツコツと行動していくタイプです。ほとんど夢見がちなところはなく、大きな夢を思い描くよりも、まずは目の前の現実を大事にしていきます。

D

入口の近くの席は、細かいことにこだわらない性格を表しています。多少夢見がちなところはありますが、明るく楽しく夢を語っていくタイプでしょう。１人の世界に閉じこもらずに、みんなで楽しく夢を共有して、一緒に目標に向かって努力していきたいと考える人です。

Q32

あなたが怖いと思うものは？

広々とした空き地があります。
この空き地は
今後何になると思いますか？

A 公園

B ショッピングセンター

C 高層ビル

D ずっと空き地

Answer

この質問ではあなたにとって本当に怖いものが見えてきます。

A

公園は心の余裕や自信を表しています。基本的には特に怖いものがないでしょう。ちょっと怖いと思うことがあったとしても、あなたは決してそれを態度に表さないでしょう。怖いものなしの状態はよいのですが、自信過剰になりすぎることもあるので、周りへの気配りを忘れないようにしましょう。

B

多くの人が集まるショッピングセンターは、人への興味を表しています。人から好かれようと努力していく人で、逆にいえば「人から嫌われること」が一番怖いことだと感じます。神経質になりすぎないで、楽天的に人づき合いをしていくことが大事でしょう。

C

高層ビルは物理的なものへの興味を表しています。例えば幽霊を見てもあまり信じられずに怖いと感じませんが、火事や自然災害などが怖いと感じるタイプでしょう。普段から、ハプニングに対する備えをしっかりしておくことが、怖さを克服する秘訣です。

D

空き地は寂しさや不安を表しています。あなたが何よりも怖いと思うことは、一人ぼっちになることです。夜になると何となく不安が高まり、未知の世界や霊的なものに恐れを抱いてしまうこともあります。普段の生活でもなるべく明るく楽しく過ごすようにするとよいでしょう。

Q33

あなたの正義の味方度は？

友達がフルーツのお土産を持ってきてくれました。どのフルーツだと思いますか？

A　オレンジ

B　メロン

C　バナナ

D　梨

Answer

この質問ではあなたの正義の味方度がわかります。

A

オレンジは抜群の社交性を物語っています。誰とでも気軽につき合い、面倒見も良い方でしょう。困っている人がいたら、黙って見ていられない、かなり正義感の強いタイプだといえます。特に親しい人のためなら、たとえ損をしても正義を貫き通します。

B

メロンは大きな理想や向上心を表します。今の状態に満足せずに、正義のために行動していきたいという気持ちがあります。ただ、意外と現実的な欲望もある方なので、自分が損をすることや、世間の風波に逆らってまで正義を貫き通したいとは思わないでしょう。

C

バナナは行動力とエネルギーを象徴しています。正義のためならどんな不利な立場にいようと、一生懸命頑張っていきます。普通の人が諦めてしまうようなことでも、パワフルに立ち向かっていく正義の味方です。また小さいことでクヨクヨと悩まないタイプです。

D

梨は用心深さや落ち着きを表しています。間違っていると思うことがあっても、自分の考えだけにこだわらず、いろいろな意見を聞いて、慎重に判断していきます。たとえ正義のためでも、きちんとプラスな面とマイナスな面を考えてから行動していくでしょう。

Q34

あなたの
表現力は？

ある男性が好きな女の子に告白をしようとしています。この男性はどこで告白したら成功すると思いますか？

A 灯台の見える海辺

B 富士山がキレイに見える高原

C 観覧車のある遊園地

D 新しく完成したタワーの展望室

Answer

この質問ではあなたの表現力を見ることができます。

A

灯台の見える海辺は控えめな気持ちを表しています。何かをどう表現したらよいかはわかっていても、ついつい控えめになってしまい、なかなか相手に伝わらないことがあるかもしれません。ただ、手紙など文章で表現するのは、得意な方でしょう。

B

富士山がキレイに見える高原は、ストレートな表現力を表しています。言いたいことがある時は、下手な小細工をせずに、ダイレクトにわかりやすく表していきます。ただ、繊細な表現は苦手です。微妙な状況の時はストレートな表現力が仇《あだ》となることもありそうです。

C

観覧車のある遊園地は過剰な表現力を表しています。何をするにも、ついつい大げさになるので、相手に言いたいことがすぐに伝わります。表現力はありますが、ときには大げさになりすぎてしまい、伝えたいこと以上のことが伝わってしまうこともありそうです。

D

新しく完成したタワーの展望室は、新しいことへの興味や好奇心の高さを表しています。ネットなど最近発展してきた場でも、どんどん自分の言いたいことを表現していける人といえます。ただ、表現が斬新すぎて、周りがついてこれないといったこともありそうです。

Q35

あなたの共感力と
気配り度は？

あなたならどのトイレに
入りますか？

Answer

トイレの位置はその人との対人関係の距離でもあります。また、トイレの選び方にあなたの他人に対する共感力が表れています。

A あまり人のことを気にしない自分本位タイプ

自分の思うことをどんどん実行していくため、人の好みもはっきりとしています。燃える時には異常に燃えますが、嫌になる時には別人のように人嫌いになります。

B 積極的で物事にこだわらないさっぱりタイプ

さっぱりとしていて好き嫌いの激しいタイプです。自分流の考え方を大切にし、正しいと思うことを貫こうとしていきます。自分と同じような合理的考えを理解してくれる人に惹かれることでしょう。

C 人並みに何でもやるタイプ

人気も高いし、つき合えばつき合うほど味があります。フェロモン度が一番高いでしょう。惚れられるのも惚れるのもスピーディーです。

D 殻に閉じこもりやすいタイプ

用心深く警戒心があり、自分の世界に閉じこもりやすい人です。なかなか近寄りにくいイメージを与えます。異常なほど人の好き嫌いがあり、ヘソ曲がり屋さんです。ただ、このタイプの人が惚れたり惚れられたりすると、人が変わったように興奮するでしょう。

Q36

あなたの自立度は？

あなたはパーティー会場に着きました。
まだ客はまばらで
あなたの知らない人ばかりです。
あなたはどこに向かいますか？

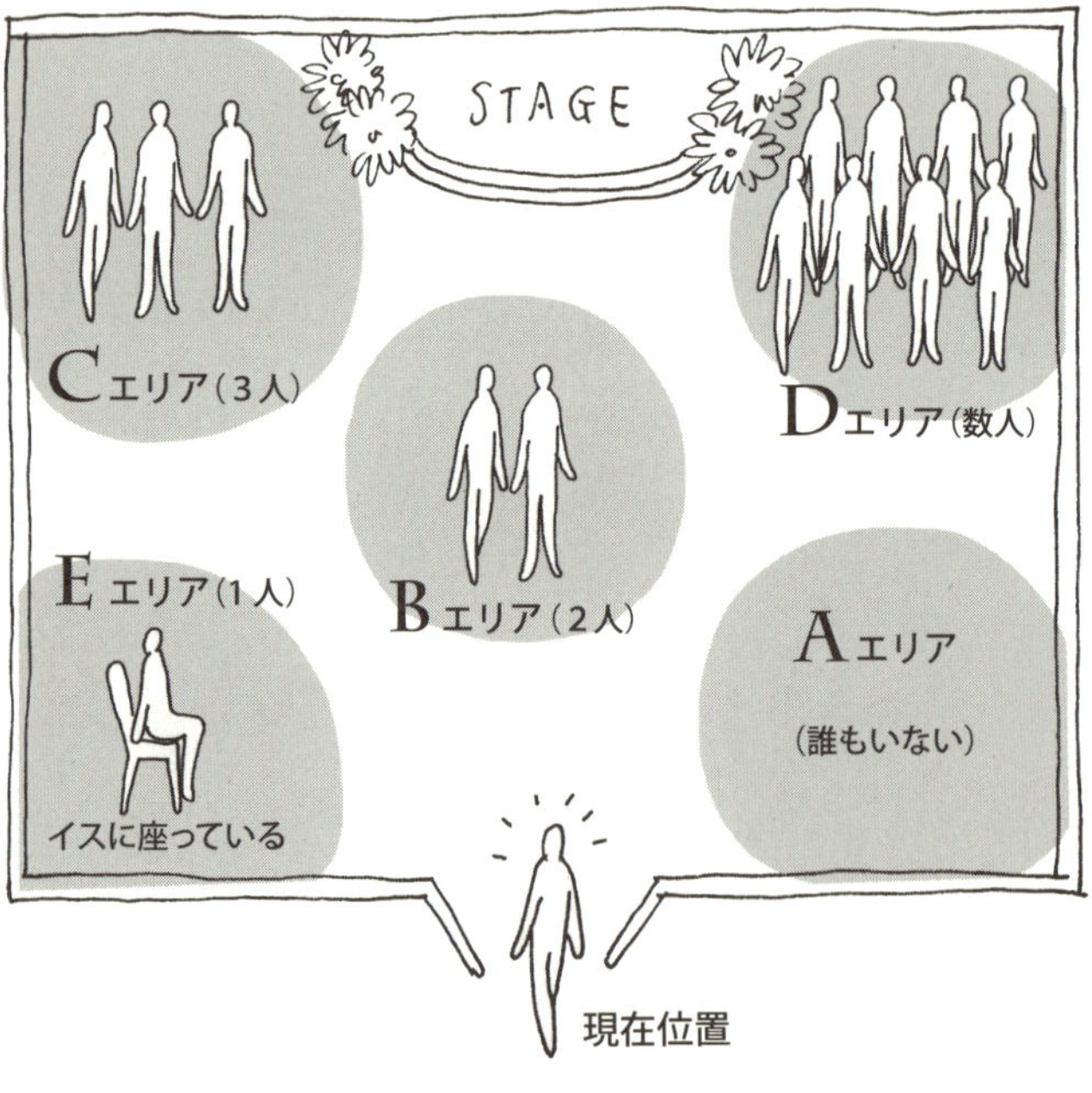
STAGE
Cエリア（3人）
Dエリア（数人）
Eエリア（1人）
Bエリア（2人）
Aエリア
（誰もいない）
イスに座っている
現在位置

Answer

どれくらいの人が居て、どの場所に向かうかで、あなたの自立度がわかります。

A

いつも誰かに甘えていたい、頼りたいといった気持ちが強い人です。1人でいるとわけもなく寂しくなり、友人などに手あたり次第、電話やメールをしてしまったりするのではないでしょうか。1人で決断をするのは苦手なようですが、決めたことをすぐ実行するように心がけるとプラスになるでしょう。

B

人をあてにするよりも、思い立ったらどんどん突き進んでいくといった大胆な人です。人にあれこれ言われることを嫌い、ときには自分の判断だけで強引な行動を取ってしまうこともあります。優れた判断力を持っているのですが、周りの意見に耳を傾けることも大切です。

C

一見すごくしっかりしているように思われがちですが、本当は迷ったり寂しくなったりすることが多い人です。ただ、表面には出さず、強がってしまうことが多いようです。前向きなのはよいのですが、素直に人に頼ったり甘えたりすると、もっと視野が広がるはずです。

D

あまり無理をせず、人に対して変な闘争心を表さない温和な人です。人の気持ちを思いやり、誰とでも調和できる順応性があります。寂しいと思うことがあっても、人に頼りすぎず、自分で気持ちの切り替えができているようです。このタイプの人は、今のままマイペースでいくことが何よりも大切です。

E

相手によって対応ががらりと変わってしまう人です。つかみどころのない人と思われやすいようなので、ときには自分の考えをはっきりと相手に伝えることが重要です。

Q37

あなたの願望は？

４種類の映画のシーンがあります。
もし、あなたが映画監督なら
どのシーンを最初に持ってきますか？

SCENE A

SCENE B

SCENE D

SCENE C

Answer

それぞれのシーンには象徴されているものがあります。あなたの深層心理が影響されているといえます。

A

　車は心の中の大きな変化や野心、自己主張を表しています。日常の単調な生活に飽き、行動的な意欲を燃やそうとしている人はこのシーンを選ぶことが多いとされています。ただし、車は虚栄心の象徴でもありますので、ひょっとしたら、見栄っ張りな面がある人なのかもしれません。

B

　ベッドは安心感や休息を表しています。何かに頼りたいとか、安心感を得たい、落ち着きが欲しい、ゆっくりと休みたいという潜在的な欲求がある人が、このシーンを選ぶといえます。本来、眠るということは１日の終わりにくるものです。それが最初に来るわけですから、精神的疲労はかなり高いといえます。

また、ベッドはセックスシーンも意味しますので、たんに性的願望が満たされていない、ということも考えられます。

C

　男女２人だけの語らいは協調性の象徴です。協調的な面も持ちつつ、自分の自由な行動を求める気持ちが強い人がこのシーンを選ぶことでしょう。また、女性が選んだ場合は男性の命令されるままになりたいという意識が働き、男性では女性を自分の思うままにしたいという願望が見え隠れします。

D

　１人で外を眺める女性は孤独やスタートを表しています。寂しさや孤立、孤独、社会的に頼れない状態を意味しています。内向的で自分の殻に閉じこもりやすい人が選ぶシーンです。このタイプの人は自分が信頼した人に対してはとことん盲従的になる側面があります。

Q38

今の生活の満足度は？

友人が旅行のおみやげに、変わった形の珍しい花ビンをくれました。この花ビンを家のどこに置きますか？

A　玄関

B　リビング

C　ベッドルーム

D　しばらく押入れにしまっておく

Answer

この質問ではあなたの今の生活に対する満足度がわかります。

A

玄関は今のあなたの意識が外に向かっていることを表しています。向上心でいっぱいの時だといえます。今の生活も悪くはないけれど、外に飛び出して、もっといろいろと吸収したいと思っているのではないでしょうか。新年度からは何か新しいことを始めたいという気持ちもありそうです。

B

リビングは安定した気持ちを表しています。今の生活にかなり満足し、これからもずっとこの生活をキープしていきたいのでしょう。派手に活躍するよりも、小さな幸せを大切にしたいという気持ちも強い時です。反面、大きな変化は望んでいないでしょう。

C

ベッドルームは安らぎを求める気持ちを表しています。今の生活にはそこそこ満足していますが、少しこのへんで一休みして、気分転換をしたいという気持ちが高まっていそうです。部屋のインテリアを少し変えてみると気持ちがリフレッシュできそうです。

D

しばらく押入れにしまっておくという答えは、欲求不満を物語っています。今の生活に不満があり、寂しい気持ちがつのっている時でしょう。人間関係が何となくしっくりいかない部分があるのかもしれません。たまには周りと本音で語り合いをしてみましょう。

Q39

今のあなたの
やる気の源は？

目の前に真っ白な大きな紙があります。
この紙に次の図形を1つだけ書くとしたら、
どの図形を書きたいですか？

A　丸

B　三角

C　四角

D　バツ

Answer

この質問であなたのモチベーションの高め方がわかります。

A

丸い図形は愛情や恋愛への憧れを象徴しています。今は恋人や愛する人、大切な人のために、やる気を燃やして頑張っていける時だといえます。また、誰かに愛されている、誰かに必要とされているという思いも、やる気を高める源になっていきます。

B

三角形は仕事や金銭に対する願望や期待を表しています。出世したい、もっとお金を稼ぎたい、セレブな生活をしたいといった願望が、やる気を高める源となる時といえるでしょう。お金につながらないことには、あまりやる気を感じないこともありそうです。

C

四角い図形は家や組織を象徴しています。家族みんなの幸せや職場全体の繁栄などを考えて、やる気を燃やしていく時だといえます。家族のための家を買う、家族で旅行に行くといった具体的な目標があるとさらにモチベーションがアップしそうです。

D

バツやクロスマーク、交差している図形は、人との交わりを表しています。何をやるにも、人間関係がやる気の源になっていく時でしょう。グループでやることには意欲的でも、自分一人きりでやらなければならないことには、なかなかやる気が出ないことがありそうです。

Q40 あなたの心の健康度は？

A テスト

TEST 1

マラソンで今、先頭の3人が走っています。この3人のうち、誰が1位になると思いますか？

A　背の一番高い真ん中の男性
B　少し太り気味だが、頑張っている左端の男性
C　背は一番低いが、ピッチを上げている右端の男性

TEST 2

男性がボートに乗って湖の上で釣りをしていますが、どんなものが釣れたと思いますか？

A　途中で切れて何もかからない
B　大きな魚
C　ゴミ

TEST 3

若い女性が深刻そうに電話で話をしています。誰と何を話していると思いますか？

A　ボーイフレンドと別れ話
B　友人（女性）と自分の悩みを相談中
C　家族と父親の病気のことで

TEST 4

オフィスで3人の女性が何か話し合っています。いったい、どんなことを話し合っていると思いますか？

A　退社後の食事のこと
B　来週の旅行のこと
C　会社を休んでいる同僚のこと

TEST 5

あなたがデートや友人との約束で遅れるのは、たいていはどんな理由ですか？　次の中で、一番多いと思う理由を選んでください。

A　ラッシュにぶつかって予定が狂うため
B　忙しくてつい遅れるため
C　予定の立て方が悪いため

TEST 6

大切な用件を頼まれて家を訪問する時、あなたは約束の時間の何分前にドアをノックしますか？

A　約束の時間ぴったりにノックする
B　5分前にノックする
C　相手の都合もあるから、2～3分遅れてノックする

TEST 7

次の図形を見て、あなたが最初に思いつくのは何ですか？

A　スイス
B　赤十字
C　キリスト

TEST 8

「4」の数字を見て、あなたは何を連想しますか?

A　テレビのチャンネル

B　呼び出しの番号札

C　不吉な数字

TEST 9

女の子が道で手を挙げてヒッチハイクのサインをしています。今、1台の車が近づいてきました。さて、この後どうなると思いますか?

A　止まるが断わられる

B　女の子の顔を見て止まって乗せてくれる

C　そのまま走り去る

TEST 10

気づかずに消費期限が10日前に過ぎた牛乳を飲んでしまいました。あなたならどうしますか?

A　すぐに病院に行く

B　気にしないで様子を見る

C　吐き出す

B テスト

TEST 1

机の上は整理してある方ですか?

A　はい

B　いいえ

TEST 2

電話で話す声は大きい方ですか？

A　はい

B　いいえ

TEST 3

ニックネームで呼ばれることが多いですか？

A　はい

B　いいえ

TEST 4

嫌なことがあった時はふさぎ込む方ですか？

A　はい

B　いいえ

TEST 5

みんなの前で話をしたり自分の意見を言えたりしますか？

A　はい

B　いいえ

TEST 6

あなたの顔の形はどちらかというとほっそりしている方ですか？

A　はい

B　いいえ

TEST 7
ちょっとでも時間があるとおしゃべりをする方ですか？

A　はい
B　いいえ

TEST 8
電話で話している時、何かをいじくり回すクセがありますか？

A　はい
B　いいえ

TEST 9
机の上に何か飾ってありますか？

A　はい
B　いいえ

TEST 10
電話では丁寧な話し方をする方ですか？

A　はい
B　いいえ

TEST 11
「そうですね」といった相手に同意をする言葉をよく使う方ですか？

A　はい
B　いいえ

TEST 12
毎朝、決まった体操などをしていますか？

A　はい
B　いいえ

TEST 13

真夏の昼食だとするとどちらを食べますか？

A　さっぱりしたそば

B　こってりしたヤキソバ

TEST 14

日曜日、何もすることがない時は寝ていることが多いですか？

A　はい

B　いいえ

TEST 15

クラシックコンサートに誘われたら行きますか？

A　はい

B　いいえ

TEST 16

ベストセラーといわれる本は必ず読む方ですか？

A　はい

B　いいえ

TEST 17

友人と旅行するとしたらどちらに行きますか？

A　海

B　山

TEST 18

自分で料理をして食べるのが好きですか？

A　はい

B　いいえ

Answer

AテストとBテストの合計点からあなたのタイプを判定してください。

Aテスト

	A	B	C
テスト1	3	5	1
2	3	1	5
3	1	3	5
4	3	1	5
5	1	3	5
6	3	5	1
7	1	3	5
8	1	3	5
9	5	1	3
10	5	1	3

Bテスト

答えAは2点、答えBは0点で計算します。

Aテスト合計点 / Bテスト合計点	10点〜22点	23点〜36点	37点〜50点
0〜10点	B	D	E
12〜22点	A	C	D
24〜36点	A	B	C

A コツコツ努力安全型

コツコツと地味に努力していく安全型です。パッと派手なことや目立つことよりも、まず自分の能力に応じたもの、ぴったりしそうなものを選んでいこうとします。みんなと一緒にやったり、グループの中で自分の力を伸ばしていくことが、あなた自身をさらに伸ばす最良の方法といえます。今の生き方を大切にしながら、目標を立てていくことがプラスです。

目立つことより、何でも平均的にやっていくことに喜びを感じていきます。流行だからやる、みんながやるから自分もやるということが嫌いなあなたは、今の自分の生活を大切にし、決して派手になりません。1年間とか長期的な目標を立てて、自分の健康づくりをし、趣味の勉強に力を注いでいくタイプでしょう。たとえ地味でも、知識や技術を身に着けることができるようなものが最適です。

職場や学校、地域のサークル活動に参加したり、スポーツクラブやスイミングクラブなどに加入したりするのも、あなたの気持ちに合うはずです。

B とことん理想追求型

大きな夢や理想を大切にし、自分の才能をいろいろなところで発揮していこうとする理想追求型です。いつも大きな夢を持ち、みんながやらないようなことをやりたくなります。

自分から進んで何かをやっていこうという意欲も溢れています。

ただし、本当に自分に合ったものを見つけるのに骨が折れ、また飽きっぽくなりやすいのが欠点です。あれもこれもと欲を出しすぎて、結果的にはどれも中途半端になることも多いでしょう。

その反面、熱中凝り性型とでもいえるあなたは、必要以上にその分野を追求して、極めようとしてしまうところがあります。趣味で始めたことが専門家に近い実力になってしまうとか、つい、それに夢中になりすぎて、肝心のことがダメになるということがあります。

あなたにとって重要なことはバランスです。ほどほどにしようという気持ちを少しでも持てば、さらにあなたはイキイキとします。

あなたは頭を使うことより、どちらかといえば、身体を使うことでエネルギーを発散させることがよいでしょう。

C 猪突猛進ムラッ気型

いろいろな人と接して、普通の人が目をつけないようなことや、諦めてしまうようなことも、粘り強く実行していけるタイプです。

少しくらいの失敗や嫌なことではくじけないでしょう。

何か自分で始めるものを見つけると、あなたはイキイキとしてきます。

ただ、気分屋で三日坊主になりやすいところもありそうなので気をつけましょう。変わったものを狙いすぎるよりも、まずは1つのことを完成するという気持ちになってみることがプラスです。

何かを始める時には、それに必要な準備に時間や金をかけすぎて、いよいよそれを始めるというころには飽きてしまうとか、やる気が薄れてしまうことがあるかもしれません。

例えば、テニスを始めようという気持ちになると、ラケットやシャツに凝りすぎて、結局はテニスを始める頃には、やる気がなくなってしまうのです。

D パッとひらめきアイデア型

個性的なアイデアタイプです。アイデアを出して、自分の特技や個性を生かしていくことでしょう。

みんなと一緒になってやっていくことより、1人でコツコツと研究をし、自分の好みに合ったものを大切にしていく人です。器用さがあり、思いつきが素晴らしく、研究心も旺盛です。

個性的でありながらムード型なところもあるため、人がやっているようなことに気を向けることより、みんなが目をつけないことをやってみたいのです。

また、そのようなユニークなことをやっているのだ、という満足感があなたを人間的にも高めていきます。ヨガや禅に凝ったり、神秘的なものに関心を持ったりするという人もいるでしょう。

あなたの心の中には、いつも詩人のような夢を求める願望がいっぱいです。

E 無関心なりゆき任せ型

何をやってもある程度まで力を伸ばしていけるのに、無気力でやる気を起こさない無関心でなりゆき任せタイプです。

一歩一歩、自分の力を伸ばしていける素質を持っていながら、その力を表しません。

良い先輩や良い指導者に恵まれると、大きなやる気を伸ばしていきます。誰か信頼できる人、心を惹かれるような人から励まされると、やる気を燃やすことがあります。

ただし、そういった縁がないと何もしないで、つい無駄に月日を過ごしていってしまうでしょう。

無関心なりゆき任せ型のあなたは、何をするのも面倒に感じ、なかなかその気になれません。

疲れやすいとか仕事が忙しいとか、毎日の生活に何となく張りがなくなりそうになる感覚はありませんか。

ひょっとすると、周りのことにも興味が薄れ、身だしなみにもあまり気を配れなくなりはじめているのかもしれません。
本を読んだり、人と話し合ったりという機会を、自分から多く作ってみようとすることが大切です。
失敗を恐れすぎるのが欠点です。まず何か大きな夢を、自分で育ててあげようとすることが、あなたには必要です。

COLUMN.1

”嫌いな色であなたのタイプがわかる②“

好きな色がその人のタイプを表すように、嫌いな色からもその人の傾向が読み取れるのです。逆転の発想で、「嫌いな色は?」と相手に尋ねてみてください。そこには隠された本心が見えてくるはずです。

黄色が嫌いな人

極めて常識人です。その反面、空想力やロマンチストな面が薄く、それを嫌います。自分が真面目であるがために、相手にもそれを求めることが多いでしょう。

紫色が嫌いな人

知性的で感性の鋭いタイプです。物事の批評・批判は誰よりも鋭く、キツイでしょう。とはいえ、一人ぼっちの孤独には耐えられないタイプですから、常に自分の趣味などを共有できる相手を求めていきます。

Q41

今のあなたの金運度は？

ゴリラの血液型がわかったそうです。
いったい何型だと思いますか？

A　A型

B　B型

C　O型

D　AB型

Answer

この質問で今のあなたの金運がどれくらいあるのかがわかります。

A

金運は堅実です。無理なお金儲けはしないので、一気にお金が手に入るということもなさそうです。ギャンブルは当て外れ、欲を出すと大失敗することもあります。かえって節約が上手になるかもしれません。

B

強烈な金運のある時です。新しいことに進んで挑戦しようというやる気も高まっています。失敗もありそうですが、お金を失うとかえって意欲を燃え上がらせ、すぐに盛り返すことができそうです。

C

金運は普通といえます。お金をジャンジャン儲けていこうという気持ちは少なく、ほどほどに稼いで、ほどほどに使っていこうという時なのです。お金よりも、心を大切にしていきたいのかもしれません。

D

人が目につけないところに目を向けて、お金儲けをしようという個性派です。常に大胆なために、儲けも大きいけれど、失敗する時も大きいので、結果的には金運に恵まれないこともありそうです。

Q42

あなたは浪費型？
貯蓄型？

コインロッカーに荷物を入れようと思いますが、
ロッカーが４つしか空いていませんでした。
どのロッカーに荷物を入れますか？

A　真ん中にあるロッカー

B　一番左下

C　一番右上

D　今いる位置から一番近い、右よりの上から２段目

Answer

この質問ではあなたが浪費型なのか、それとも貯蓄型なのかがわかります。

A

少しずつ貯めるのは性に合ってない、浪費タイプです。ガンガン稼ぎ、パッと派手に使いたいという願望が強そうです。お金はあまり貯まらないかもしれませんが、その分、人一倍エンジョイできることでしょう。

B

何か目標があればきちんと貯蓄していけますが、普段はほどほどに貯めて、ほどほどに使っていくタイプです。バランスが良いのですが、お金がしっかりとあったとしても、あまりに浪費をしすぎると、一気に不安が高まることがあります。

C

大儲けしようというよりは、少しずつでも貯金をしたり、今持っているものを守ろうという気持ちの強い、典型的な貯蓄タイプです。変な欲を出すと途端に痛い目に合うことが多いのがこの手の人です。

D

お金のことはあまり深く考えてない楽天家タイプです。手元にお金があるとつい浪費傾向に走ります。ただ、お金を人任せにしやすいので、貯蓄を勧められれば、素直に従っていくこともあります。

金運　本当の自分を知る

Q43

あなたの
太っ腹度は？

ある億万長者が亡くなり、遺産として都会の豪華マンションがあなたに譲られることになりました。もしこの部屋を貸すとしたら、次の誰に貸したいですか？

A　テレビタレント

B　銀座の高級クラブのマダム

C　一流企業の社長

D　医師か弁護士

Answer

この質問ではあなたの太っ腹度がわかります。

A

テレビタレントは、派手さを象徴しています。華やかなことを求め、ちょっぴり見栄っ張りなため、気分が乗るとジャンジャンおごってしまうような太っ腹なところがあります。異性からのオダテにも弱く、気づくと財布の中身が空っぽといったことがあるかもしれません。

B

高級クラブのマダムは、変化を象徴しています。お金に対する感覚が鋭く、何にいつお金を使ったら一番得するか、わかっているようなところがあります。相手次第で大胆に太っ腹になることもあれば、価値のないことには一銭もお金を支払わないこともありそうです。

C

一流企業は、堅実さや安定を象徴しています。どんなにお金があっても、つい節約モードになってしまい、太っ腹にはなれません。また、おごったりおごられたりするよりは、きっちり割り勘にした方が、気が楽なタイプです。ときには細かすぎるといわれることがあるかもしれません。

D

医師や弁護士は、専門の技術やプロフェッショナルさを象徴しています。人から見たら、一見くだらないと思うことにも、満足できるものや自分の専門分野には、太っ腹にお金を出していくようなことがあります。他人から見たら損をしているようでも、自分の中では満足度はかなりアップするタイプです。

金運　本当の自分を知る

Q44

あなたにぴったりなお金の貯め方は？

知り合いにお土産を買おうと思ったら、
同じ値段で次の４種類のものがありました。
どれを選びますか？

A　一番大きいケースに入ったもの

B　中くらいの大きさのもの

C　一番小さいケース

D　面白いパッケージのもの

Answer

この質問ではあなたにぴったりのお金の貯め方がわかります。

A

大きなケースはダイナミックさを表しています。あなたには、お金も大胆に貯めて増やしていく方法が合っています。お金を上手く運用して、さらにお金を増やしていく方法がぴったりでしょう。しかし、まずはお金の仕組みについて、徹底的に勉強することが大事です。

B

中くらいの大きさは、何でもほどほどにやっていこうという心理を表しています。そんなあなたには、毎月一定額のお金を積み立てるとか、毎日百円ずつ貯金箱に入れるなど、少しずつコンスタントに貯めていく方法がぴったりです。余裕ができたら増額するとよいでしょう。

C

小さなケースはストイックさを表しています。そんなあなたには、好きなものをやめて、その分を貯金に回すといった方法がぴったりでしょう。例えば、外食の回数を減らすとか、旅行を我慢するなど、好きなことを1年間我慢するだけでも、かなりの額が貯まりそうです。

D

面白いパッケージはオリジナリティを象徴しています。あなたには、自分ならではのアイデアでお金を貯めていくことがぴったりです。例えば、毎日財布に残っている小銭を全部貯金するなど、どのような方法でもＯＫです。自分で考えた方法なら長続きするはずです。

Q45

あなたの行動力と金運は？

男女2人の後ろ姿を見てください。
あなたが男性ならば男性の、
女性ならば女性の
年齢を答えてください。

Answer

このテストでは答えた年齢があなたよりも年上から年下かで、あなたの行動力を判定します。

自分より年下と答えた人

あなたは積極的でバイタリティー溢れる人です。常に高い理想を掲げて前に進んでいくことでしょう。ただし、あまり度が過ぎるとあなたの行動力も世間知らずなものになってしまうので気をつけてください。

自分と同年齢と答えた人

おそらくあなたは現状に何ら不満を抱いてはいないでしょう。周囲から見てもとても幸せそうに見えるはずです。異性・同性を問わずに人気があり、親しみを持たれることでしょう。

自分より年上と答えた人

あなたは消極的で弱気なタイプといえます。年は若いのに年寄りじみた考え方をしているのかもしれません。ときには自分の殻を破るとか、羽目を外すというのもあなたには必要です。

また、あなたが答えた年齢の１の位の数字が何であるかによって、あなたの金運を見ることができます。

１の位が０と答えた人（20歳・30歳・40歳など）

あまり物事にこだわらず、ギャンブルなどでしばしば大穴を当てるタイプです。その反面、金遣いが荒く、お金はあまり貯まりません。

１の位が５と答えた人（25歳・35歳・45歳など）

お金儲けが上手く、かつ、それをしっかりと貯めるタイプです。あまり冒険はしませんので、ギャンブルで儲けるということはなさそうですし、不向きといえます。

１の位が２や３と答え人（22歳・33歳・43歳など）

あなたは少しばかり神経質なタイプといえます。そして、どちらかというとケチな方です。無駄遣いはしませんが、あまりお金儲けが上手い方でもありませんから、何かとお金に苦労するといえます。

Q46

あなたの金運は？

人生にとって大切なものの1つに「お金」があります。「金は天下の回りもの」といいますが、ここには当然、運が絡んでいます。あなたは金運に恵まれている方なのでしょうか？

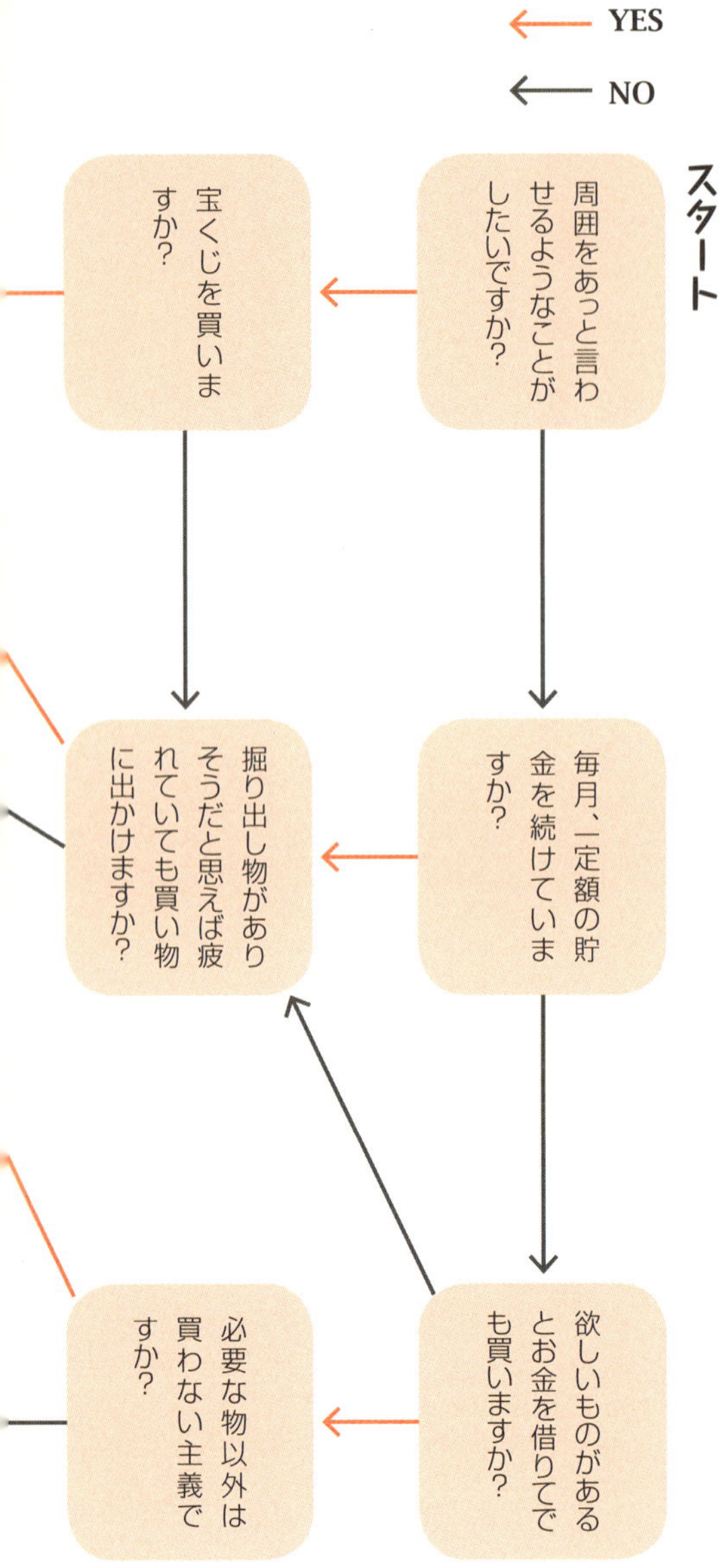
YES
NO
スタート
周囲をあっと言わせるようなことがしたいですか？
宝くじを買いますか？
毎月、一定額の貯金を続けていますか？
掘り出し物がありそうだと思えば疲れていても買い物に出かけますか？
欲しいものがあるとお金を借りてでも買いますか？
必要な物以外は買わない主義ですか？

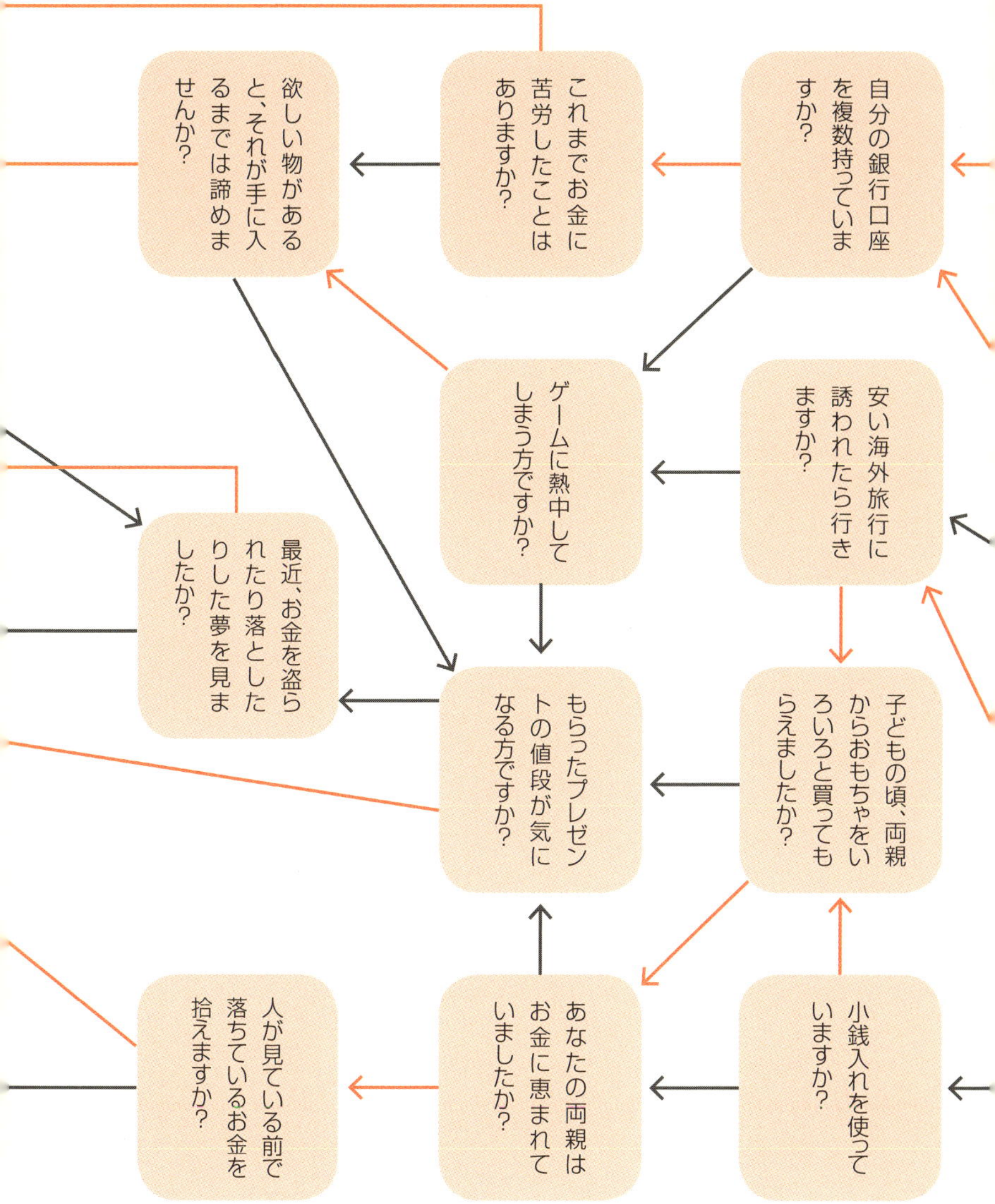
自分の銀行口座を複数持っていますか？
安い海外旅行に誘われたら行きますか？
子どもの頃、両親からおもちゃをいろいろと買ってもらえましたか？
小銭入れを使っていますか？
これまでお金に苦労したことはありますか？
ゲームに熱中してしまう方ですか？
もらったプレゼントの値段が気になる方ですか？
あなたの両親はお金に恵まれていましたか？
欲しい物があると、それが手に入るまでは諦めませんか？
最近、お金を盗られたり落としたりした夢を見ましたか？
人が見ている前で落ちているお金を拾えますか？

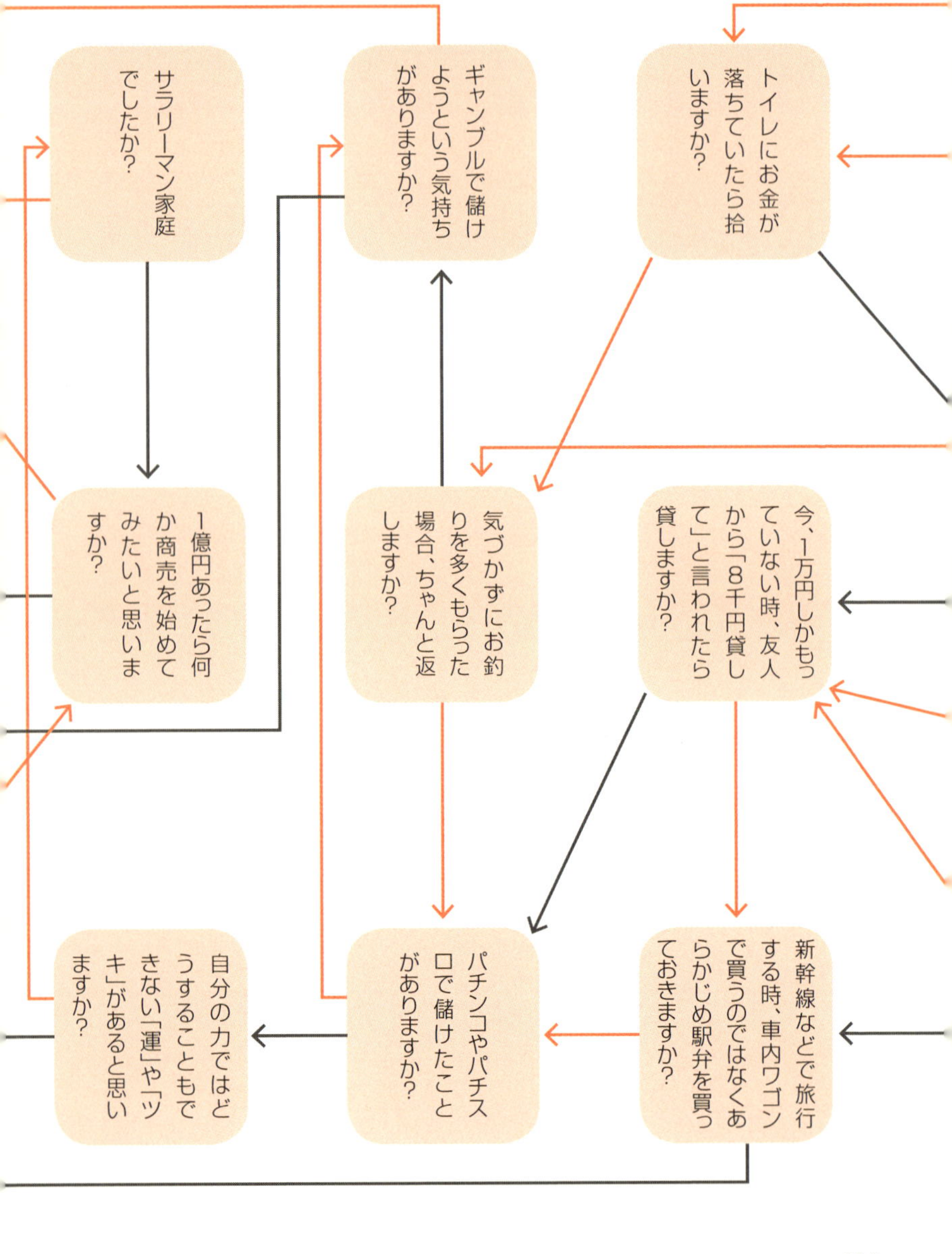
トイレにお金が落ちていたら拾いますか？

今、1万円しかもっていない時、友人から「8千円貸して」と言われたら貸しますか？

新幹線などで旅行する時、車内ワゴンで買うのではなくあらかじめ駅弁を買っておきますか？

ギャンブルで儲けようという気持ちがありますか？

気づかずにお釣りを多くもらった場合、ちゃんと返しますか？

パチンコやパチスロで儲けたことがありますか？

サラリーマン家庭でしたか？

1億円あったら何か商売を始めてみたいと思いますか？

自分の力ではどうすることもできない「運」や「ツキ」があると思いますか？

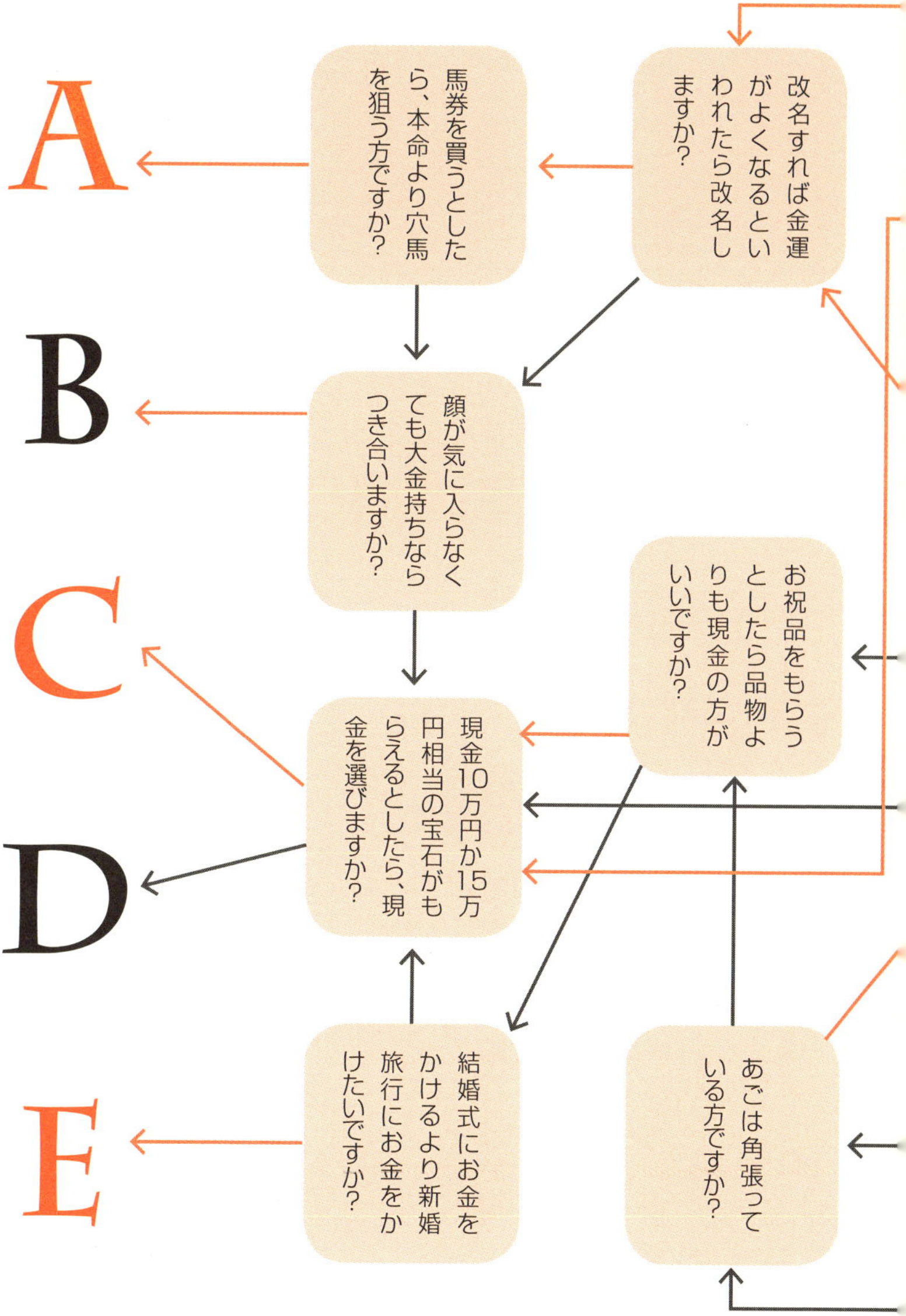
改名すれば金運がよくなるといわれたら改名しますか？
馬券を買うとしたら、本命より穴馬を狙う方ですか？
顔が気に入らなくても大金持ちならつき合いますか？
お祝品をもらうとしたら品物よりも現金の方がいいですか？
現金10万円か15万円相当の宝石がもらえるとしたら、現金を選びますか？
あごは角張っている方ですか？
結婚式にお金をかけるより新婚旅行にお金をかけたいですか？
A
B
C
D
E

Answer

A 思いがけず大金を手にする

金運には恵まれたタイプです。しかも、自分でコツコツと蓄えるというよりも、思いがけなく大金を手に入れることができます。その最初のチャンスは20代前半にやってくるかもしれません。不動産や親の遺産、投機などで思わぬ大金が入ってくる可能性があります。

あなたの性格からすると、平凡なことでは満足できず、一発勝負に憧れ、ギャンブルや宝くじに大きな関心を持ち、実際にチャレンジすることもあるでしょうが、それに凝りすぎて生活のすべてをダメにするということはなさそうです。

30代では自分のアイデアで発明したり普通の人が目をつけないビジネスで当てたり、株などで大儲けをしたりするチャンスがあります。また、女性なら男性と対等に始めたビジネスで成功するとか、結婚した相手がその後大金持ちになるといったケースがあるかもしれません。この年代に上手くお金をつかみ、それをさらに増やしていく手腕があれば、巨万の富を得ることも夢ではありません。しかし、こうした思わぬ大金は自分のためにならないことに使われてしまったり、他人に騙し取られたりする危険性が高いので十分に気をつけましょう。特に、異性問題で浪費しやすいでしょう。

ですが、このタイプの人は仮に自分のお金がゼロになってもあまり気にしません。いつかまた手に入るという夢を持っているからです。

50代までは何とかお金に困らない生活を続けることができますが、60代以降、今までにつかんだお金を失うと、それを取り戻すのに大変な苦労をし、お金に不自由することになります。

B お金儲けに焦りは禁物

残念ながら、あなたはあまり金運があるとはいえません。若い時からなかなかお金に恵まれず、他人を羨むことも多かったと思います。しかも、あなたはお金儲けをしようとしてもかえって損をしてしまうタイプです。

というのは、単純に「お金を得たい」という気持ちが先に走りすぎてしまい、ギャンブルなどで大穴を狙い、元手までなくしてしまうからです。

特に、22歳～28歳ぐらいまではお金儲けの欲望ばかりが出てしまい、コツコツと地道にお金を貯める気持ちにはなれないでしょう。失敗するとさらに次のお金儲けで挽回しようという金銭欲ばかりが高まるはずです。

女性の場合には、結婚してから夫に金銭的な不満をぶつけてしまい、家庭のトラブルへと発展させるおそれがあります。男性の場合では、脱サラや転職を考えて、目先のお金儲けに焦りすぎて大失敗をすることがあるかもしれません。

このタイプの人は、30歳～40歳の間が最も重要です。この時期にしっかりとお金を貯めておかないと50歳を過ぎてからお金に苦労することになりそうです。自分の子どもや兄弟から恨まれて、敬遠されて寂しい思いをすることになるかもしれません。

あなたの一生の金運を良くする唯一の方法は、慎重な倹約主義を貫くことだけです。そして、できるだけ多くのお金を貯め、それをあなたができる範囲で有効に使い、できるだけ多く持ち続けるように努力することです。

あなたはむしろ、インフレ時代にコツコツとお金を貯めて、それを元に財産を築いていく方法が向いています。

社会変動の激しい時や経済が混乱した時などに、今までの蓄財が力を発揮するはずです。

C 尻上がりで良くなる金運

あなたは尻上がりに金運が良くなるタイプです。子どもの頃はあまりお金に恵まれず、お小遣いも少なくて不満を持ったことが多かったかもしれませんが、しかし、20代、30代と年齢が上がるにつれてかなりの貯金ができてきます。

あなたはめったに浪費しませんし、借金をするのも大嫌いな性格です。自分のお金はもちろん、他人のお金も含めて、お金の扱い方をよく知っているといえます。

着実な利殖を実行していくタイプですから、ハイリスクハイリータンの投機やギャンブルには見向きもしないでしょうし、そもそも、向いてはいません。

一歩一歩着実に貯金を増やし、気がついた時には他の人よりも数倍もお金が貯まっていることになりそうです。しかし、お金ができたからといって急に派手になったり、金遣いが荒くなったりはしません。周囲からはあまりお金持ちだとは思われない生き方をするでしょう。

このタイプの人は、40歳前後に大きなお金儲けのきっかけをつかむことがあります。社会経済の変化の際、持っている不動産や株、宝石などが値上がりし、自分のやっている商売などで億万長者となるチャンスが出てくるのです。たとえこのチャンスを逃したとしても、小金は貯まりますから、老後はお金に不自由なく暮らせることでしょう。

D 生かし切れないお金儲けの才覚

あなたはお金に不自由しませんが、そうかといってお金の貯まるタイプでもありません。

あなたにとっては「金は天下の回りもの」という意識が強く、楽しみに買うためのものでこそあれ、銀行などに預けるものではないということなのです。

もちろん、貯金に対する関心は全くといってよいほどありません。

予算を立てて節約をするといったことが苦手ですし、その上、お金に寛大なところがあり、贈り物などをすることに非常な喜びを感じる性格ですから、自分のためというよりも他人のためにお金を使ってしまうことがよくあるでしょう。

また、見栄を張りすぎて浪費してしまうことも多々あります。

しかしその反面、お金儲けのセンスは抜群に優れています。使うのと同じくらいのお金を得る才覚を持っているのです。つまり、入るお金も多いけれど出るお金も多い、というわけです。

したがって、飲んだり食べたり遊んだりというお金には不自由はしないでしょう。生活に困ることもあまりありません。

とはいえ、このタイプの人は、20代後半～35歳ぐらいまでが一生で一番お金の出入りが激しく、この時にいい気になって浪費を重ねると老後は不自由し、不幸せな生活を送ることになりかねません。

もともとお金儲けの才能があるわけですから、普段から倹約を心がけるようにすれば、巨万の富とまではいかずともそれなりの小金が貯まるはずです。

E　結婚相手が左右する金運

あなたは若い時は金運に恵まれますが、中年以降はあまり金運があるとはいえません。子どもの頃にお金に恵まれて育ったせいか、お金に執着しないところがあるのです。ポケットや財布にびっくりするぐらいの大金を無造作に入れている時があるかと思えば、まるでお金を持っていない時もあるなど、かなり極端なのです。

27歳、28歳ぐらいまではお金に不自由することもないのでしょうが、30代に近づくと途端にお金に困ったり、両親から受け継いだ財産をなくしたりしてしまう危険性があります。

お金の価値をよくわかっていないため、つい人におごってしまったり、異性に大金をつぎ込んだり、ギャンブルに夢中になったりしてしまうことが多いのです。ただ、だんだんと悪くなっていく金運を40代半ばに盛り返すチャンスがやってきます。これを逃すとさらに苦労することになるでしょう。

若い頃の生活レベルと中年以降の生活ではかなり差がついてしまい、いわゆる貧乏暮らしをすることになるのかもしれません。

老後は結婚相手次第です。貧困のどん底に落ちてしまう場合もあれば、逆にのんびりと楽しい余生を楽しむこともできます。

あなたは金離れのよい人で、お金の計算はあまり得意ではありません。しかも楽天家で、将来のまさかの時に備えることを忘れがちです。

結婚相手にはあなたとは正反対の、お金の管理の上手な人を選ぶことが、あなたの人生、それも老後にとってはプラスとなるはずです。

仕事運　本当の自分を知る

Q47

あなたの
出世度は？

レストランに食事に行ったら、
サービスでサラダがついていました。
どのサラダが食べたいですか？

A　レタスとタマゴのサラダ

B　カニとポテトのサラダ

C　グリンピースとタマネギのサラダ

D　トマトとキュウリのサラダ

Answer

この質問ではあなたの出世度がわかります。

A

華やかできれいな色彩のサラダは、明るい社交性を意味しています。仕事で、とてもよい対人関係を築いていける人です。人が好すぎて出世が遅れることはありそうですが、上の人に引き立てられて、周りの人のバックアップを得て、いずれは出世するでしょう。

B

高級食材でもあるカニは、名誉や地位への憧れを表しており、出世願望はかなりありそうです。金銭や仕事に対して意欲的で、目標に向かって妥協せずに進んでいくので、確実に出世するタイプといえます。ライバルがいるとさらに燃えて、出世が早まるかもしれません。

C

グリンピースなどのちょっとクセのある食材は、自分の考えにこだわりやすい性質を表しています。その考え方が時代にマッチすれば、スピード出世をして、世の中から注目されるような活躍をすることも可能です。その反面、出世しなくても自分流を貫くタイプでもあります。

D

色も鮮やかな夏野菜のサラダは、若々しさと行動力の象徴です。若いパワーと勢いでいろいろなことにチャレンジしていけば、失敗や挫折はあっても、いずれは出世の手がかりをつかみそうです。計算しながら動いていくとかえってダメなタイプといえます。熱意を見せることが大事です。

Q48

適職テスト

TEST 1

あなたは習慣的に求人欄を読みますか？

（はい・いいえ・どちらでもない）

TEST 2

仕事から帰ってきた時、たいていイライラしていますか？

（はい・いいえ・どちらでもない）

TEST 3

仕事中に神経性の胃痛に襲われたことがありますか？

（はい・いいえ・どちらでもない）

TEST 4

友人の仕事を羨ましいと思ったことがありますか？

（はい・いいえ・どちらでもない）

TEST 5

宝くじで1億円当たったら今の仕事を辞めますか？

（はい・いいえ・どちらでもない）

TEST 6

あなたの子どもがあなたの仕事をやりたいといったら反対しますか?

（はい・いいえ・どちらでもない）

TEST 7

週休2日制に賛成ですか?

（はい・いいえ・どちらでもない）

TEST 8

あなたの仕事がマスコミに批判されたとしたら弁護しますか?

（はい・いいえ・どちらでもない）

TEST 9

仕事と住まいは別にしたいですか?

（はい・いいえ・どちらでもない）

TEST 10

あなたの仕事について訊かれた時、社会にとって重要なものであると説明をしますか?

（はい・いいえ・どちらでもない）

TEST 11

仕事中に仕事以外のことを考えることがよくありますか?

（はい・いいえ・どちらでもない）

TEST 12

同僚と昼食をする時、よく仕事の話をしますか?

（はい・いいえ・どちらでもない）

TEST 13

誰かにあなたの仕事を教えるとしたら半年以上はかかりますか?

（はい・いいえ・どちらでもない）

TEST 14

あなたの仕事に関係ある授業があったとしたら参加しますか?

（はい・いいえ・どちらでもない）

TEST 15

たびたび仕事を休んだり遅刻したりしますか?

（はい・いいえ・どちらでもない）

Answer

問	はい	いいえ	どちら でもない
1	1	3	2
2	1	3	2
3	1	3	2
4	1	3	2
5	1	3	2
6	3	1	2
7	1	3	2
8	3	1	2
9	3	1	2
10	1	3	2
11	1	3	2
12	3	1	2
13	3	1	2
14	3	1	2
15	1	3	2
計			

このテストはアメリカの社会心理学者ウォルター・ダットによって考案されたものです。合計点数が15点の場合は、今の仕事が適職ではないということになります。もし、あなたが15点だったら、転職や他の方法でのビジネスを真剣に考えた方がよいかもしれません。

16点〜30点の場合は、もう一度、今の仕事を自分でチェックし、自分のやりたいことや目標をはっきりさせることが大切です。

31点以上の場合は、今の仕事があなたにとっての適職です。自信を持って仕事を続けていってください。

Q49

あなたの本当の適職は？

社会に出て一番の重要なことは自分の適性に合った職業に就くことです。しかし、自分の適職を知ることは容易なことではありません。そこで、このテストであなたの性格と心理傾向から適職を見ることにします。

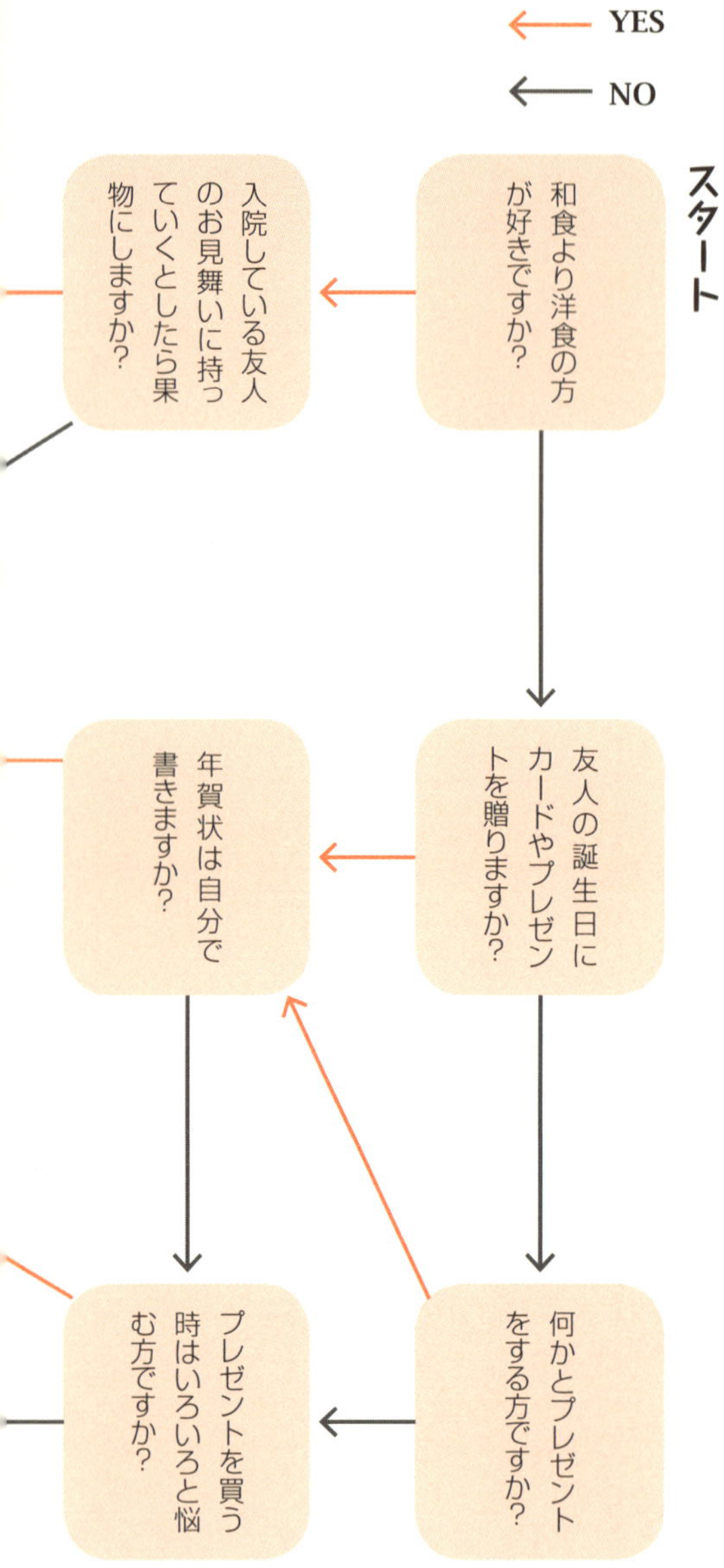
YES
NO
スタート
和食より洋食の方が好きですか？
友人の誕生日にカードやプレゼントを贈りますか？
何かとプレゼントをする方ですか？
入院している友人のお見舞いに持っていくとしたら果物にしますか？
年賀状は自分で書きますか？
プレゼントを買う時はいろいろと悩む方ですか？

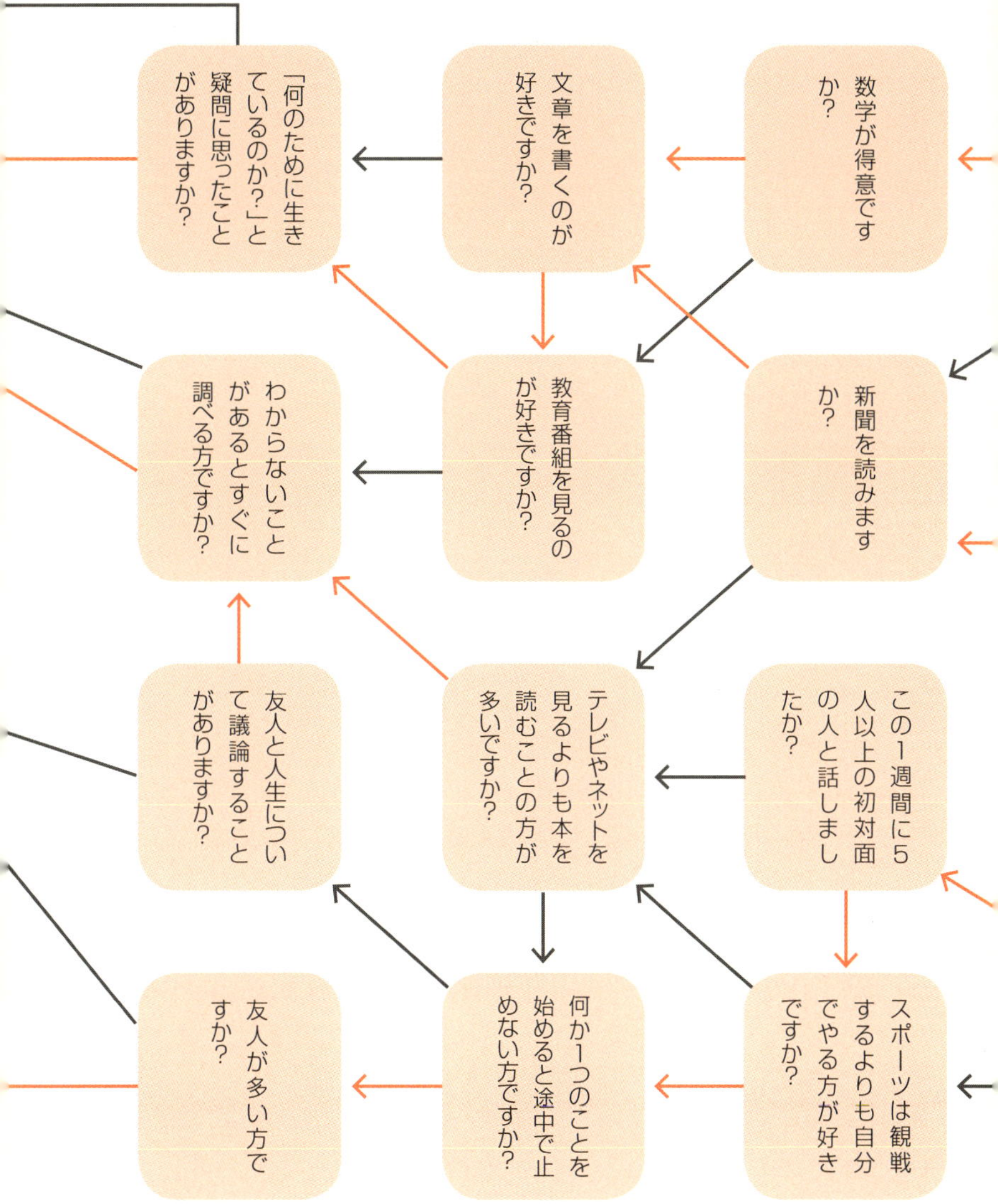
数学が得意ですか？
文章を書くのが好きですか？
「何のために生きているのか？」と疑問に思ったことがありますか？
新聞を読みますか？
教育番組を見るのが好きですか？
わからないことがあるとすぐに調べる方ですか？
この1週間に5人以上の初対面の人と話しましたか？
テレビやネットを見るよりも本を読むことの方が多いですか？
友人と人生について議論することがありますか？
スポーツは観戦するよりも自分でやる方が好きですか？
何か1つのことを始めると途中で止めない方ですか？
友人が多い方ですか？

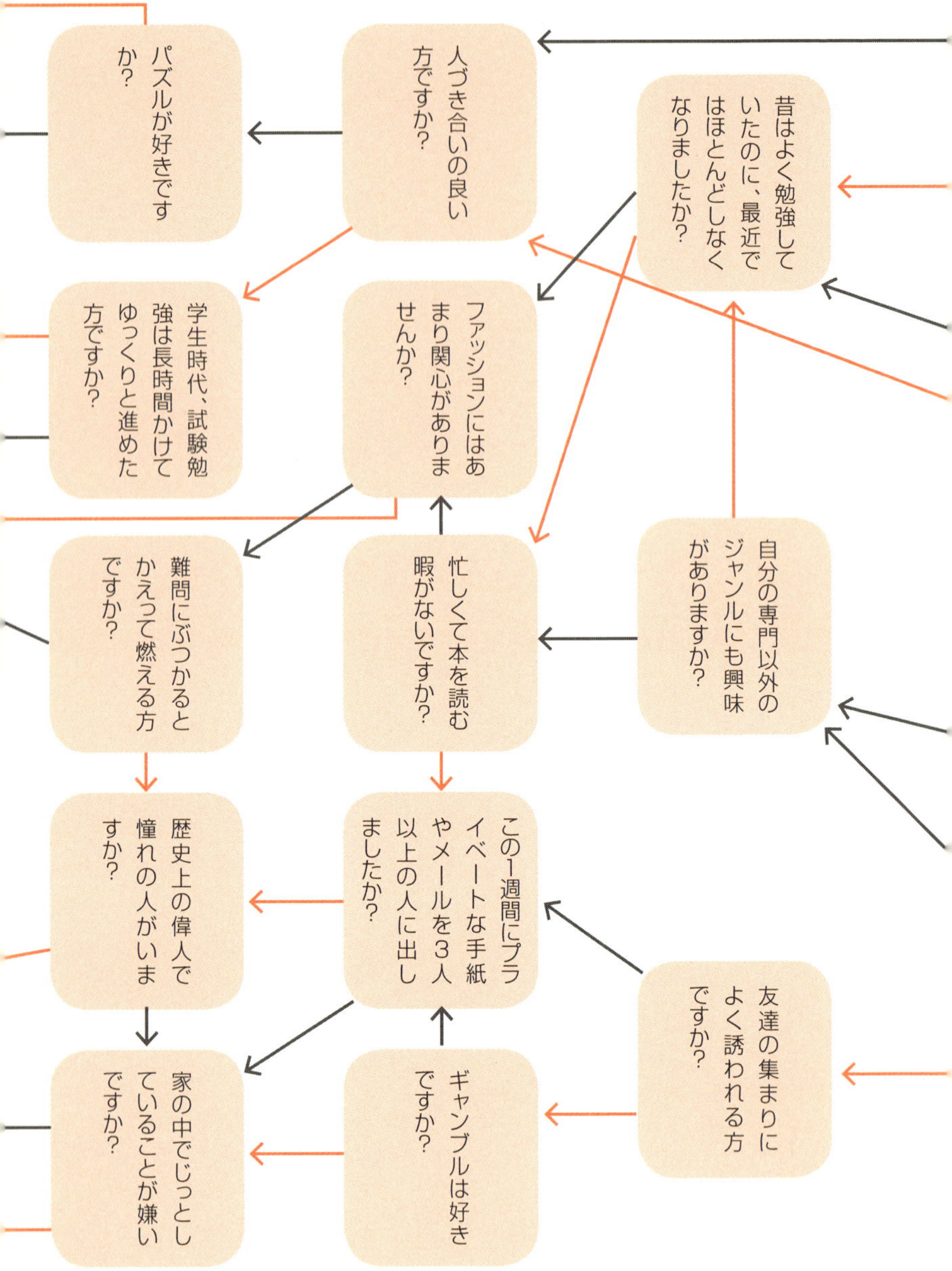
昔はよく勉強していたのに、最近ではほとんどしなくなりましたか？
自分の専門以外のジャンルにも興味がありますか？
友達の集まりによく誘われる方ですか？
人づき合いの良い方ですか？
ファッションにはあまり関心がありませんか？
忙しくて本を読む暇がないですか？
この1週間にプライベートな手紙やメールを3人以上の人に出しましたか？
ギャンブルは好きですか？
パズルが好きですか？
学生時代、試験勉強は長時間かけてゆっくりと進めた方ですか？
難問にぶつかるとかえって燃える方ですか？
歴史上の偉人で憧れの人がいますか？
家の中でじっとしていることが嫌いですか？

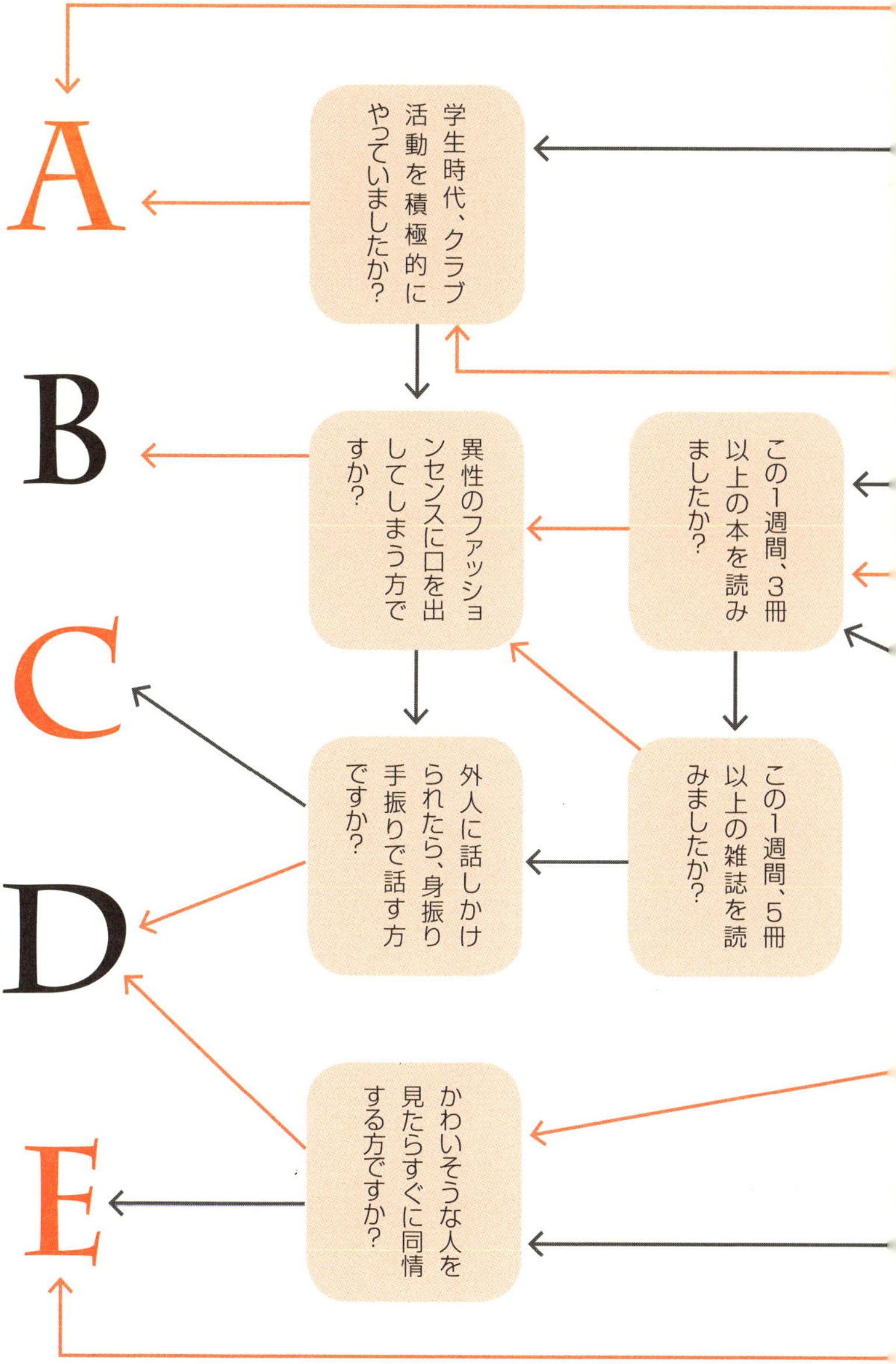
A
B
C
D
E
学生時代、クラブ活動を積極的にやっていましたか？
この1週間、3冊以上の本を読みましたか？
異性のファッションセンスに口を出してしまう方ですか？
この1週間、5冊以上の雑誌を読みましたか？
外人に話しかけられたら、身振り手振りで話す方ですか？
かわいそうな人を見たらすぐに同情する方ですか？

Answer

A 技術・資格で力を発揮

あなたは医師や弁護士など、専門的な技術や資格を必要とする職業で特に力を発揮していきます。冷静で粘り強く、何をやってもテキパキと平均以上の能力を持っている上、順応性があり、与えられた仕事には必ず責任を果たす人です。会社勤めなら、社内で最も期待される人物になっていくでしょう。

しかし、何をやっても上手くこなすため、自分は本当は何に一番適しているのだろうかと悩んでしまうことが多いかもしれません。1つの仕事を3年も続けていると、何となく自分の仕事がつまらないことのように思えてしまい、他人の仕事が素晴らしく見えたりすることでしょう。

このタイプの人は、仕事や職業を上手く選んでいけば、将来、かなりのところまで成功できる素質を持っています。

資格や特殊技能などを身に着け、チームで仕事をするよりもむしろ自分の技術で伸びていきます。

ただし、大学や専門学校の選び方、あるいは資格の取り方を間違えると、職業の選択に苦労するでしょう。先に述べた医師や弁護士などの他に会計士、建築士、各種衛生検査官などがあなたには向いています。

またあなたはややもすると、大きな野心を持っており、名誉欲や金銭欲に縛られてしまうことがありますが、大きなお金儲けを考えるよりも、むしろ利益は少ないけれどもあなたがぜひやってみたいと思うことにエネルギーを注ぐべきです。

あなたにとっては、物質的・経済的利益よりも精神的なものを追い求めることが理想だからです。

B 美的・芸術的センスを生かす

普通の人が考えつかないようなアイデアを思いつくタイプです。新しいものを生み出したり、変わったものを発明したりする才能も高いでしょう。

何よりもあなたは大変に美的センスに優れ、表現力も素晴らしいものを持っています。自分の考えや思いを文章に表現したり、絵を書いたり、音楽で表したりするのが好きですし、得意といえます。

ただし、このタイプはどちらかといえば内向的で神経質な人が多く、考えたり空想したりするだけで、実際の行動が伴わないことがあります。

本当は自分には素晴らしい才能があるのに、いつも自分はダメだと諦めたり、人と接することを嫌いすぎてチャンスを逃してしまったりすることが多いのではないでしょうか。

また、あなたの場合は、人と一緒になって取り組むことや機械を使った作業には満足できない面があります。加えて、お金儲けだけが目的の仕事とか、たんに動くだけの仕事とかには向いていません。それは、このタイプの人は自分の仕事に夢や理想を抱いているからです。

しかも、個性的すぎるので、仲間と一緒に何かをやっていくという仕事にもあまり向かないでしょう。

基本的に、1人でコツコツと才能を伸ばし、個性を発揮していく仕事があなたの適職といえます。例えば、デザイナーやイラストレーター、作家に詩人、画家などです。

しかし、このタイプの人で積極性が高い人は、記者や編集者、ディレクターなどマスコミ関係で活躍できるでしょう。また会社内でも営業や事務、総務よりは宣伝・広告などの分野で隠された才能を発揮することができるはずです。

C　几帳面で緻密な職業向き

あなたは几帳面で緻密な頭脳を持ち、何でも事務的にテキパキと処理していく能力を持っています。物事を理論的に判断できる面と、直観的に判断する面を合わせ持ち、この性格によって現実を的確にとらえ、仕事に生かすことができるからです。

また、周囲と上手く協調してやっていけるタイプですから、人と争っても自分の意見を主張するということはなく、周りの人の考えや気持ちを酌み取って行動する慎重な面もあります。そのため、部下や年下にはものわかりのよい人だと思われ、何かと頼りにされることが多いかもしれません。

基本的に、目立つことが好きではないタイプですから、人を押しのけても自分を前面に出そうとはしないでしょう。謙虚で温和な人柄は周囲からの信用も得やすいといえます。

上司からの引き立てても受けて、組織でも順調に伸びていくタイプですが、自分からグイグイと周りを引っ張ることはしませんし、何よりそれほど図太い神経の持ち主ではありませんから、トップよりも中間管理職的立場の方が力を発揮できるといえます。

このタイプの人は公務員や銀行員、一般事務、秘書などが適職といえます。同じ会社勤めでも営業よりは総務・経理の方が向いています。

そしてコツコツと着実に仕事をやり遂げていくタイプですから、細かな調査や研究、資料作成などに極めて優れた能力を持っています。

女性ならば秘書的才能が特に高いので語学力を身に着けることによって、世界中で活躍できる、トップから重宝される存在となることができるでしょう。

D 集団の中で力を伸ばしていく

あなたは自分一人で仕事を始めたり、行動したりするよりも、集団の中で力を伸ばしていけるタイプです。

自分さえよければ他人を押しのけてもよいという利己的な人間とは違い、むしろ何らかのかたちで社会活動に参加し、世の中のためになりたいという奉仕の心の持ち主です。世の中の不正や苦悩のために自分の情熱を捧げていこうとし、また、その夢を実現していく積極性も合わせ持っています。

自分のことよりも人の利益をまず考え、さらに明るくユーモアのある人柄はみんなから親しまれ、好まれるはずです。金銭的なメリットよりも、心のメリット、つまり生きがいや、やりがいを求めていくタイプです。

会社の職場でも、自分からリーダーとなって活動し、机に座っての仕事よりも外に出て動き回って人と接したり、人の面倒を見たりする仕事に喜びを感じます。事務よりは営業や宣伝の方が向いています。

また、人から頼まれると嫌な顔をせずに引き受ける親分肌なところがあり、特に部下や同僚から信頼を得ることでしょう。会社からもその指導力を買われて出世も早いと思われます。

立場が上に行くにつれて有能な管理職として力を

発揮します。管理職でなくとも、グループリーダーとしてその才能は伸びていくことでしょう。

適職としては、政治家や商社、警察官、ケースワーカー、教師などがよいでしょう。

女性の場合、結婚してからも家庭と仕事を両立していけるタイプですから、保育士や看護師、教師、社会福祉士として活躍する人も多そうです。

E　人と接するのがぴったり

あなたは、会社勤めよりも自分で仕事を始めることが向いているタイプです。もしくはサービス業などの人と接する仕事が向いているといえます。

会社勤めならば事務よりも営業・サービス部門が適しています。

あなたは考えるよりも行動することを好み、いろいろな人と出会い、語り合うことに大きな喜びを感じる人だからです。

順応性が高く、変化の激しい仕事でもそれを苦にせず、むしろその激しさに喜びと楽しみを感じる面があります。その反面、1日中じっとイスに座ったままでいることや、単調な作業の繰り返しでは、イライラが募り、無気力になって仕事への意欲が大きく減退してしまうことでしょう。

あなたは外向的で動き回ることが大好きで得意なタイプですから、その能力が発揮できる小売業やお客様相手のビジネスで大きく成功を収めることができるでしょう。またその方があなた自身の満足度も高いはずです。

ただし、調子の乗りやすいところがありますから、要注意です。対人関係の商売や仕事は自分で引き締めていかないと相手からの信用を失ったり、失敗したりしがちです。

適職としては、自営業、フリーランス、飲食業経営、ツアーコンダクター、美容師、フライトアテンダント、営業職などです。

Q50

あなたの
惚れっぽさは？

どの「太陽」が好きですか？

A　日の出の太陽

B　日没の太陽

C　お昼のギラギラ輝く太陽

D　好きな太陽はない

Answer

この質問ではあなたの惚れっぽさがわかります。

A

日の出の太陽は、何をするにも始めにエネルギーを向ける性格を表しています。第一印象でピンときたものは、すぐに熱烈に好きになっていく、かなり惚れっぽいところがあります。行動力もあるので、「一目惚れしてすぐ告白」なんて展開になることも多いタイプです。

B

日没の太陽は、物事のしめくくりや結果を大切にする性格を物語っています。じっくり慎重に物事を見極めて、少しでも良い結果を導き出そうとする人です。恋愛でも、出会ってからすぐに惚れたりせずに、時間をかけて愛情を育んでいこうとするでしょう。

C

ギラギラ輝く太陽は、とにかく自分がギラギラと輝きたい心理を象徴しています。惚れるというよりも、輝く魅力で相手を惚れさせたいタイプです。惚れっぽいところはあまりありませんが、相手が自分の思うようにならないと、相手が気になって仕方なくなることがありそうです。

D

これといって好きな太陽がないというのは、何でもあいまいになりやすい心理を表しています。ちょっと好きな人が出てきても、熱烈に惚れるということもなく、なりゆき任せになりやすいでしょう。もともとがあまり執着心に燃えないタイプなのです。

恋　愛　本当の自分を知る

Q51

あなたと相性の良い人はどんな人？

好きな図形はどれですか？

A　三角形

B　四角形

C　ハートマーク

D　星型

Answer

この質問ではあなたと相性が良い人がどんな人かわかります。

A

三角形は男性的なものや行動力を表しています。あなたが心の底で求めているのは、頼りになる行動力のある人です。あなたの繊細さや優しさと、相手の行動力があれば、鬼に金棒といえます。同性でも異性でも、とても良いコンビネーションを見せるでしょう。

B

四角形は安定感や家庭的なものを表しています。あなたが求めているのは、一緒にいて安心できるような人です。もしもあなたがネガティブになっても、笑って受け止めてくれるような人と相性が良いでしょう。特に恋人としては、このタイプがよさそうです。

C

ハートマークは、スタイリッシュなものを象徴しています。あなたが求めているのは、流行の先端を行くセンス抜群な人です。また、男女共に、オシャレでセンスが合う人と、話も合うし相性が良いでしょう。センスが合わない人とは、話していても楽しくないかもしれません。

D

星型はお金や権威のシンボルです。あなたが求めているのは、権威や名声を求めて、常に前向きに意欲を燃やしているような人です。今、お金持ちでなくても、いつかは大きなことをやりそうな夢の大きい人と相性が良いでしょう。将来の夢を語り合うことでさらに関係性は深まります。

Q52 あなたの理想の男性

このテストであなたの心理や行動から理想的男性のタイプがわかります。【女性用】

← YES

← NO

スタート

好きな男性が現れたら自分から積極的に話しかけますか？

過去に受け取ったラブレターなどはすべて取っておいてありますか？

好きになった彼には自分の過去の話は絶対にしませんか？

偶然、振られた元彼に会っても平気で声をかけることができますか？

香りで昔のことを思い出したりしますか？

悪口を言われるといつまでも気になるタイプですか？

自分より低学歴の男性は結婚対象になりませんか？

彼が一度でもあなたを裏切ったら絶対に許しませんか？

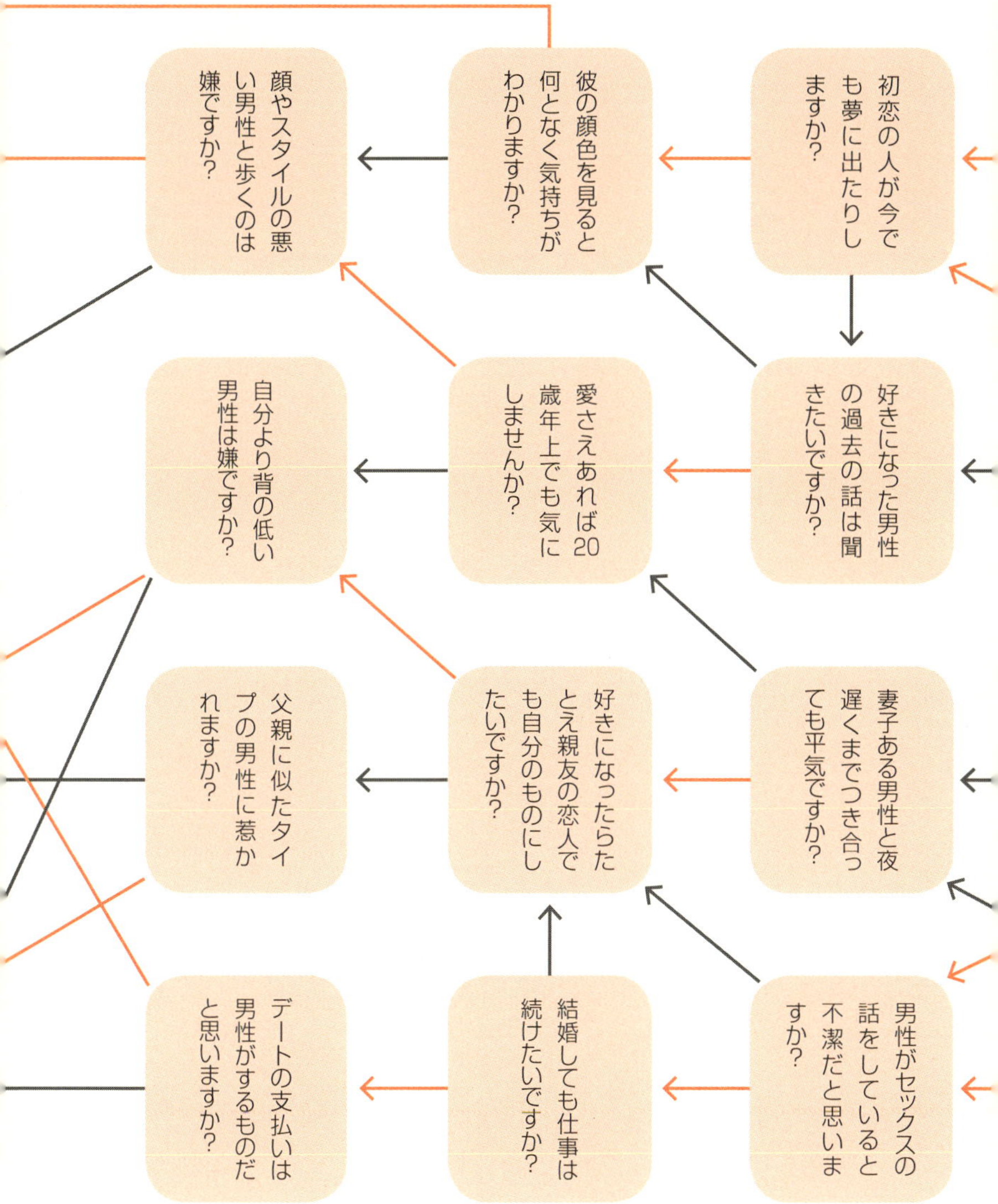
初恋の人が今でも夢に出たりしますか？
好きになった男性の過去の話は聞きたいですか？
妻子ある男性と夜遅くまでつき合っても平気ですか？
男性がセックスの話をしていると不潔だと思いますか？
彼の顔色を見ると何となく気持ちがわかりますか？
愛さえあれば20歳年上でも気にしませんか？
好きになったらたとえ親友の恋人でも自分のものにしたいですか？
結婚しても仕事は続けたいですか？
顔やスタイルの悪い男性と歩くのは嫌ですか？
自分より背の低い男性は嫌ですか？
父親に似たタイプの男性に惹かれますか？
デートの支払いは男性がするものだと思いますか？

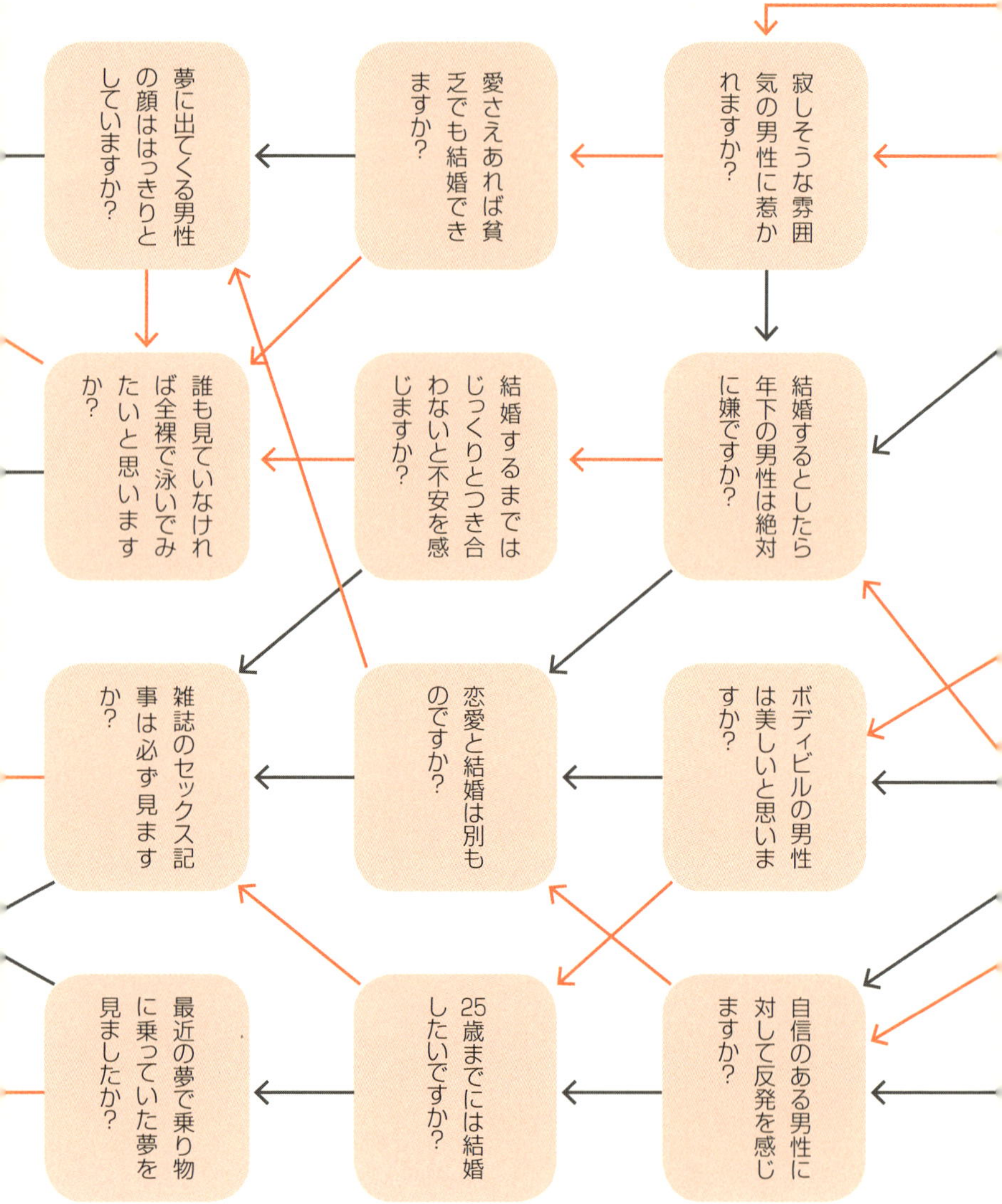
寂しそうな雰囲気の男性に惹かれますか？
結婚するとしたら年下の男性は絶対に嫌ですか？
ボディビルの男性は美しいと思いますか？
自信のある男性に対して反発を感じますか？
愛さえあれば貧乏でも結婚できますか？
結婚するまではじっくりとつき合わないと不安を感じますか？
恋愛と結婚は別ものですか？
25歳までには結婚したいですか？
夢に出てくる男性の顔ははっきりとしていますか？
誰も見ていなければ全裸で泳いでみたいと思いますか？
雑誌のセックス記事は必ず見ますか？
最近の夢で乗り物に乗っていた夢を見ましたか？

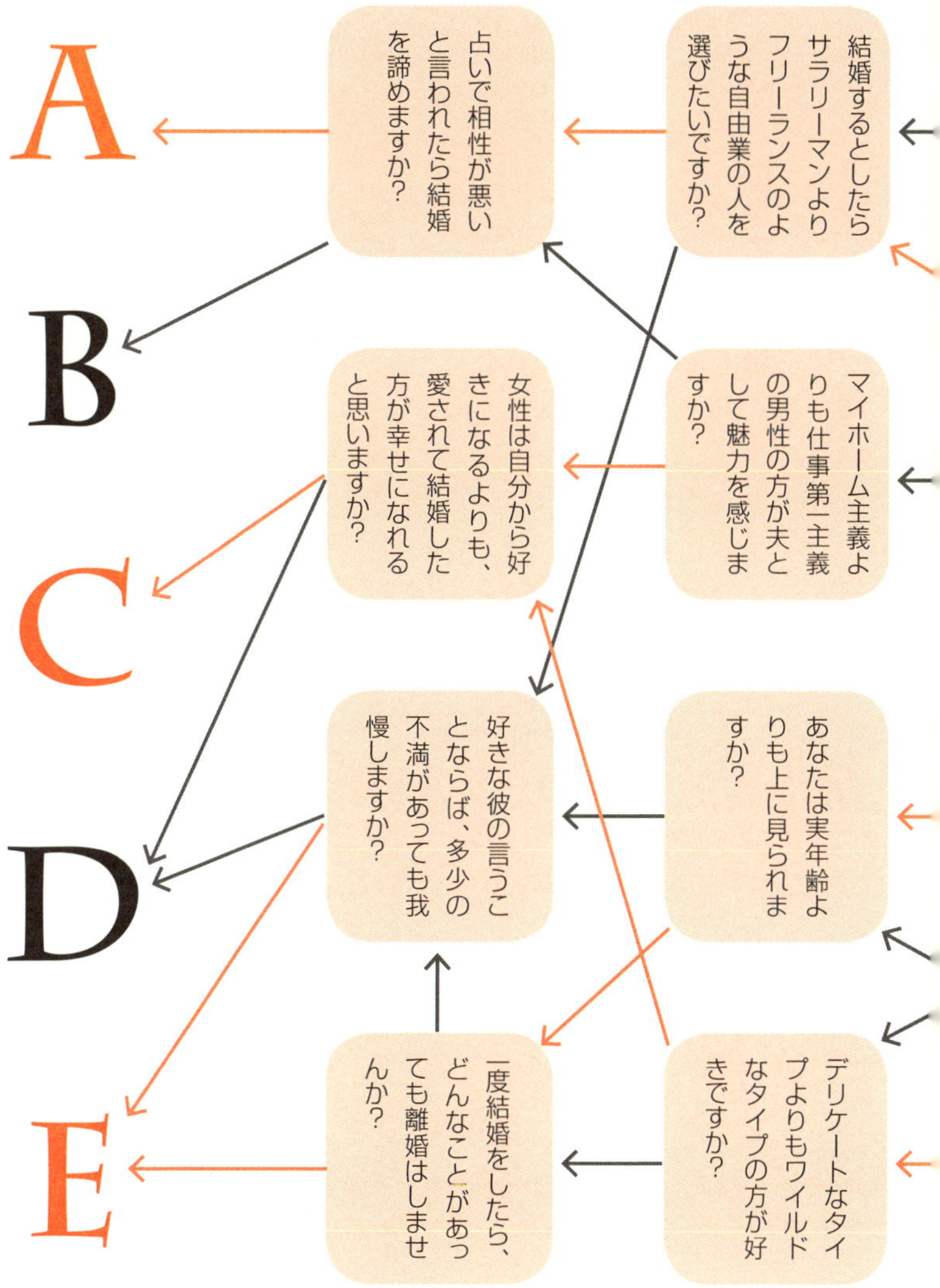
結婚するとしたらサラリーマンよりフリーランスのような自由業の人を選びたいですか？
マイホーム主義よりも仕事第一主義の男性の方が夫として魅力を感じますか？
あなたは実年齢よりも上に見られますか？
デリケートなタイプよりもワイルドなタイプの方が好きですか？
占いで相性が悪いと言われたら結婚を諦めますか？
女性は自分から好きになるよりも、愛されて結婚した方が幸せになれると思いますか？
好きな彼の言うことならば、多少の不満があっても我慢しますか？
一度結婚をしたら、どんなことがあっても離婚はしませんか？
A
B
C
D
E

Answer

A　わがままを許してくれる彼

あなたはスラリとしたスタイルの良い、いわゆる「イケメン」でないと恋をする気になれないでしょう。見た目のカッコよさもそうですが、服装のセンスや絵心、音楽などの芸術的美しさもあなたの求める条件です。

しかし、本当にあなたにとって相性の良い男性は、あなたが外見で一目惚れをするような男性ではなく、あなたの短所をよく心得ていて、少しくらいのわがままも笑って許してくれるような、いわば大人の男性です。年齢的にもあなたの3歳～5歳くらい上の人がぴったりなのです。体型もヤセ型よりかはがっちりとしたスポーツマンタイプで、口数は少ないかもしれませんが、メールや手紙など文章を書かせるととてもロマンチックな表現が上手い、秘めた情熱を持ったタイプがあなたには最適といえます。

B　慎重で頭の良い彼

あなたは相手の知性や才能に何よりも心が惹かれるはずです。たとえ一時的に好意を寄せたとしても、中身が見えないのではなかなか上手く交際は進みませんし、結婚の相手としては不適格といえます。

そんなあなたにはスマートですが優しさがあり、しかも頭の切れる男性がぴったりです。テキパキと何でも要領よくこなしていくデキる男性です。加えて、性格はやや内気で冷静、慎重に自分の行動をコントロールしていくタイプならさらに理想的です。年齢も7歳～8歳上がよいでしょう。

職場や教室などでも頼りにされる、リーダー的タイプがオススメです。自分の専門的知識があるタイプでもよいでしょう。

C　真面目で努力家の彼

あなたは常識を大切にする思いやりのある、いかにも男らしい男性がふさわしいでしょう。家柄や性格もあなたと似ている男性で、あまり派手なことはしない真面目なタイプや、もしくは誰とでも合わせていける温和な性格の持ち主、または年上から信頼されており、友人も多いタイプなどがあなたにはぴったりなのです。

他人を押しのけても自分が出世したいとか、大金持ちになりたいとかの大きな夢ではなく、今を大切にし、コツコツと努力を重ねていくといった男性ならば相性は最高といえます。年齢も同じ年か1歳～2歳上ぐらいがよいでしょう。

反対に、寂しがり屋で組織で孤立しやすいタイプだと上手くはいきませんし、相性もあまり良いとはいえません。

D　頼もしく責任感ある彼

あなたには楽しい感じを与えてくれる頭の切れるタイプがよいでしょう。少しくらい間違ったことでも自分の考えを曲げない頑固な面があり、自分で何でもやっていってしまうようなタイプが理想的です。困ったことがあると「俺に任せろ!」と行動に移す頼もしさがないとあなたは満足しないでしょう。

外面的には少し年齢よりも老けて見えるタイプで、あなたよりは2歳以上年齢差がある方がよいでしょう。

責任感が強く、口数は少ないけれど、いざとなると普段とは別人のような大胆な行動をする男性があなたにはぴったりなのです。

E　負けず嫌いで楽天家の彼

あなたには間違ったことをしない、正義感の強い男性がよいでしょう。女性の扱い方はあまり上手ではないかもしれませんが、好きな人のためなら誠心誠意、献身的に尽くしていくというタイプがぴったりなのです。

仕事とプライベートをはっきりと区別し、自分の仕事にあなたが立ち入ることをあまりよく思わないかもしれません。

外見として、顔や体はたくましくがっちりとしたタイプですが、内面ではとても楽天的です。基本的にあまり細かなことを気にはしないでしょう。

素朴で自分を飾らず、服装も地味めですが、礼儀正しく言葉遣いも丁寧です。目上の人にも気を配るタイプといえます。年齢もあなたよりもかなり上の方が理想的です。

Q53 あなたの理想の女性

彼や気になる男性にこのテストをやってもらうことで、相手の本当の理想の女性像が見えてきます。【男性用】

← YES

← NO

スタート

後ろ姿が素敵な女性を見ると、顔を見なければ気がすみませんか？

ドラマよりもドキュメンタリーの方が好きですか？

家でオナラをした時、最初に言うのはあなたですか？

テレビのクイズに応募したことがありますか？

深夜番組はよく見ますか？

2日前の牛乳だと知ったら、飲む気はありませんか？

深夜トイレに行く時、部屋や廊下などに電気をつけますか？

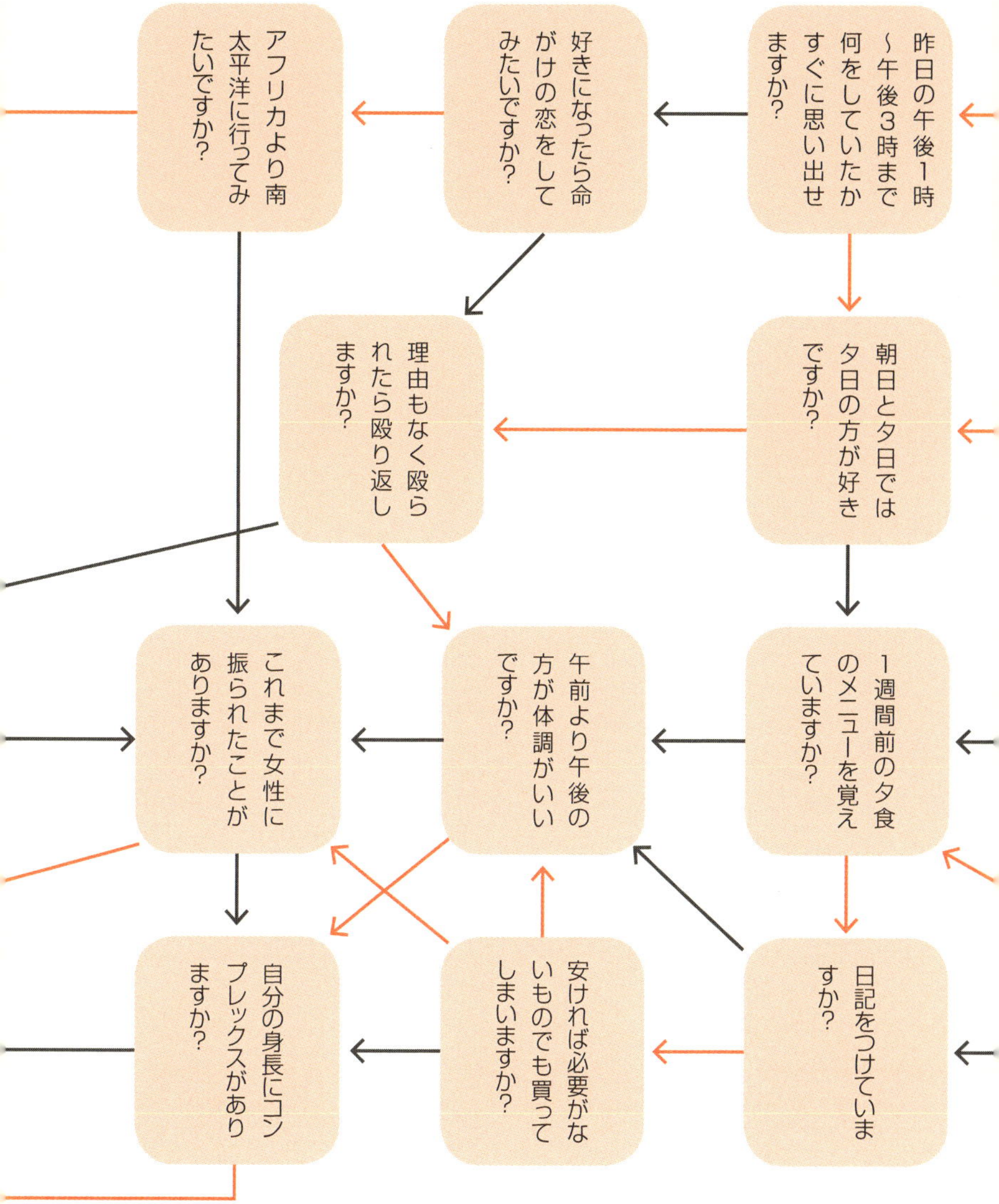
昨日の午後1時～午後3時まで何をしていたかすぐに思い出せますか？
好きになったら命がけの恋をしてみたいですか？
アフリカより南太平洋に行ってみたいですか？
朝日と夕日では夕日の方が好きですか？
理由もなく殴られたら殴り返しますか？
1週間前の夕食のメニューを覚えていますか？
午前より午後の方が体調がいいですか？
これまで女性に振られたことがありますか？
日記をつけていますか？
安ければ必要がないものでも買ってしまいますか？
自分の身長にコンプレックスがありますか？

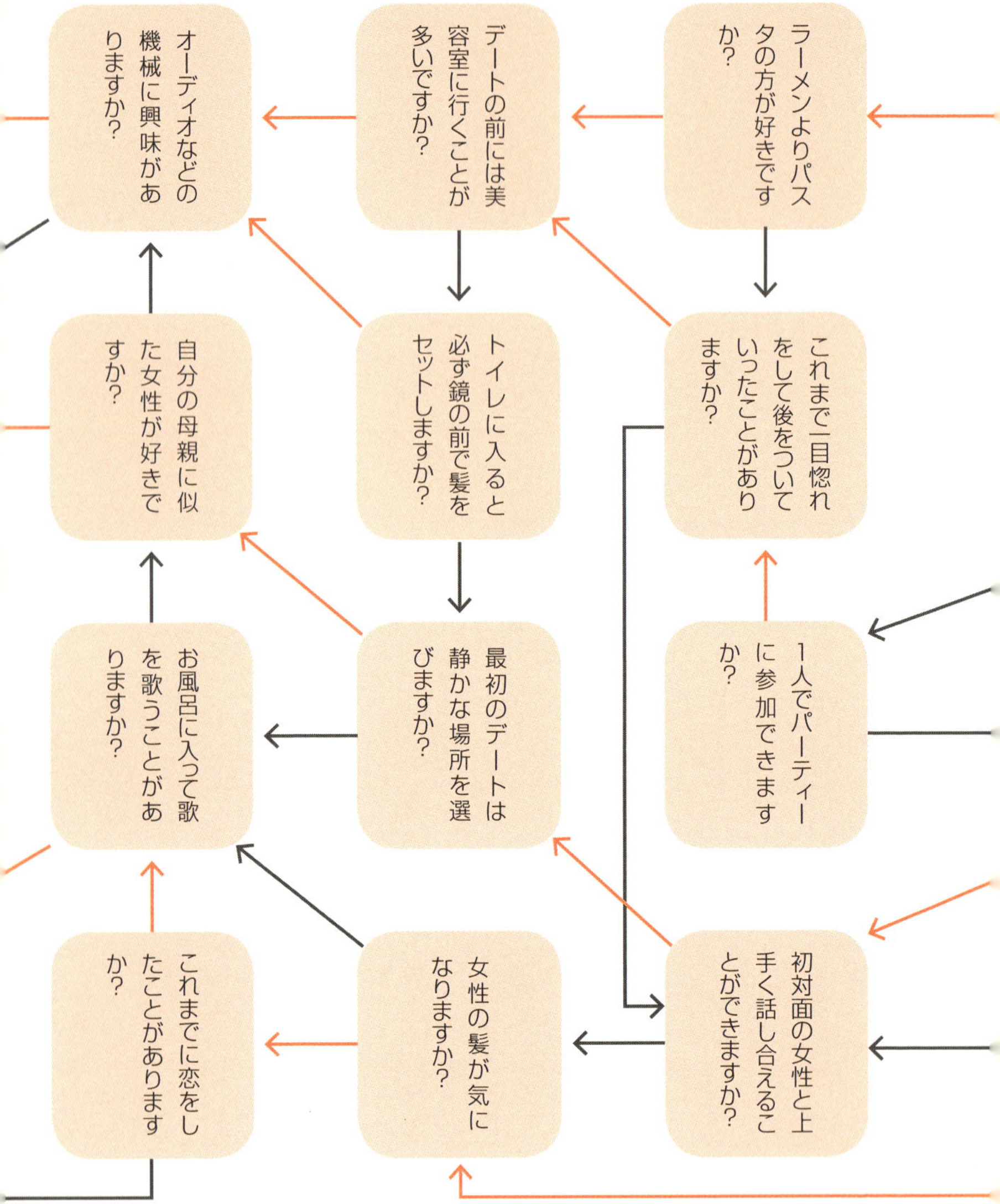
ラーメンよりパスタの方が好きですか？
これまで一目惚れをして後をついていったことがありますか？
1人でパーティーに参加できますか？
初対面の女性と上手く話し合えることができますか？
デートの前には美容室に行くことが多いですか？
トイレに入ると必ず鏡の前で髪をセットしますか？
最初のデートは静かな場所を選びますか？
女性の髪が気になりますか？
オーディオなどの機械に興味がありますか？
自分の母親に似た女性が好きですか？
お風呂に入って歌を歌うことがありますか？
これまでに恋をしたことがありますか？

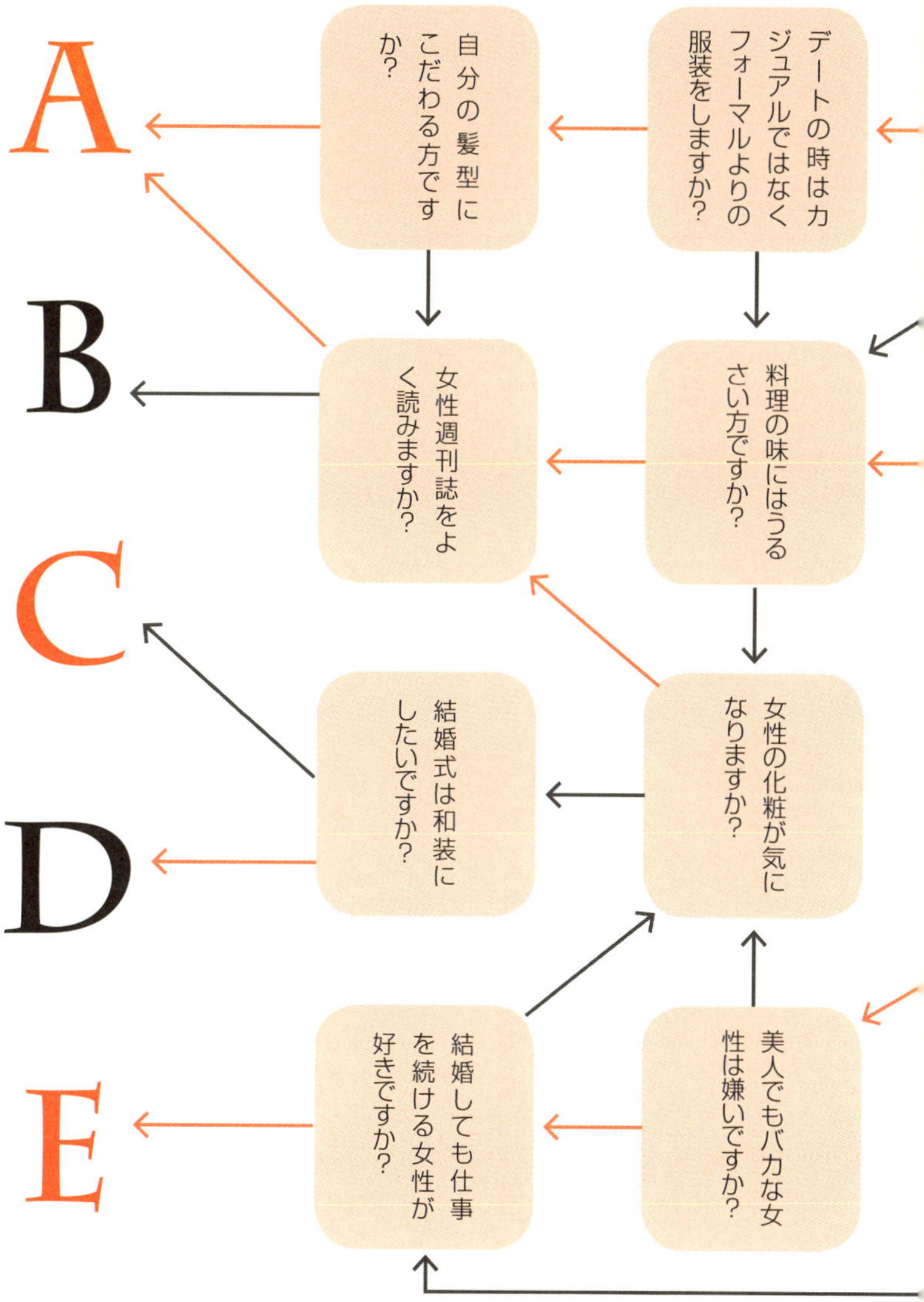
デートの時はカジュアルではなくフォーマルよりの服装をしますか？
自分の髪型にこだわる方ですか？
料理の味にはうるさい方ですか？
女性週刊誌をよく読みますか？
女性の化粧が気になりますか？
結婚式は和装にしたいですか？
美人でもバカな女性は嫌いですか？
結婚しても仕事を続ける女性が好きですか？
A
B
C
D
E

Answer

A デリケートで内気な女性

あなたには顔がほっそりとしたヤセ型で、どちらかといえば空想家で内気な性格の女性と相性が良いでしょう。デリケートで何かを決断する時にはとても悩んでしまうタイプです。

外面的にはロングヘアがよく似合っていて、青系の服装を好み、文学や音楽が好きなおとなしい女性です。

反対に、自分から進んで何かをするとか、勝ち気で個性の強い女性とはあまり相性が良くありませんし、あなたも満足はしないでしょう。

あなたよりも年上の女性というよりかは、年下がよいでしょう。それも5歳以上離れた年下の女性であれば理想の相手といえます。

B 温和で控えめな女性

あなたには家庭的で温和なタイプの女性がぴったりです。多少、嫌なことや辛いことがあってもそれを顔に出さない大人の女性が理想です。

いつもあなたを立ててくれて、相手のことを考えて明るさを忘れない女性です。あなたに自分を合わせるよう努力をしてくれるタイプです。

どちらかといえば丸顔で少しふっくらとした体型の女性がよいでしょう。

一人っ子や末っ子はあまりオススメしません。また、あなたとの年齢差も大きい方がよいでしょう。あなたと同年齢ではお互いの不満が噴出してしまうからです。

いわゆる良妻賢母型の女性が一番理想的ですし、あなたの望んでいることを叶えてくれるはずです。

C 人情味ある積極的な女性

あなたには魅力的でテキパキと行動し、スポーツ万能のアクティブな女性がぴったりです。社交性が高く、誰とでも積極的につき合っていこうとするタイプがよいでしょう。

ちょっと涙もろいところがあるけれど、新しいものには進んで取り組もうという人ならさらに理想的です。

女性でありながら男性と同じような仕事をし、何事にも男性と積極的にやっていける女性が、あなたにとって相性の良いタイプなのです。

このようなタイプの女性は中途半端を嫌い、パッとした派手な生活を好むため、一緒にいるあなたも十分にその生活を満喫できることでしょう。

外面的にはやや頬骨の張った口の大きな女性で、赤や黄色の服がよく似合う人です。

D 落ち着き払った年上の女性

あなたに一番ふさわしい女性は、あなたよりも年上で母性愛の豊かなタイプです。細かな気配りができ、安心感を与えてくれることでしょう。どことなく、あなたの母親と似ているタイプであるならば、あなたの気持ちとぴったり重なってくれることでしょう。

第一印象よりも交際して1カ月～2カ月するとその人の本当の良さがわかるという女性が理想的です。

顔の形は丸顔か四角型で、胸が大きく、足腰もがっしりとした頼もしいイメージを与えるタイプの女性ならば、あなたにとって相性の良い、素晴らしい女性の条件を満たしているといえます。

E しっかりとした知的な女性

あなたには知的な要素に溢れた女性がふさわしいでしょう。頭の回転が速く、相手の感情を損ねることのない、優しさを持った女性ならばあなたの気持ちに合うはずです。

しっかりとした性格の持ち主なのですが、普段はそれをあまり表に出さず、あなたに上手く話を合わせてくれる女性ならばさらに理想的です。

文章を書いたり絵を描いたりするのが好きで、その表現力も豊かです。

ときおり物悲しい印象を与えますが、自分の夢や信念を持って、結婚後も自分の仕事や趣味、勉強を続けていく人です。

身長も平均的で、顔は卵型か丸顔、目の美しい女性ならば特に相性が良いでしょう。

Q54

あなたの恋愛を妨げる原因は？

好きな相手と結ばれて、末永く幸せを感じていたいと思うのですが、そうは上手くいかないのが現実です。このテストでは、あなたが恋人や片想いの相手からどう思われていて、そして、もしあなたの恋愛が成就できないのならば、それはなぜなのかを探ります。

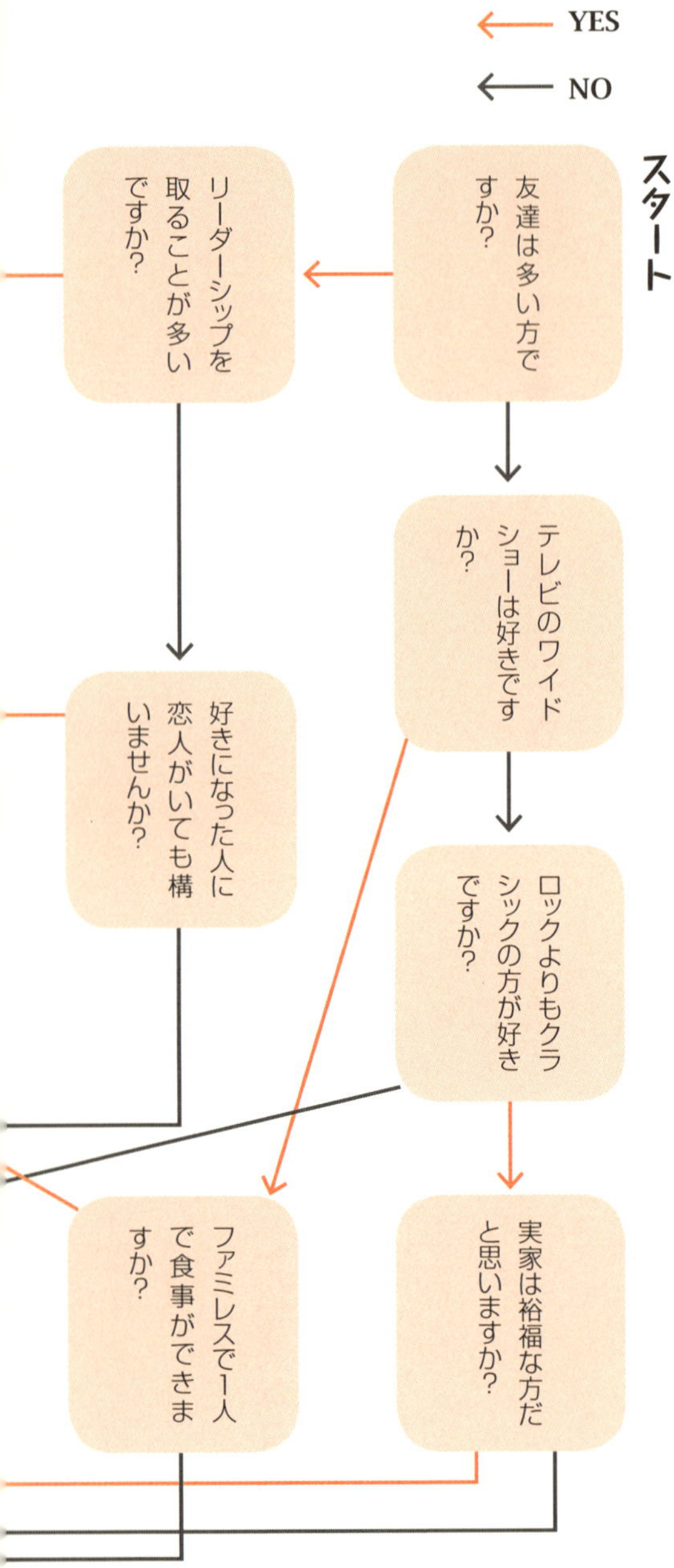
YES
NO
スタート
友達は多い方ですか？
リーダーシップを取ることが多いですか？
テレビのワイドショーは好きですか？
好きになった人に恋人がいても構いませんか？
ロックよりもクラシックの方が好きですか？
実家は裕福な方だと思いますか？
ファミレスで1人で食事ができますか？

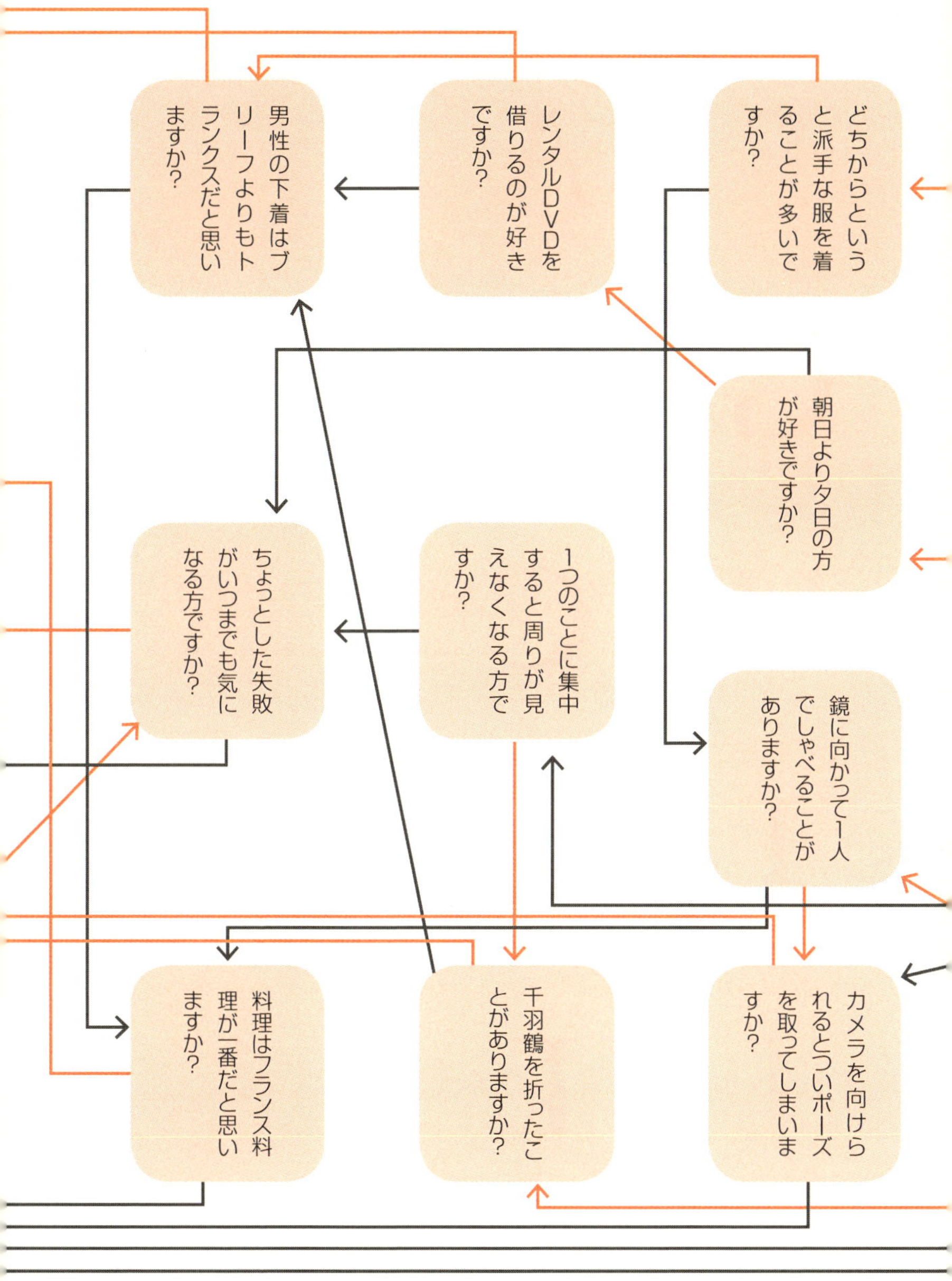
どちらかというと派手な服を着ることが多いですか？
レンタルDVDを借りるのが好きですか？
男性の下着はブリーフよりもトランクスだと思いますか？
朝日より夕日の方が好きですか？
1つのことに集中すると周りが見えなくなる方ですか？
ちょっとした失敗がいつまでも気になる方ですか？
鏡に向かって1人でしゃべることがありますか？
カメラを向けられるとついポーズを取ってしまいますか？
千羽鶴を折ったことがありますか？
料理はフランス料理が一番だと思いますか？

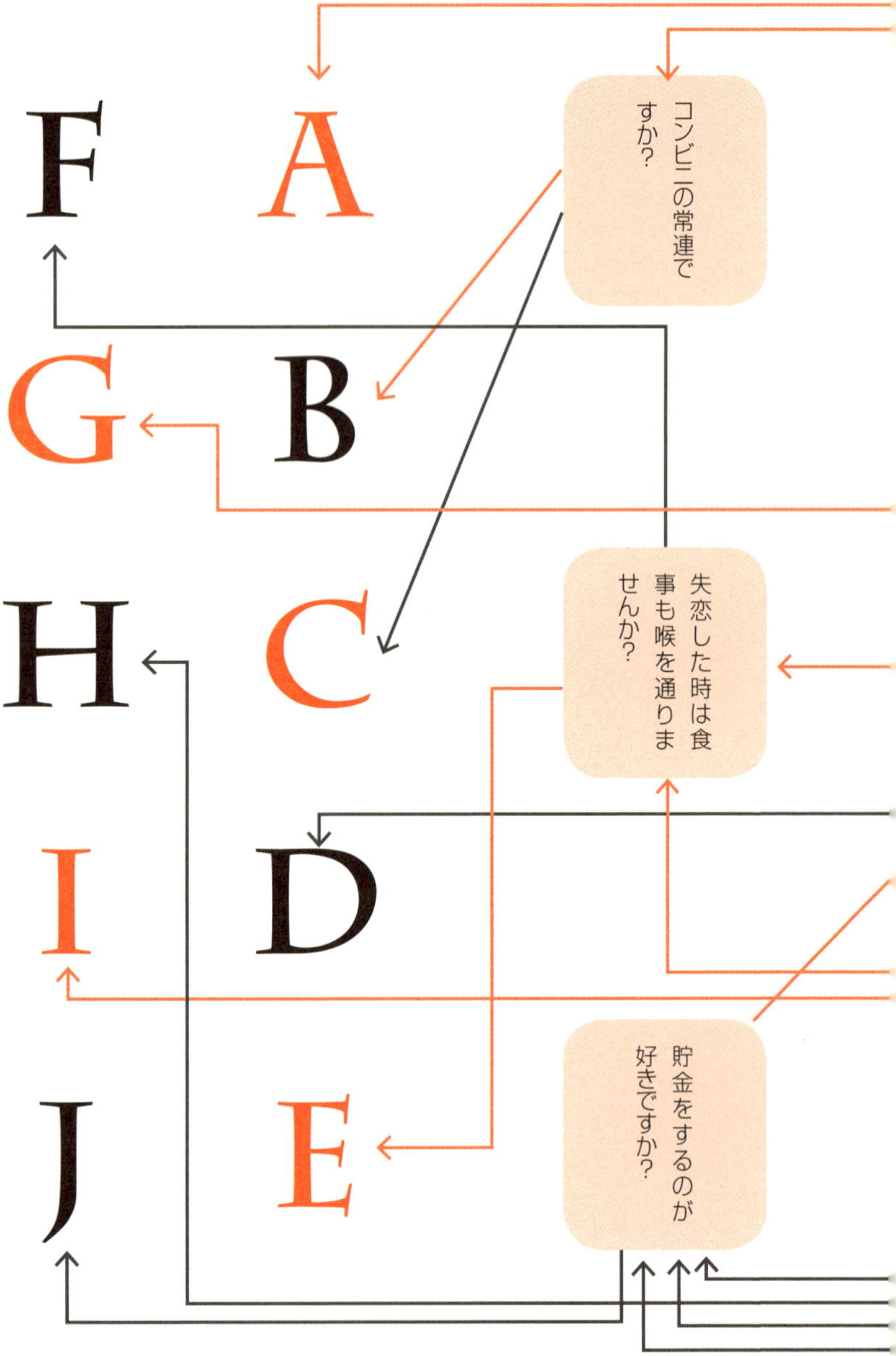
コンビニの常連ですか?
失恋した時は食事も喉を通りませんか?
貯金をするのが好きですか?
F
A
G
B
H
C
I
D
J
E

Answer

A かなりきつめのタイプ

あなたは自分で思っているよりきつい性格のようです。異性（恋人）からは「生意気で近寄りがたい人」というイメージをもたれているかもしれません。もっと相手の意見に耳を傾け、穏やかな態度で接する必要がありそうです。

B 典型的な夜の遊び人タイプ

あなたは、どちらかといえば都会でしか生活できないタイプです。日中よりは夜の方が元気になり、俗にいう「遊び人」、さらにいえば「夜の帝王」のような雰囲気を漂わせています。そんなところから、異性はあなたに不信感を抱き、恋人として真面目につき合うのをためらってしまうかもしれません。生活意識や態度を根本的に改める必要がありそうです。

C オタクタイプ

あなたは自分の興味や関心事に深く埋没しやすいオタクの典型といえます。ややもするとうざくなり、倒錯趣味に走りかねず、異性に対しても陰湿で変質的な感情を抱きがちなので気をつけたいところです。恋人がいる場合でも、自分の趣味を無意識のうちに相手に押しつけるきらいがあります。それがけむたがられる原因の1つとも考えられますから、もう少し寛大な態度でさわやかに振る舞った方がよいでしょう。

D あっさりさっぱりタイプ

あなたは竹を割ったようなカラッとした性格です。これは異性から好かれる大切なファクターですが、ときにその淡泊さが表面に出すぎて細やかな配慮に欠けることがありそうです。ぶっきらぼうな発言で誤解を招いたり、相手が女性ならその繊細な心を傷つけてしまうおそれもあります。また、性格的にずぼらで飽きっぽいところがあり、それが異性から敬遠される一因になっているかもしれません。もう少し集中力や忍耐力を養っておきたいところです。

E 生真面目で面白味に欠けるタイプ

真面目で誠実な態度は高く評価できますが、あなたの場合はやや生真面目すぎて面白みに欠ける面があります。何事にも慎重で細かいところが、異性（恋人）からうっとうしく思われているかもしれません。たまには大胆な行動に出るとか、気の利いたジョークの1つでも口にしてみましょう。「へえ、こんな一面があったんだ」と思わせるような意外さを打ち出すことが大切です。

F 態度がコロコロと変わるタイプ

あなたは気分屋さんです。情緒不安定なところがあり、そのときどきで発言や行動が変わってしまうような傾向が見られます。言動がコロコロと変わりすぎれば、異性（恋人）からも信用されなくなってしまうでしょう。目的意識を持ち、その目標に向かって突き進んでいくような、一途な態度が求められます。

G ミーハータイプ

あなたは中途半端で少しばかり浅薄な一面があり、聞きかじりのにわか知識をひけらかし、通ぶった態度を取るようなところがあります。ミーハーには受けが良いかもしれませんが、本物志向の分別ある異性（恋人）なら、あなたの底の浅さを一目で見抜いてしまうでしょう。どんなことでも、何か一本筋の通った本物を追求していきたいところです。

H 自分がないタイプ

首尾一貫したところがなく、他人の意見に流されやすいタイプです。あいまいで自信のなさそうな発言や優柔不断な態度が、あなたの成長のネックになっています。一度口にしたことは最後まで責任を持つことでです。その地道な積み重ねがあって初めて異性からの信頼を勝ち取ることができるでしょう。

I　ネクラタイプ

あなたは周囲から「ネクラ」と思われるようなタイプです。その辛気くささのために、あなたと距離を置いている異性も多いに違いありません。あなたにとって少し派手すぎるかなと思えるくらいの自己アピールが必要です。物事に対する考え方から、人に接する態度、服装などにいたるまで、思いきったイメージチェンジを心がけましょう。

J　気取り屋さんタイプ

あなたが女性なら、ちょっと無理して「お嬢さん」を演じるようなタイプです。その態度は周囲には、「ツンとして気取っている」ように見え、何となく近づきがたい印象を与えています。これでは、せっかくの恋のチャンスも取り逃がしてしまうでしょう。肩の力を抜き、誰とでもざっくばらんに話すよう努めてください。

COLUMN.1

"嫌いな色であなたのタイプがわかる③"

好きな色がその人のタイプを表すように、嫌いな色からもその人の傾向が読み取れるのです。逆転の発想で、「嫌いな色は?」と相手に尋ねてみてください。そこには隠された本心が見えてくるはずです。

青が嫌いな人

典型的な気分屋です。ちょっとしたことでイライラして他人に八つ当たりすることも多いでしょう。常に自由奔放に生きたいという願望が強いため、このタイプの人は、物事がスムーズに進まないのが最大のストレス要因となります。

茶色が嫌いな人

頭の回転が速い、物事を何でもテキパキとこなすタイプです。1つのことに執着することはあまりなく、見切るのも早そうです。

Q55 あなたが異性に嫌われるポイントは？

異性から好かれたいという気持ちは誰しも持っていることでしょう。ですが、自分でも気づかないうちに反感を買ってしまうこともあるのです。このテストであなたの隠れた「嫌われポイント」がわかります。

← YES
← NO

スタート

家を建てるなら屋根は赤より緑色がいいですか？

新聞はまず社会面から読みますか？

ボールペンは細字よりも太字を使う方ですか？

パーティーで隠し芸を頼まれたら引き受けますか？

友人が評判の悪い異性とつき合っていたら注意をしますか？

上司や目上の人から注意を受けたら素直に謝りますか？

道で財布を拾ったら警察に届けますか？

嫌いな人でも年賀状をもらったら返事を出しますか？

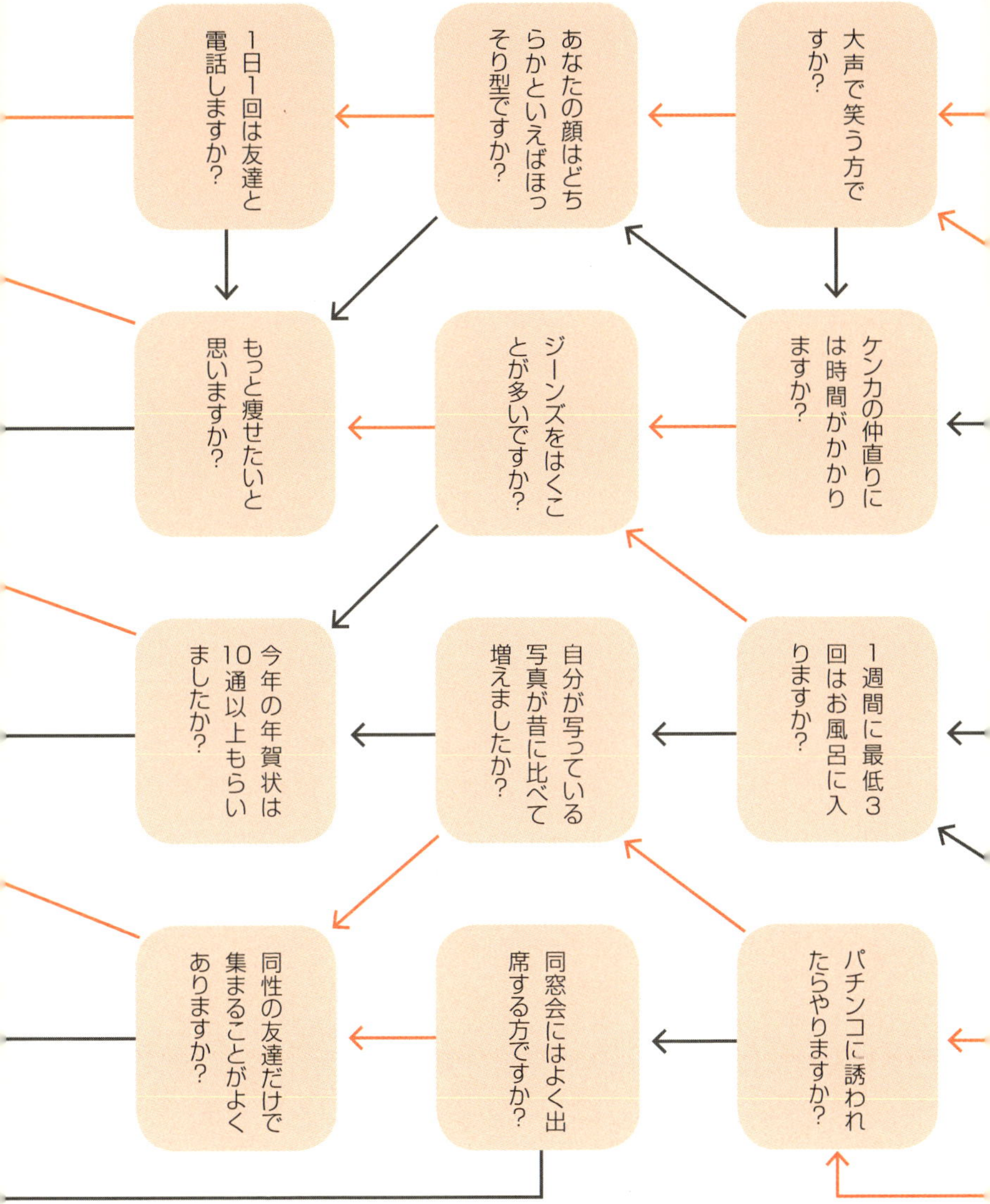
大声で笑う方ですか？
あなたの顔はどちらかといえばほっそり型ですか？
1日1回は友達と電話しますか？
ケンカの仲直りには時間がかかりますか？
ジーンズをはくことが多いですか？
もっと痩せたいと思いますか？
1週間に最低3回はお風呂に入りますか？
自分が写っている写真が昔に比べて増えましたか？
今年の年賀状は10通以上もらいましたか？
パチンコに誘われたらやりますか？
同窓会にはよく出席する方ですか？
同性の友達だけで集まることがよくありますか？

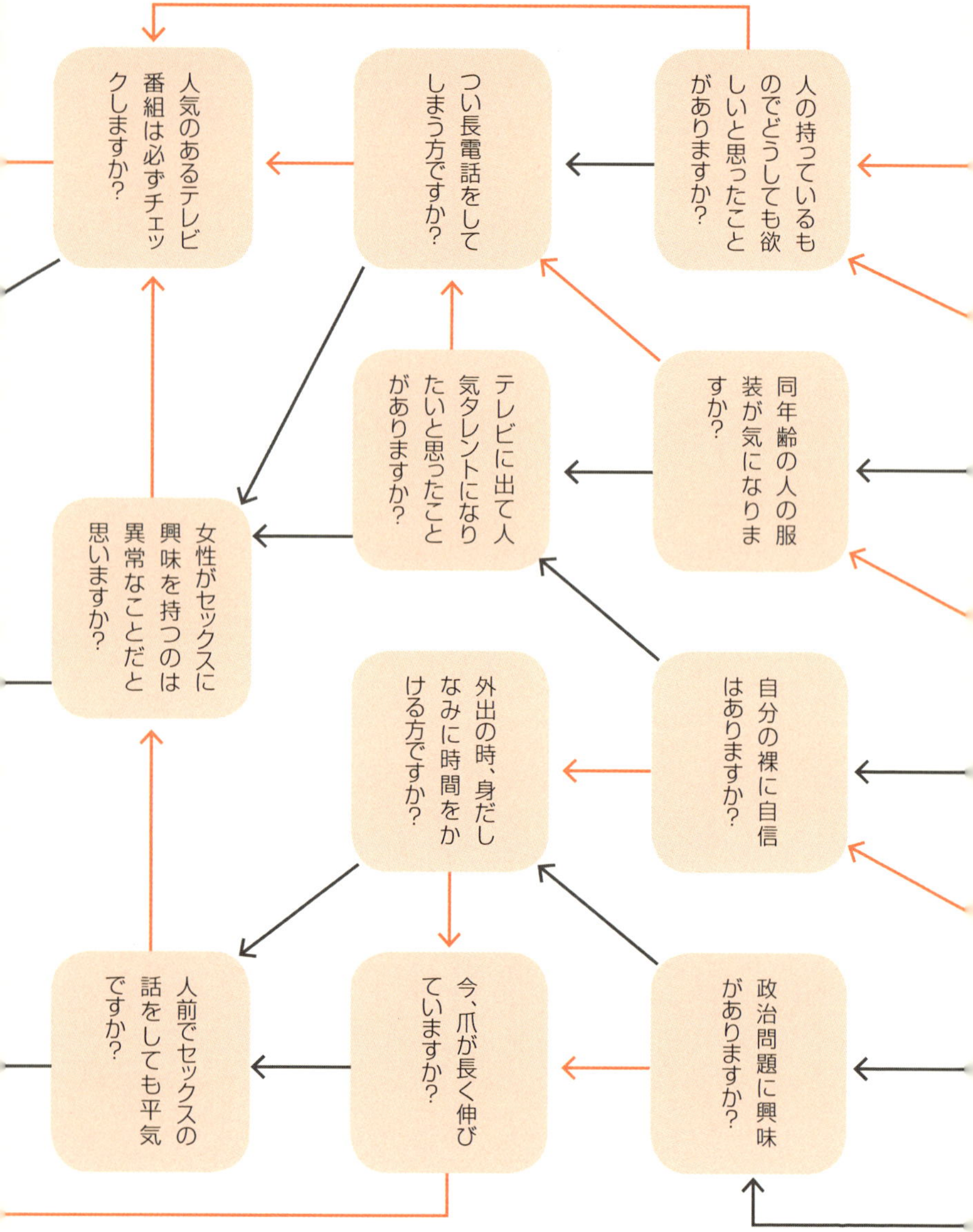

人の持っているものでどうしても欲しいと思ったことがありますか？
同年齢の人の服装が気になりますか？
自分の裸に自信はありますか？
政治問題に興味がありますか？
つい長電話をしてしまう方ですか？
テレビに出て人気タレントになりたいと思ったことがありますか？
外出の時、身だしなみに時間をかける方ですか？
今、爪が長く伸びていますか？
人気のあるテレビ番組は必ずチェックしますか？
女性がセックスに興味を持つのは異常なことだと思いますか？
人前でセックスの話をしても平気ですか？

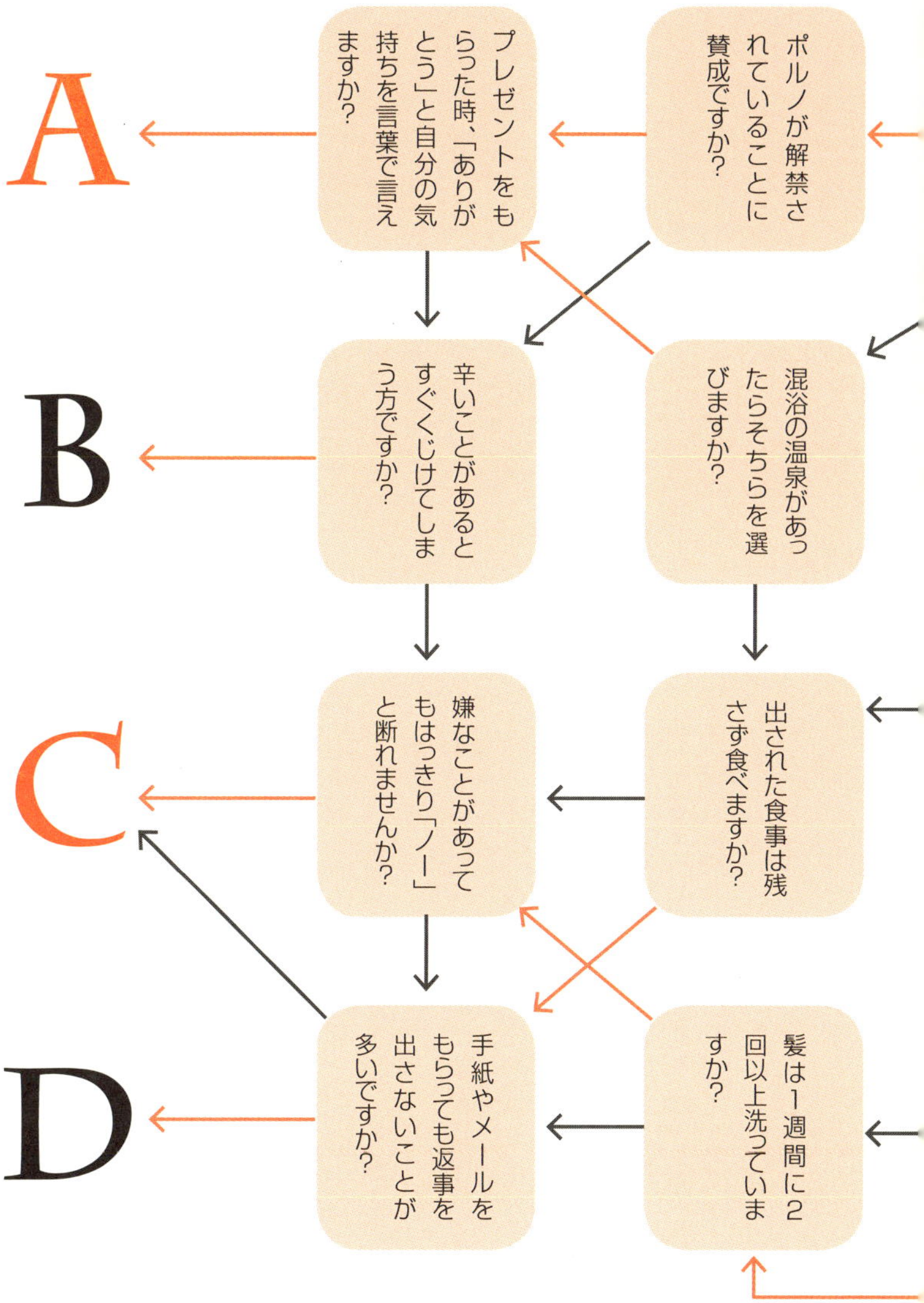
ポルノが解禁されていることに賛成ですか？
混浴の温泉があったらそちらを選びますか？
出された食事は残さず食べますか？
髪は1週間に2回以上洗っていますか？
プレゼントをもらった時、「ありがとう」と自分の気持ちを言葉で言えますか？
辛いことがあるとすぐくじけてしまう方ですか？
嫌なことがあってもはっきり「ノー」と断れませんか？
手紙やメールをもらっても返事を出さないことが多いですか？
A
B
C
D

Answer

A 独りよがりの自信の強さが

【女性】　あなたは自信に溢れ、強い信念を持っている人です。そしてあなたの持つ天性の明るさは周りの男性の心をとらえ、あなたがあまり言葉を交わしたことのない男性からも好意を持たれることでしょう。一般的に好かれるタイプなのです。

しかし、この手の人は異性に受けが良いのですが、同性の間ではあまり評判がよくありません。

かなり強い性格の持ち主ですから、自分が正しいと思うことをとことんやらなければ気が済まないでしょう。その姿勢が、事実としてあなたが正しかったとしても、同性からの妬みなどの反発を呼んでしまうのかもしれません。また、あまり融通が利かないタイプですから、そのことで反感を買い、仲間から浮いてしまうことや、男性から嫌がられることもあるかもしれません。

あなたへのアドバイスとしては、今の自分の行動はこれでよいのかと常に反省することです。

【男性】　あなたはテキパキと物事を処理し、相手の気持ちも上手くつかみ、いろいろな人から好意を受けることが多いでしょう。しかし、そのようなあなたの自信の表れや誰からも好かれるという安心感はときとしてあなたの欠点となってしまいます。

特に年が若いうちはこの傾向が強く、周りはまだ何も納得はしていないのに、自分自身で勝手に納得し、自己満足で終わらせてしまうことがあるかもしれません。

もしあなたが一人身ならば、それはあなたの一人よがりの自信が周囲から疎んじられているからです。

男らしさがあり、思いやりもあるのですが、特定の1人の異性に対してつき合う際にそのことが出てこないのです。

あなたへのアドバイスとしては、人づき合いにおいての過剰な自信を改めることです。

B よく思われたいとする気持ちが

【女性】　あなたは自分が嫌いな人から熱心にされ、好きなタイプの人からはあまり好意を抱かれない、いわばちぐはぐな経験が多いタイプではないでしょうか。

あなたはおおらかで情けの厚いタイプですが、その性格が裏目に出てしまい、本当は好きでもない人から悪く思われたくはないという気持ちが働いてしまい、心にもないお世辞を言ったり、同情をかけたりしてしまいます。または、あなたの不用心な愛想が相手を夢中にさせてしまうこともあるでしょう。

つまり、あなたは典型的な八方美人タイプなのです。あなた自身には悪意や他意はないのかもしれませんが、相手にとっては、無責任で身勝手な行動と見えることがあるのです。当然、そんな態度を取り、周りからもそのような評価を受けているのでは、本当にあなたのことを思ってくれている男性からも嫌われてしまうことでしょう。

あなたへのアドバイスとしては、何事にもうわべではない、誠意を持った対応をすることが必要です。

【男性】　あなたはひょっとすると周囲から軽はずみでいい加減な男性と見られているかもしれません。

あなたは自分が好きでもない女性を食事に誘ったり、簡単にデートの約束をしたりすることがあるかもしれませんが、自分の本心を隠して思わせぶりな態度を取ることが多いのです。そして、相手の女性があなたに好意を寄せた途端にあなたの方は冷めてしまい、距離を取ろうとします。

つき合いはじめは上手くいくのですが、つき合えばつき合うほどに信頼感のなさを相手に与えてしまうタイプといえます。みんなからちょっとよく思われたいという気持ちがかえって多くの女性に嫌われてしまう原因になっているのです。

あなたへのアドバイスとしては、今後、女性とおつき合いをするのであるならば、自分の気持ちを最初に明確に出すことが必要といえます。

Answer

C 引っ込み思案な態度が

【女性】　残念ながら、あなたは男性にとって印象の薄いタイプです。たくさんの女性の中であなただけを注目して、わざわざ声をかけてくる男性はかぎりなく少ないでしょう。なぜなら、あなた自身が平凡で地味でありたいと思いすぎるあまり、引っ込み思案になって、せっかくのあなたの魅力までも犠牲にしていることが多いからです。

また口数も少なく、「こんなことを言ったら笑われてしまう」とか「あんなことをしたら女らしくない」と保守的なモラルを意識しすぎてしまい、損をしているのです。昔の古い時代ならばそれでもよかったのかもしれませんが、現代においては、ある程度の自己主張は必要です。

そのような理由で、異性とつき合ってもストレートに自分の気持ちを表すことができず、面白味に欠けるという評価を受けることになってしまうのです。

あなたへのアドバイスとしては、多少の失敗を気にせず大胆に振る舞うことです。

【男性】　あなたは異性からも親しい仲間からも主体性のない面白味に欠けた人間だと思われているかもしれません。特にこれといった欠点はないのですが、何をやるにも引っ込み思案で消極的なタイプだからです。

コツコツと地道な努力を重ねるあなたですが、ときにはみんなと羽目を外して騒いだりしてはどうでしょうか。積極的な、他の男性とは一味違うものを持っているというのを示すことで女性はあなたに惹かれるはずです。

異性とつき合っても相手があなたの本心をつかめずにイライラしてしまい、結果としてせっかくのチャンスを棒に振ることがないよう、これからのあなたはより積極的な振る舞いを意識した方がよさそうです。

あなたへのアドバイスとしては、身だしなみを派手にすることから始めてみるとよいでしょう。見た目が変われば中身も変わるはずです。

D　気づかない自尊心の高さが

【女性】　あなたは大変意志が強く、自分を信ずるあまりに人が何を言おうとも徹底的にやるタイプといえます。ところが、自分の気持ちを相手に伝えることがあまり上手ではありません。誤解を受けて、損ばかりをしてしまうことが多いのではないでしょうか。

異性に対しても、あなたがその気になっていたとしても、相手はあなたの気持ちをわかってはくれていません。なかなかあなたと打ち解けず、むしろ遠ざかろうとします。

このようなことになってしまう理由とは、自分自身で気づかずに心の赴くままに行動を取ってしまうからです。あなたの心の中にある自尊心がそのような態度を取らせているのでしょう。

相手の気持ちを優しく受け入れる寛大さがあなたには不足しているのです。

あなたへのアドバイスとしては、自分中心で物事を考えて判断しないで、相手の気持ちを理解しよう努力をすることが大切です。

【男性】　あなたはいつも自分が中心でいないと気が済まないタイプです。自尊心が強いために、女性にリードされることを極端に嫌がりますし、女性の言いなりはつまらないと決めすぎているのです。

自分が考えていることがすべて正しく、自分が選んだことは必ず相手の女性も気に入るはずだという自信の強さが、相手の気持ちを離れさせているのです。

相手の気持ちを考えないで何でも決めていってしまうことが女性に嫌われる原因の1つなのです。

女性はどんなにつまらないことにも思いやりを示し、優しい言葉をかけてくれる男性に心が惹かれるのです。思ったままのことをすぐに口に出したり、表情に表したりするようでは、相手の気持ちを受け入れる余地はないでしょう。

あなたへのアドバイスとしては、相手を許す寛大さを持つことと、いたずらに自己主張をしない謙虚さを持つことが必要です。

Q56 あなたに訪れる結婚のチャンスはいつ？

あなたはいつ頃、どんな結婚をすれば幸せがつかめるのでしょうか？このテストであなたにとって最もふさわしい結婚の過程と時期、さらにアドバイスがわかります。

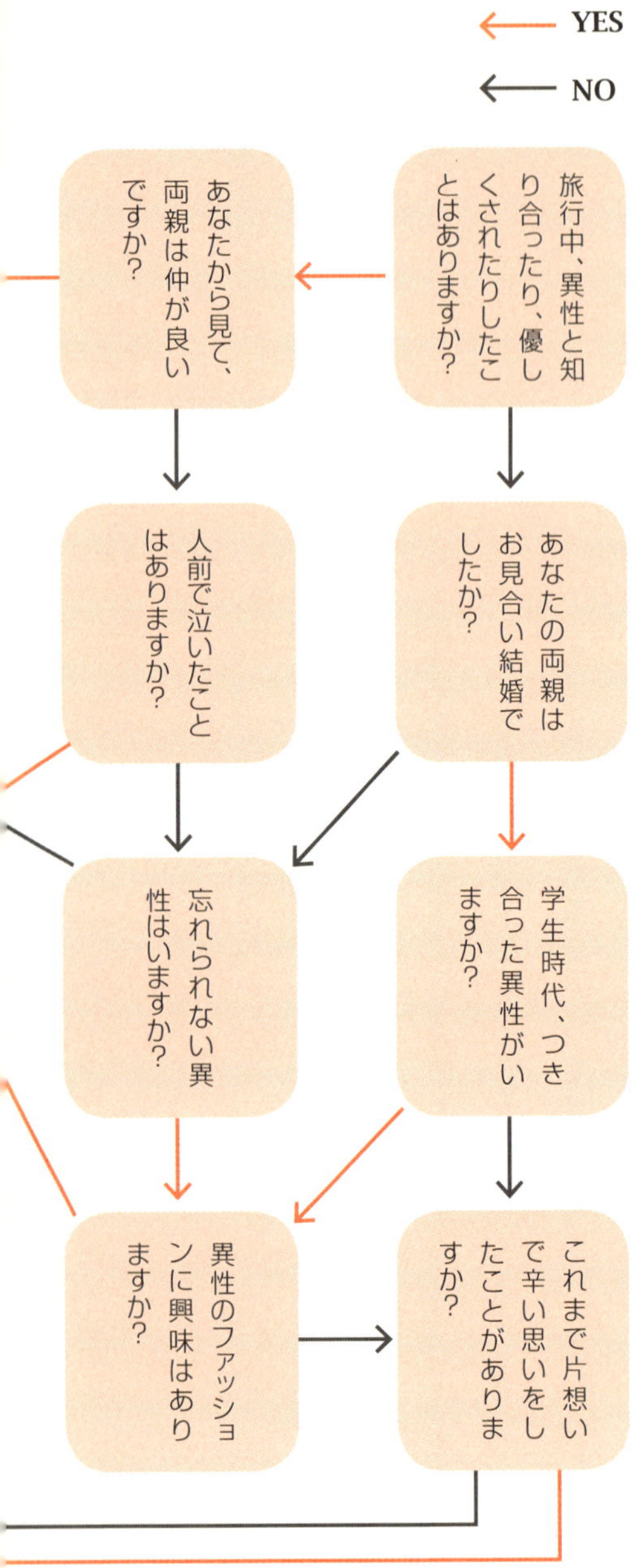
YES
NO
スタート
旅行中、異性と知り合ったり、優しくされたりしたことはありますか？
あなたの両親はお見合い結婚でしたか？
学生時代、つき合った異性がいますか？
これまで片想いで辛い思いをしたことがありますか？
あなたから見て、両親は仲が良いですか？
人前で泣いたことはありますか？
忘れられない異性はいますか？
異性のファッションに興味はありますか？

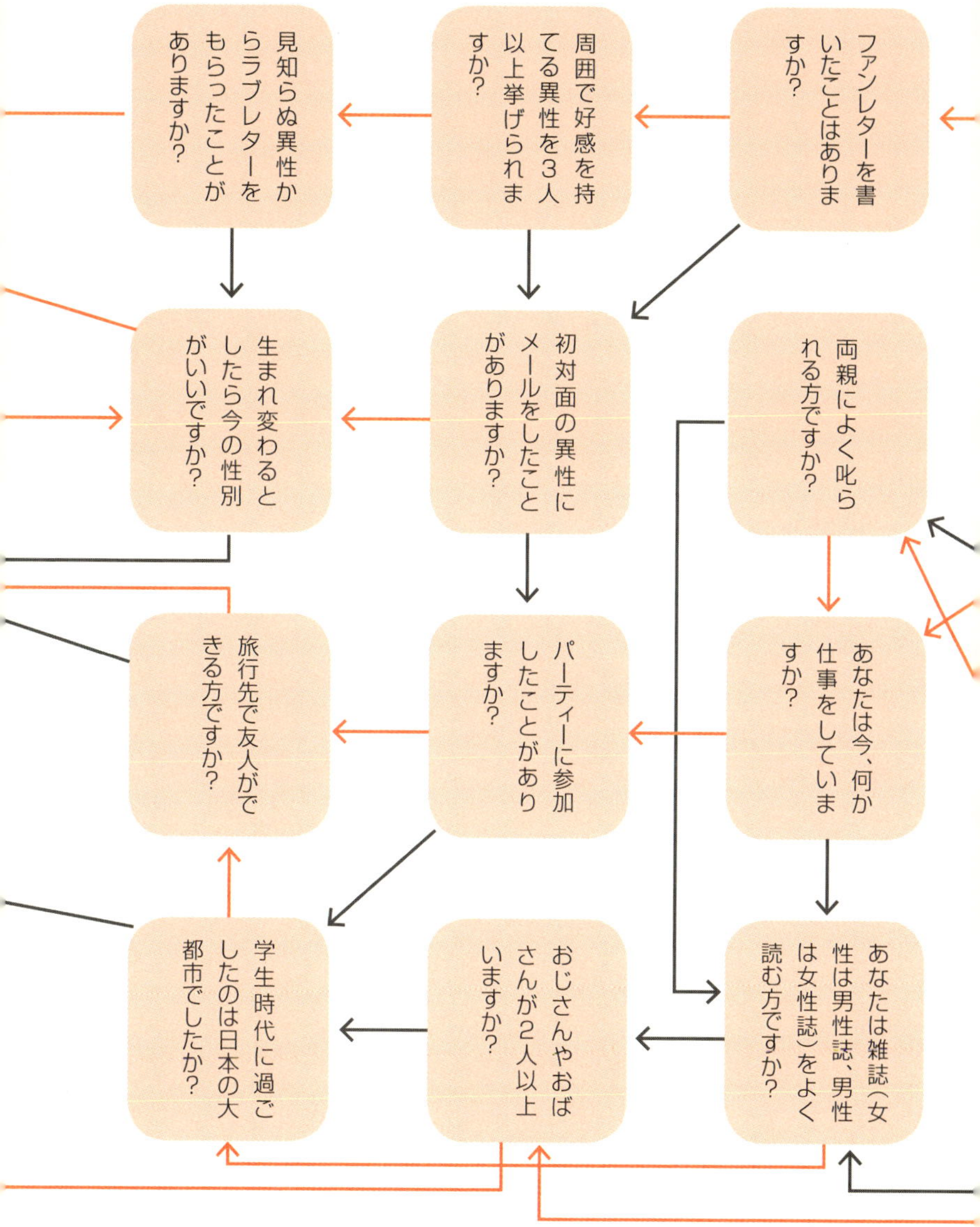
ファンレターを書いたことはありますか?
周囲で好感を持てる異性を３人以上挙げられますか?
見知らぬ異性からラブレターをもらったことがありますか?
両親によく叱られる方ですか?
初対面の異性にメールをしたことがありますか?
生まれ変わるとしたら今の性別がいいですか?
あなたは今、何か仕事をしていますか?
パーティーに参加したことがありますか?
旅行先で友人ができる方ですか?
あなたは雑誌（女性は男性誌、男性は女性誌）をよく読む方ですか?
おじさんやおばさんが2人以上いますか?
学生時代に過ごしたのは日本の大都市でしたか?

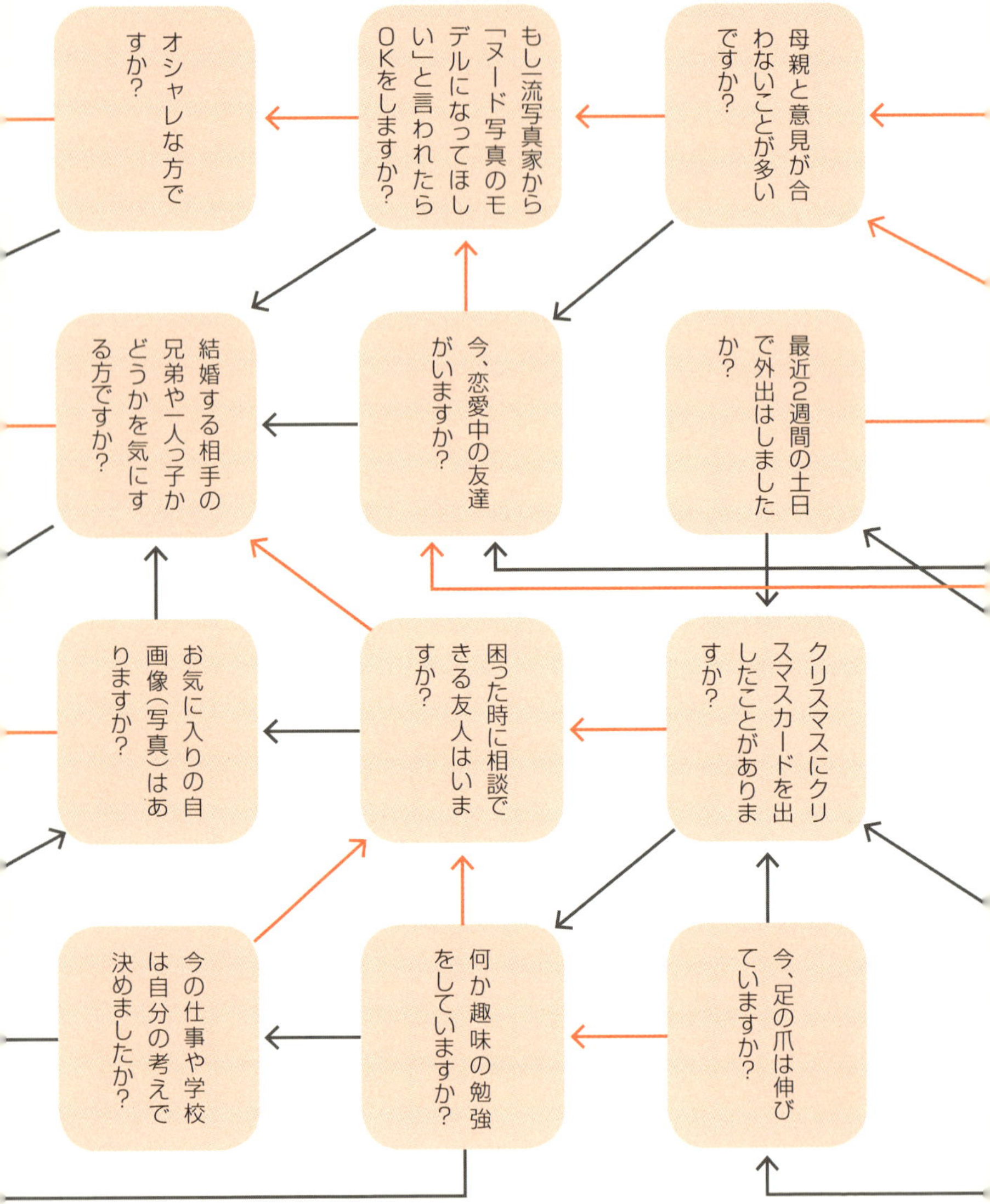
母親と意見が合わないことが多いですか？

もし一流写真家から「ヌード写真のモデルになってほしい」と言われたらOKをしますか？

オシャレな方ですか？

最近2週間の土日で外出はしましたか？

今、恋愛中の友達がいますか？

結婚する相手の兄弟や一人っ子かどうかを気にする方ですか？

クリスマスにクリスマスカードを出したことがありますか？

困った時に相談できる友人はいますか？

お気に入りの自画像（写真）はありますか？

今、足の爪は伸びていますか？

何か趣味の勉強をしていますか？

今の仕事や学校は自分の考えで決めましたか？

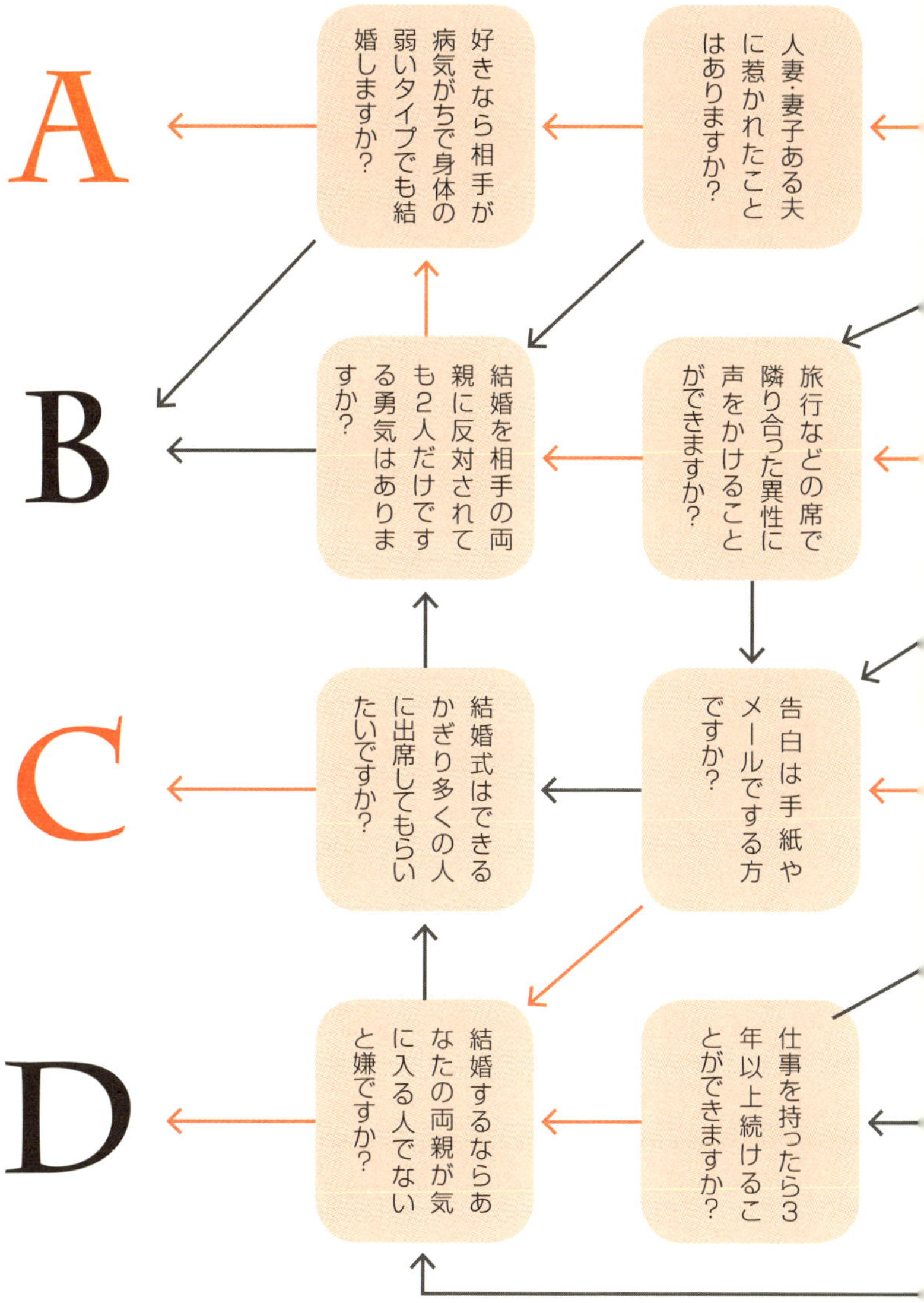
人妻・妻子ある夫に惹かれたことはありますか？
旅行などの席で隣り合った異性に声をかけることができますか？
告白は手紙やメールでする方ですか？
仕事を持ったら3年以上続けることができますか？
好きなら相手が病気がちで身体の弱いタイプでも結婚しますか？
結婚を相手の両親に反対されても2人だけでする勇気はありますか？
結婚式はできるかぎり多くの人に出席してもらいたいですか？
結婚するならあなたの両親が気に入る人でないと嫌ですか？
A
B
C
D

Answer

A 早婚か晩婚かの両極端

あなたは典型的なお見合いでは満足しませんし、いろいろと異性との交際を重ねながら最終的に1人の人を選ぶタイプです。たとえどんなに素晴らしい人でも、両親の勧める相手では好意は持たないでしょう。

最初から結婚を前提としたおつき合いには反発を感じやすい傾向があります。旅行での出会いや毎日の通勤・通学の中で恋愛対象を見つけようとしているのです。

結婚の年齢は早婚または晩婚の両極端となりますが、このタイプで一番難しいのは20歳〜23歳の間です。異性との悩みも多く出て、この頃に知り合った異性と結婚をするかどうかでその後の人生が大きく変わります。このタイミングでの結婚の決断が遅れると、男性ならば30歳過ぎ、女性なら25歳以降まで結婚運には恵まれることはなさそうです。

あなたがこの年齢で好きな人がいるのならば、結婚について真剣に考える必要があります。

またどの年齢にもいえるのですが、気の乗らないお見合い話などははっきりと断っておかないと後々あなたの評価にマイナスの影響を与えますので気をつけてください。

B 友人の紹介がきっかけ

今までのあなたは目の前に素敵な異性が現れてもそのチャンスを逃すことが多かったのかもしれません。もし、その時にあなたがもっと積極的に話しかけていたのなら、その願いは叶っていたことでしょう。

自分から進んで相手を探して恋愛をしようという強気な姿勢はないのですが、その反面、恋愛に対する憧れは人一倍強いタイプといえます。好き嫌いが激しいタイプであるともいえます。

この手の人は、とにかく最初は共通の友人などを通じて紹介してもらい、交際のきっかけをつかみ、友人としてのおつき合いから恋愛に発展するパターンが多そうです。

結婚を考えるのならば、自分の中での適齢期をちゃんと定め、その目標に向かって行動しましょう。

C　信頼できる人の勧めによって

最も典型的な結婚のパターンを踏むのがこのタイプの人です。お見合いをしたり、友人や先輩などの紹介を受けて結婚を前提とした交際を重ねたりしてゴールすることでしょう。

たとえ自分好みのタイプであっても、その人が見ず知らずならば気楽に話しかけたり、誘いに応じたりすることはないでしょう。貞操観念が強い方なのです。そのため、たくさんの異性とのつき合いを経て1人を選ぶとか、多数の中から1人を見つけ出すというのは苦手です。しかも、その相手に自分の気持ちをしっかりと伝えるのが不得意であまり成功はしないでしょう。

ですから、あなたの信頼できる人からの推薦が大きな影響を与えるのです。

また、年齢的なリミットがあるのもこの手の人です。女性ならば21歳～23歳、男性ならば26歳～29歳がベストです。

D　お見合いを多くする

あなたは性格的にも環境的にも自分の力で相手を探すのは難しそうです。基本的に異性との交際に関してとても慎重なタイプです。

少し古風で地味な印象を持たれやすいあなたにはお見合いが最適な方法といえます。お見合い相手よりもその両親に気に入られることでしょう。お見合いを斡旋してくれる年配の方からも受けが良く、いろいろと世話を焼いてくれるかもしれません。

ただ、基本的にあなたは決断力が鈍く、自分ではっきりと決めるのが苦手です。お見合いをしても気持ちが定まらないこともあるでしょう。そのため、あなたには良きアドバイザーが必須です。

また、お見合いも数多く経験することによって、出会いのチャンスも大きくなります。そのためにも、日頃の行いなどには十分気をつけて、あなたの評判を自分で落とさないようにしましょう。

Q57 意中の人と結婚できますか？

あなたは今の彼と結婚することができるのでしょうか？　彼はあなたのことを本当はどう思っているのでしょうか？　今のあなたと彼の関係がこのテストから見えてきます。【女性用】

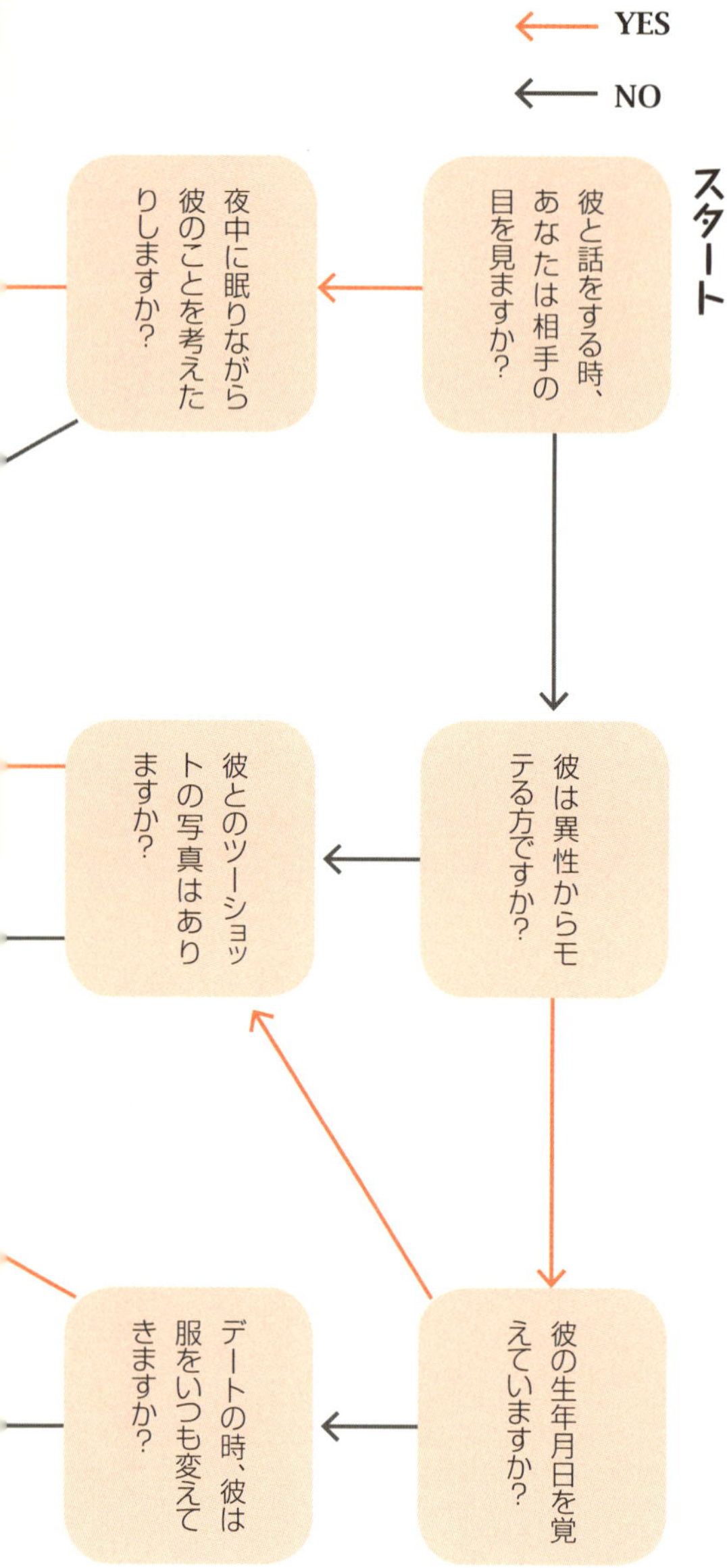
YES
NO
スタート
彼と話をする時、あなたは相手の目を見ますか？
夜中に眠りながら彼のことを考えたりしますか？
彼は異性からモテる方ですか？
彼とのツーショットの写真はありますか？
彼の生年月日を覚えていますか？
デートの時、彼は服をいつも変えてきますか？

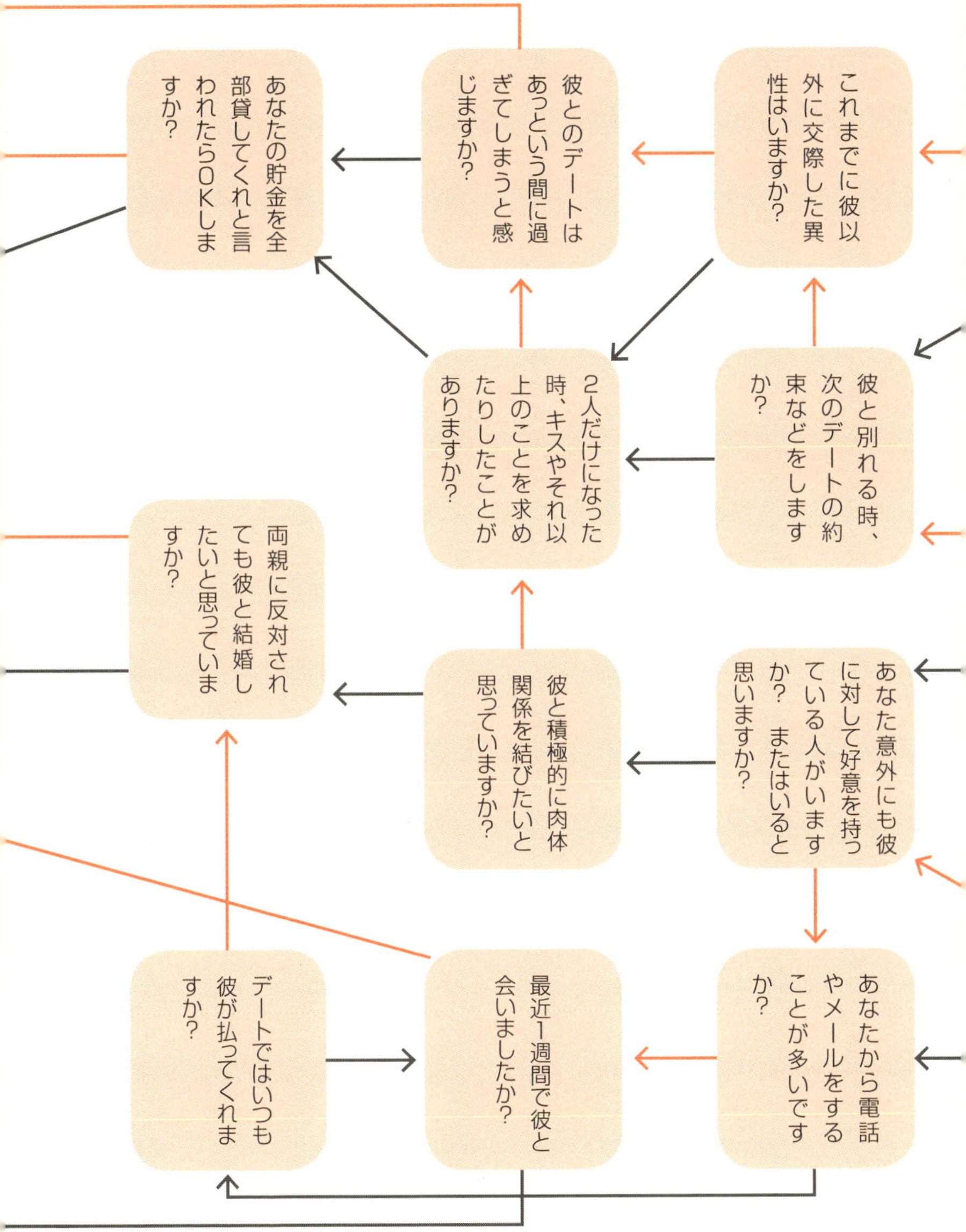
これまでに彼以外に交際した異性はいますか？

彼と別れる時、次のデートの約束などをしますか？

あなた意外にも彼に対して好意を持っている人がいますか？　またはいると思いますか？

あなたから電話やメールをすることが多いですか？

彼とのデートはあっという間に過ぎてしまうと感じますか？

2人だけになった時、キスやそれ以上のことを求めたりしたことがありますか？

彼と積極的に肉体関係を結びたいと思っていますか？

最近1週間で彼と会いましたか？

あなたの貯金を全部貸してくれと言われたらOKしますか？

両親に反対されても彼と結婚したいと思っていますか？

デートではいつも彼が払ってくれますか？

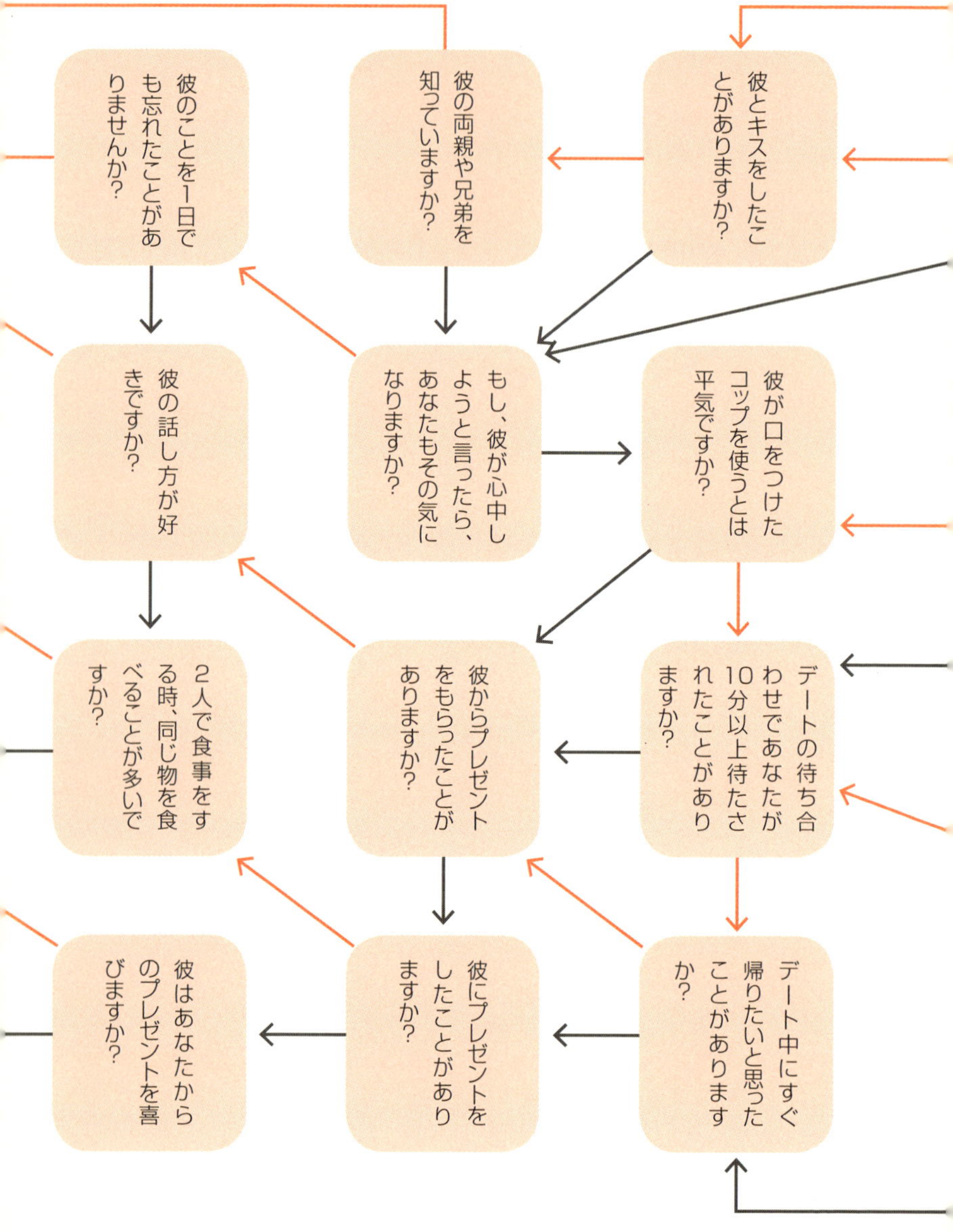
彼とキスをしたことがありますか？
彼が口をつけたコップを使うとは平気ですか？
デートの待ち合わせであなたが10分以上待たされたことがありますか？
デート中にすぐ帰りたいと思ったことがありますか？
彼の両親や兄弟を知っていますか？
もし、彼が心中しようと言ったら、あなたもその気になりますか？
彼からプレゼントをもらったことがありますか？
彼にプレゼントをしたことがありますか？
彼のことを1日でも忘れたことがありませんか？
彼の話し方が好きですか？
2人で食事をする時、同じ物を食べることが多いですか？
彼はあなたからのプレゼントを喜びますか？

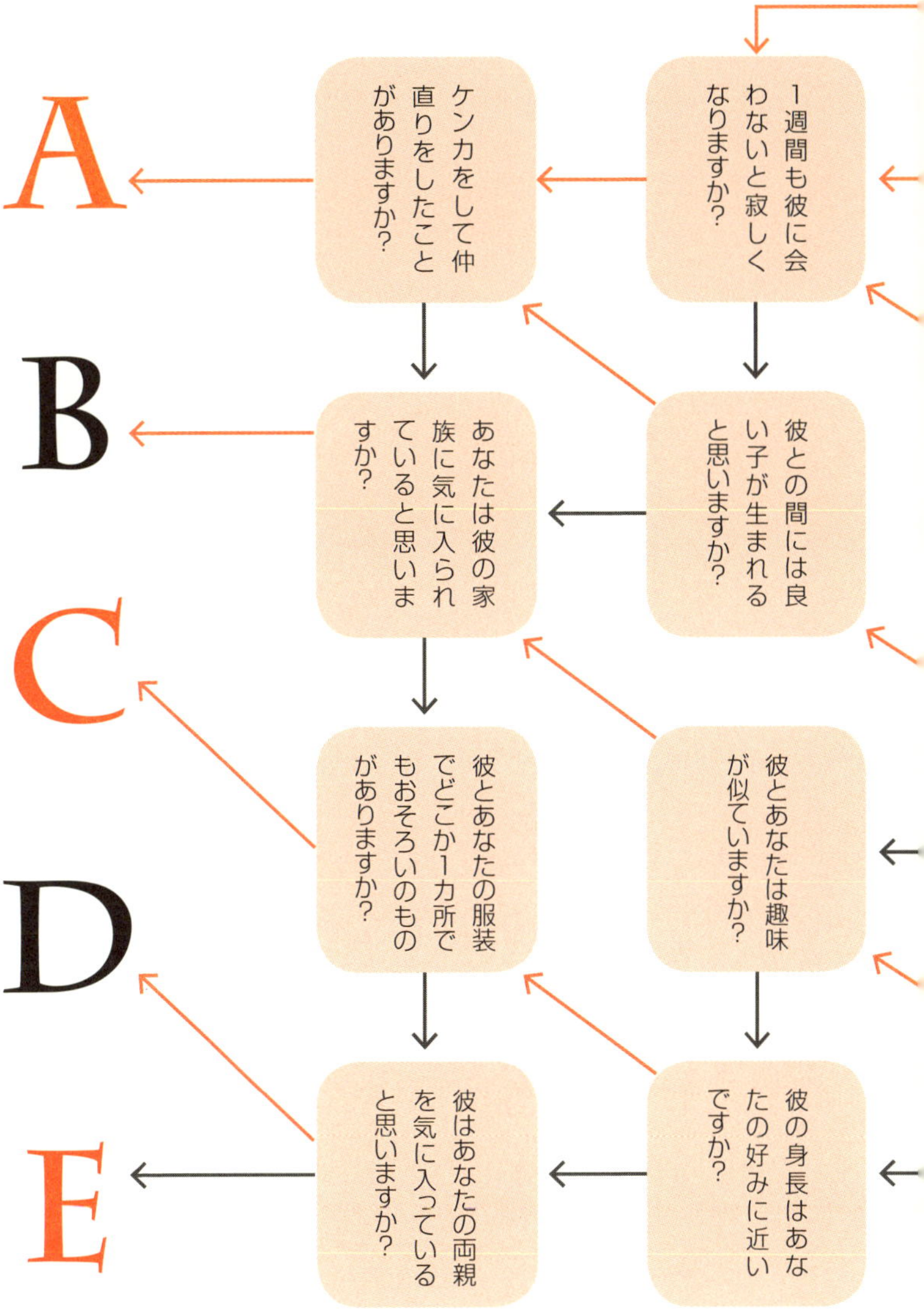
1週間も彼に会わないと寂しくなりますか?
彼との間には良い子が生まれると思いますか?
彼とあなたは趣味が似ていますか?
彼の身長はあなたの好みに近いですか?
ケンカをして仲直りをしたことがありますか?
あなたは彼の家族に気に入られていると思いますか?
彼とあなたの服装でどこか1カ所でもおそろいのものがありますか?
彼はあなたの両親を気に入っていると思いますか?
A
B
C
D
E

Answer

A 2人の心はぴったり

あなたは彼と今すぐにでも結婚できる状態にあるといえます。周りから見ても大変に仲の良い2人に思われていますし、このまま結婚してもぴったりの夫婦となる可能性が高いでしょう。

あなたは彼の心を十分にとらえていますし、彼もあなたとの結婚を望んでいるといえます。彼にとって、あなたのいない人生なんて虚しいものと思っているはずです。ケンカをすることがなく、知らぬ間に心が通じ合っている関係なのです。

もし、あなたが思うようにならない片想いであったとしても、あなたの努力によって相手が振り返ってくれることでしょう。チャンスもすぐにやってきそうです。

B チャンスはあなたの一言から

あなたがその気になって積極的にアタック、アプローチすれば結婚できるチャンスが出ることでしょう。相手からの反応を待っているのではなく、あなた自身の気持ちを前面に押し出していくことが大切です。

彼はあなたに好意以上のものを感じてはいるのですが、その気持ちをあなたにはっきりと打ち明けられないのです。彼はあなたからの一言を待っているはずです。

もし、あなたが片想い中であるのならば、彼の悩みを誰よりもよくわかっているはずです。あまり自分のことだけにとらわれていると、せっかくのチャンスが台無しになってしまいますし、結婚どころかただの友人で終わってしまうことも考えられます。もっと彼のためを思っての行動をしてください。そうすれば彼もあなたの気持ちを受け、愛も高まってくることでしょう。

C もう少しお互いを知った方が

今のあなたは彼から多少の好意を持っていると思われますが、いざ結婚となると思うようになりません。ただし、今の状態ではあなたの以外の人に彼が取られてしまう可能性が高いでしょう。

彼とあなたはとても気持ちの合う時とさっぱり合わない時の差が激しく、極端な関係といえます。

彼はまだ十分にあなたの本心がわかっていない状態なのです。ひょっとすると、他の女性に心奪われて迷っているのかもしれません。2人の愛をより高めるためには十分に語り合い、お互いを理解することが先決です。

片想い中の人は、今まで以上にあなた自身の話をし、そして彼と一歩踏み込んだ深い話をするように心がけてください。

D　どうにもならない状態

残念ながら、あなたは彼と結婚できる可能性はほとんどないでしょう。あなたの一方的な片想いであり、2人の間にはどうにもならない溝があるようです。

どうしてもあなたからの一方通行になりやすく、いくらあなたが頑張っても相手はそれを見向きもしないのです。

今の彼はあなたが思うほど積極的に結婚などの将来像を考えてはいません。だからといってあなたを嫌っているかというとそうではなく、仲の良い女友達として考えているのです。


彼とこれから1カ月間つき合ってみて、何ら変化がないようならば、彼との結婚は諦めて男友達の1人としてつき合う方がよいでしょう。その方があなた自身、フランクな気持ちで接することができるはずです。

片想い中の人は、将来をしっかりと見据えたおつき合いをしたいというのではなく、仲の良い男友達の関係性で続けると思った方がよいでしょう。

E　勇気を持って次のチャンスを

ずばり、あなたは彼のことを早く忘れて、他の男性との交際を積極的に考えた方がよいでしょう。彼に対して好意を持ち、熱心に思っていたとしても、彼はその気持ちに応えてはくれません。むしろ、彼はあなたのことを結婚の対象としては考えていないでしょう。

辛いかもしれませんが、彼を諦めて次のチャンスを探す勇気を持ちましょう。どんなにあなたが尽くしても報われない愛というのもあるのです。

片想い中の人も同様です。片想いが片想いで終わってしまう可能性が高いのです。

Q58

あなたの性癖は？

次の絵に太陽とボートを描いてください。

Answer

1 太陽

太陽は自我を表し、男らしさやスタミナの象徴です。この太陽をどの位置に描くかによって、自分と相手との性に対する欲求が見えてきます。あなたの潜在意識が読み取れるわけですが、一方で、今のあなたの性的欲望もこの太陽に表れます。太陽を黒く塗りつぶして描く人は性に対する異常な欲求があるといえます。

■太陽を山の真上に描いた人

相手に支配されることに満足せず、自分がリードするセックスに喜びを感じるタイプです。攻撃的で強いセックスを象徴しており、男女共に相手を征服し、いじめることによって満足感が高められる人といえます。しかも、この傾向はたんにセックスだけにとどまらず、日常の行動でも、相手を困らせたり大声を上げて叱りつけたり、命令したりします。相手を従属させることで欲求を発散させるのです。

太陽を大きく描いた人は男性性が高く、女性なら男勝りでいわゆる女性上位のセックスが好きなタイプです。もし、夫婦やカップルで共に山の真上に描いていた場合、その大きさを見比べてみてください。より太陽を大きく描いた方が、サド的要素が強いといえます。

■山に接する太陽または隠れている太陽を描いた人

山に一部分が隠れてしまう太陽は、女性的で誰かに頼りたいという意識を物語っています。強烈な愛よりもソフトな愛を求め、相手に対する同情心が強く、涙もろい人といえます。セックスは献身的で、相手にいじめられること、つまりマゾ的傾向を示すことが多いでしょう。

男性なら性的なマッサージにより強い喜びを発見するタイプで、妻や恋人にも、そういったサービスを本当は期待しているのだといえます。

女性では、ペッティング（愛撫）やフェラチオに歓喜を得やすいでしょう。

■山の右側に太陽を描いた人

最も一般型で常識的な愛し方・愛され方で十分満足していけるタイプです。自分から進んでサド・マゾ傾向を示すことはなく、潜在的にもその願望は薄い人です。日常生活でも道徳感が高く、性のモラルを守ろうとするでしょう。

男性は男性らしく、女性は女性らしくあるべきだという信条がこのタイプの人の特徴です。

■山の左側に太陽を描いた人

男女共に誰かに強くリードされるセックスを求めるタイプです。しかし、あまり強烈なむき出しのセックスは好まず、自分の欲求にもブレーキをかけがちです。本当は強烈にいじめたい・いじめられたいと思いながら、実際には正反対の言動を取ることが多いでしょう。相手に対する警戒心や不安がなかなかなくならず、自分の欲求を素直に表せないということが多いタイプです。

2 ボート

ボートは、太陽が男性であるのに対して、女性を象徴しています。ボートの位置や向きは、男性にとっては性への期待、女性は自己愛の印となります。ボートを湖の中心近くにかく人ほどサド傾向が強く、湖のふちにかく人はマゾ的な傾向があります。

■中心に近く横向きのボートを描いた人

強烈な性衝動を感じやすく、支配欲や征服欲も強い人です。中途半端なことでは満足できないタイプといえます。

■湖のほとりに接近するボートを描いた人

依頼心が強く、同情心や思いやりがある人です。このタイプで太陽を「山に接するか隠れる太陽」として描いた人は、特にソフトな性格で典型的なマゾといえます。

男性の場合、普通のセックスよりもフェラチオを好むといえます。とはいえ、相手に対する思いやりがあるので自分がしてほしいことを相手に言い出せず、かえって悶々としてしまうことが多いでしょう。八重歯や歯並びの悪い女性に性的興奮を抱くのもこのタイプの特徴です。

■斜めやタテにボートを描いた人

いわゆるサドとマゾの中間タイプです。典型的な熱しやすく冷めやすい人といえます。自分本位になりやすく、心の中がなかなかつかみにくいタイプです。相手を振り回すことも多いでしょう。

Q59

今のあなたの性的欲求不満度は？

あなたが山道を歩いていると、
突然、草むらからヘビが出てきました。
どんなヘビですか？
描いてみてください。

Answer

西洋でも東洋でもヘビはセックスシンボルとされてきました。どのようなかたちのヘビを描いたかによって、あなたの今の性的欲求不満度が見えてきます。

■とぐろを巻いてかま首をもたげたヘビを描いた人

非常に強いセックス度です。年齢と比べても若さが溢れており、力強いセックスを求めるタイプです。そのエネルギーはときに本人でももてあますほどでしょう。もし、このヘビに「ヘビの舌」を長く描き加えていたら、この人は精力絶倫型です。しかも、そのセックスの欲求を上手く発散できないでいるという状態です。

男性なら1回のセックスだけでは物足りず、一度に数回求めるのがこのタイプといえます。女性ならばスタミナが溢れて、強い男性でないと満足できない人です。強く抱きしめられたいとか、たくましい男性が欲しいといった欲求の表れです。

男女共に、この溢れるスタミナをスポーツで発散している人も多いといえます。

■横に伸びたヘビを描いた人

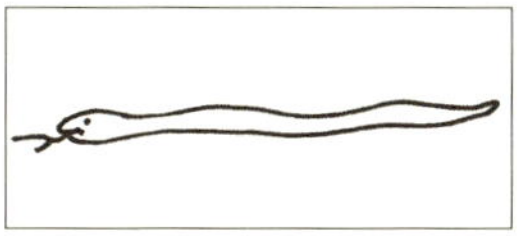

男性の場合、スタミナ不足で妻や恋人の欲求不満を高めている可能性があります。しかし、ムードや寝室のちょっとした変化に敏感な気分屋さんでもあり、相手の心配りいかんでは元気を取り戻すということもあるでしょう。結婚記念日や誕生日、2人だけの記念日などを大切にする人なので、そんな時こそ雰囲気を盛り上げることが、このタイプの人の相手には求められるのかもしれません。

ただし、このタイプはまた、スタミナ不足のわりには浮気願望が強いという矛盾した面もあるのが特徴です。

■襲いかかるように口を広げたヘビを描いた人

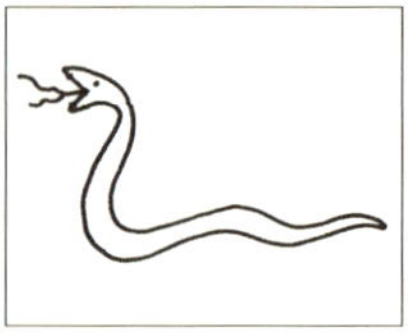

このタイプは自己中心的でわがままなところがあります。嫉妬深いくせに愛情表現は下手で、本当は好きでも口に出して言えずにかえって冷たい言動をしてしまう人です。

セックスのスタミナはあり、ベッドでは素晴らしい愛情を示すことでしょう。ただ仕事や対人関係のイライラがあると、性生活に影響されやすく、本人も相手も共に不満が高まってしまいます。あなたの相手がこのタイプの人ならば、言葉や態度としてあなたの愛情を表現し、相手のヤキモチを焼かせないことが大切です。日常生活のイライラを解消する工夫をしてあげるとよいでしょう。

■ところどころ体を折り曲げているヘビを描いた人

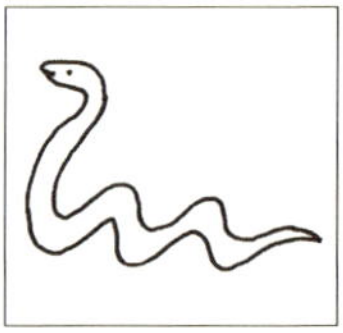

相手を疑ったり、何となく物足りなさを感じていたりするタイプです。つき合い始めたばかりの感情や、結婚当初の甘いムード、婚約中のさわやかさなどが長続きしていないのかもしれません。

愛情を言葉に表したり、2人だけの語らいをしたりするのが面倒になりやすいので、こんな時、浮気のチャンスがあるとかなり発展してしまうおそれがあります。夫婦ゲンカや恋人との口論には十分注意しましょう。

■ひものようにダラリと伸びたヘビを描いた人

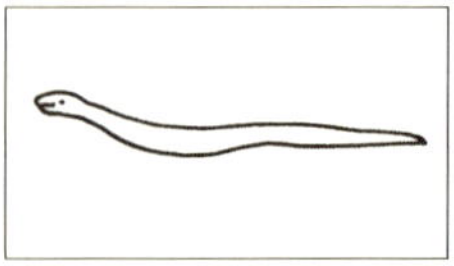

女性の場合、非常に淡白であまりむき出しのセックスを好まないでしょう。セックスよりも精神的な愛を大切に考えるタイプなのです。

男性は妻や恋人以外の女性に心を動

かされることはまずありません。相手に一途なのです。ただし、お世辞が下手で、思ったことをはっきりと言いすぎるため、誤解されやすい損な人ともいえます。セックスも淡白で、口先では浮気っぽいようなことを言うことがあるかもしれませんが、それが実際の行動に移ることはまずありません。

■巻きついているヘビを描いた人

かなり強烈な欲求不満があるといえます。抱きしめたい・抱きしめられたいという思いはあるのに、なかなか思うようになっていないのです。仕事や勉強などやらなければいけないことが多く、また生活が単調になりがちでストレスが溜まっている状態です。あなたの相手がこのタイプだった場合、いつも以上に積極的な愛情表現やコミュニケーションを取って相手の不満を解消しておかないと、大変な事態に陥るおそれがあるので要注意です。

COLUMN.1

”嫌いな色であなたのタイプがわかる④“

好きな色がその人のタイプを表すように、嫌いな色からもその人の傾向が読み取れるのです。逆転の発想で、「嫌いな色は?」と相手に尋ねてみてください。そこには隠された本心が見えてくるはずです。

灰色が嫌いな人

単調な生活に嫌気が差すタイプです。没個性的なものには興味がなく、刺激的なものを求める人といえます。そのため、自分とは正反対のような人を求めることが多いでしょう。

黒が嫌いな人

縛られることを嫌う、自由人タイプです。自分の思った通りにならないと我慢ならず、また、ストレスも溜め込みやすいといえます。自分を自由にしてくれる、器の大きな落ち着いた人に惹かれることでしょう。

Q60

隠された
セックス意識

森の中に家があります。
この家の鍵を描いてください。

Answer

このテストではあなたのセックスに対する隠された意識が見えてきます。

鍵はペニスを表しており、男性の場合は自分自身の性器を考え、女性の場合はその人にとっての理想的性器を考えることになるのです。

鍵の向き

■上向き……男性性が強い・攻める・積極的

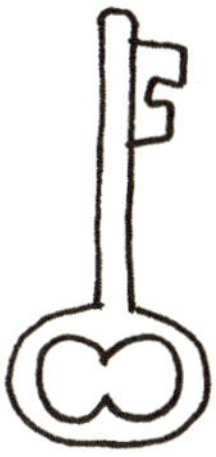

■下向き……女性性が強い・受ける・消極的

■右向き……男性性が強い・攻める・積極的

■左向き……女性性が強い・受ける・消極的

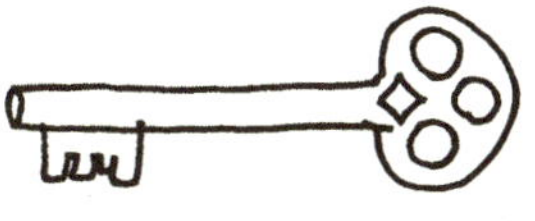

鍵の太さ

■太い……性的に自信がある・性欲が強い

■細い……性的劣等感がある・性欲が薄い

■鍵に飾りをつける……虚栄心が強く見栄っ張り

■鍵に模様を描く……マスターベーションの経験が豊富で好き

■変形した鍵頭……女性の初体験でトラウマがある

Q61
あなたの浮気のタイプは？

看板が2枚並んでいます。
次の４つのマークの中から、
あなたの好きなマークを
順番に書き入れてください。

Answer

まずは4つのマークの解説をします。

円形は愛情やセックスを象徴し、筆跡でも丸みのある文字や円形を好んで書く人は、人間関係の愛を非常に大切にするタイプです。円は心の中にある愛情や欲求を物語り、どちらかというと肉体的なものより精神的な愛の方に比重を置く人だといえます。

四角形は、周りを取り囲んでしっかり固めていく家を象徴しており、自分を守る防衛本能を示しています。家庭的な安心感や保護されたいという気持ち、頼もしさなどを物語るのが四角形です。

三角形は行動力やスタミナ、情熱を感じさせるものです。男らしさやセックスを象徴しているのです。

十字形は、飾りのついた十字形で少し複雑で変化があり、何か変わったものを求める心理や夢、空想を表しています。

（1）の看板に描いたものが、あなたが今一番求めているものです。三角形なら肉体的なもの、セックスを一番求めているといえますし、円ならば精神的な愛、四角形ならば安全第一で家庭中心を、十字形ならば夢や空想を求めている、ということになるのです。

次に、（1）と（2）の看板の組み合わせをみていきます。

■○□と並んだ人

浮気をしたい・恋をしたいという気持ちはあっても、家庭を破壊するところまではいかない人です。まず家のことを考え、ほどほどに浮気をエンジョイするというタイプといえます。万が一、浮気をしたとしても、最後には家庭に戻ります。これは、あくまでも仕事や家庭という枠に縛られているからです。

■□○と並んだ人

誰とでも気さくに友人のように交際できる人です。セックスもさりげなくやれますが、ひとたび相手が「結婚だ」「愛だ」と言い出すと、サッサと逃げるタイプでもあります。深刻な浮気問題を起こす気遣いはまずないでしょう。

Answer

■○△と並んだ人

同情が愛になったり、一時の遊びがかなり深刻なものになったりという危険がいっぱいの人といえます。浮気への憧れも強く、ほんの浮気のつもりがかなり発展してしまうこともあります。家や仕事を捨てて相手に没入してしまうという危険なタイプです。

■△○と並んだ人

ささいなことを大げさに考えるタイプで、何かあるたびに「一生をかける!」とか「死んで責任を取る!」といって深刻になりがちです。プレイのつもりで情事を交わしても、すぐ本気になってしまうという厄介な人だともいえます。あなたがこのタイプに当てはまったのならば、浮気は厳に慎む必要があります。

■○＋と並んだ人

同情や思いやりがセックスにまで発展せず、美しい交際で終わることの多い人です。旅先での出会いや、詩や音楽を通じてのプラトニックラブに発展していくことでしょう。ただプラトニックとはいえ、心の浮気は多い人で周囲からつまらない誤解を受けやすいタイプでもあります。

■＋○と並んだ人

相手をリードするタイプで遊び上手です。流行にも敏感で、性のテクニックも満点です。浮気相手に結婚をせがまれても別れのテクニックが上手く、恋人や妻・夫に知られず上手に処理することができる人です。

■△＋と並んだ人

セックスに凝りやすく誘惑に弱い人です。男性の場合、浮気相手は商売女性だったり特殊な女性だったりというケースが多いかもしれません。海外旅行は浮気旅行ということが多いのがこのタイプの特徴です。

■＋△と並んだ人

男性の場合は年上の女に憧れを持ち、母性愛に弱いタイプです。普段はおとなしいのですが、好きな人が現れると仕事や名誉を振り捨てて尽くす真面目な性格です。相手が本気なら浮気は深刻化し、先方が遊びのつもりなら自分だけ傷ついて終わることになるでしょう。特に見合い結婚をしている人でこのタイプは十分に注意した方がよいでしょう。

■□＋または＋□と並んだ人

最初は近づきがたくとっつきにくいのですが、交際を重ねるごとに味が出るという人です。情事をエンジョイするには最高で、いわゆる大人の恋ができます。しかし、自分にも相手にも厳しい考え方をしますので、ちょっとしたことで心変わりをすることもあります。

■△□と並んだ人

浮気に対する期待や憧れはいっぱいありますが、家庭を壊す気は毛頭ないので、絶対にヘマをしないという慎重型といえます。相手に知られず、一時的な遊びで終わらせるケースが多いでしょう。ただし浮気願望は強い人ですから、あなたの相手がこのタイプならば、十分に目を光らせている必要がありそうです。

■□△と並んだ人

家庭第一主義です。子どもや仕事のことをいつも考え、無茶をしない堅物タイプです。ただし、若い時に遊ばないで中年以降の恋に没頭してしまうことが多いのもこのタイプの特徴です。

Q62 あなたのセックスアピールポイントは？①

男性の心を惹きつける重要なポイントの1つがセックスアピールです。あなたは自分のセックスアピールがどこにあるかわかりますか？知っているようで知らない、自分自身のセックスアピールポイントがこのテストで見えてきます。【女性用】

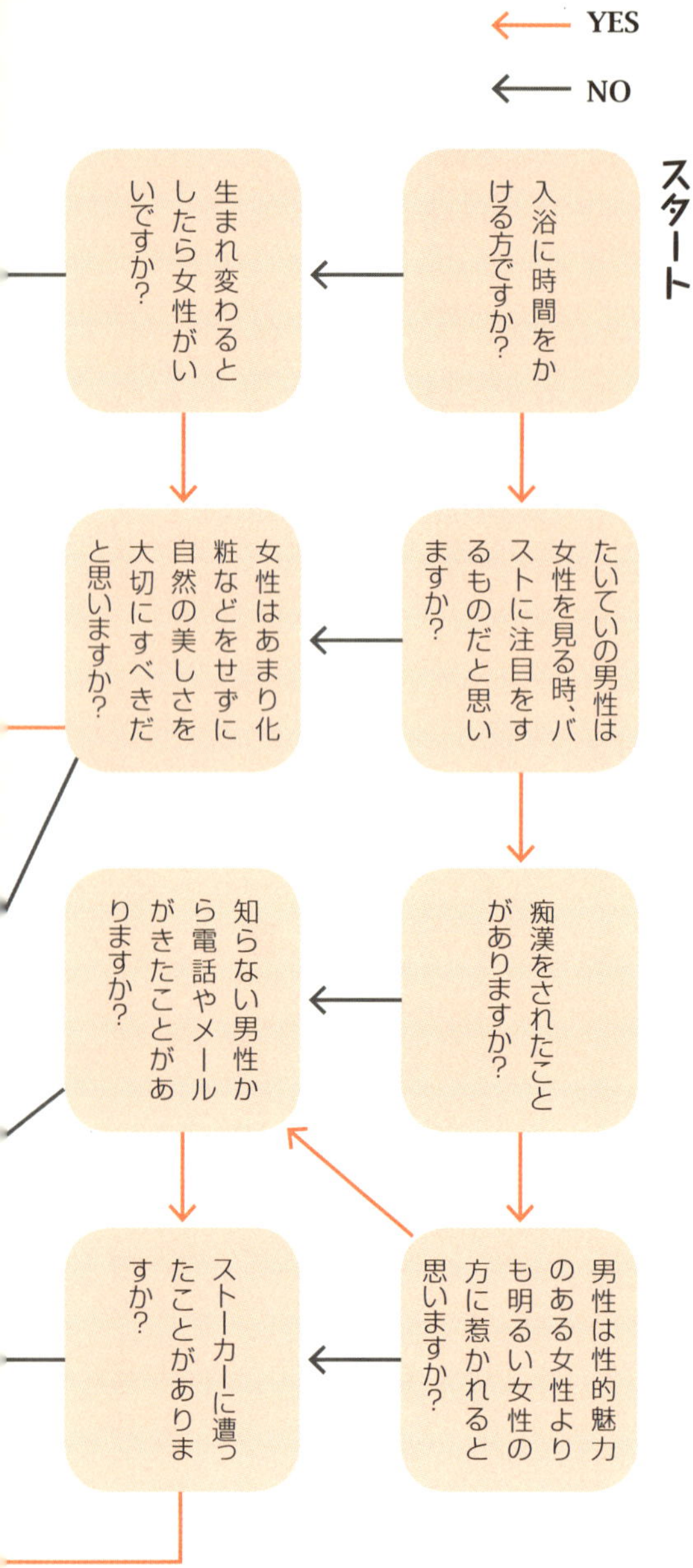
YES
NO
スタート
入浴に時間をかける方ですか？
たいていの男性は女性を見る時、バストに注目をするものだと思いますか？
痴漢をされたことがありますか？
男性は性的魅力のある女性よりも明るい女性の方に惹かれると思いますか？
生まれ変わるとしたら女性がいいですか？
女性はあまり化粧などをせずに自然の美しさを大切にすべきだと思いますか？
知らない男性から電話やメールがきたことがありますか？
ストーカーに遭ったことがありますか？

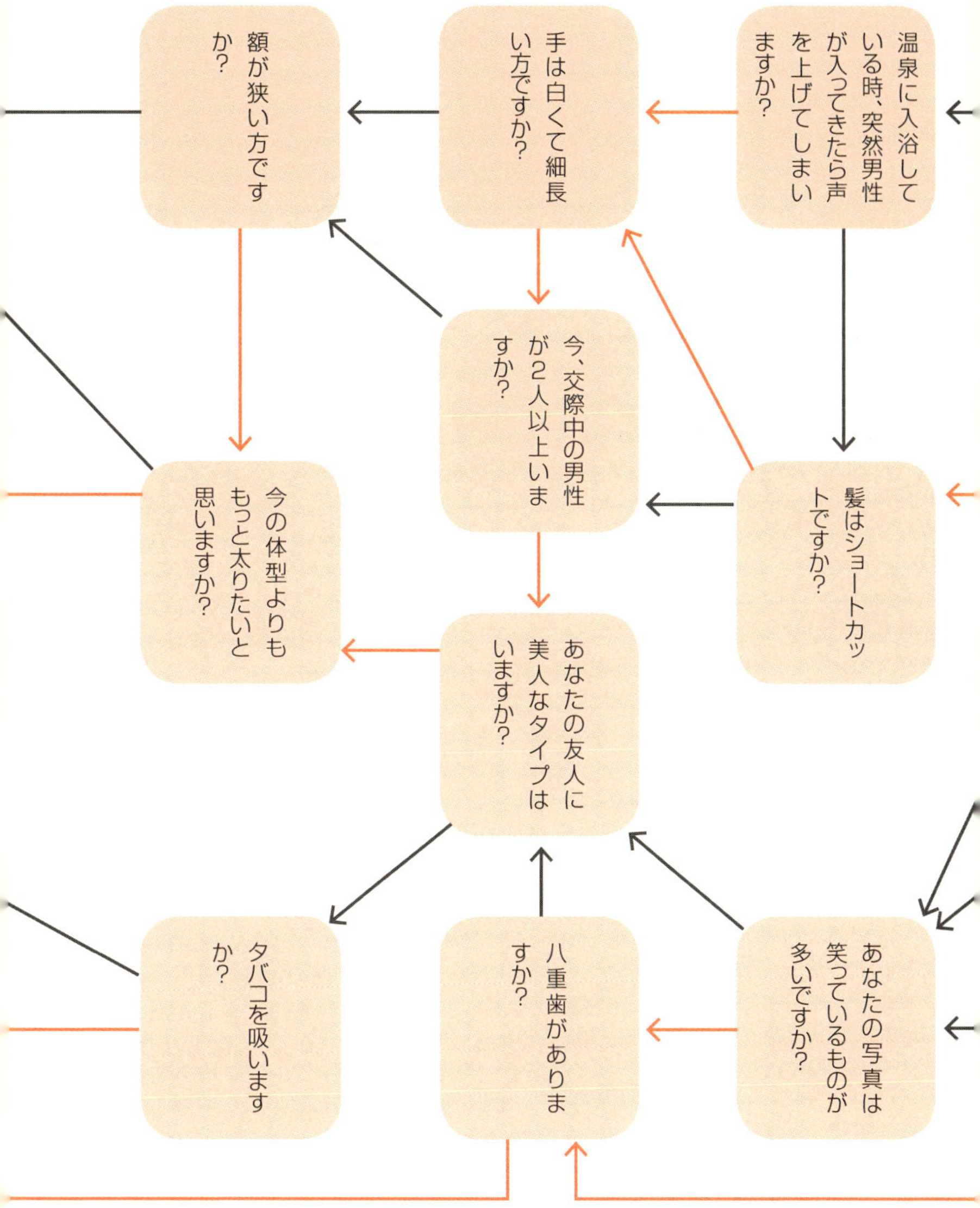
温泉に入浴している時、突然男性が入ってきたら声を上げてしまいますか?
手は白くて細長い方ですか?
額が狭い方ですか?
髪はショートカットですか?
今、交際中の男性が2人以上いますか?
今の体型よりももっと太りたいと思いますか?
あなたの友人に美人なタイプはいますか?
あなたの写真は笑っているものが多いですか?
八重歯がありますか?
タバコを吸いますか?

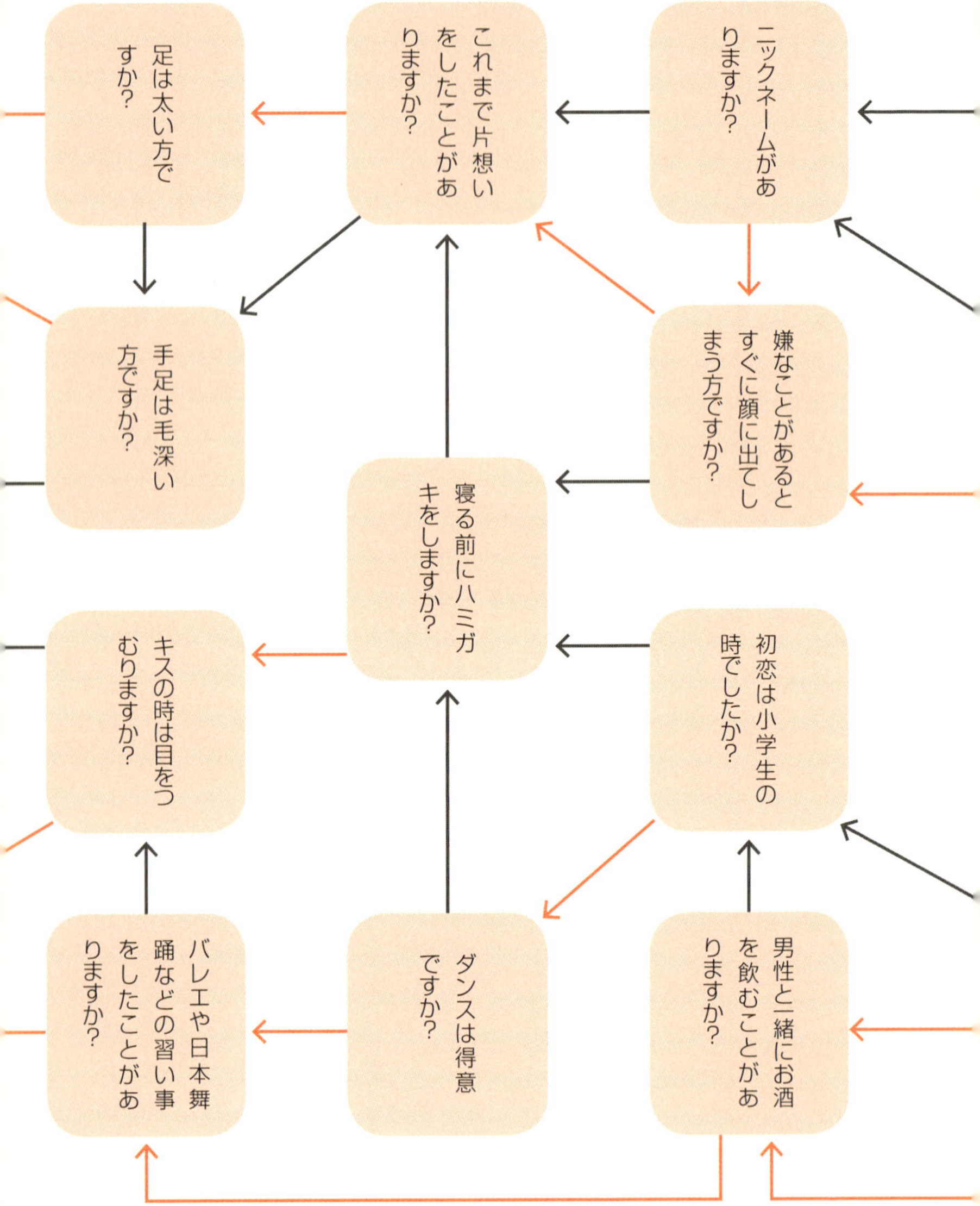

ニックネームがありますか?
これまで片想いをしたことがありますか?
足は太い方ですか?
嫌なことがあるとすぐに顔に出てしまう方ですか?
寝る前にハミガキをしますか?
手足は毛深い方ですか?
初恋は小学生の時でしたか?
キスの時は目をつむりますか?
男性と一緒にお酒を飲むことがありますか?
ダンスは得意ですか?
バレエや日本舞踊などの習い事をしたことがありますか?

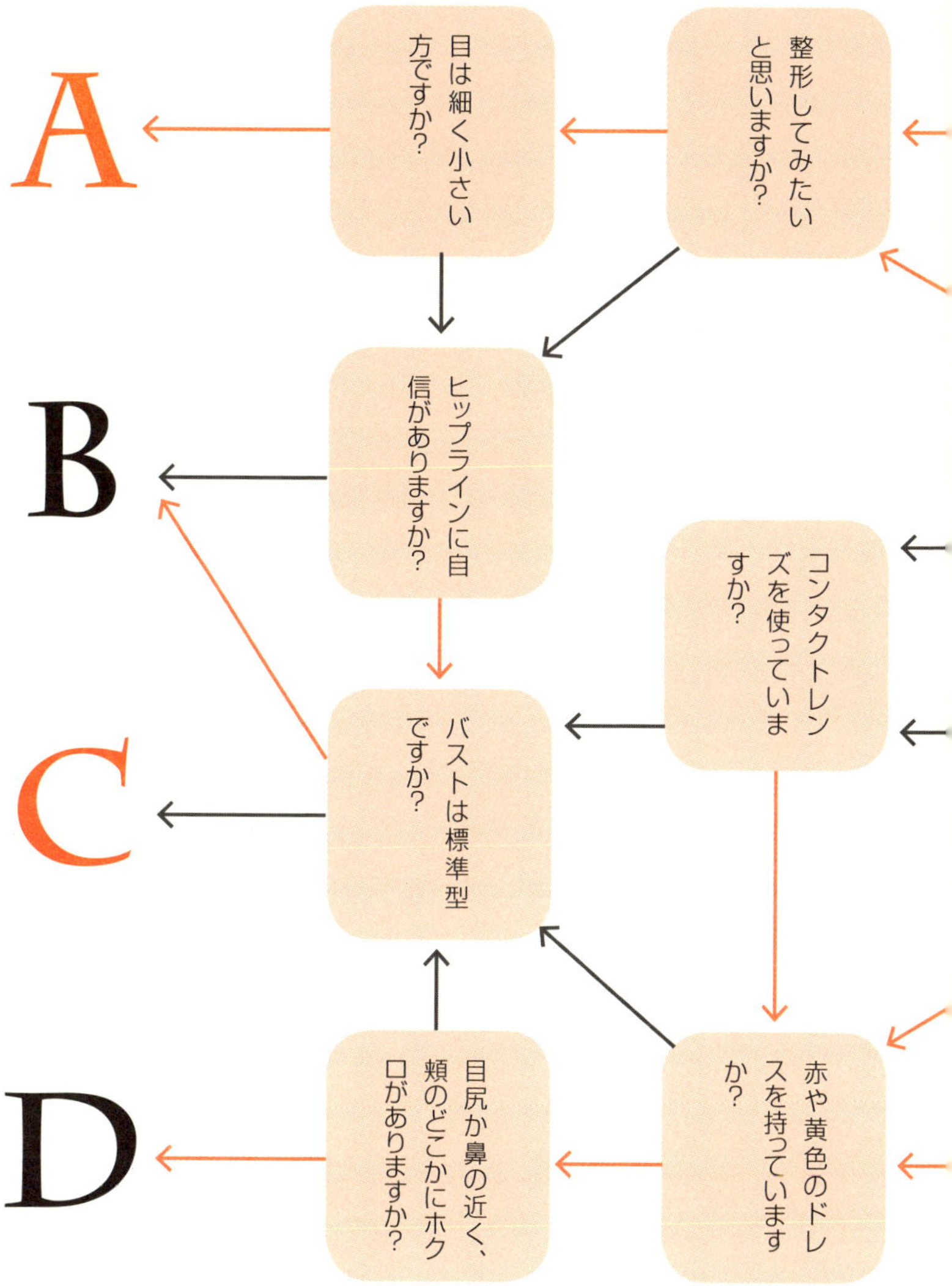
整形してみたいと思いますか？
目は細く小さい方ですか？
コンタクトレンズを使っていますか？
ヒップラインに自信がありますか？
赤や黄色のドレスを持っていますか？
バストは標準型ですか？
目尻か鼻の近く、頬のどこかにホクロがありますか？
A
B
C
D

Answer

A 表情と態度に問題アリ

男性と2人っきりになってもあなたを抱き締めたいとか、触れてみたいとか相手に思ってもらえないタイプです。それは肉体や容姿に魅力がないから、というわけではなく、あなた自身の相手に与える印象があまり良くないからです。

男性に対して警戒心が強すぎたり、ツンとした態度で近寄りにくく感じさせたり、表情や態度に暗さや硬さが表れたりして、あなたが本来持っている性的魅力が大きく損なわれているのです。

どちらかというと理屈っぽく、喜怒哀楽を表面に表さないタイプですが、そんなところが男性からは「面白味がない」と敬遠され、魅力のない女性だと思われる要因となっているようです。

男性と話す時に視線を逸らしたり、男性が近寄ると意識的に避けたりするのも相手には良い印象を与えません。あなたはもっと明るい、素直で純真な自分になるように努力すべきです。あなたの心構え1つで男性の見る目は大きく違ってくるはずです。

B もう一歩女性を意識させたい

あなたは男性から見て、特にセックスアピールを感じさせるタイプではないかもしれません。男性に明るくて親しみやすくて「いい女だな」と好感を持たれたとしても、そこからさらに一歩進んだ関係となると、なかなかそこまでいかないのが実情ではないでしょうか。性的魅力に溢れた女性として意識されるにはやや弱い面があるのです。

そのため、あなたが好意を寄せている男性との仲が進展しても、いつまでも友達以上にはならなかったりして、他の女性に彼を奪われたりすることがあるかもしれません。

男性は女性の顔や肉体からセックスアピールを感じることもあれば、声や表情、しぐさなどの隠れた部分に色気を感じることもあります。

あなたは、着飾るよりもむしろ自然な女性の魅力やふとした恥じらいの表情、純情さの中に表れるセックスアピールを生かした方がよいでしょう。

また、若い男性よりも経験豊富な男性の方があなたに興味を抱くといえます。

C　セクシーさでモテるが危険も

あなたは10人男性がいれば10人とも振り返りたくなる、そんな魅力を持った人です。いろいろな男性に話しかけられたり、デートに誘われたりすることも多いでしょう。それもあなたのセクシーさによるものですが、これはすべてがグラマーな人かというとそうではなく、バストやヒップに肉体的魅力がない場合でも、男子を惹きつける不思議な魅力があるタイプなのです。

また、明るく開放的で誰でも声をかけることできるような、いわばスキのあるところも男性に人気がある要因といえます。あなた自身もこのことを理解しているのかもしれません。

しかし、あなたは男性にとって性の対象として考えられやすく、肉体関係に入るとそれで終わり、という交際になりかねません。複数の男性に愛されていい気になっていると、無責任な行為をされて、結果、あなたが嫌な思いをし傷つくことになります。あなた自身、性の喜びを感じると自分をコントロールすることが難しくなるので気をつけましょう。

D　相手を虜にする悪魔的魅力

あなたは同じセックスアピールでも、男性を誘惑し、破滅させてしまうような娼婦的な魅力があります。バストやヒップなど見た目に性的なものを感じさせるとか、男性を見つめる時の媚びたまなざしとか、あなたに会った男性は一度でいいからあなたを抱いてみたいと思うはずです。

性体験の浅い男性を恋の虜にしたり、真面目な中年男性の家庭を崩壊させたり、悪魔的魅力を備えているのがこのタイプの女性なのです。

しかも、相手を誘惑して燃え上がらせて、その姿を見て楽しむところがあり、自分の情熱が冷めた途端に冷淡になる面もあります。

確かに男性の間ではモテますが、あまり極端に走ると相手からの復讐や、自らも破滅してしまう危険もあります。

ただ、自分自身で性の欲望を上手にコントロールできるタイプですので、それほどすぐには男性の思うようにはならない意志の強さがあるのも特徴といえます。

Q63

あなたのセックスアピールポイントは？②

男性のセックスアピールは女性のそれとは違うものがあるとされています。とはいえ、男性も女性も、本当のセックスアピールをわかっている人は少ないのが現実です。このテストであなたの、彼の、セックスアピールポイントを確かめてみてください。【男性用】

← YES

← NO

スタート

グラマーな女性とすれ違うと気になり振りむきますか？

見るからに男らしい顔つきをしていますか？

女性はラフで荒っぽい男性にセックスアピールを感じるのだと思いますか？

世話好きで細かなことに気を使ってくれる女性が好きですか？

すれ違う男性のファッションが気になりますか？

「弱き者よ、汝の名は女なり」という言葉に賛成ですか？

あなたより背の高い女性と親しくなったことがありますか？

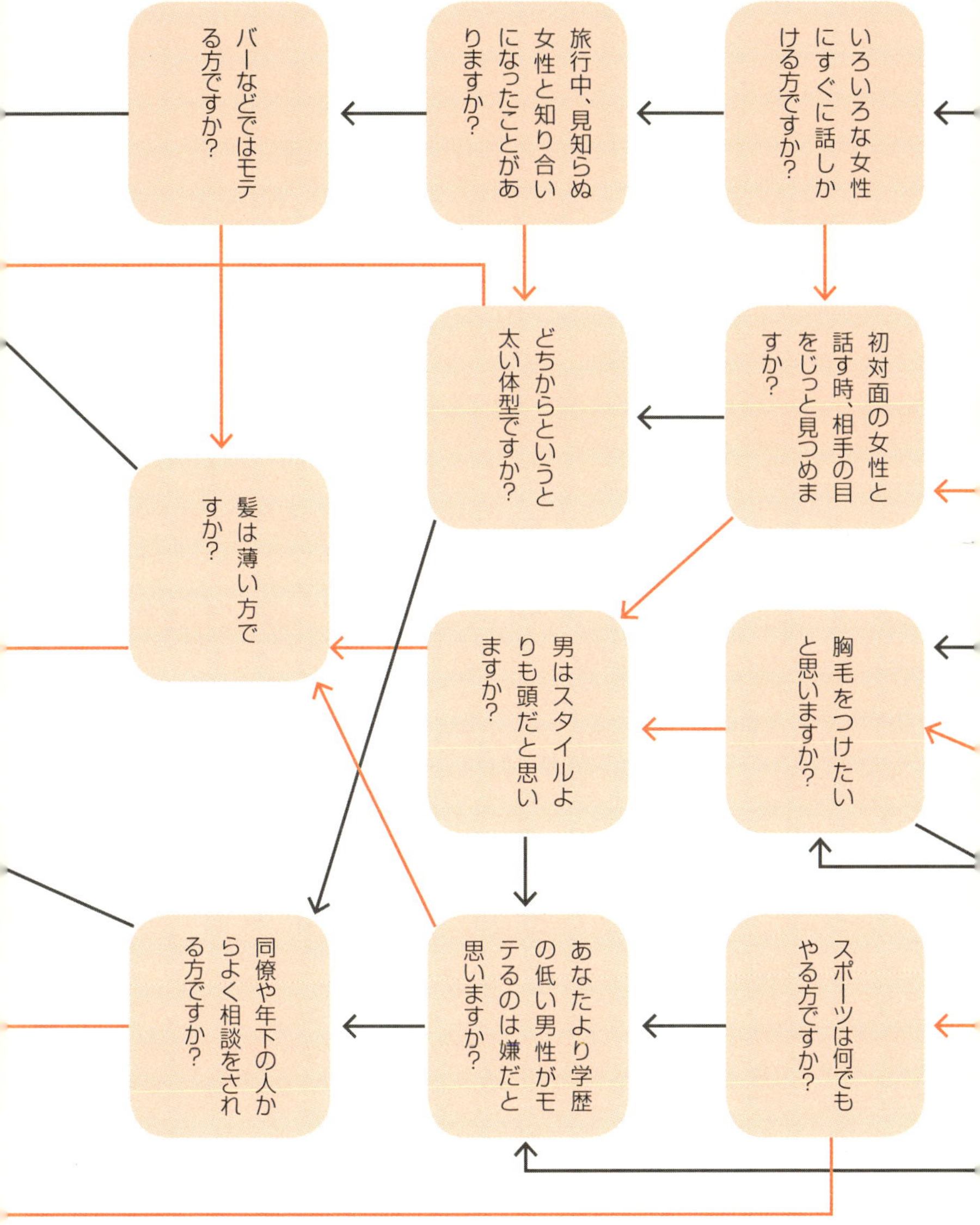
いろいろな女性にすぐに話しかける方ですか？
旅行中、見知らぬ女性と知り合いになったことがありますか？
バーなどではモテる方ですか？
初対面の女性と話す時、相手の目をじっと見つめますか？
どちらかというと太い体型ですか？
髪は薄い方ですか？
胸毛をつけたいと思いますか？
男はスタイルよりも頭だと思いますか？
スポーツは何でもやる方ですか？
あなたより学歴の低い男性がモテるのは嫌だと思いますか？
同僚や年下の人からよく相談をされる方ですか？

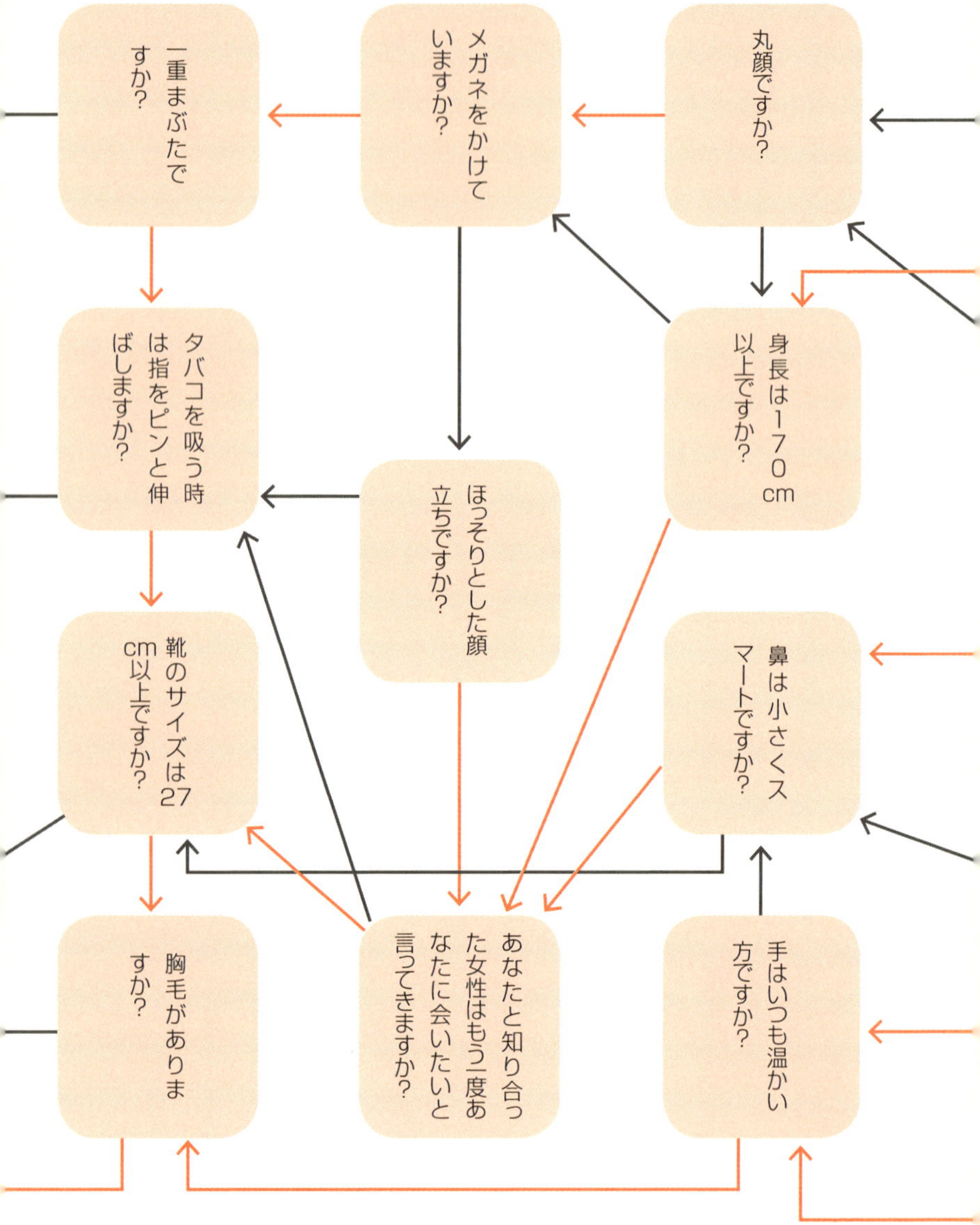
丸顔ですか?
メガネをかけていますか?
一重まぶたですか?
身長は170cm以上ですか?
ほっそりとした顔立ちですか?
タバコを吸う時は指をピンと伸ばしますか?
鼻は小さくスマートですか?
靴のサイズは27cm以上ですか?
手はいつも温かい方ですか?
あなたと知り合った女性はもう一度あなたに会いたいと言ってきますか?
胸毛がありますか?

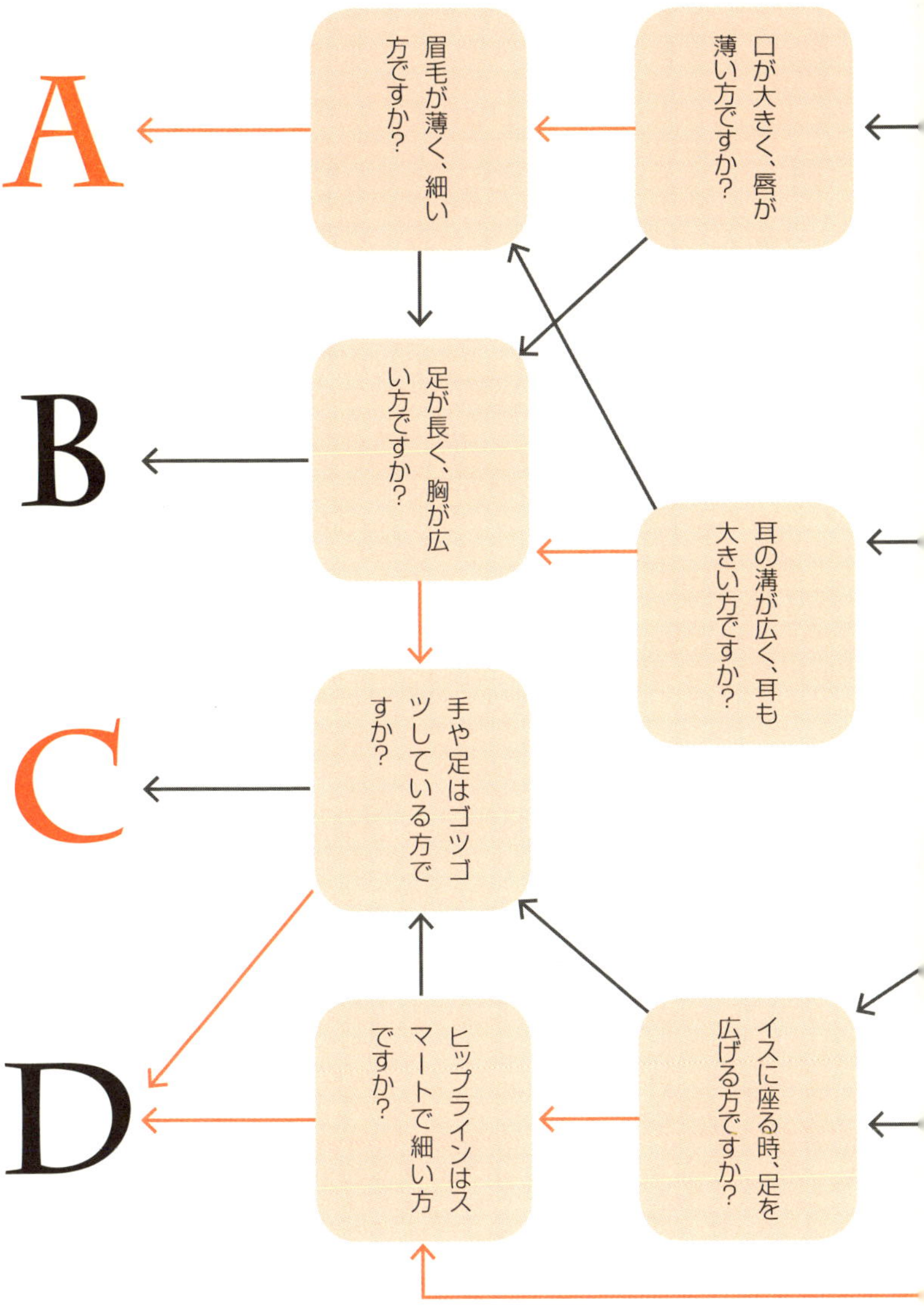
口が大きく、唇が薄い方ですか？
眉毛が薄く、細い方ですか？
A
耳の溝が広く、耳も大きい方ですか？
足が長く、胸が広い方ですか？
B
手や足はゴツゴツしている方ですか？
C
イスに座る時、足を広げる方ですか？
ヒップラインはスマートで細い方ですか？
D

Answer

A 安全無害の物足りなさ

あなたにはいわゆる「男っぽさ」が不足しています。そのため異性から見ると、何となく頼りなさそうな感じがするでしょう。言葉には出さなくとも、内心そう思っている女性は多いといえます。

あなたの見た目やしぐさ、態度などから感じる場合もあるでしょうし、性格的なものや考え方に感じる場合もあるでしょう。それらがあなたの男としてのセックスアピールを大きく弱めているのです。

女性はあなたに好意を持ったとしてもセックスアピールまでは感じてはいません。男して物足りなく思っているのです。仮に外見を変えたとしてもあなたの内面は優柔不断なままですから、そうそう簡単には女性は満足しないでしょう。

もっと自分に自信を持ち、何事にも積極的に行動するように情熱を持つべきです。安全だけれど無害な男性よりも、危険な匂いがするけれど何かに打ち込んでいる男性に女性は強烈なセックスアピールを感じるのだと肝に銘じてください。

B 内面の男らしさがほしい

あなたの普段の姿からは特にセックスアピールを感じることはありませんが、そのときどきの雰囲気や表し方によっては十分にセックスアピールを出すことができるはずです。

しかし、あなたの魅力は世の中のすべての女性に通じるものではありません。というのは、あなたの持っている男の魅力とは、あなたの外見や容貌などから感じるものではなく、ある程度あなたという人間を知った上で感じるものだからです。したがって、普段は平凡に見えるあなたでも2人だけのデートや、あるいは意外な時に見せる男らしさに相手の女性は性的魅力を感じるはずです。さらにその魅力を高めたいと思うのならば、流行を上手に取り入れて、見た目に磨きをかけるとよいでしょう。

まずはあなたが外面的な清潔感を心がけるだけでも十分に変わってくるはずです。また、女性は最終的にはたんなるカッコよさではなく、頼もしく男らしい心に惹かれることも忘れないでください。

C　意識しすぎると嫌われる

あなたは黙ってそこにいるだけでセックスアピールを感じさせる雰囲気を持っているタイプです。いわゆる、女性にモテるタイプといえます。

あなたのスタイルや表情には女性をとらえて離さない何かがあります。相手から交際を申し込まれたり、デートに誘われたりすることも多いのではないでしょうか。第一印象であなたに惹かれる女性もかなりいるはずです。

しかも、あなた自身が自分は女性にモテる男であるとの自覚があります。ただし、それが適度な自信ならば問題ないのですが、意識しすぎると失敗してしまうでしょう。特にこの傾向はあなたの理想的な女性と出会った時に出やすいといえます。自分を良く印象づけようとするあまり、キザっぽくなり嫌味な人だと不信感を与えてしまうことになるのです。また、美人で自分の性的魅力に自信のある女性にはかえって嫌われる率が高いといえます。自意識過剰にならず、いつも謙虚な気持ちでいれば十分に魅力的な人です。

D　無意識に発散する性的魔力

あなたは女性の年齢を問わずに惹きつけてしまう、魔力のようなセックスアピールを持っているタイプです。あなたは意識をしていなくとも、周りの女性はそのように感じているのです。

女性の心のとらえ方の上手さや自分のペースと世界に引き込んでしまうテクニックは天性のものといえるでしょう。しかも、女性はこのタイプの男性と一度でも性体験を持ってしまうとその魅力によって離れられなくなります。相手の美貌や人格、社会的地位、経済力に関係なく、発散される性的魅力に自制心をなくしてしまうからです。

どちらかといえば水商売や大人の女性に気に入られることが多いでしょう。

モテるのはよいのですが女性とのつき合いをほどほどにしないと後でとんでもない問題となり、後悔することになりかねませんので、十分に注意をしてください。

Q64 あなたの隠れエッチ度は？

性的願望ほど他人には見えず、また、自分でもわからないものはないかもしれません。あなたの隠れた性的願望は普通なのか、それとも異常なのか。それはこのテストを行うことで見えてきます。【女性用】

← YES
← NO

スタート

イスに座っている時、足を組み直したり、座り直したりすることが多いですか？

部屋の中を素足で歩くのが好きですか？

朝起きるのが不規則で寝坊することが多いですか？

よく髪の毛に触るクセがありますか？

笑うと歯茎が見える方ですか？

会話中に唇を舐めるクセがありますか？

これまでに男性との変な噂を立てられたことがありますか？

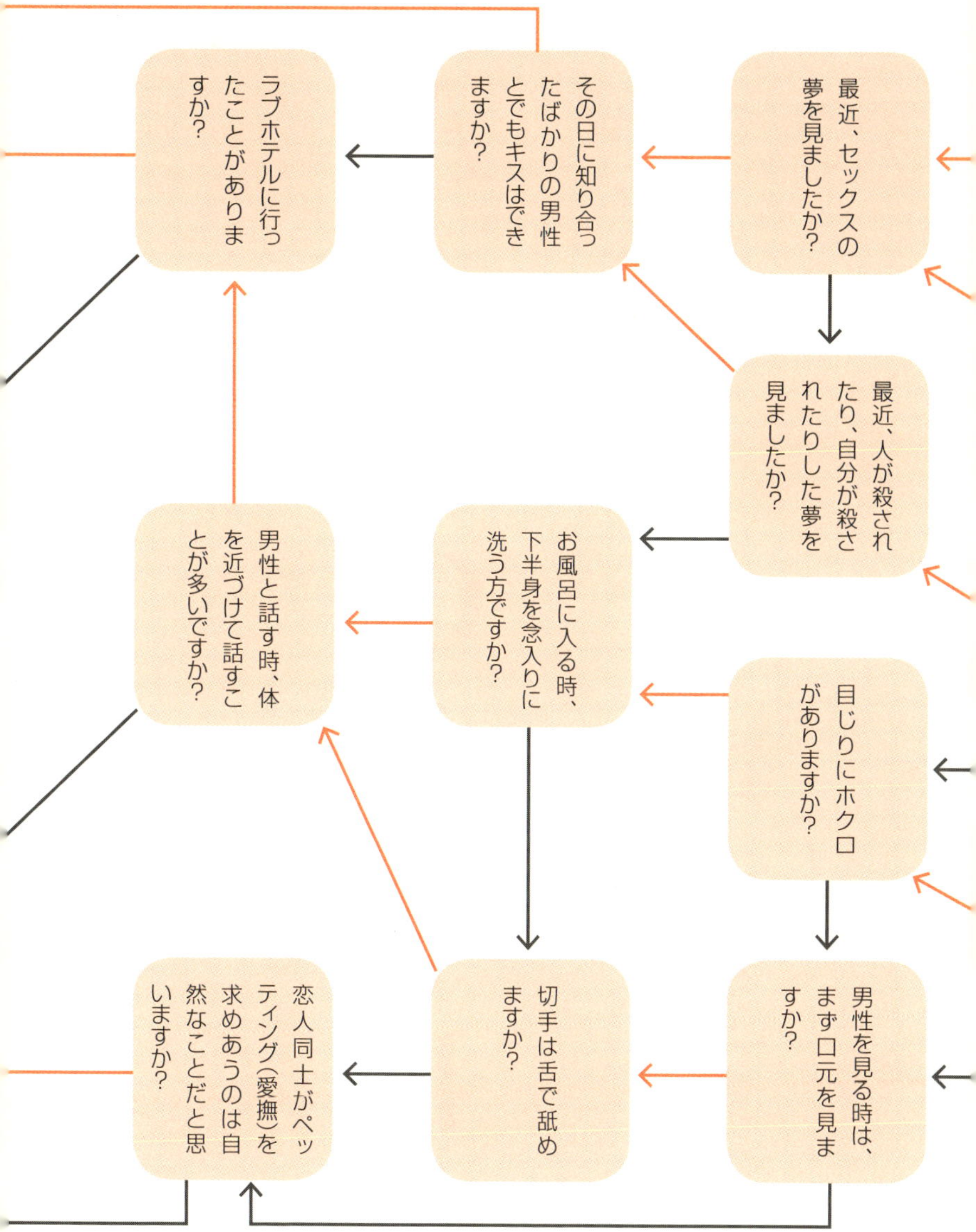
最近、セックスの夢を見ましたか？
その日に知り合ったばかりの男性とでもキスはできますか？
ラブホテルに行ったことがありますか？
最近、人が殺されたり、自分が殺されたりした夢を見ましたか？
お風呂に入る時、下半身を念入りに洗う方ですか？
男性と話す時、体を近づけて話すことが多いですか？
目じりにホクロがありますか？
男性を見る時は、まず口元を見ますか？
切手は舌で舐めますか？
恋人同士がペッティング（愛撫）を求めあうのは自然なことだと思いますか？

Answer

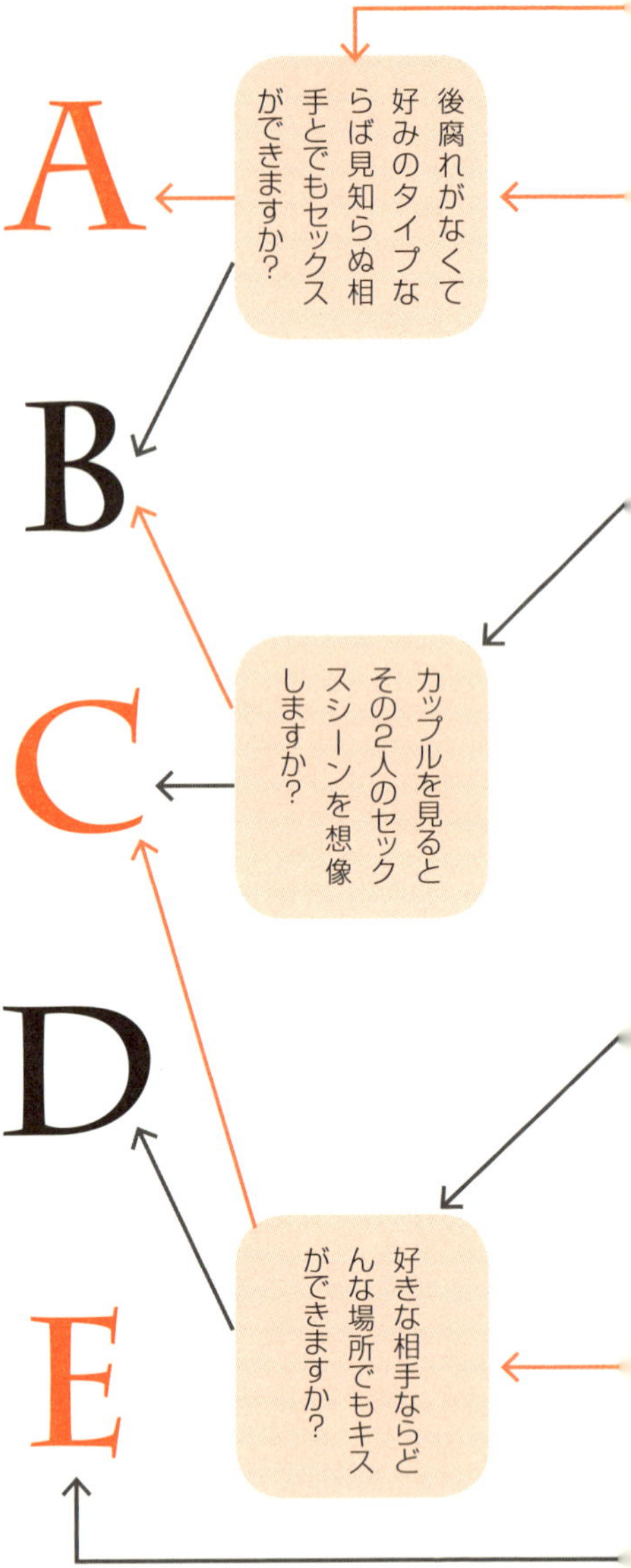
後腐れがなくて好みのタイプならば見知らぬ相手とでもセックスができますか？
A
B
カップルを見るとその2人のセックスシーンを想像しますか？
C
D
好きな相手ならどんな場所でもキスができますか？
E

A 異常欲求が強い野獣系

抑制が利かず、知らぬ間に欲望が高まり、性衝動も発作的で大変強烈です。男性を見る時、彼の裸やセックスの強さを想像しないではいられません。

外見は大変センスの良い、知的なイメージですが、ひとたびセックスとなると何もかも忘れて燃え尽きるタイプといえます。

1人の男性では満足できず、不倫に走ったりするなど常にスリルを求める傾向もあります。

B 一見温和な隠れ淫乱系

真面目で家庭を大切にし、貞淑な女性という印象を感じさせるタイプです。素直で無邪気な面もありますが、本当は異常愛願望の強い人です。

一度でも性の不満を感じ、変わった性の喜びを体験すると、思いがけないほど大胆になります。

出産経験者ほどその傾向が強く、30歳以降に想像できないくらいの淫乱ぶりを発揮することもあります。

C 男次第で化ける依存系

最もノーマルタイプです。多少、欲求不満があっても欲望をコントロールできる術《すべ》を自分なりに心得ている人です。

結婚して初めてセックスの喜びを知り、加齢とともにセックスへの興味が薄れるでしょう。行為そのものよりもムードや心の触れ合いを求め、異常な行為も苦手な方です。

ただ、男性のリードによってビックリするほど大胆になる素質もあります。

D 理性的な異常愛願望系

潜在的な性衝動や性に対する冒険心はあるものの、理性でそれを抑えているタイプです。

厳しい道徳観があり、異性よりも同性に心惹かれる危険性もあります。

夫や恋人以外の男性とのセックストラブルを起こすことはないでしょう。

欲求不満に感じることがあってもマッサージやスポーツで解消できますし、何か他に夢中になることで忘れてしまうタイプです。

E 不感症気味のお局系

手を握られただけで身震いしてしまう、潔癖すぎるタイプです。

あなたには、無理に感じまいとする頑なさが潜在的にあります。セックスを口にすることを嫌い、とても保守的といえます。

相手にも自分にも厳しいモラルを要求し、自分から異常愛を求めることは皆無でしょう。夜の生活が煩わしかったり、一度でも男性不信の気持ちを抱いたりすると、それを拭い去るのは困難です。

Q65

どんなセックスをする？

あなたは自分がセックスの時、どのような反応をするかわかりますか？セックスほど自己の内面をさらけ出すものはありません。このテストを行うことで、あなたはもちろん、相手の深層心理も見えてくるのです。

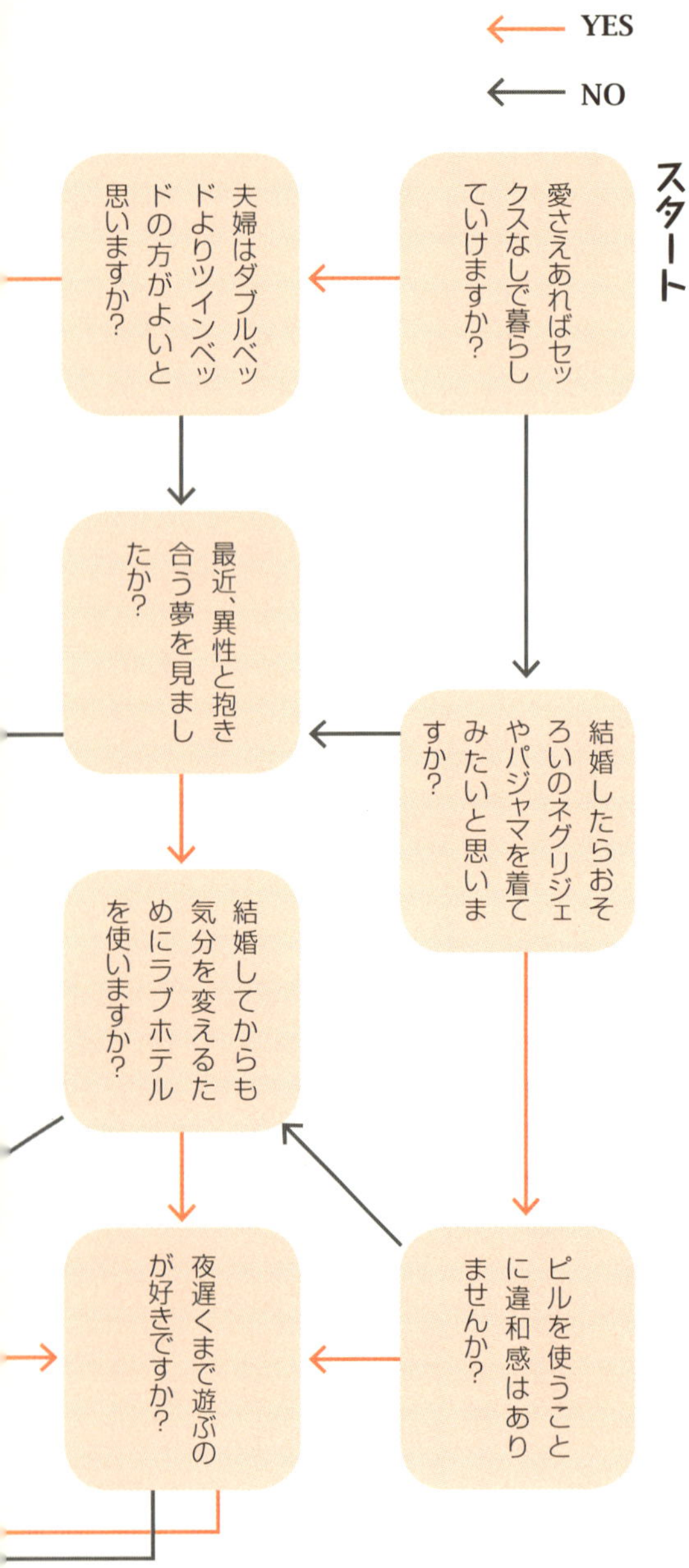
YES
NO
スタート
愛さえあればセックスなしで暮らしていけますか？
夫婦はダブルベッドよりツインベッドの方がよいと思いますか？
結婚したらおそろいのネグリジェやパジャマを着てみたいと思いますか？
最近、異性と抱き合う夢を見ましたか？
ピルを使うことに違和感はありませんか？
結婚してからも気分を変えるためにラブホテルを使いますか？
夜遅くまで遊ぶのが好きですか？

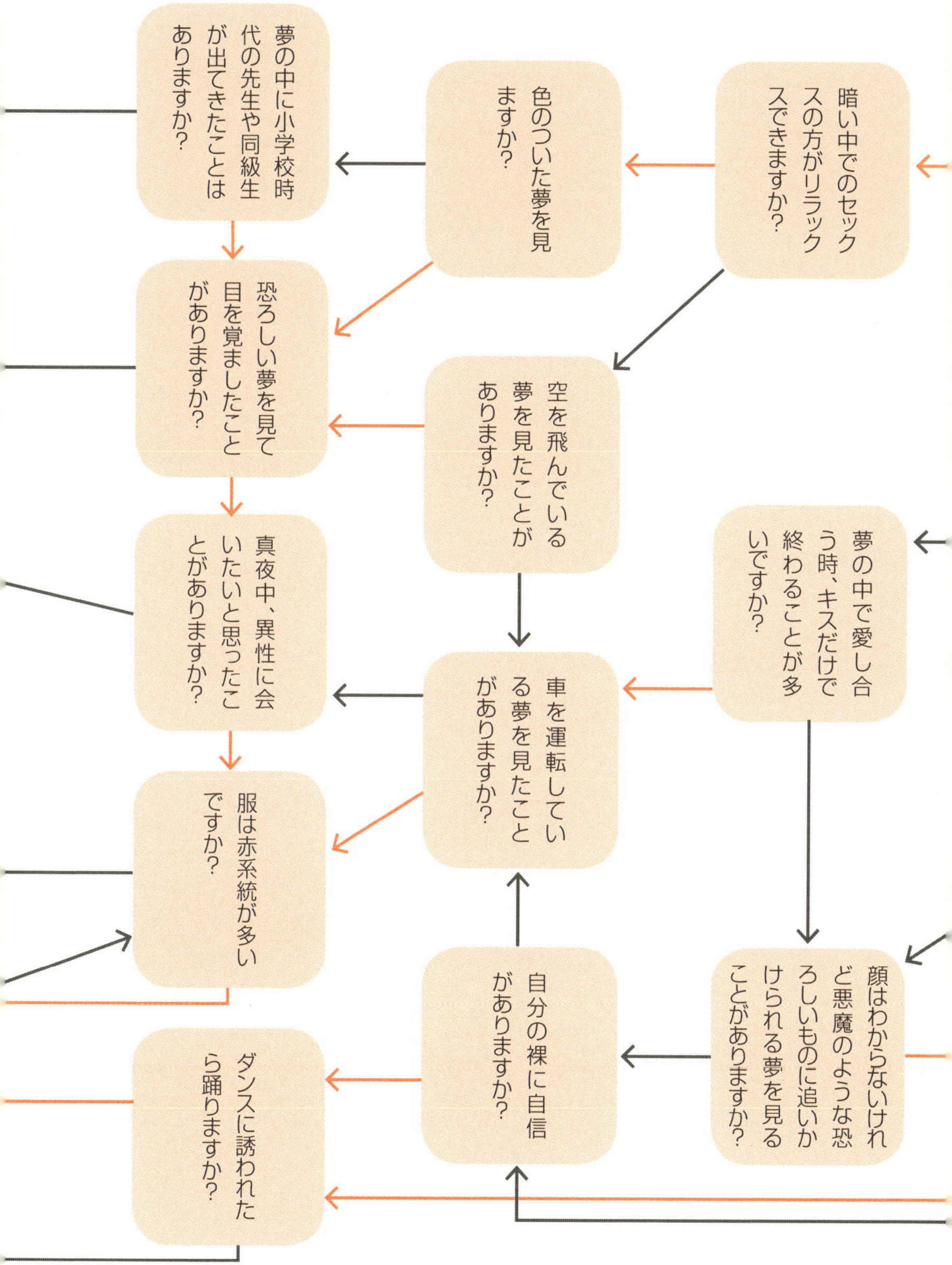
暗い中でのセックスの方がリラックスできますか？

夢の中で愛し合う時、キスだけで終わることが多いですか？

顔はわからないけれど悪魔のような恐ろしいものに追いかけられる夢を見ることがありますか？

色のついた夢を見ますか？

空を飛んでいる夢を見たことがありますか？

車を運転している夢を見たことがありますか？

自分の裸に自信がありますか？

夢の中に小学校時代の先生や同級生が出てきたことはありますか？

恐ろしい夢を見て目を覚ましたことがありますか？

真夜中、異性に会いたいと思ったことがありますか？

服は赤系統が多いですか？

ダンスに誘われたら踊りますか？

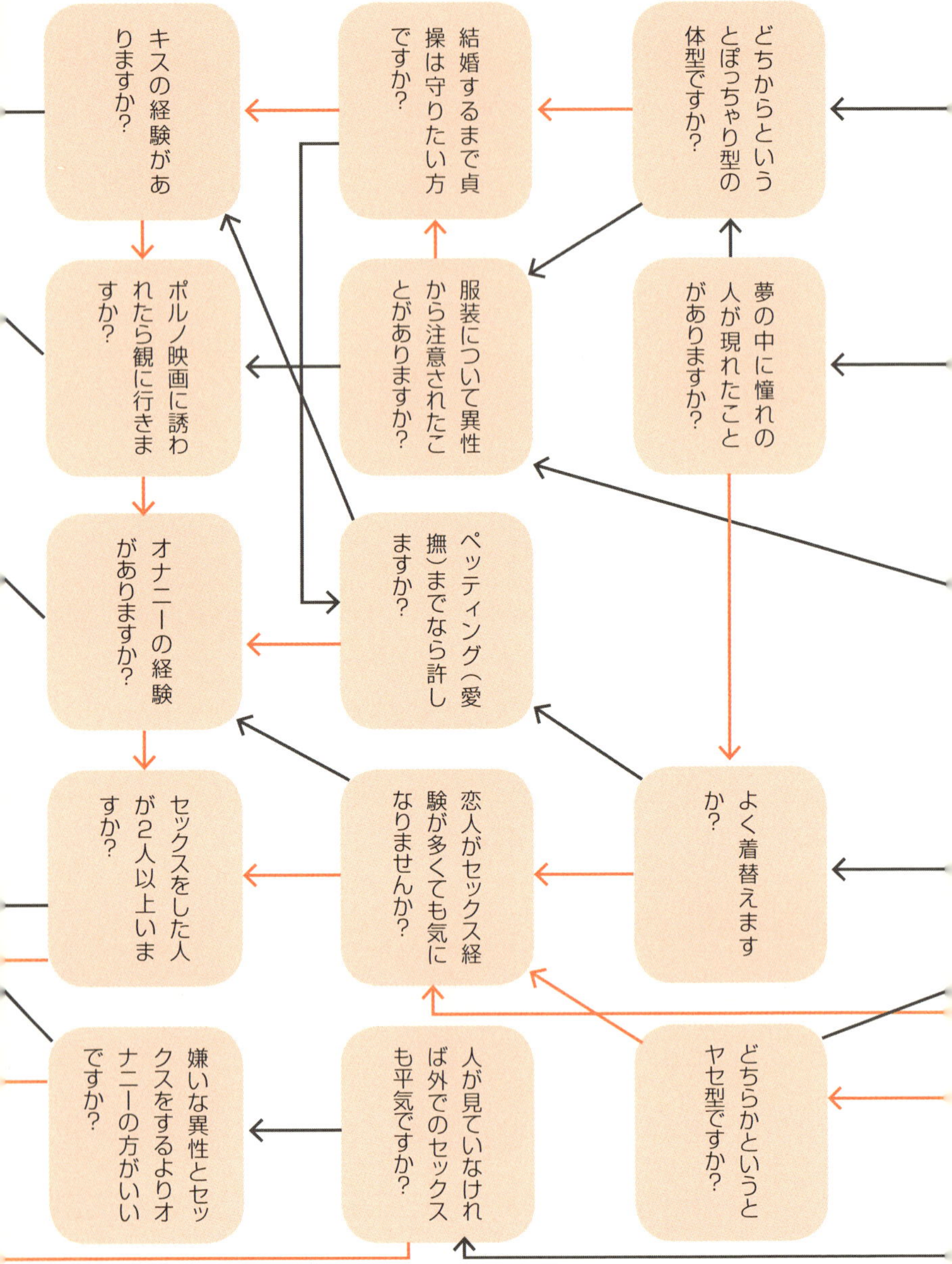
どちらかというとぽっちゃり型の体型ですか？
夢の中に憧れの人が現れたことがありますか？
よく着替えますか？
どちらかというとヤセ型ですか？
結婚するまで貞操は守りたい方ですか？
服装について異性から注意されたことがありますか？
ペッティング（愛撫）までなら許しますか？
恋人がセックス経験が多くても気になりませんか？
人が見ていなければ外でのセックスも平気ですか？
キスの経験がありますか？
ポルノ映画に誘われたら観に行きますか？
オナニーの経験がありますか？
セックスをした人が2人以上いますか？
嫌いな異性とセックスをするよりオナニーの方がいいですか？

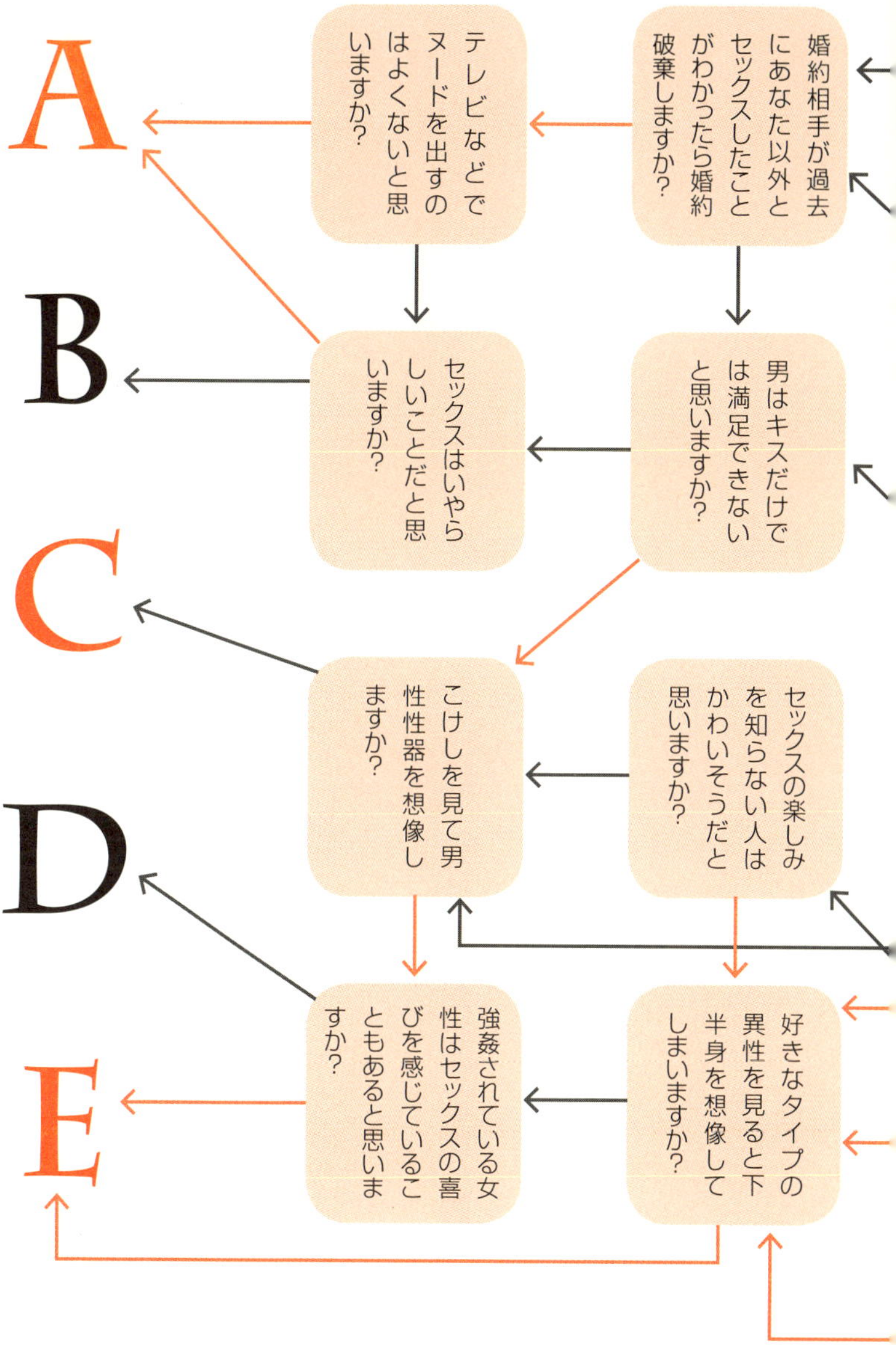
婚約相手が過去にあなた以外とセックスしたことがわかったら婚約破棄しますか？
テレビなどでヌードを出すのはよくないと思いますか？
A
男はキスだけでは満足できないと思いますか？
セックスはいやらしいことだと思いますか？
B
C
セックスの楽しみを知らない人はかわいそうだと思いますか？
こけしを見て男性性器を想像しますか？
D
好きなタイプの異性を見ると下半身を想像してしまいますか？
強姦されている女性はセックスの喜びを感じていることもあると思いますか？
E

Answer

A 淡泊だがリード次第では

【女性】　基本的にセックスに対しては淡泊なタイプです。男性との肉体的な接触よりも傍にいて優しくしてくれるだけで十分に満足できます。反対に、男性から強引にセックスを求められると激しく反発し、いっぺんに愛が冷めてしまうことも少なくありません。

結婚初夜や初体験がその後の性の喜びに大きく影響を与えることになります。そのため初体験に失敗するとますますセックスが疎ましくなり、不感症になりやすいのもこのタイプの人です。

セックスにおいては男性を喜ばせるテクニックはなく、快感に目覚めるのも遅いので最初のうちは物足りなく感じることがあるかもしれませんが、男性のリード次第で大きく変わることでしょう。

【男性】　セックスに対する考え方が一途で、愛情がなくても平気でセックスをするというような行動はできません。その反面、嫉妬深く、相手の女性にも処女性を求め、他の男性とつき合ったり、話したりするのを極端に嫌がります。また、心理的な原因でED（勃起不全）になりやすいのもこのタイプの男性です。

結婚してからも性に対して強い興味は示さず淡泊です。スタミナ不足で疲やすく、性的能力が高いとはいえません。したがって、好奇心が強く、セックスのかたまりのような女性は苦手です。どちらかといえば、未成熟な少女的な女性に惹かれるでしょう。

このようなタイプの男性は、むしろセックス経験の豊富な女性と初体験を持った方がその後のセックスが上手くいくことでしょう。

B 気に入った相手となら激しく

【女性】　あなたは相手次第で敏感にも鈍感にもなるタイプです。相手の好みがはっきりとしていて、「ハゲているから嫌い」とか「太っているから嫌い」など、だいぶ気分的な面があります。

また、セックスそのものよりもムードを好むので、キスが上手く、ムード作りの上手な男性でないとなかなか満足しないでしょう。

　自分から進んでセックスを楽しもうというわけではありませんが、好みの男性に出会うと突然、積極的になります。相手に順応するタイプですから、相手の行為次第で積極的にも消極的にもなるわけです。

　このタイプの人は、結婚前や結婚直後よりも、結婚後２年～３年経つと本当の性の喜びを感じることでしょう。夫が留守になっても我慢ができないとか、浮気をするとかではなく、貞淑な女性もこのタイプに多いのが特徴です。

【男性】　このタイプの男性は、性体験が少ない場合には女性を満足させるスタミナもテクニックも乏しいのですが、一度自分なりのセックスを身に着けると素晴らしいセックス度を示していきます。

　新婚当初は女性のリードが下手で早漏気味かもしれません。また、年齢に比べてスタミナが弱く、自分から積極的に女性を求める方ではありません。

　しかし経験を重ねるにつれ、テクニシャンの面を発揮し、十分女性を満足させることのできる男性となるのです。もちろん、自分の満足度も高まることでしょう。

　数多くの女性とみだりにセックスをするのではなく、自分の気に入った女性にしか興味を持たず、嫌いな相手には全く手を出さないのもこのタイプの特徴です。

C　情熱的でムードを重視

【女性】　情熱的なセックスを求めるエンジョイタイプです。性に対しての関心も高く、ペッティング（愛撫）に対しても非常に敏感に反応します。しかしそのような欲望は普段は隠されており、表面上は慎ましやかな女らしさが漂っていることでしょう。

　性の喜びのためなら相手構わずセックスをするという女性ではありません。性の楽しみを十分に知っており、好きな男性とならば激しく燃えて、自分も相手も大いに満足をするのです。その反面、気が乗らないとなかなかその気になりませんし、男性の乱暴な態度や男性本位のセックスが続くと相手の顔を見るのも嫌になるかもしれません。一度性の喜びを知ると、自分をコントロールするのが難しいのもこのタイプの特徴です。

Answer

【男性】 基本的に気分に左右されやすく、その日に嫌なことがあるとそれがすぐにセックスにも影響を与えます。

大胆なセックスよりもムードを好み、ベッドルームの香りや色彩にも敏感です。女性に対しても潔癖症で、セックスの前には必ず念入りにシャワーを浴び、清潔にしておかないと満足感が得られないことでしょう。

また、女性が積極的になるセックスを嫌い、どのような場合であっても、自分中心にセックスを進めないことには満足はしません。

セックス自体は強くもなく弱くもないというレベルです。

しかし、相手を満足させるよりも自分の満足を第一に考えます。また、正常位よりもバックでのセックスが好きなタイプだといえます。

D 関心が強く大胆

【女性】 性に対する興味や欲求が高く、自分でも考えられないような大胆なセックスを行うことがあります。周囲からは「なぜあんな男性とつき合うのか」と思われている時は、たいていセックスが原因でその男性の虜となっていて、離れられなくなってしまうケースが多いのです。

ペッティング（愛撫）を好み、生理の前後は特に激しい欲情を感じます。全身が性感帯であるかのように男性のリードに敏感に反応し、エクスタシーの時にはかなり大きな声を出します。

良い男性と結婚すれば夫を最高に満足させることができますが、反対に淡泊な男性と結婚すると性の不満が原因で次から次へと男性を求めたり、男性に弄《もてあそ》ばれたりすることがあるのもこのタイプの特徴です。

【男性】 異常な性に関心が高く、ムードや相手次第で極端に変化するタイプです。しかも好き嫌いが激しく、自分の好みのタイプをつぎつぎと求め、女性なしではいられません。ところが、ひとたび性の欲望を満足させてしまうと、まるで別人のように変わってしまい、欲望が再び起こるまでは女性に見向きもしません。

普段は礼儀正しく真面目で、この人があんな大胆なことを、と女性を不思議がらせることが多く、下半身はまるで人格のないルーズなところがあるのです。

　また、いつもスリルを求めているため、自分達のセックスを保存して鑑賞するなどの楽しみも行うでしょう。

　とにかく性欲が強く、快楽追求のためならどんな苦労もいとわない面があります。

E　強い欲望で異常な行為を

【女性】　昼の生活と夜の生活が極端に違い、昼はおとなしそうに見えるのに夜は大胆で、1人の男性では満足できず、複数の男性とのセックスを求めます。また、少女時代からオナニーに興味を持ち、孤独な性に耐えられず、知らぬ間に異常行為をしていることがあるかもしれません。

　年下の男性を自分の思うようにコントロールしたり、正常なセックス以外の行為に憧れを持ったりすることなども珍しくはないでしょう。

　このタイプの女性は目や口元にセックスアピールが溢れており、多くの男性を惹きつける不思議な魅力があります。

　性に対する欲求が強く、正常なセックスでは満足できないため、性の不満による離婚が多いのも特徴といえます。


【男性】　女性を見るとすぐにヌードを想像してしまうタイプです。異常なセックスに対する強く欲望も持っていると想われます。

　精力絶倫で女性のいない夜は我慢できないほど強烈で、自分の性的願望を処理するのに苦労することでしょう。淡泊な女性なら逃げ出したくなるはずです。

　ただ、このタイプの男性は自分の性エネルギーを仕事に向けて発散し、成功を収めることが多いのが特徴です。中年以降も精力は衰えることはないでしょう。

　性の欲望を上手く発散できなかったり、年齢が経って性の弱さを感じ始めたりすると、自分を満足させるために変態行為に走る傾向があります。

Q66

あなたの性的スリル度は？

【女性用】

Test 1

山の頂に雲がかかっています。どのような頂上をしていると思いますか？

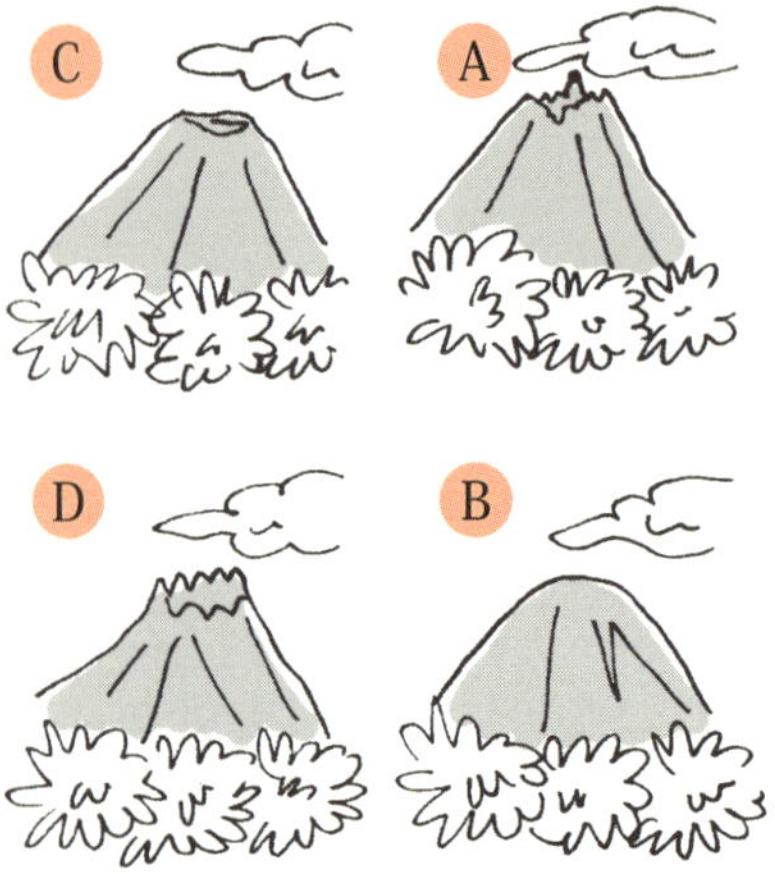

Test 2

女の子が種を撒いて何かを育てようとしています。どの花だと思いますか？

A　バラ
B　パンジー
C　ユリ
D　ヒマワリ

Test 3

マッチ棒3本を使って図形を作るとしたら次のうちどれですか？

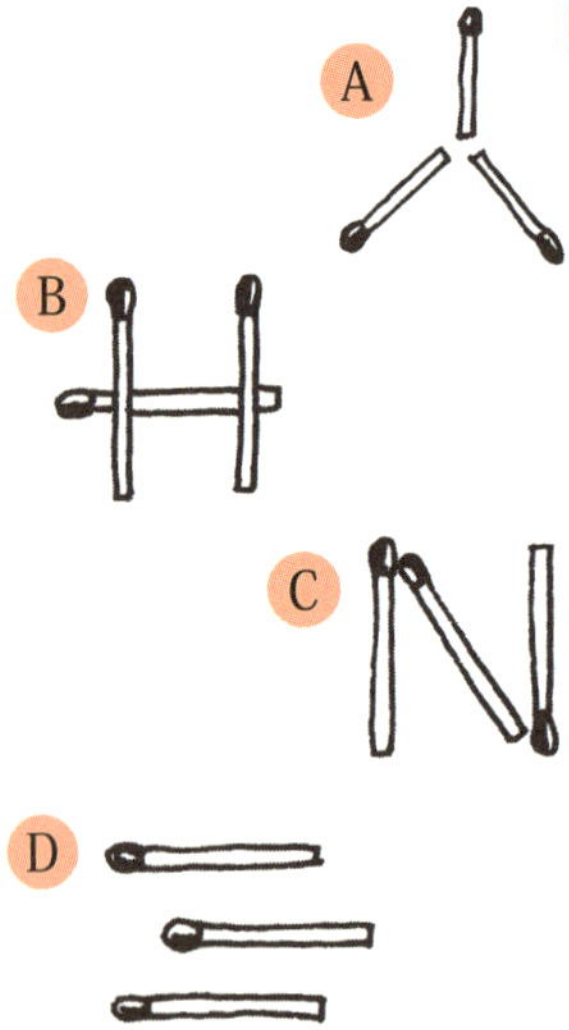

Test4

マンションを購入して1人暮らしを始めようと思います。部屋にはベッドとタンスがついてありますが、家具を1つだけ買うとしたら次の何を買いますか？

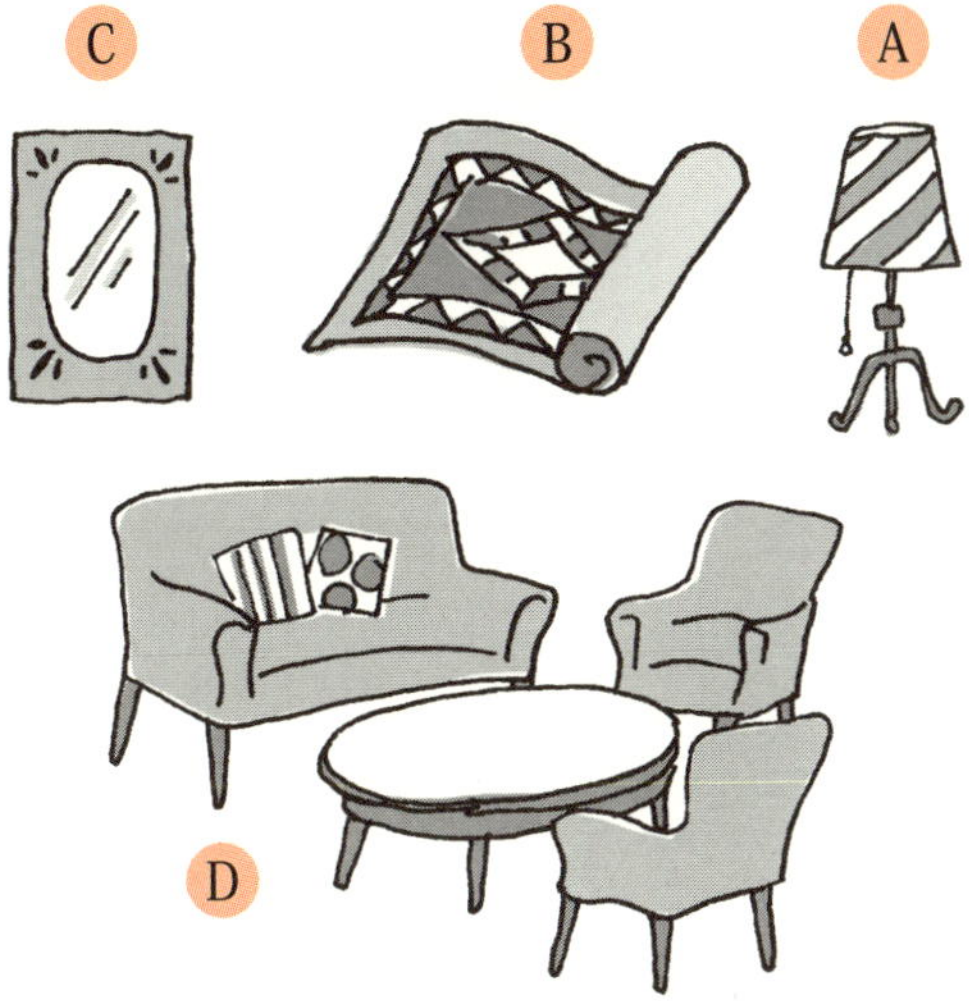

Test5

この手を地図だと思ってください。あなたならどこに家を建てたいですか？

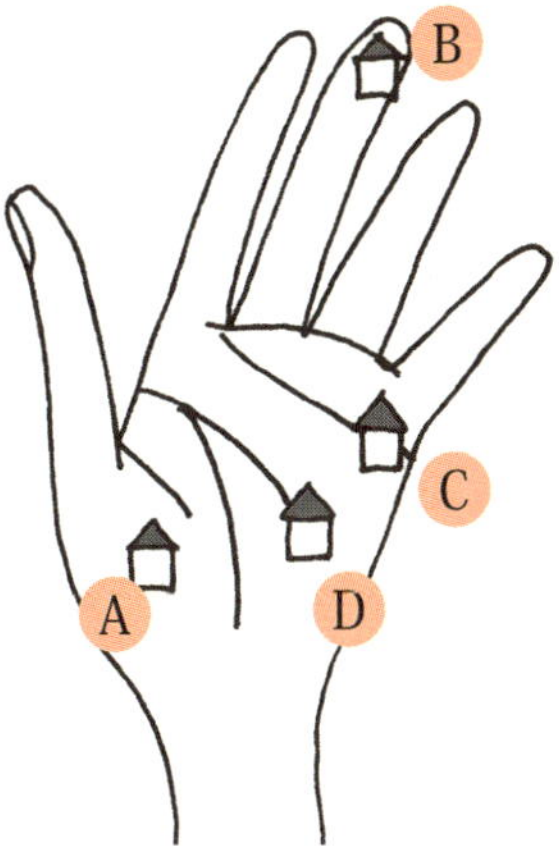

Test6

女性が木陰でハンドバッグから何かを取り出そうとしています。何だと思いますか？

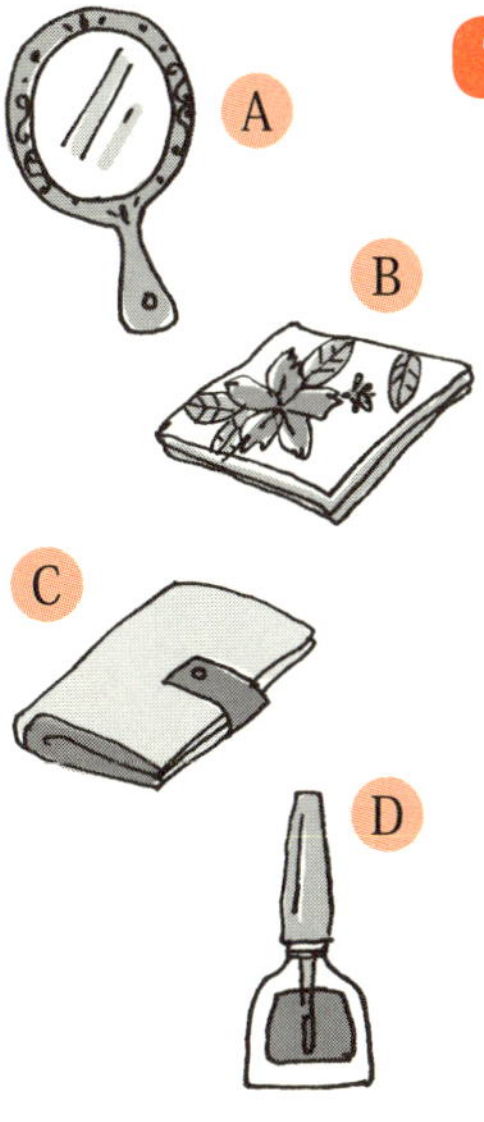

Answer

1〜6の採点表

テスト＼答え	1	2	3	4	5	6
A	3	5	1	3	3	5
B	1	1	8	5	8	1
C	5	3	5	8	5	3
D	8	8	3	1	1	8

あなたが選んだ各テストの点数を合計してどのタイプかを判定してください。

Aタイプ＝6点〜14点
Bタイプ＝15点〜23点
Cタイプ＝24点〜32点
Dタイプ＝33点〜40点
Eタイプ＝41点〜48点

Aタイプ　ロマンチストで潔癖症

ロマンチストでいつまでも夢のような恋に憧れているあなたは、自分から精極的にセックスを求めることはないでしょう。おとなしく純真で一般的なタイプといえます。いつも受け身型で、変則的な体位は極端に嫌います。神経質な面と潔癖性のため、男性の肉体を嫌うところがあります。あなたは男性より女性同士の触れ合いに、心身共に安らぎを覚えるかもしれません。

あなたはセックスに対して、いやらしいとか恥ずかしいという気持ちを捨てて、セックスを楽しむ努力が必要かもしれません。彼とのセックスにも十分な前戯を持つようにすれば、めくるめく素晴らしいセックスが得られるようになるでしょう。

Bタイプ　心と行動が裏腹

セックスへの興味や関心は強いが、まだ未成熟です。何となく子どもっぽさがあり、性的満足感を十分に抱くまでには円熟していません。あなたが既婚者なら夫への不満があるかもしれません。

あなたはセックスに対して隠れた憧れがあり、心の底では男性に強く抱きしめられたいと願っていますが、それを表面に出すことはしないでしょう。異常なセックスを心の奥では求めているのに、行動は逆に処女のような振る舞いなのです。たまには心で思っている通りに、彼に応えることであなたはさらに魅力的な女性となります。

Ｃタイプ　円熟度の伸び率が抜群

性的魅力があり、男好みのするタイプです。そのため男性関係も豊富に見え、つまらない誤解を受けることがありそうです。自然の摂理の欲求でセックスを昇華させていることが多いのです。人によってはそれが上手にできず、オナニー過度になる場合があるかもしれません。

明るいところでは裸になることを嫌い、男性から見ると新婚時代には最も扱いにくい女性といえるかもしれません。しかし、このタイプの女性は、一度キスをされ、体を許した後は、他の女性よりセックスの円熟度のスピードは抜群の速さがあります。回を重ねるごとにセックスの喜びも深く感じていくタイプといえます。

Ｄタイプ　レスビアンになりやすい

男性と対等に自分の才能を伸ばそうとするファイト満々です。恋愛でも男性をリードする気持ちが強く、さっぱりした男っぽい面があるといえます。ただ、気分にムラが多く、変なところに潔癖で、男性に手を触れられるだけでゾッとすることもあります。

セックスを不潔なものと考え、それを憎悪する傾向があるのです。夫婦でも、ちょっとしたことで嫌いになったり、信じられなくなったりすると、ベッドを共にすることができなくなります。男性に一度不信感を持ったり裏切られたりすると、男性との恋愛ができなくなり、同性愛に傾くことになりそうです。レスビアンになりやすいのはこのタイプといえます。

Ｅタイプ　男性もビックリの成熟度

性的関心が強く、バイタリティーもあります。１人の男性を愛することよりも、複数の男性を求めます。

あなたは男性を好きになると仕事も手がつかず、いつもその人のことで頭がいっぱいです。彼の持ち物を身に着け、彼の手に触れていたいという欲望を感じ、セックスでは、リードされるよりリードすることに喜びを感じるタイプです。大胆なセックスや変型パターンなどお手のものです。相手を喜ばすことで満足を得るあなたは、年下の男性があなた好みといえます。惜しみなく愛を与えて女の喜びを感じるのです。ただ、あなたの欠点は他の女性より熱しやすく冷めやすいことです。

Q67 あなたのSM度は？

人間の願望は両極端だといわれています。そしてその行き着く先がS（サド）かM（マゾ）です。あなたはSですか？ それともMですか？ それはこのテストを行えばわかるはずです。

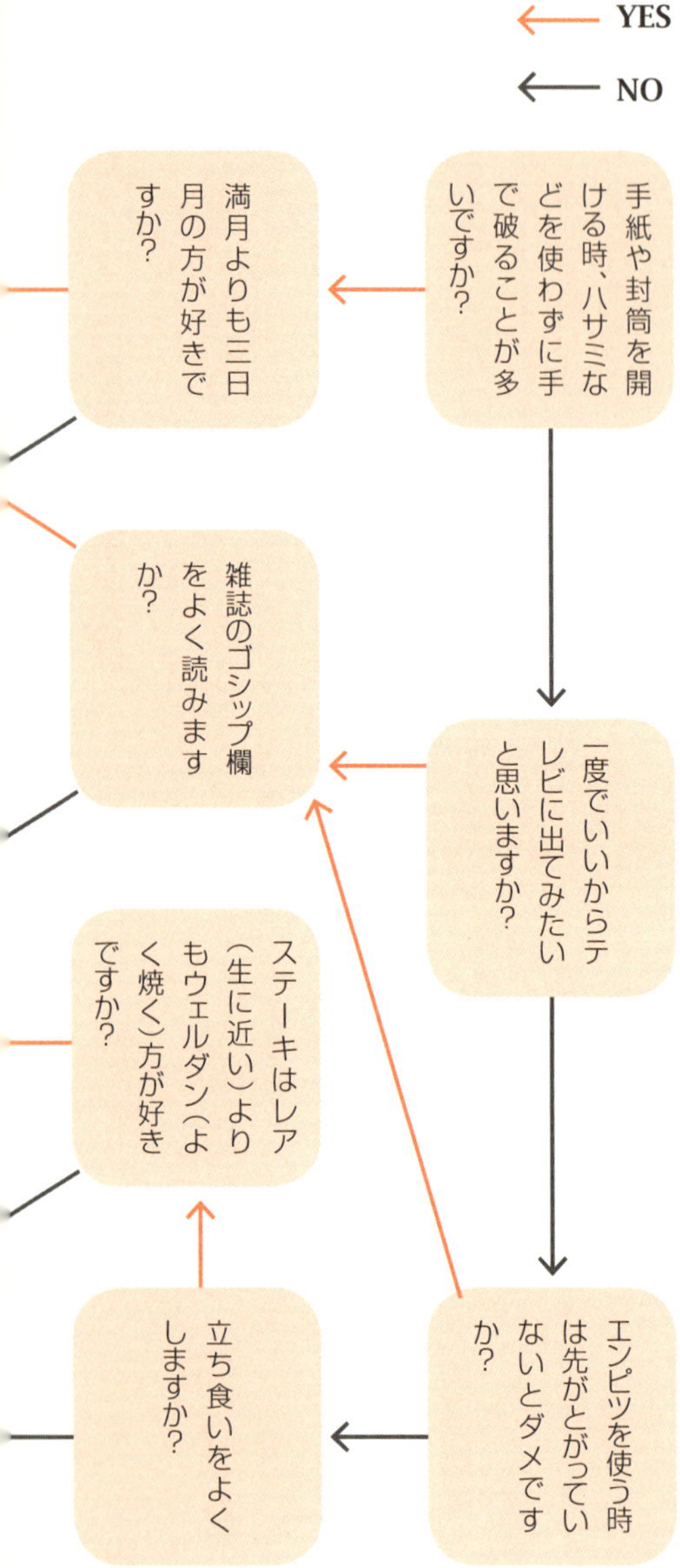
YES
NO
スタート
手紙や封筒を開ける時、ハサミなどを使わずに手で破ることが多いですか？
一度でいいからテレビに出てみたいと思いますか？
エンピツを使う時は先がとがっていないとダメですか？
満月よりも三日月の方が好きですか？
雑誌のゴシップ欄をよく読みますか？
ステーキはレア（生に近い）よりもウェルダン（よく焼く）方が好きですか？
立ち食いをよくしますか？

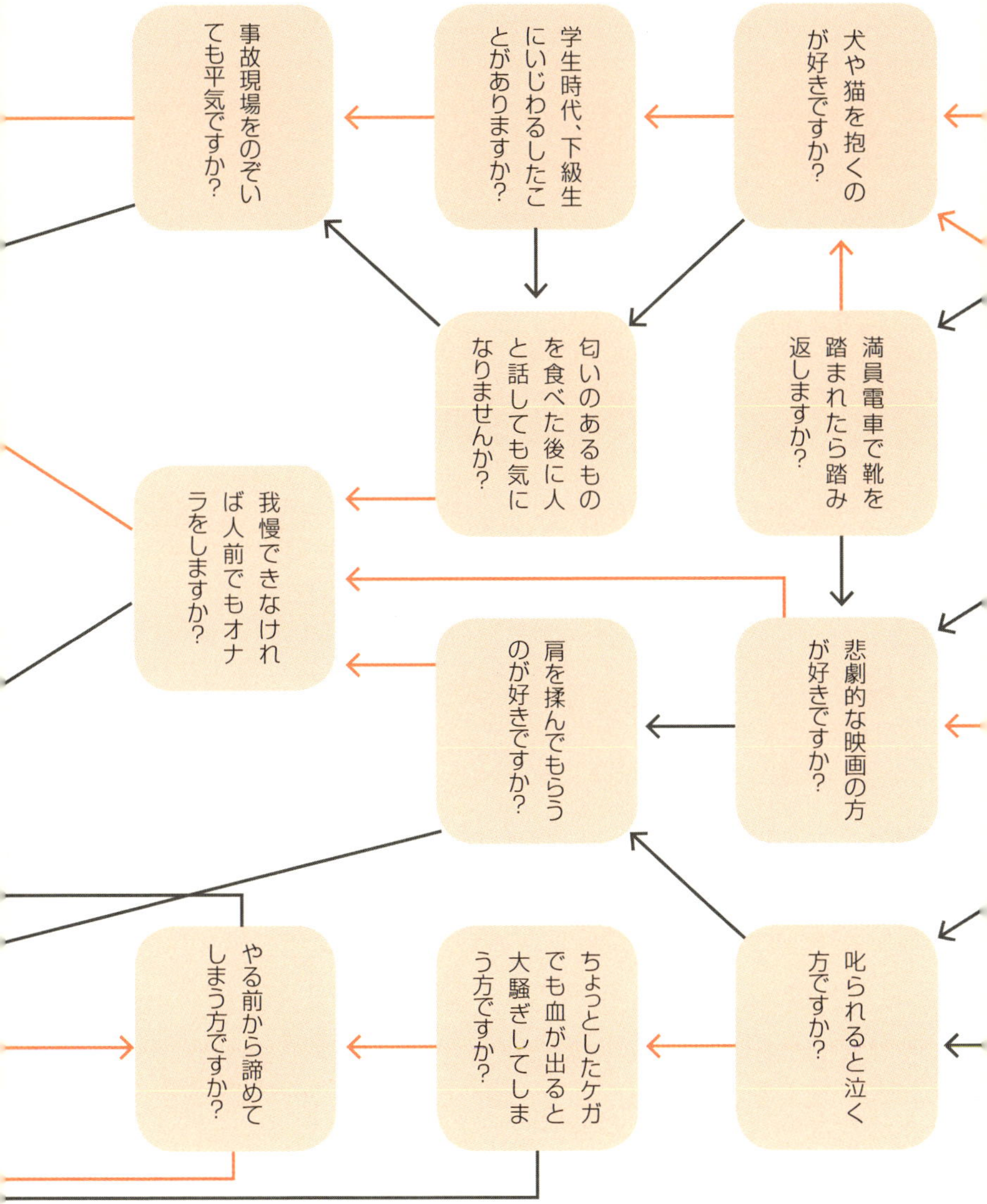
犬や猫を抱くのが好きですか？
満員電車で靴を踏まれたら踏み返しますか？
悲劇的な映画の方が好きですか？
叱られると泣く方ですか？
学生時代、下級生にいじわるしたことがありますか？
匂いのあるものを食べた後に人と話しても気になりませんか？
肩を揉んでもらうのが好きですか？
ちょっとしたケガでも血が出ると大騒ぎしてしまう方ですか？
事故現場をのぞいても平気ですか？
我慢できなければ人前でもオナラをしますか？
やる前から諦めてしまう方ですか？

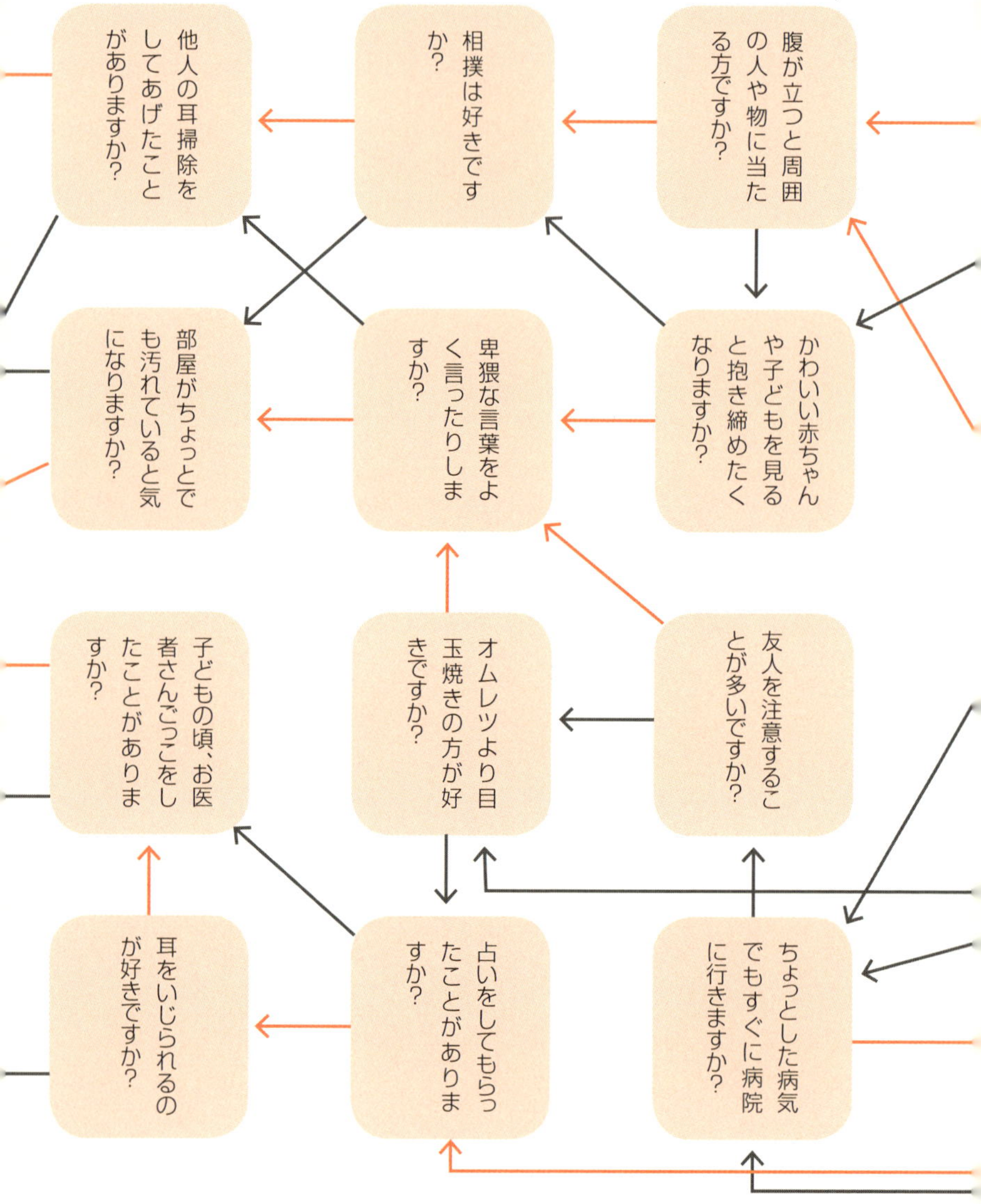

腹が立つと周囲の人や物に当たる方ですか?
相撲は好きですか?
他人の耳掃除をしてあげたことがありますか?
かわいい赤ちゃんや子どもを見ると抱き締めたくなりますか?
卑猥な言葉をよく言ったりしますか?
部屋がちょっとでも汚れていると気になりますか?
友人を注意することが多いですか?
オムレツより目玉焼きの方が好きですか?
子どもの頃、お医者さんごっこをしたことがありますか?
ちょっとした病気でもすぐに病院に行きますか?
占いをしてもらったことがありますか?
耳をいじられるのが好きですか?

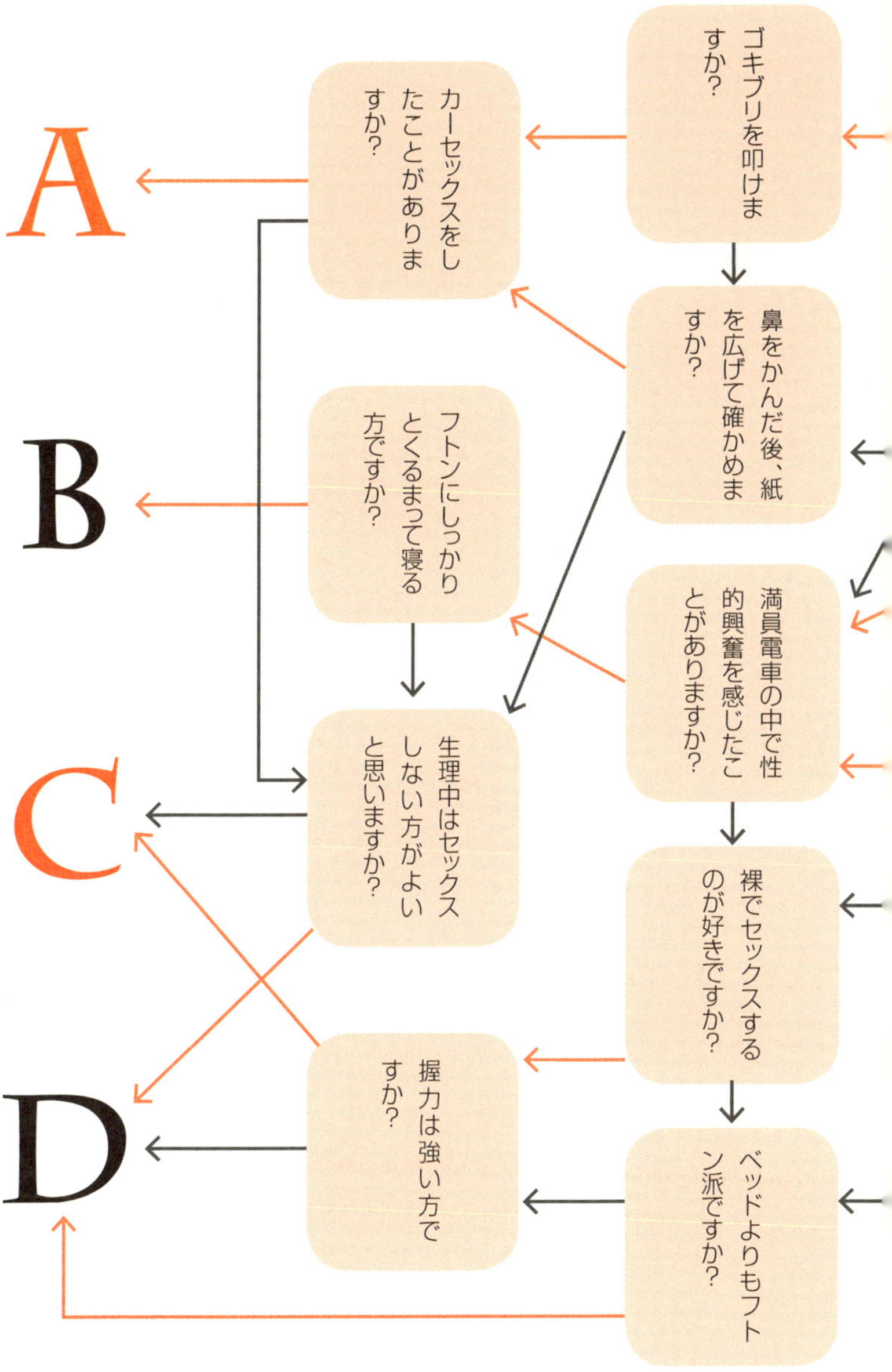
ゴキブリを叩けますか？
鼻をかんだ後、紙を広げて確かめますか？
満員電車の中で性的興奮を感じたことがありますか？
裸でセックスするのが好きですか？
ベッドよりもフトン派ですか？
カーセックスをしたことがありますか？
フトンにしっかりとくるまって寝る方ですか？
生理中はセックスしない方がよいと思いますか？
握力は強い方ですか？
A
B
C
D

Answer

A 潜在的な人への攻撃傾向

【女性】　あなたは自分自身がいじめられたり嫌な思いをさせられることに対して、絶対的に我慢できないタイプです。

その反面、相手を苦しませたり、文句を言ったり、相手をいじめることに満足感を得る傾向が潜在的にあるといえます。

しかも、あなたは中途半端な妥協ができません。相手が自分の負けをはっきりと口にするまで、とことん相手を論理的に攻撃することもあるでしょう。

典型的な攻撃型のあなたですが、ある意味では大変に女性らしい性格の持ち主でもあります。つまり、女性ならではのヒステリックな面があり、多少はわがままも言うのです。そこに男性は心惹かれるのだといえます。

またあなたは、年下の男性の髪の手入れをしてあげたり、身体を洗ってあげたりすることに喜びを感じるタイプです。美容師やマッサージ師にS型の女性が向いているといわれるのはこのためです。

【男性】　あなたは強いものや権威あるものに対して反抗心を燃やし、ケンカをすれば徹底的に相手を屈服させないことには満足できません。攻撃的で相手の欠点を探し出すとそれを必死になって攻撃する材料とします。人前で相手のミスを指摘し、失敗に対してもはっきりと文句を言うタイプだといえます。

このタイプの男性は、批判したり攻撃したりすることを好み、いろいろな運動のリーダーとなることが多く、活躍することもありますが、その批評の仕方が冷酷で意地悪な印象を与えます。

好きになれば猛烈に相手のために尽くしますが、いったん嫌いになると、その反動で猛烈に憎しみはじめることが多いのが特徴といえます。

夜の生活でも単調なセックスを嫌い、自分はあまりセックス力が強くなくても強いような演出をします。また、相手の嫌がる体位やセックスを無理に押しつけて刺激を受けようとする傾向があります。

B 状況次第でどちらにでも

【女性】　あなたはいわゆる一般的な女性です。S傾向とM傾向が適度に入り交じったタイプで、特にどちらかが強いということはありません。

日常の行動もごく普通の女性的なタイプで、スタイルやファッションに関心があり、男性に対してもごく当たり前の感情を抱いています。

ただ、このタイプの女性は、男性のリードによってS的にもなりますし、M的にもなります。また性に対する憧れや期待、欲望は強く、セックス抜きの生活には興味が持てません。結婚すればベッドルームに鏡を置き、自分の裸やセックスを確認することもあるでしょう。

日常の生活の中にもS的・M的入り交じった面が見られます。美しく部屋を飾る一方で、机の上やタンスの中が散らかり放題でも気にならないことでしょう。

【男性】　最も一般的な男性のタイプです。S傾向もM傾向も適度にありますが、どちらかが強く出ることはありませんし、そもそも、それらを押さえる精神的な強さがあります。しかし、世間から表彰されたり、高い地位を得たりお金を得たりということへの憧れと欲望があり、自分のことを正当に評価されたいという願望は他人よりも強いタイプです。

対人関係でも気を配り、たとえ反対意見を持つ人でもその人を冷静に説得しようと試みたり、はっきりと嫌だということは口にせずにコツコツと与えられたことを実行したりしていく、真面目な人が多く見られます。

ごく一般的なタイプといえるのですが、このタイプが能動的になった場合、例えばリーダーに立つなどすると、S的な傾向が出てくることがあります。

セックスは単調になりやすいのですが、相手が喜ぶ姿や興奮する声を聞いて満足感を得るタイプです。

Answer

C 強引に扱ってほしいという願望

【女性】 あなたにはかなりM的な願望や期待の強さがあるといえます。本来、女性はM的傾向が強いといわれていますが、あなたは特に受け身のセックスを好むことでしょう。彼に激しく抱き締められたり、力強い男性に自由にされていく自分の姿を想像したりするだけでゾクゾクと快感を得るタイプです。

あなたは自分が男性に強引に扱われることを好むと同じように、他の女性が男性にいじめられたり、強姦に似た行為を受けたりしている姿を見ることに喜びを感じるタイプだといえます。

背中や足にキスをされたり、激しくペッティング(愛撫)されたりすることを好むでしょう。極端になると、正常なセックスでは満足できなくなるかもしれません。

学校や職場でもあなたは自分のことを取り上げてほしいと思うばかりに、みんなと違った行動を取り、先生や上司に叱られることがあるかもしれませんが、それもこれも、相手の気持ちを少しでも自分の方に向いてほしいという現れなのです。

【男性】 あなたはたとえ自分にとって不利なことでも、いつも上役や強い人に意識されたいとか、注目されたいという願望があります。その人の目のつくところでわざと注意されるようなことをやってみたりして、相手から批判されることを期待して待っているタイプなのです。それに加えて、あなたの心の中のどこかに自分一人で決めてバリバリ行動していくよりも誰か強い人に引っ張っていってもらいたいという願望があることでしょう。映画や小説でもホラー色の強いものを好み、恐いものや神秘的なものに心惹かれるタイプです。

セックスの面でも、多少、ホモ的な要素が現れ、美しいスマートな女性よりも肉体的でたくましさのある女性に惹かれます。性的な欲望にブレーキが利かず、変態的な欲求を表します。普通の男女のつき合いより、両親に反対されたり、いろいろな障害にぶつかって思うようにならなかったりする時の方が、このタイプの男性は相手を愛する気持ちが強くなるのだといえます。

D　体験によって大きな変化が出てくる

【女性】　あなたの心の中には、いじめたいというS的傾向といじめられたいというM的傾向がそれぞれほんの少しずつ同居しています。

基本的には、Bタイプの女性と近いといえますが、本質的にはBタイプ以前といえます。

このタイプの女性は、実年齢よりも精神的な若さがあり、少女的な愛され方やプラトニックな恋愛、詩的な恋に憧れがあります。ラブロマンスを好み、映画やドラマを見て感動して涙を流すことが多いでしょう。

もし、男性から大胆な性行為を求められると、あなたは人生のすべてが暗くなるような感じを抱くはずです。

このタイプの女性は、愛情や性的なものに対して鈍感で、いじめたりいじめられたりする行為にまだ幼児性が残っており、これから体験するであろうさまざまなS的なことやM的なことによってSにもMにも大きく変化する可能性が高いといえます。

【男性】　このタイプの男性も比較的Bタイプの男性と同じといえます。

ただし、Bタイプの男性が一般的男性像なのに対して、このタイプは極めて平凡で幼稚といえます。

対人関係でも相手に寛大で、仕事上、たとえ自分が正しいと思うことでも自分の意見を相手に押しつけることはありません。注意や批判する時でも常に相手の顔色をうかがい、気を使うことでしょう。

女性の涙に弱く、強引に自己主張をすることもありません。ロマンチックな夢をいつも頭の中で描いている夢想家にこのタイプは多く、その中にはS的な面もM的な面も見られません。

自己を表現するのがあまり上手ではないタイプですので、これからの人生によって、自分の中に眠るS的傾向、M的傾向のいずれかに染められていくのだといえます。

Q68 あなたのレズ傾向は？

あなたの心の奥底には、実は、レズビアンへの憧れがあるのかもしれません。「レズには興味がない」という人ほど、このテストを行うことによって、無意識でのレズ傾向が見えてくるはずです。【女性用】

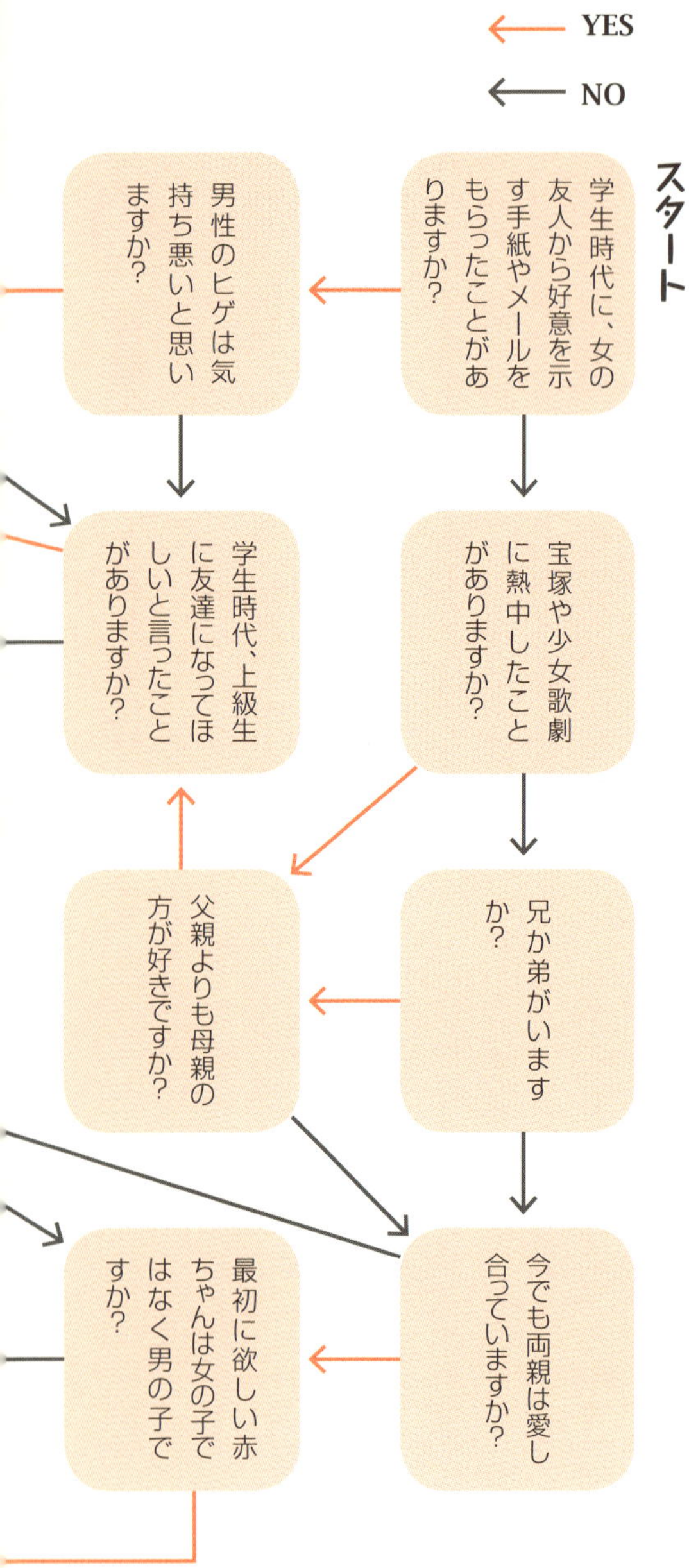
YES
NO
スタート
学生時代に、女の友人から好意を示す手紙やメールをもらったことがありますか？
宝塚や少女歌劇に熱中したことがありますか？
兄か弟がいますか？
今でも両親は愛し合っていますか？
男性のヒゲは気持ち悪いと思いますか？
学生時代、上級生に友達になってほしいと言ったことがありますか？
父親よりも母親の方が好きですか？
最初に欲しい赤ちゃんは女の子ではなく男の子ですか？

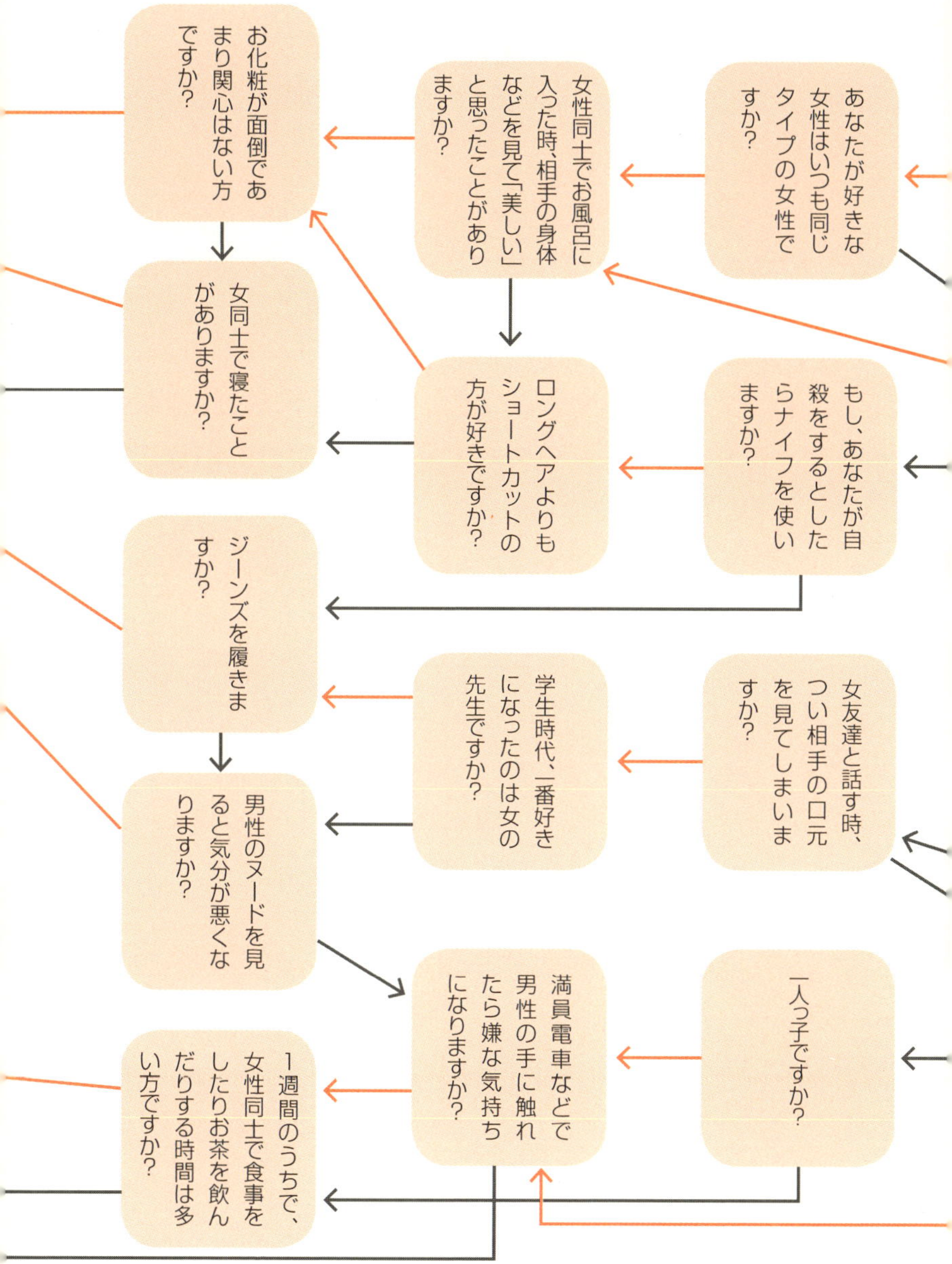
あなたが好きな女性はいつも同じタイプの女性ですか？

もし、あなたが自殺をするとしたらナイフを使いますか？

女友達と話す時、つい相手の口元を見てしまいますか？

一人っ子ですか？

女性同士でお風呂に入った時、相手の身体などを見て「美しい」と思ったことがありますか？

ロングヘアよりもショートカットの方が好きですか？

学生時代、一番好きになったのは女の先生ですか？

満員電車などで男性の手に触れたら嫌な気持ちになりますか？

お化粧が面倒であまり関心はない方ですか？

女同士で寝たことがありますか？

ジーンズを履きますか？

男性のヌードを見ると気分が悪くなりますか？

1週間のうちで、女性同士で食事をしたりお茶を飲んだりする時間は多い方ですか？

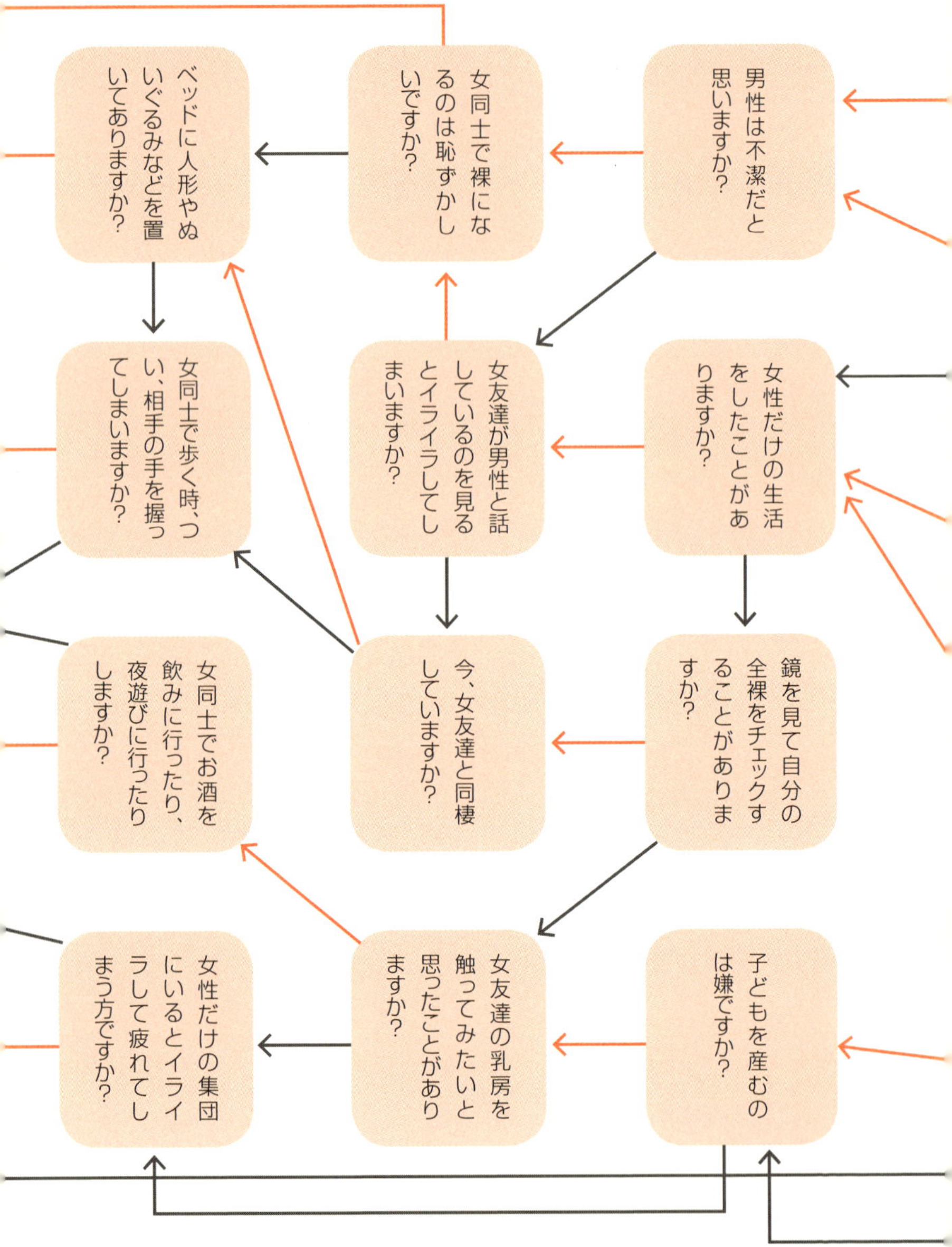
男性は不潔だと思いますか？
女性だけの生活をしたことがありますか？
鏡を見て自分の全裸をチェックすることがありますか？
子どもを産むのは嫌ですか？
女同士で裸になるのは恥ずかしいですか？
女友達が男性と話しているのを見るとイライラしてしまいますか？
今、女友達と同棲していますか？
女友達の乳房を触ってみたいと思ったことがありますか？
ベッドに人形やぬいぐるみなどを置いてありますか？
女同士で歩く時、つい、相手の手を握ってしまいますか？
女同士でお酒を飲みに行ったり、夜遊びに行ったりしますか？
女性だけの集団にいるとイライラしてしまう方ですか？

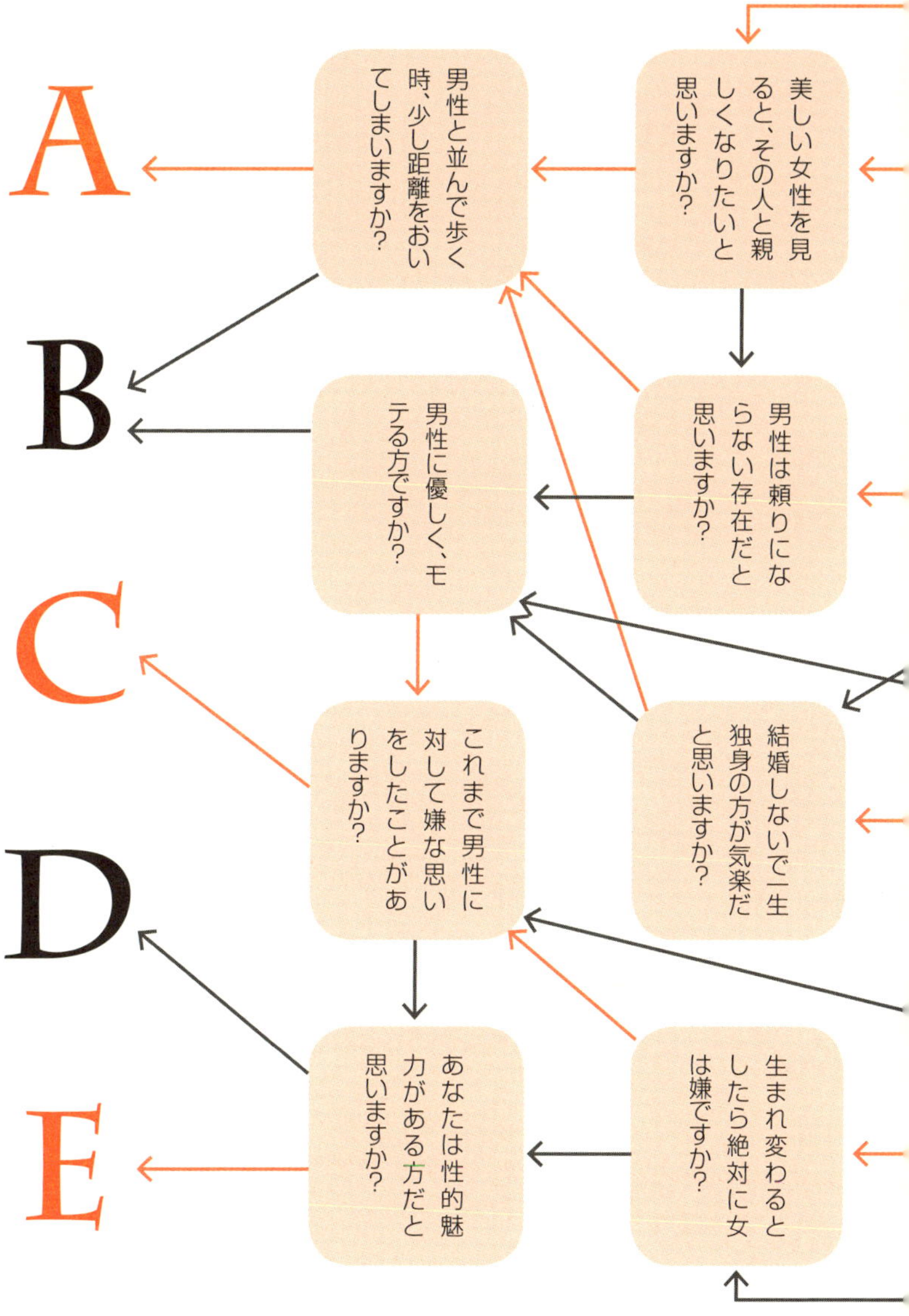

美しい女性を見ると、その人と親しくなりたいと思いますか?
男性は頼りにならない存在だと思いますか?
結婚しないで一生独身の方が気楽だと思いますか?
生まれ変わるとしたら絶対に女は嫌ですか?
男性と並んで歩く時、少し距離をおいてしまいますか?
男性に優しく、モテる方ですか?
これまで男性に対して嫌な思いをしたことがありますか?
あなたは性的魅力がある方だと思いますか?
A
B
C
D
E

Answer

A とことん溺れてしまう

あなたの心の中にはレズへの憧れが強烈に存在しています。平凡な男性との恋や性では満足できず、物足りなさを感じていることかもしれません。女同士で愛し合うことが理想のかたちなのだと思うタイプなのです。

また、あなたは子どもの時から想像力の豊かなロマンチストで、思春期には肉体的な愛を嫌悪し、精神的な愛が至上のものだと考えてきたようです。

このタイプの女性は、子どもの頃から男の子のように扱われてきたか、もしくは幼児期に異常な性の体験をしてきたことがその原因だといえます。そのため、男性に敵対感を抱いており、一度、同性を愛したらとことん溺れてしまうのです。

B 一時的に心が傾く

あなたにはレズに対する憧れがかなりあるようです。自分から積極的に男性を好きになることはあまりありませんし、男性に手や肩を触られただけでもゾッとしてしまうタイプです。とても傷つきやすい、ナイーブな神経の持ち主ともいえます。

思春期に男性を嫌いになる出来事やショックを受けたか、または憧れを抱く素晴らしい女性教師か女の先輩・友人と出会い、その影響を受けたのが原因だと思われます。

あなた自身が気づかないうちにデリケートな心を揺さぶるようなレズの影が広がっていったのです。ただ、このタイプの女性は、一時的にはレズに傾くかもしれませんが、心から愛してくれる男性に出会うと、女としての喜びに目覚めるようになります。

C レズビアンから狙われる

あなたはこの中では最も「女らしく」、男性に「かわいい女性だな」と思わせる要素を持っているタイプです。しかも、レズの対象となりやすいタイプでもあるのです。

あなたは心のどこかに素敵な同性に憧れる気持ちが潜んでおり、ひそかに後を追いたいという衝動に駆られたり、自分でもあんなふうになりたいと一生懸命マネをしたり、とどこか少女のロマンチックな感情をまだ残しているからです。そこがあなたの大きな魅力ともいえます。

もし、あなたを大きな愛で受け止めてくれる男性が現れたら迷わずそこに飛び込むべきです。このタイプの女性は、同性に心を奪われたとしても、それは一時的なもので、結果としてあなたは傷ついてしまい、一生尾を引くことが多いからです。

D 興味がなく安定している

あなたは良くも悪くも普通の女性です。男性にも女性にも好意を感じ、少女時代は先輩に心惹かれたり、女性の先生の大人の美しさに憧れたりしたことがあるかもしれません。ただし、あなたの前に理想の男性が現れれば、その思いはなくなり、むしろ同性よりも男性に惹かれることでしょう。

このタイプの女性はバランスが取れていますから、女性に対しては仲間としての愛を示し、男性に対しては情熱的な愛を示すことができます。

現実を直視し、決してはみ出したことをしませんが、常に自分を基準としていますので、レズに溺れている女性を見ると、自分とは全く違う次元の人なのだと感じてしまうのだといえます。

E 同性にも異性にも無関心

あなたはレズに全く興味がなく、同性に対して心が奪われるということはほとんどないでしょう。同性ばかりではなく、異性に対してもあまり関心を示さない、いうなればあっさりしすぎているタイプなのだといえます。人間に愛を感じ、相手に尽くすということよりも、仕事や趣味、自分の好きなことに生きがいを感じることでしょう。

もし、あなたが明るい性格の持ち主ならば、このあっさりとした面が中性的な印象を与え、女性からも男性からも良き友達として相談を持ちかけられたり、頼られたりすることがあるでしょう。反対に暗い性格ならば「おひとり様」としての孤独な生活のおそれがあります。

Q69 あなたのホモ傾向は？

どんな男性でもほんの少しだけホモ的な要素があるといわれています。あなたが、彼が、どのようなホモの傾向があるのかをこのテストを通して確認してみましょう。【男性用】

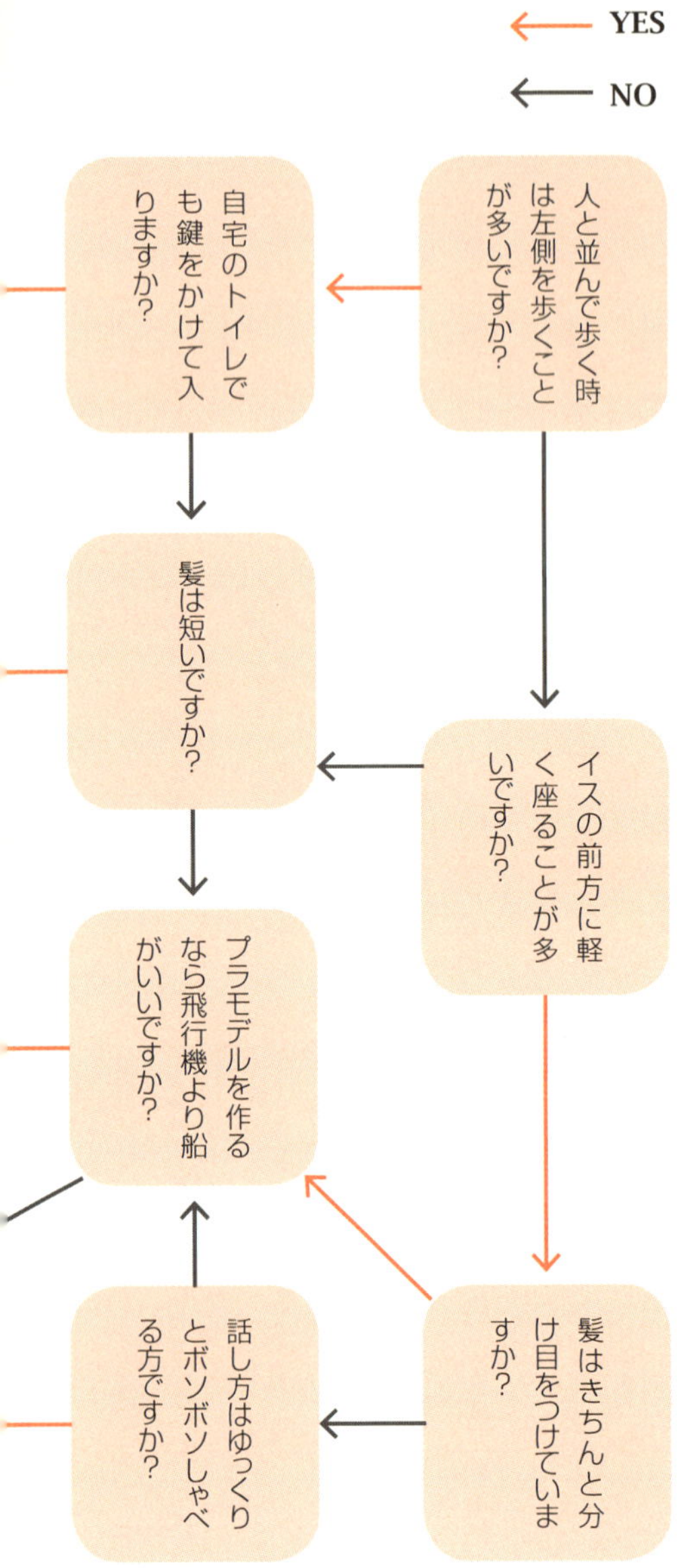
YES
NO
スタート
人と並んで歩く時は左側を歩くことが多いですか？
自宅のトイレでも鍵をかけて入りますか？
イスの前方に軽く座ることが多いですか？
髪は短いですか？
髪はきちんと分け目をつけていますか？
プラモデルを作るなら飛行機より船がいいですか？
話し方はゆっくりとボソボソしゃべる方ですか？

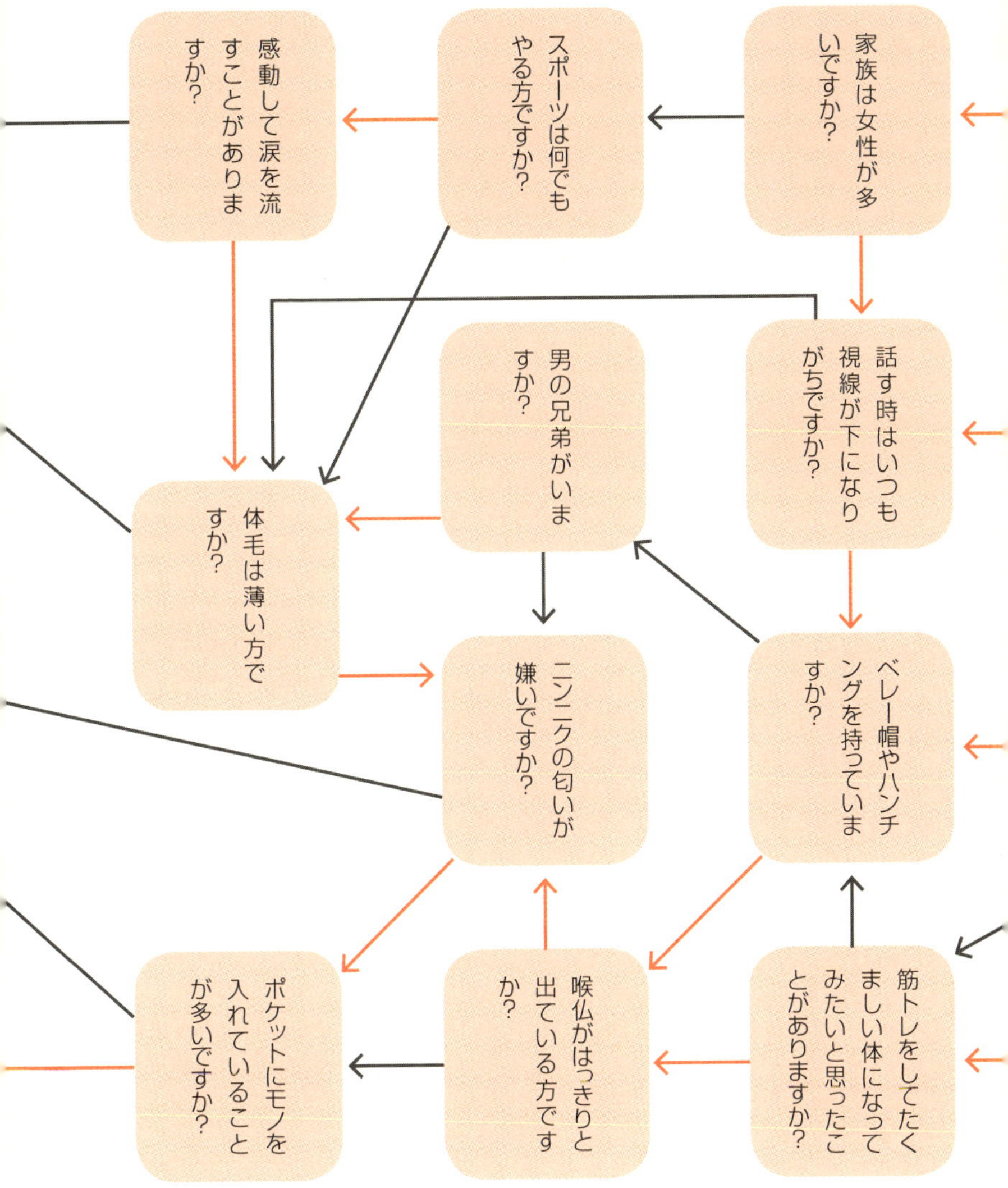
家族は女性が多いですか？
スポーツは何でもやる方ですか？
感動して涙を流すことがありますか？
話す時はいつも視線が下になりがちですか？
男の兄弟がいますか？
体毛は薄い方ですか？
ベレー帽やハンチングを持っていますか？
ニンニクの匂いが嫌いですか？
筋トレをしてたくましい体になってみたいと思ったことがありますか？
喉仏がはっきりと出ている方ですか？
ポケットにモノを入れていることが多いですか？

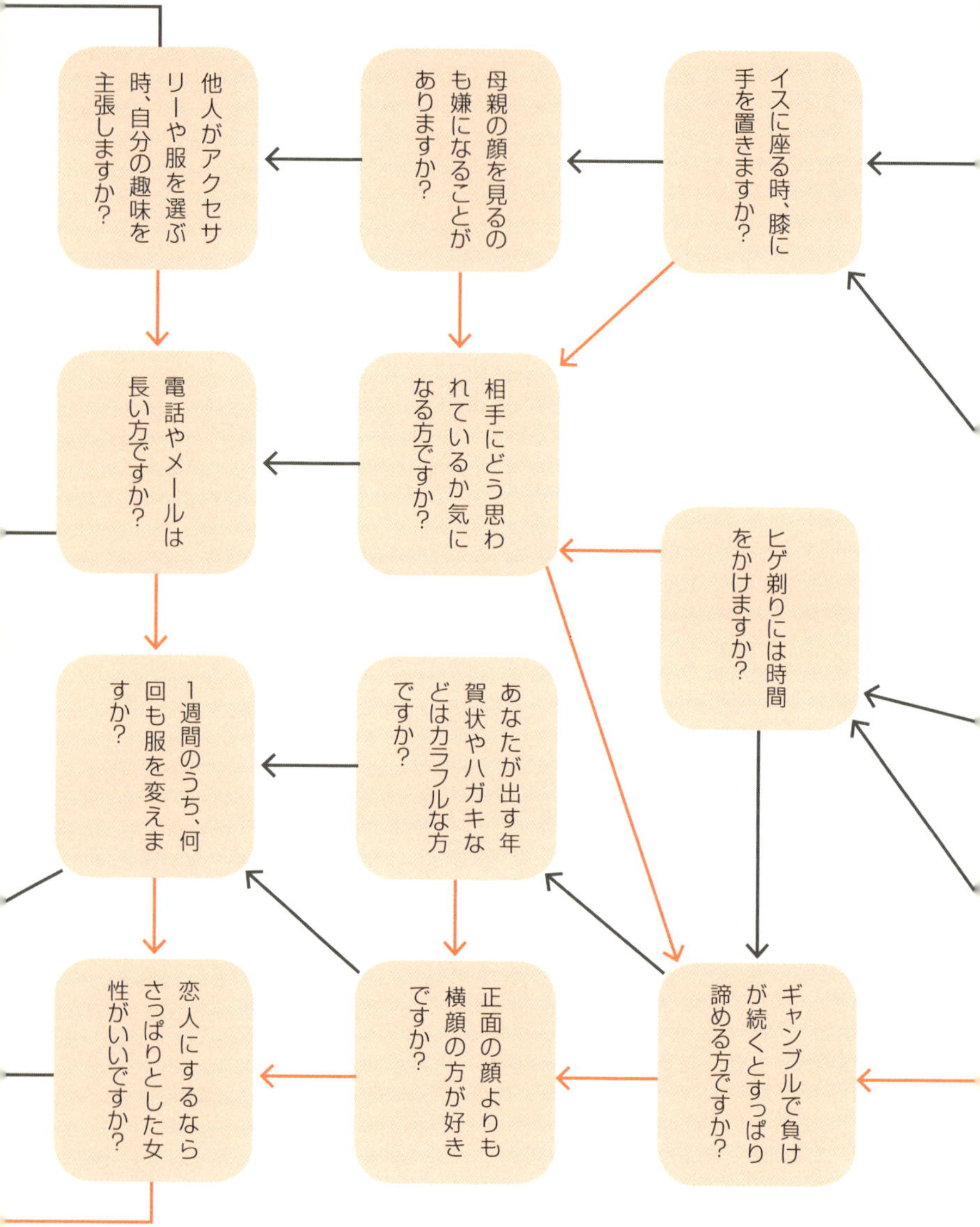
イスに座る時、膝に手を置きますか？
ヒゲ剃りには時間をかけますか？
ギャンブルで負けが続くとすっぱり諦める方ですか？
母親の顔を見るのも嫌になることがありますか？
相手にどう思われているか気になる方ですか？
あなたが出す年賀状やハガキなどはカラフルな方ですか？
正面の顔よりも横顔の方が好きですか？
他人がアクセサリーや服を選ぶ時、自分の趣味を主張しますか？
電話やメールは長い方ですか？
1週間のうち、何回も服を変えますか？
恋人にするならさっぱりとした女性がいいですか？

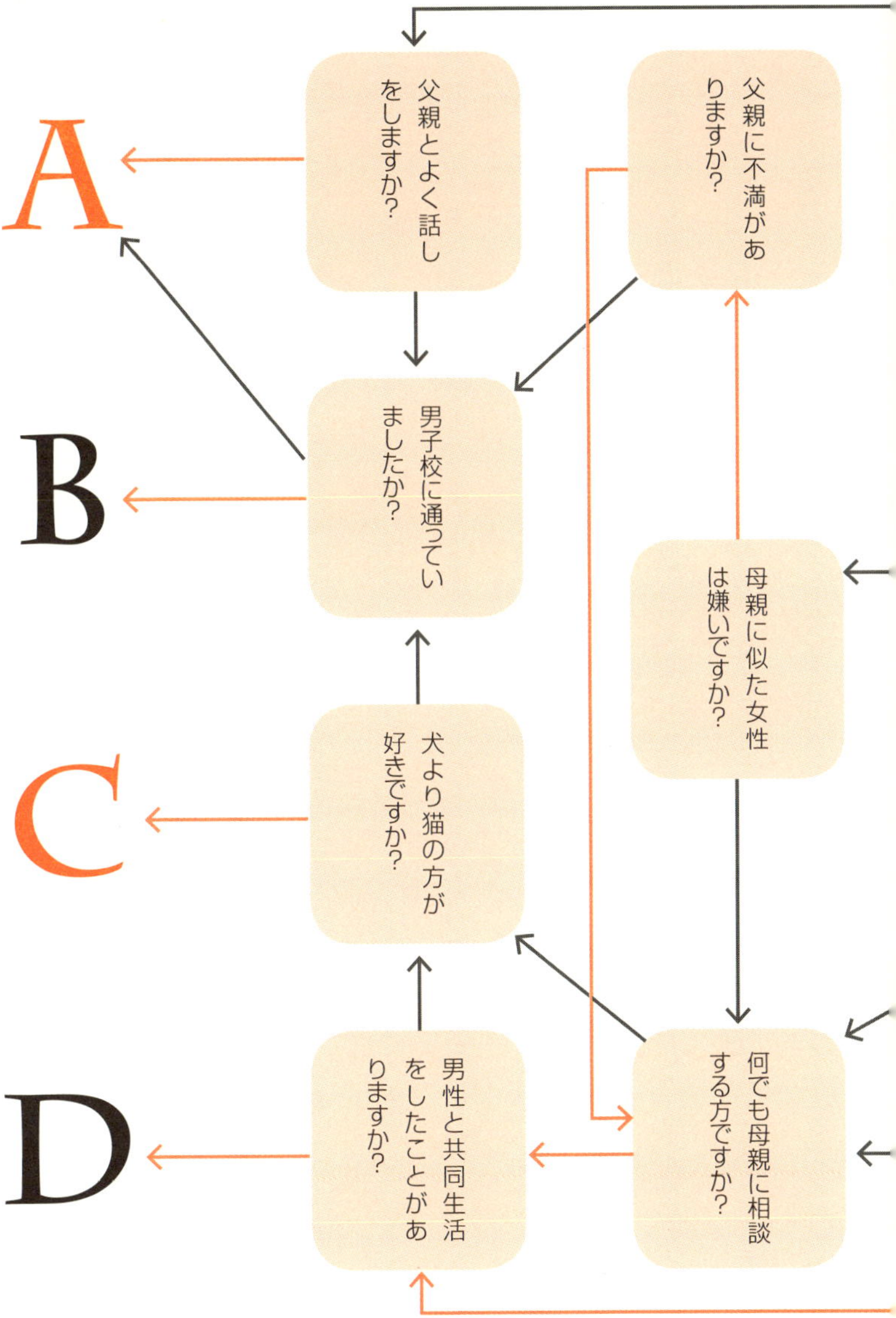
父親に不満がありますか？
父親とよく話しをしますか？
A
母親に似た女性は嫌いですか？
男子校に通っていましたか？
B
何でも母親に相談する方ですか？
犬より猫の方が好きですか？
C
男性と共同生活をしたことがありますか？
D

Answer

A ライバル意識が先に立つ

このタイプの人は、ホモ的な傾向が表面的にも潜在的にもまるでなく、同性に心を惹かれるということはほとんどありません。同僚と仕事をしていく時でも、相手をライバルだと思い、自分の欠点を相手に見せまいとしてファイトを燃やしていくことの方が多いでしょう。

まして同性との性的な結びつきや同性に憧れ、同性のために自分の愛や理想を発見するということはありません。たんなる友人よりも仕事の結果に直接つながる人との交際にエネルギーを傾けます。自分でも気がつかないうちに同性の間で自己中心的だと思われることがあります。極端になると男同士の友情にも冷たくなりがちです。

また、このタイプの男性は小学校、中学校からずっとつき合っている友人が少ないかもしれません。しかし、女性に対しては優しく、いろいろなタイプの女性を愛することができます。

B 精神的に多少のホモ傾向

このタイプの人は、心のどこかに多少ホモ的なものを求めるところがあります。しかし、それは表面的なかたちで現れることはありません。いわゆる、普通のタイプの男性です。

同性にも異性にも分け隔てなく接することができ、優しさも示します。また友情や思いやりもあり、義理がたい面もあるでしょう。

ただ、十代の頃、男子校や男だけの寮生活などの環境的な影響により多少ホモ傾向も出るかもしれませんが、それも理想の異性に出会うことによって薄れることでしょう。

精神的に弱さのある人は、この時期にホモ的行為に走ると、それが抜けずに一生尾を引くこともあります。

社会に出てからも精神的に同性に惚れることはあってもそれが肉体的な行為にまで発展することはないでしょう。

結婚すればごく普通の性生活を楽しむタイプといえます。

C 極端になると両刀使い

このタイプの人はどこかにホモの傾向が表れています。どこか感情の中に異性と話し合うよりも同性と遊んだり、一緒に行動したりする方が楽しいという思いもあるかもしれません。

ホモの人に対しては、「気味が悪い」とか「自分はそんなことはしない」などと否定的な態度を見せますが、その一方で女性との行為だけでは精神的に満足できない気持ちを持つことがあります。その気持ちがあまりに強すぎると、同性でも異性でもセックスの対象としてとらえることになります。

いわゆる、両刀使いといわれる人が多いのもこのタイプの特徴です。

しかし、現在の生活や異性との交際に満足していれば、ごく普通の男性と同じ道をたどり、ホモの傾向も出ずにそのまま一生が終わることが多いでしょう。

一般的に、男性にも女性にも好感を持たれてつき合っていけるタイプです。

D 陥ると決して抜け出せない

女性に対する欲望のない、大変にホモ的傾向を持っているタイプです。日常生活ではボディビルに異常な関心を持つとか、ファッションのどこか一部分に赤を使用するとか、香水をきつめに匂わせているとか、「いかにも」な表れ方をすることがあるかもしれません。

このタイプには、自分を女性と同化して、男性を惹きつけようとするタイプと、より男性的に肉体をたくましく鍛え上げて男性に認めてもらいたいというタイプに分かれます。いわゆる、男型と女型に分かれるわけです。

男型の場合は、知性的なレベルが高く、母親に対する悪い幼児体験を持っている人に多く、女型の場合は、態度やしぐさに女性的な面が強く、女性のような扱いを受けた人に多く見られます。

すぐに同性とのセックスへ走ることはありませんが、一度同性とのセックスを経験すると、忘れることができずにはまり込んでしまうのが多いのが特徴です。

Q70

2人の相性診断

あなたは恋人と一緒に暮らし始めることになりました。
新しい家具を買い揃えたいのですが、
予算の関係で1つしか新調できないとしたら、
次のどの家具を選びます？
【カップル用】

A ベッド

B テーブルセット

C タンスと鏡台

D カーペットと絵

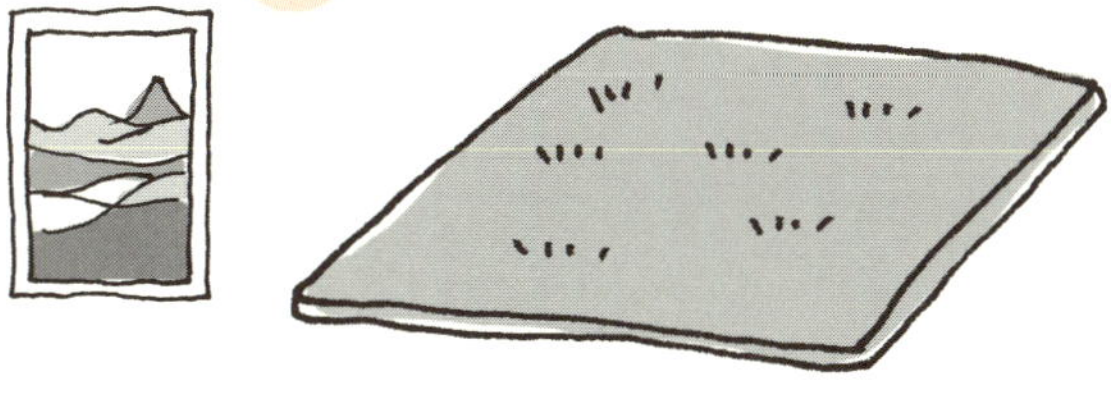

Answer

男性と女性それぞれがＡＢＣＤの中から選び、タテヨコが一致した記号で判断してください。

女＼男	A	B	C	D
A	c	e	e	c
B	e	d	b	a
C	e	b	d	a
D	c	f	f	c

a

何となく相手に不満が出たり、理由がわからないのに相手のことが好きになれなかったりすることがありそうです。特に自分が悩み苦しんでいる時ほどその傾向は強く出るでしょう。関係性や家庭は円満に見えるのですが、心の中にすきま風が吹いているという状態なのです。ただし、相手を尊敬する気持ちはありますから、年が経つにつれてベストカップルとなることでしょう。

b

2人でビジネスの話や貯金の話、資産運用の話をするには理想的な関係です。普通の人が目につけないところに着目し、情熱を注ぐというアイデアマンの2人なのです。恋愛中ならば相手のためにすべてを捧げてもよいと思うほど、熱烈な恋をしますが、熱しやすく冷めやすい面もあります。

c

とてもタイプが似ている2人です。同じようなものに心惹かれ、同じように共感し、同じような夢を描くことでしょう。日々、コツコツ努力をすることをいとわない2人ですから、あまり派手なことはしませんし、地道に夢を叶えることが幸せだと考えているのです。

失敗や挫折を経験するとかえって2人の絆が深まるはずです。このカップルはまず離別は考えにくいです。

d

本当はお互いが好きでたまらないのに、つまらないことで腹を立ててカッとなることが多い2人です。心の底では相手に好意と信頼感を持っているのに、つい、言葉や態度で「嫌いだ」となってしまうのです。嫉妬深さもあることでしょう。この2人が家庭を持った場合、お互いの浮気追求の争いが絶えないかもしれません。素直な気持ちを伝え合うことを積み重ねていく必要があるでしょう。

e

相手がわがままうすぎたり、ヤキモチを焼きすぎたりして、悩みが絶えない関係性です。つき合った当初はお互いに夢中なのに、時間が経つと気持ちががらりと変わることが多いのもこのカップルの特徴です。離婚率が高いといえます。本心を打ち明けられずに破局を迎えてしまうということもありそうです。お互いがゆっくりと話し合える時間と場を持つことが必要です。

f

どちらかというと女性が男性をリードしていくということが多い関係性です。男性が弱気になってもそれを女性が励ますということが多いでしょう。反面、男性がおとなしすぎて女性の方が不安や不満に感じることがあるかもしれません。ですが、一度好きになると10年、20年と愛を深めていく2人です。結婚後も女性上位は変わりませんが笑顔の絶えない明るい家庭を築けそうです。

Q71

セックスの相性は？

あなたの恋人または気になる異性を動物にたとえたら次のどれだと思いますか？
また、あなた自身はどの動物だと思いますか？

男性
- □ウサギ
- □ウマ
- □ウシ

女性
- □シカ
- □ロバ
- □ゾウ

このテストでは2人のセックスの相性がわかります。それぞれの動物はあなたの、そして相手の性器の大きさを象徴しています。

表をチェックし、同じサイズでしたら2人の相性はばっちりだといえます。1ランク違いの場合は、大きいサイズの方がより積極的なタイプです。相性としても高いといえます。2ランク違う場合（つまり、大と小の組み合わせ）は、残念ながら双方が不満を抱えているという状況です。

性器のサイズ	大	中	小
男性	ウサギ	ウシ	ウマ
女性	シカ	ロバ	ゾウ

Q72

カラー診断法

次の色にあなたの身の回りにいる人でぴったりだと思う人を挙げてください。

□赤（　　　　）
□青（　　　　）
□黄色（　　　　）
□ピンク（　　　　）
□緑（　　　　）
□茶色（　　　　）
□紫色（　　　　）
□黒（　　　　）
□白（　　　　）

Answer

■赤に書いた人

あなたが「この人のようになりたい」と憧れている人です。ただし、その一方で「(憧れるけれど)とてもこの人にのようにはなれない……」と諦めている気持ちもありそうです。

■青に書いた人

あなたが心の優しい人だと思っている人です。悩み事を打ち明けられる相手といえます。尊敬する気持ちありますが、恋愛の対象にはならない人です。

■黄色に書いた人

行動的でいつもじっとしていないというイメージをあなたが持っている人です。面白いのだけれども、ときどきうっとうしくなったり、うるさいと思ったりすることがあるかもしれません。

■ピンクに書いた人

あなたが好きだと思っている人です。もしくは、夢中に思っている人です。異性の場合だと、この人とドラマや映画のような恋愛をしてみたいと願っているはずです。

■緑に書いた人

あなたが真面目で頼りになる人だと思っている人です。この人といるとあなたは安心することができるでしょう。特に好きだとは思っていないのに、離れていると何となく不安に感じてしまう人なのです。

■茶色に書いた人

あなたよりもしっかりした人だと思っている人です。年齢が同じでも大人びた印象を感じさせる人です。特に、お金のことでは頼りになりそうです。

■紫色に書いた人

何となく馴染めなく、近寄りがたいと思っている人です。不思議な印象や恐い印象、変わり者だとあなたが感じている人です。

Answer

黒に書いた人

つかみにくい人、何を考えているのかわからない人だと思っている人です。もしくは、この人には自分の気持ちは伝わらないのだと諦めている面もあります。

白に書いた人

普段はあまり気にしていない人です。ただし、これから親密になりそうだという予感と、その願望がある相手です。

COLUMN.1

”嫌いな色であなたのタイプがわかる⑤“

好きな色がその人のタイプを表すように、嫌いな色からもその人の傾向が読み取れるのです。逆転の発想で、「嫌いな色は?」と相手に尋ねてみてください。そこには隠された本心が見えてくるはずです。

ピンクが嫌いな人

情熱的で正義感あるタイプです。世の中の不合理や不条理なことに強い憤りを覚える人といえます。自己満足で終わることが大嫌いで個人的な視点ではなく、社会全体の視点に立って行動することが多いでしょう。

緑が嫌いな人

優柔不断なタイプで、なかなか決めることができない人です。ただし、平凡なことでは満足できないという強い自我もあります。自分の好きなことをとことん突き詰めることで花開くことでしょう。

第２章

行動パターン

～相手の心を読む～

食事　相手の心を読む

Q1
ランチに何を食べるか？

会話の中で、「今日のお昼に何を食べましょうか？」や「お昼に食べるとしたら何が好きですか？」と尋ねた時の相手の返答、またはー緒にランチをした際、相手が何を注文したかに注目してみてください。

Answer

相手の本心を知りたい場合、最もわかりやすいのは、一緒に食事をすることです。食べ方はもちろん、どんな料理や味つけを好むかによって、その人の人柄が出てくるのです。特にお昼はその人の好みの基本となるものの1つです。

■ラーメン

華やかな魅力にはやや欠けますが、基本的には人当たりが良くて、誰とでも気さくにつき合えるタイプです。穏やかで温かい雰囲気が魅力的な人です。そのため、敵は少ないでしょう。

あまり自己主張をせず、やや控えめなところがありますから、出しゃばるタイプの人とはウマが合わないでしょう。何をするにも慎重で、あまり無茶なことはせず、冒険なども好きではないという、極めて常識的な人といえます。

ただし大勢の人と上手くやっていける笑顔の裏側には、計算高い素顔が隠れていることもあります。

■そば

一見おとなしく従順なように見えますが、実は全く正反対の性格です。強い自信を持ち、自分の考えを大切にしており、言いたいことや言うべきことは、はっきりというタイプなのです。

しかも考え方が緻密なだけに、その内容はかなり辛辣で、言われた人は反論が難しいでしょう。

また、他人の言葉には耳を貸さないという頑固な一面もあり、議論はいつも一方的になりがちです。

自分が興味のあることにはとことん熱中するというところもありますので、趣味や習い事の上達はかなり早いでしょう。

■カレーライス

人当たりが良くて、人づき合いの上手い人です。目上の人からも目下の人からも好かれる素質を持っています。

交友関係が広く、友達も多いため、頼りにされることもしばしばです。

その反面、人づき合の広さによる義理に縛られたり、つい同情してしまったりして、結果として自分だけが損な役回りを引き受けてしまうことも多いでしょう。相手に不愉快な思いを抱いても、それを顔や行動には出さず、ジッと我慢してしまうので、ストレスが溜まりがちです。性格的には地味ですが、努力を重ねて成功するタイプです。

■サンドウィッチ

何か気にかかりだすと、ほんのささいなことでもあれこれ気にして、いつまでもクヨクヨと悩んでしまうタイプです。周りの人にしてみれば、「いい加減にしろ」と言いたくなる時もあるでしょう。とはいえ、本人には何ら悪気はありません。

持って生まれた素質や才能には恵まれているのですが、自分に自信が持てないため、つい人より一歩下がってしまうところがあります。やればできる、隠れた才能の持ち主というタイプなのです。

しかし、困っている人を見ると、放っておけないというような心の優しいところがありますから、周囲から大切にされる人でもあります。

■ハンバーガー

周りの人の気持ちに人一倍敏感で、気配り上手です。誰とでも合わせていける社交性があり、友達といる時はとても明るく笑顔が魅力的なタイプです。

ですが、自分一人になった時の素顔は、意外とネクラです。

新しいことや変わったことにはあまり興味を持たず、今まで慣れ親しんできたものや処理の仕方を大切にします。

冒険をしないので大変化をすることはありませんが、手堅い安全第一主義者なので、ビックプロジェクトなどではとても頼りになることでしょう。

■寿　司

穏やかな人で冒険や危険なことはできれば避けたいと考えるタイプです。現状に十分満足していて、気持ちが安定しています。

出世やお金など現実的なものにはあまり欲を持たず、平和で安全でさえあればそれでよい、健康が何よりと考える穏健な考え方の持ち主です。

実に常識的な判断や行動をするタイプで、何をするにも十分に検討した上でしか行動しない慎重派なので、周りからは信頼されることが多いでしょう。ただし、やや若さに欠けています。

まとめ

お昼に何を選ぶかでその人のタイプがわかります

■ラーメン……笑顔の裏に策士の顔を持つ
■そば……弱気な見た目と強気な発言
■カレーライス……義理人情を重んじる縁の下の力持ち
■サンドウィッチ……悩み多き天才肌
■ハンバーガー……集団躁・独居鬱
■寿司……常識を大切にする穏健派

Q2 好きなフルーツは？

食べ物の好き嫌いはみなさんありますが、フルーツの嫌いな人はいないでしょう。子どもの頃に好きだった果物、初めて食べて感動した果物、今でも自分のご褒美として好きな果物。食事のデザートや買い物で相手がどんな果物を選んでいるのか、注意してみてください。

Answer

フルーツは、昔の中国では薬として使われていました。豊富な種類の果物から1つを選ぶという行為にその人の潜在意識が隠されています。

■ミカン

食べるのに手間がかからないし、ビタミンも豊富であるためか、最も好かれるフルーツの1つです。ミカンの好きな人は、無理を好まない安全第一主義者です。決して危険な冒険をせず、地道にコツコツと努力をしていきます。

基本的に穏やかで誰とでも調和していけます。少しくらい嫌なことがあっても笑顔を忘れません。人づき合いも上手で、自分と相手の距離感もバランス良く、ほどほどのペースを守っていけるタイプです。

ただ、意外に頑固なところがあり、そのこだわりに周囲が驚かされることもあります。

■夏ミカン・ハッサク

人づき合いがとても上手で、社交性は抜群にあります。誰とでも気軽につき合うことができますし、自分を相手に合わせていけるタイプなので友達も多いでしょう。

世話好きで、困っている人や悩んでいる人を見ると黙っていられないところがあります。お人好しすぎて騙されたり、失敗したりすることもありますが、一度の失敗では挫けない心の強さを持った頑張り屋です。とてもエネルギッシュで行動力に溢れているタイプといえます。

■グレープフルーツ

健康や美容に対する関心が人一倍強い人です。そういった情報をチェックすることも好きですし、自分で実践することも好きなタイプです。

平凡なことでは満足できず、理想は高いでしょう。いつも周りから注目されたい、認められたいといった気持ちが強いのです。

オシャレにも気を使い、流行に敏感で、しかも超一流のものを求めることが多いかもしれません。

スポーツや絵画、音楽にも興味を持っていますが、これは言うなれば華やかに自分の生活をエンジョイしていきたいという気持ちを強く持っているからです。

性格的にはロマンチストもいれば楽天家な人もいますが、いずれにしても明るいタイプです。

■リンゴ

最も一般的で、誰からも好まれるフルーツのリンゴが好きという人は、物事をきちんと処理していく真面目型で、何事にもけじめを大切にし、エチケットやマナーにもうるさいタイプです。

はじめはつき合いにくい人のように見られますが、相手の気持ちをよく考えて行動できる人なので、次第に理解され、つき合う期間が長くなるにつれて、その良さがわかってもらえることでしょう。一生涯つき合える親友になりやすいのがこのタイプの特徴です。

■メロン

外観はとてもエレガントなオーラがある人です。行動や言動は控えめですが心の中にはいつも大きな夢や理想を燃やしていることでしょう。

人の言いなりになることを嫌い、自分なりの理想や信念で生きていこうとする、かなり頑固な面もあります。

向上心も高く、現状に満足して落ち着いてしまうようなことは大嫌いだし、人に負けたり追い抜かれたりすることも大嫌いです。

欲望はわりと現実的で、金銭的欲求が強く、ブランド品に憧れがあるタイプです。

■イチゴ

洗練された美的センスがいっぱいの人です。オシャレにも気を使い、自分らしさをいろいろなところに表していこうとします。美的感覚を何よりも大切にし、センスを磨き、人生をできるだけ楽しいものにしようと努力します。

カッコイイことが大事で、ダサイことやカッコ悪いことは死ぬほど嫌いというタイプです。

ロマンチックな夢を追い求め、異性に対しても一目惚れすることが多いでしょう。

■ブドウ

知性に溢れ、美的センスや詩的空想力も豊かで、とても個性的な人です。夢や理想を大切にし、お金のためよりも夢を求めて行動していこうとします。

慎重で忍耐強い人ですが、人づき合いはわりと苦手で、自分の殻に閉じこもりやすいでしょう。そのため、近寄りにくく冷たい印象を与えることもあります。

人を好きになるのにも時間がかかりますが、親しくなるとイメージとはガラリと違った姿になり、献身的だったり、わがままだったりすることがあります。

■梨

慎重で、落ち着いたムードの人です。自分の欲求をコントロールしていく真面目型で、派手な生き方よりも堅実第一で、人づき合いでも控えめで、自分を主張するよりも相手に合わせていきます。しかし、本心は、人とワイワイと騒ぐよりも、誰にも束縛されずにのんびりと1人で過ごしたいと思っています。

芯は意外と強く、趣味に打ち込んで素晴らしい才能を発揮しますが、消極的すぎて、目の前のチャンスを逃してしまうということもあるでしょう。

■パパイヤ

情熱的で、冒険心とスタミナに溢れた個性的な人です。常に新しいものに挑戦していこうとする積極的なタイプで、いつも刺激とスリルを求めています。発想もユニークで、枠にはめられるのは大の苦手です。

お金儲けの才能があり、ギャンブルなどにも興味を示します。

粘り強さが不足しがちで、諦めが早いのが欠点といえます。ただしライバルが現れると、かえってやる気を燃やして頑張ることでしょう。

■柿

やや保守的なタイプです。地味で目立たないが、確実に一歩一歩進んでいくような生き方を選ぶ人です。目先の利益よりも、将来のことを考えてコツコツと努力していくので、専門の知識や技術を身に着けて出世する人が多いでしょう。

金銭的にも無駄遣いをしない堅実型です。

人づき合いでも礼儀正しいので、年上の人からの評判は良いですが、少々頑固で、好き嫌いがはっきりしているところや、明るさや面白味に欠けるところがあるため、友人が偏りやすいかもしれません。

■バナナ

比較的カロリーの高い果物であるバナナを好きな人は、テキパキとして行動力のあるタイプです。バナナの好きな人は、細かなことをあまりクヨクヨ考えない楽天家です。

人づき合いでもとても開放的で、誰にでもフランクに話しかけて、友達になれる社交性があります。

とてもエネルギッシュな人ですから、女性ならややや男勝りかもしれません。

仕事やお金儲けに対しても積極的で非常に大胆な人です。ただ、ときにはわがままな面が出て、周りを手こずらせることもあります。

■桃

寂しがり屋で、一人ぼっちになることは大の苦手です。心優しく、思いやりのある人なので、いつも他人のことを考えていて、人のためなら、少々自分が犠牲になることなど気にしないタイプです。義理や人情をとても大切にします。
いつも感じが良い人ですが、本質的にはかなり勝ち気で、批判的で攻撃的な面があります。矛盾が多いといえますが、イキイキとしたところが魅力的に思われることでしょう。

まとめ

どんなフルーツを選ぶかでその人のタイプがわかります

■ミカン……努力を積み重ねるマイペース人間
■夏ミカン・ハッサク……社交性抜群の人情家
■グレープフルーツ……自分が大好きなロマンチスト
■リンゴ……マナーにうるさい真面目人間
■メロン……ブランドを愛する成り上がり型
■イチゴ……オシャレ最優先タイプ
■ブドウ……知的センス溢れる芸術家
■梨……堅実路線を歩むも消極的タイプ
■パパイヤ……エネルギッシュなギャンブラー
■柿……保守的な職人肌タイプ
■バナナ……男らしさ溢れる楽天家
■桃……みんなから愛されるも寂しがり屋

Q3

お寿司は何を食べるか？

回転寿司から高級寿司まで、寿司は日本の食文化を代表する1つです。どのお寿司が好きか、最初に食べる寿司が何かに注目してみてください。

Answer

■トロ

常識的な判断をし、行動も常識的な人なので、安心してつき合えるタイプです。冒険をしない安全第一主義なので、危ないところがなく、遊ぶにはやや面白味がないかもしれません。既に何年か先までも決まっているような感じがするタイプで、よほどのことがないかぎり、周りの人をハラハラさせるようなことはしないでしょう。

人間関係を何よりも大切にするので、年上の人の受けは良いですし、年下からも好かれるでしょう。

ただし、大トロを好む人は金銭的欲求が強く、常に高級なものを求めていくタイプです。その分、行動力は抜群です。

■エビ

自分でこうしたいと思ったら、他のことは目に入らなくなるタイプです。ときには他人のことを犠牲にしても、自分の欲求を満たしたくなる欲求執着型といえます。

なかなか理想も高い人で、今の自分には満足できず、少しでも自分の理想に近づきたいと頑張る努力家のところがあります。

ただし、その目標に自分の実力が追いつかないため、表面ばかりをとりつくろう、たんなる「見栄っ張り」になる可能性も高いのがこのタイプの特徴です。

特に甘エビを好む人は、人の目を気にしやすいところがあり、人の好き嫌いもはっきりしています。

■ウニ

高級なイメージの強いウニを好むのは、自分の能力に自信のある人です。努力をすれば必ずなしとげられるという信念を持って、問題にぶつかっていきます。

これまであまり大きな挫折を経験したことのない、優等生型です。金銭的にも苦労をしていないかもしれません。そのため、お金にはたいして気を配らず、気前が良いのですが、わりとルーズになります。

お金ではなく、地位や名誉に対する憧れは強く、平凡なことでは満足しないでしょう。

■イカ

外観や見栄など気にせず、思ったことをドンドンと言動に表していくサッパリしたタイプです。クヨクヨと迷い、いつまでもグズグズして決断できないことを何よりも嫌います。また、そんな人をひどく軽蔑するでしょう。

実力がないのにカッコばかりつける人も大嫌いで、そのような人には強烈な皮肉を投げつけるタイプのため、理解者はいるのですが、それと同じくらいに敵も多そうです。

お金に対する関心がかなり強く、何をするにも決断が早いので、結果としてお金儲けも上手く、出世するタイプです。

■玉子焼き

気分に支配されやすくムードに弱い人です。

朝、嫌なことがあると、1日中気分が悪いなどということはいつものことです。好き嫌いが激しく、自分の中に閉じこもりやすい面があるため、わがままとか自分勝手などと非難されることが多いでしょう。

しかし、このタイプにとっては、楽しいことや美しいことが何よりも大切なのであって、善悪は二の次なのです。

持って生まれたセンスは抜群なので、良き理解者に出会えれば、才能を伸ばすことができるでしょう。

■イクラ

なかなか頑固で、少々性格にクセがあるタイプです。才能がありアイデアも豊かで、平凡なことでは満足できず、いろいろな夢や希望を持っています。ですが、それを素直に表現できないヘソ曲がりなところが欠点といえます。

周りの人に自分の能力を見せつけたいという気持ちが強くありますが、上役や権威につい反抗してしまって、相手を怒らせてしまうことが多いでしょう。

異性にも対しても素直になれず、ケンカ別れになることもありますが、本当は純粋で情熱的なタイプです。

■アワビ

性的願望が人一倍強い人です。常にモヤモヤした気持ちになっているといえます。スリルを求める気持ちも強いでしょう。

ですが、本当はスタミナ不足になっているので、何をやっても中途半端になってしまい、満足を得られません。とても風変わりなことに興味を持ち、実行していくタイプです。

■のり巻き

本当に求めているものを表情に表さないタイプです。

いつも周りに自分を合わせ、議論では常に強いものに巻かれてしまうことが多いでしょう。「八方美人」とか「ええかっこしい」とか陰口を叩かれることもあるかもしれませんが、人間関係が円滑にいくようにいつも気を配っているためのものです。ただ、苦労しているわりには報われない人といえます。

このタイプの人を好きになったら、少し苦労しそうです。なかなか本心をつかむことができずにイライラしてしまうかもしれませんが、本当は優しい人なのです。

まとめ

どの寿司ネタを選ぶかによってその人のタイプがわかります

■トロ……極めて常識人間
■エビ……好き嫌いの激しい見栄っ張り
■ウニ……情熱のある絶対的自信家
■イカ……決断力抜群の皮肉屋
■玉子焼き……ムードに弱いお天気屋
■イクラ……ヘソ曲がりなアイデアマン
■アワビ……性的願望の強い変わり者
■のり巻き……本心を見せないが心優しき人

Q4

たい焼きをどこから食べるか？

誰しも一度は食べたことはあるたい焼きですが、その食べ方によってその人の性格が読み取れます。

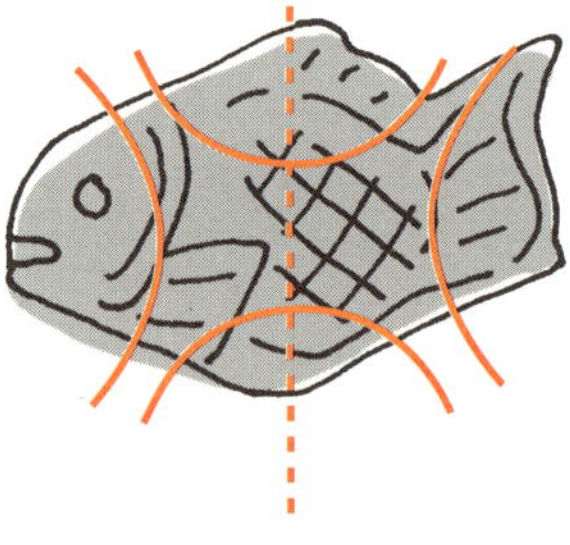

Answer

■頭から食べる人

頭から食べはじめる人は、細かなことは気にしない、大雑把な楽天家です。行動はテキパキと早いのですが、やり方が雑なため、失敗することも多いでしょう。

思いついたことは深く考えずに口に出してしまうので、あとで反省することもしばしばありますが、いつまでも気にすることはありません。立ち直りも早いタイプといえます。

負けず嫌いで強情な面があり、しかも熱しやすく冷めやすいため、周りの人はいつもハラハラドキドキすることが多そうです。

■しっぽから食べる人

しっぽから食べはじめる人は、用心深く慎重派です。神経も細やかで、ささいなところにもよく気を使います。

男女共にオシャレで、ファッションにはお金を惜しまないタイプといえます。

美しいものに憧れロマンチストで、プラトニックな恋の願望を強く持っています。ですが、意外に人の気持ちには鈍感な方なので、異性に好かれていてもそのことに気づかないことが多く、いつも片想いに悩んでしまいがちでしょう。

■おなかから食べる人

おなかから食べはじめる人は、男性的で、何事にも積極的なスポーツマンタイプです。

隠し事は大の苦手で、何でもオープンで、その上世話好きで陽気です。

誰とでも親しくなれることから、周囲からは頼りにされる人気者といえます。特に女性は同性に人気があるタイプです。ただ、頼まれると嫌と言えないために、自分で自分の首を締めてしまい、動きが取れなくなることも多そうです。

■背びれから食べる人

背びれから食べはじめる人は、神経質で甘えん坊です。大勢でワイワイ騒いでいると気疲れしてしまい、１人でゆっくりする方がよいと思うのですが、いざ１人になると人恋しくて、誰かれ構わずに電話やメールをし続けたりします。

感受性が強く、涙もろく感激屋でもあります。体の調子にも敏感な人が多く、「風邪をひいた」「胃がおかしい」「頭が痛い」など、体のことでブツブツ言いやすいタイプです。

■半分に割ってしっぽから食べる人

半分に割った上でしっぽの方から食べはじめる人は、基本的には礼儀正しいタイプですが、用心深く慎重派です。

女性的な印象を与える人が多いでしょう。

目上の人から信頼される優等生タイプが多いのが特徴です。ただし、自分の本心を打ち明ける、腹を割ったつき合いは苦手といえます。

本当はもっと自分の気持ちに素直になりたいとか、思い切ったことをやってみたいという願望はあるのですが、いざとなると勇気がなく、真面目な努力家を演じ続けることが多そうです。

コツコツ貯めることが得意ですから、財テクで才能を発揮する人もいます。

■半分に割って頭から食べる人

半分に割った上で頭の方から食べはじめる人は、行動力がある上、一度こうと決めたら最後までやり通す強い意志を持っているタイプです。いわゆる、男性的な人が多いでしょう。

自分に自信を持ち、あまり迷ったりしないので、とても頼りになるタイプといえます。

何でもテキパキこなせるしっかりした人が多いですが、やや口やかましくて、周囲からはうんざりさせられることもあります。

金銭的にはケチな方です。

まとめ

たい焼きをどのように食べるかによってその人のタイプがわかります

■頭から食べる人…大雑把な楽天家

■しっぽから食べる人…用心深い慎重派

■おなかから食べる人…ウソの下手なスポーツマンタイプ

■背びれから食べる人…神経質で甘えん坊

■半分に割ってしっぽから食べる人…女性的なタイプ

■半分に割って頭から食べる人…男性的なタイプ

Q5

お酒は何を飲むか？

どんなお酒を飲むかによって
その男性のタイプが見えてきます。
【男性用】

Answer

■水割り

順応性の高い常識人間です。周りの意見をよく取り入れますが、常に上役に認められたいという願望があり、出世欲はかなり強いでしょう。

女性に対しても優しい振る舞いができるタイプです。

■ロック

自分の気持ちを上手く言葉や態度で表すことのできないタイプです。周囲の考えや反応を気にしやすく、人の意見に左右されやすいでしょう。自分の感情を押し殺してエリートコースを歩むのがこのタイプの特徴です。

■ストレート

男性的で冒険心に溢れたタイプです。型にはまったことを嫌い、力の強いものや権力者への反発心を秘めています。創造力と独創力が高く、正義感の持ち主です。

女性には見かけは冷たい態度を取りますが本心は優しい人が多いです。

■日本酒

基本的に保守的な人間です。社交的で世話好きのお人好しな面がありますが、これは常に相手のことが気になるからです。おだてに乗りやすく頼まれると断れないことが多いでしょう。

年下や部下には親しまれますが、上司からはなかなかその能力が認められないことが多そうです。何かトラブルが発生した際には素晴らしい能力を発揮することでしょう。

自分を認めてくれた人や自分を買ってくれた人には献身的に尽くすタイプです。女性には特に親切で相談には親身になり協力してくれます。

■ワイン

かなり個性的でブランド志向が強いタイプです。現実離れした大きな夢を抱いており、転職や引越しなど変化を多くする人です。同性異性問わずに交友関係の広い、友達の多いタイプです。

■カクテル

辛口のカクテルならば、男らしく自分の才能を信じているタイプです。責任感もあり、自分の限界というものを知っている人です。反対に、甘口のカクテルならば、どちらかというと女性的な印象を与えるタイプです。

■ビール

自分の気持ちや態度を素直に相手に表すことができる人です。特に黒ビールを好む人はスタミナや強さ、男らしさへの憧れがある人です。

まとめ

お酒別タイプ
水割り…常識人間
ロック…自分を表現できないタイプ
ストレート…冒険心溢れた男らしい男
日本酒…おだてに弱いお人好し
ワイン…ブランド好きな個性派
カクテル…辛口は男性的、甘口は女性的
ビール…フランクで開放的タイプ

Q6

お店ではどの席に座るか？

食事やお茶をするだけではなく、仕事の打合せから友達とのおしゃべりなどさまざまな目的でカフェやレストランを私達は使っています。お店の広さや形態にもよりますが、お店のどの位置の席に座るかでその人の傾向が見えてきます。

Answer

■お店の隅・壁の近く

みんなとワイワイと騒ぐのが苦手で自分とごく親しい人とだけ交際をしたいと考えているタイプです。コツコツと自分一人で進める仕事が得意な人が多いでしょう。

■入り口の近く

物事にあまりこだわらずさっぱりとしたタイプです。明るく楽天的で愚痴をこぼすこともあまりありません。過去よりも未来に視線があるため、あまり反省はしませんし、同じミスを繰り返すことが多いかもしれません。

■窓際

どんな環境に対応できる順応性が抜群に高いタイプです。１つのことに集中することは苦手で、いろいろなことを経験し、達成することで自分をさらに磨き上げていくことでしょう。

■お店の中央

　創造力に富み、アイデア豊富なタイプです。普通の人が思いもつかないようなユニークな発想をすることが多いでしょう。仕事でもプライベートでもひらめきを何よりも大切にします。何をやるにも自分の思い通りに強引に進めようとする面があります。

■入り口から最も遠いところ

　枠にはめられるのが大嫌いなタイプです。自由でのびのびと動ける環境で才能を発揮できる人が多いでしょう。自分の考えや才能に対して頑固なところがありますから、組織では浮きやすいタイプでもあります。周囲から1人浮いてしまうことが多いですが、それを気にする様子はありません。平凡なことを嫌い、常に刺激を求める傾向があります。

まとめ

お店でどの位置に座るかによってその人のタイプがわかります

■お店の隅・壁の近く……1人の時間と空間を大切にするタイプ

■入り口の近く……反省しない楽天家

■窓際……どんなことにも対応できる器用タイプ

■お店の中央……創造力豊かなアイデアマン

■入り口から最も遠いところ……空気を読まない自由人

しぐさ　相手の心を読む

Q7

信号の待ち方は？

信号待ちをしている人を見てください、どんなふうに待っているかでその人の性格が見えてきます。

Answer

■足を道路に踏み出して待っている

なかなかに行動的な人です。思いついたことはすぐに実行に移さないと気がすまないタイプです。そして何かを目指すと、もうそのことしか頭になく、後のことはスッカリ忘れてしまうことが多いでしょう。

電車やバスの中に傘を忘れることが多いのがこのタイプの特徴です。

人づき合いがよく面白い人といえます。

■靴を鳴らしながら待っている

典型的な神経質なタイプです。静かで普段はあまり目立たちませんが、心の奥にはシャープな批判力を秘めています。

感覚が鋭く、自分とフィーリングが合うか合わないかを、一瞬のうちに感じ取ってしまいます。好き嫌いがはっきりしていて、人づき合いではややわがままが目立ちそうです。

なかなか芸術的なセンスが豊かなので、絵や歌の上手い人も多いでしょう。

■上を向いて待っている

常に落ち着いており、ちょっとやそっとのことでは、慌てたり、とり乱したりはしません。

常識的で本当は心優しい人ですが、誇り高く、自分のマイナスの面を他人に見せることができないため、周囲からは、やや変人で冷たいように思われがちです。つき合う人は少ないかもしれませんが、深い友情を築ける人です。

このタイプの人は数字に強く、理数系の能力が優れている人が多いのが特徴です。

■下を向いて待っている

とても素直な人です。何事も素直に受け入れて、人を疑ったり、人の言葉の裏の意味を探ったりなどしないタイプといえます。

心から人を信じ、愛することができる力がある人です。

やや消極的で、自分から物事を積極的にやることは苦手で、人に指示されないとなかなか行動に移れない面があります。そのため、人の言いなりになりやすいお人好しでもあります。しかし、素直な心とこの人の笑顔は、人づき合いでのトラブルを和らげてくれることでしょう。

■信号をじっと見ながら待っている

このタイプの人は、大変用心深く、危険なことはしませんので大きな失敗はしないでしょう。

とてもクールな人で、物事を合理的に考える傾向が強く、義理とか人情に動かされず、すべてを理論で割り切っていこうとします。

そのため、人づき合いがギクシャクすることがありますが、本人はそのようなことはあまり気にしないことでしょう。

いつも理路整然とした意見を述べるので、頼りにされることも多いが、「人の気持ちのわからぬ人だ」と敬遠されることもありがちです。

まとめ

信号の待ち方でその人のタイプがわかります

足を道路に踏み出して待っている……置き忘れが多いタイプ
靴を鳴らしながら待っている……批判精神の高い神経質屋
上を向いて待っている……常に落ち着いた常識的人間
下を向いて待っている……疑うことを知らないピュアな人
信号をじっと見ながら待っている……用心深い合理主義者

COLUMN.2

“カバラ数秘術で見る相性診断”

386ページで紹介している「カバラ数秘術」は自分を知るだけでなく、あなたが気になる相手との相性もわかることができます。あなたの運命数と相手の運命数を見比べて相性を判断してみてください。

運命数「1」のあなたと相性の良い相手は……運命数「2」と「6」の人
運命数「2」のあなたと相性の良い相手は……運命数「2」と「4」と「6」の人
運命数「3」のあなたと相性の良い相手は……運命数「1」と「5」と「8」の人
運命数「4」のあなたと相性の良い相手は……運命数「4」と「7」と「9」の人
運命数「5」のあなたと相性の良い相手は……運命数「5」の人
運命数「6」のあなたと相性の良い相手は……運命数「2」と「3」と「5」と「6」の人
運命数「7」のあなたと相性の良い相手は……運命数「4」と「7」と「9」の人
運命数「8」のあなたと相性の良い相手は……運命数「2」と「4」と「7」と「9」の人
運命数「9」のあなたと相性の良い相手は……運命数「2」と「4」と「7」と「9」の人
運命数「11」のあなたと相性の良い相手は……運命数「2」と「4」と「6」と「11」の人
運命数「22」のあなたと相性の良い相手は……運命数「2」と「6」の人

しぐさ 相手の心を読む

Q8

手はどのように組んでいる？

席に座っての会話中、自然とテーブルの上で手を組む人は多いかと思います。特に自分が意識していないこの行動にも、その人の傾向が出ています。

Answer

■右手の親指が上になる

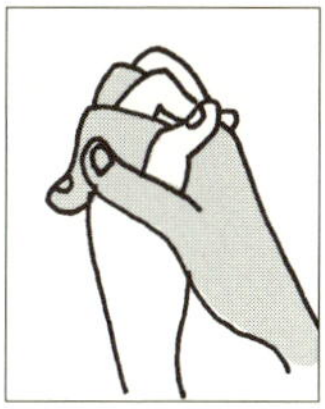

右手の親指が上にくる人は直観力よりも理論的・理性的判断を重んじるタイプです。奇をてらったことではなく、あくまでもオーソドックスな思考と行動を取る人が多いでしょう。

■左手の親指が上になる

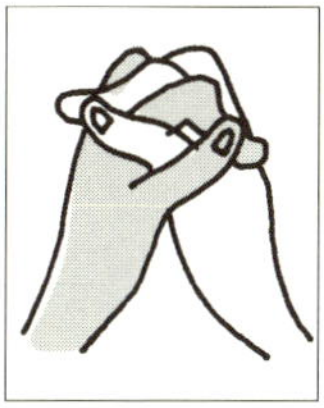

左手の親指が上にくる人は、ひらめきと直観に冴えているタイプです。本能ともいえるような思い切った行動を突然始めて、周囲を驚かせることでしょう。また、平凡なことでは満足できずに、常に個性的な考えを持つことが多く、一発逆転のギャンブルを狙うこともしばしばあります。

まとめ

手を組んだ時、どちらの指が上になるかでその人のタイプがわかります

右手の親指が上になる……常識や理論を重んじる正統派

左手の親指が上になる……本能的勘が冴え渡るギャンブラー

Q6

「の」の字を
チェック

筆跡にはその人の性格が表れているといわれていますが、「の」の字にはその傾向がよく出ています。

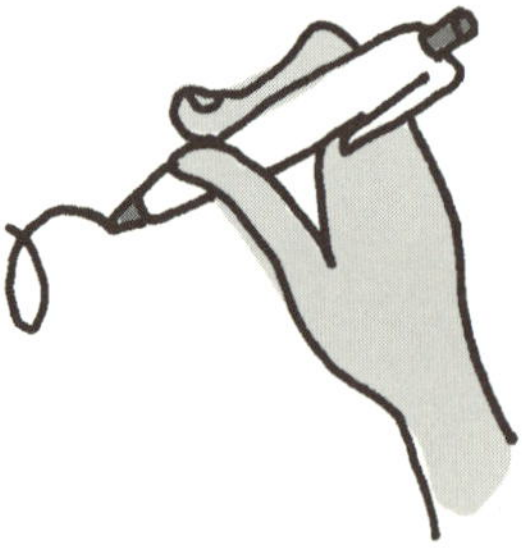

Answer

■他の文字にくらべ小さな「の」

何事にも控えめなタイプです。初対面の人やよく知らぬ人と話をするのは苦手で緊張しやすいでしょう。ましてや大勢の人の前で話すのは大嫌いです。

口数も少ないのであまり友達は多くはありませんが、心から理解し合える親友に恵まれることもあります。

忍耐強く愚痴をこぼすこともほとんどありません。

特に丁寧な「の」を書く人は、すべてにおいてきちんとしておきたいと思うタイプといえます。

■他の文字と同じくらいか大きめの「の」

エネルギッシュで、何事にも積極的にチャレンジしていくタイプです。行動力もあり、目立ちたがり屋なので、組織の中ではリーダー的存在になれる人でしょう。

負けず嫌いで、ライバルが現れると、かえって燃え上がります。

わがままで自分中心の面があり、ずぼらで熱しやすく冷めやすいため、味方も多いのですが、ひどく嫌う人も多いでしょう。

仕事でも家庭でも、パートナー次第で成功か不成功かが決まるのがこのタイプの特徴です。

■右上が変形または強調された「の」

夢や理想を追い求めるロマンチストです。ただし、夢や理想を思い描くことは好きなのですが、その夢や理想は現実性に乏しいものが多いかもしれません。

また、細かな配慮や注意力に欠け、その上、いまいち実行力に欠けるところがあるので、たんなる夢に終わりがちです。それでもいつも夢を大切にし、特に恋愛では、「恋に恋する」タイプといえます。

■左下が変形または強調された「の」

性格が内向的で、積極性に欠けることが多いタイプです。人づき合いよりも、自分の世界の方を大切にします。

自分の気持ちや考えを人に気軽に示すことは苦手で、それだけに困難にぶつかると、1人でクヨクヨと悩んでしまいがちです。

じっくり時間をかけてつき合うと、良さが見えてくる人といえます。

また、急にこのような字を書くようになったのなら、落ち込み、スランプ状態の時だといえます。

■終わりを長くのばした「の」

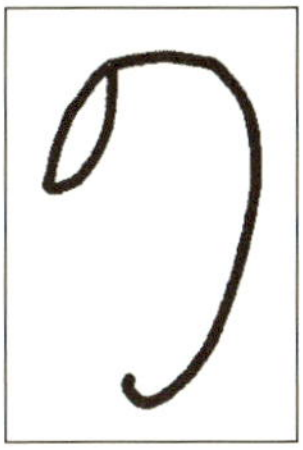

個性的で、明るくイキイキとした魅力の持ち主です。
社交的で、友人も多い方でしょう。

ファッションの流行などにも敏感で、常に自分を「美しい、素晴らしい人」と見せることに気を配っています。ですが、過剰な自慢や目立ちたがるために、反対に嫌われることも多そうです。

そのくせ案外鈍感で、あまり気にしないところがあります。

まとめ

「の」の字でその人のタイプがわかります

■他の文字にくらべ小さな「の」……典型的な人見知りタイプ
■他の文字と同じくらいか大きめの「の」……情熱的な組織のリーダー型
■右上が変形または強調された「の」……恋に恋するロマンチスト
■左下が変形または強調された「の」……内向的で落ち込みやすいタイプ
■終わりを長くのばした「の」……美的センスの高い個性派

Q10

数字の「0」の書き方は？

打合せのメモや手帳への記入、伝票など、数字の「0」は数多くの場面で出てきます。あまりにも簡単な「0」だからこそ、その人の特徴がよく表れているのです。

Answer

■「0」の終わりに隙間ができる

気持ちの優しい思いやりのあるタイプです。ただし、何が何でも最後までやり遂げようというような粘り強さはないでしょう。諦めが早く、熱しやすく冷めやすいのです。

■「0」の終わりがぴったり合っている

コツコツと真面目に物事を進めるタイプです。何をやっても対応できる能力は素晴らしいものがあります。仕事でも交友関係でも新しいことに対しての興味もあり、また、それを自分のものとすることができる人です。

■「0」の終わりが重なってはみ出している

常にソワソワと落ち着かず慌てることが多いタイプです。つまらないことでついカッとなって腹を立てることが多いかもしれません。

まとめ

「0」の書き方はどうなっているかでその人のタイプがわかります
「0」の終わりに隙間ができる……思いやりはあるが熱しやすく冷めやすい
「0」の終わりがぴったり合っている……抜群の順応力でコンディションも最高
「0」の終わりが重なってはみ出している……落ち着きがなく怒りっぽい

COLUMN.3

日本人の好きな数字は？

日本人が無意識のうちに選びやすい数字は何だと思いますか？　例えば、「4（死《し》）」や「9（苦《く》）」は避ける人が多そうだ、とか、「8」は末広がりで人気かもしれないということは想像できるかもしれません。

心理学者の実験によると、次のような傾向があるようです。

①3つの数字の中から1つを選ぶ場合、真ん中の数字が選ばれやすい

②4つの数字の中から1つを選ぶ場合、最後の1つ前の数字が選ばれやすい

また、それぞれの数字の選ばれる比率は次のようなものです。

日本人が好きな数

数	パーセント
1	9.2
2	5.1
3	12.4
4	2.9
5	14.4
6	4.6
7	17.9
8	29.9
9	2.6
0	1.0

第3章

占　い

～心の内を読む～

Q1

顔の形は？

第一印象で最もわかりやすいのが顔の形です。顔にはその人の適性や性格などが表されています。

細長い顔　四角形の顔　卵型の顔　丸顔

逆三角形の顔　ゴツゴツした顔　ホームベース型の顔

Answer

■丸顔

基本的に明るく、気さくに話す人なので、誰とでもすぐに打ち解けることができるタイプです。ただし、少々わがままな面があります。

人に頼まれると断れない優しい性格なので、何かお願い事があれば相談してみると親身になって乗ってくれるはずです。

問題解決のための実行力があるかどうかは未知数ですが、まずは引き受けてくれるはずです。

■卵型の顔

このタイプは冷静で何が起きてもあまり動じることがありません。いざという時に頼りになる人です。ただし、デリケートな面があるため、ちょっとした言葉遣いや態度などで相手を傷つけないよう気をつけた方がよいでしょう。

基本的には何事に対しても真面目で、ルールやマナー、一度決めた約束事をきっちりと最後まで守るケジメのある人です。

■四角形の顔

このタイプの人は、正義感がとても強く、細かい物事にこだわらない親分肌が多いでしょう。指導力はありますが、ややワンマンタイプで、自分の意見を相手に押し通す強引な面があります。そのため、周りと衝突することも多いでしょう。自分から謝ることはなさそうです。

人から頼られるのがもともと好きなので、相談事を持ちかけると親身になって手を貸してくれるのがこのタイプの特徴です。

■細長い顔

周りに対して細やかな配慮のできるタイプです。頭が良く、興味があることや目標のための勉強は惜しみません。

人当たりも良いので、一見つき合いやすいように見えますが、本心をあまり明かさない人なので、心から打ち解けるには時間がかかるでしょう。

■ホームベース型の顔

人の好き嫌いがあまりない社交家タイプです。活発的で優しい心の持ち主ですから、多くの人から好かれます。ただし、周りに気を使いすぎてかえって疲れてしまうことも多いでしょう。

男性の場合は1人の女性を愛し続ける一途な人ですが、女性の場合は男遊びの激しい人といえます。

■ゴツゴツした顔

頑固で見栄っ張りなタイプです。何でもこなせる多芸多才な面を持っており、興味を持ったジャンルで人並み以上に活躍できるでしょう。

政治家や芸能人などにこのタイプが多いといえます。

自分本位の気難しい面はありますが、おだてに弱く自分を褒めてくれたり、自分を認めてくれたりする人には心を開きます。

■逆三角形の顔

几帳面1つの物事に真剣に取り組む職人肌タイプです。やや神経質な面がありますが、直観が冴えており、人が思いつかないようなことをひらめく天才なので、研究者として活躍できるでしょう。口下手でややとっつきにくく見えますが、根は優しく情熱的な人です。

COLUMN.4

”血液型別の趣味“

A型は実益型

A型の場合、趣味であっても自分の生活に役立つものを選びます。例えば、パンやお菓子作り、料理に茶道、華道、DIYなどです。趣味が衣食住に結びつくことで喜びを感じるのです。他にもガーデニングなどもよいでしょう。また、A型はある一定期間、勉強して技術を身に着け、マスターしていくというコースに関心を持ちますので、たとえ素人趣味のものであってもお金が絡むと並々ならぬ意欲を燃やします。

O型は創作型

O型の場合、手先の器用さとセンスの良さ、独創性を発揮できる趣味を選びます。さらに、時間をかけてコツコツと努力をすれば出来上がるというものが理想的です。例えば、フラワーアレンジメントや編み物、刺繍、彫刻や焼き物などです。その他では英会話やコーラス、音楽関係の趣味もよいでしょう。

B型はスポーツ型

B型の場合、スポーツの趣味がぴったりです。それも2人で組んでできるスポーツがよいでしょう。また、ただたんなるスポーツではなく、ダイエットのためとか、心のトレーニングになるヨガや空手、合気道といったものにも挑戦してみるとよいでしょう。B型は、スポーツ以外でも、人があまりやらないような変わったものに関心を示す人も多いでしょう。普通の人がそれほど興味を持たないことに取り組むことでかえってあなたの個性が際立つからです。その意味では、スポーツ以外にも占いやチェス、手品などがよいかもしれません。

AB型は知的型

AB型の場合、頭を使うものや美的センスを生かせるものに喜びを感じます。普段はあまり考えもつかないようなことや、一見、実生活とはつながりがないように見えて、実は、知的好奇心を満足させてくれるものが理想的です。例えば、語学勉強や短歌・俳句の勉強などです。資格勉強もよいでしょう。

Q2

額の形は？

額を見ることその人の能力がわかるといわれています。人相学では、髪の生え際から眉の下までを横に三等分して、上部は論理的能力、中部は記憶力と感情、下部は直観力を表すとしています。

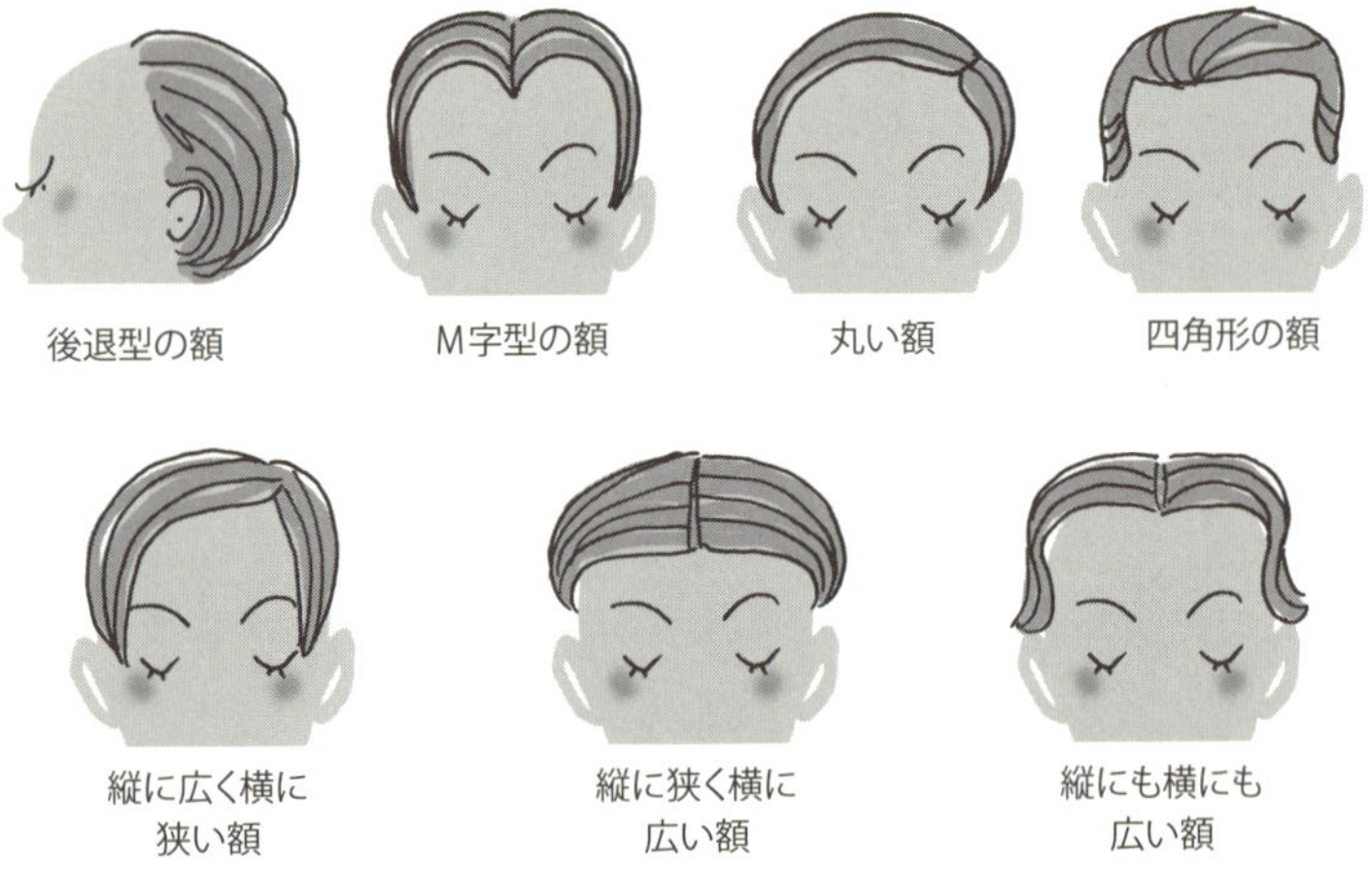
後退型の額
M字型の額
丸い額
四角形の額
縦に広く横に狭い額
縦に狭く横に広い額
縦にも横にも広い額

Answer

■四角形の額

論理的で、頭の回転が速いタイプです。決断力と行動力に富み、要領よくテキパキと仕事をこなすので、周りの人から一目置かれる存在です。

状況を的確に判断し、適切な行動を取ることができるので、マルチタスクもできますし、作業のスピードも速いでしょう。

ただし、能力が高い分、プライドも高く、自分を必要以上に大きく見せたがる面があります。

■丸い額

人当たりの良い、優しいタイプです。ただし、やや優柔不断で自分の考えをはっきりさせない面があります。

自主的に行動するより、受け身的になりがちで、他人からの指示に従うタイプといえます。

保守的で競争を嫌うところがあるので、成績を競い合う仕事や全く新しいベンチャー系の仕事にはあまり向きません。

弱気で頼りない面もありますが、穏やかな人柄は周りを癒しますので、組織内では重宝される存在といえます。

■Ｍ字型の額

このタイプの人は非常に理想が高く、考え方が現実離れしてしまいがちなのが特徴です。その上、こだわりが強く、妥協をしませんから、結果として理想と現実のギャップに悩み苦しむことも多いでしょう。

一般の人とは異なる独特の感性を持っているため、普通の会社員はあまり向かないでしょう。

自分の個性と感性を発揮できる作家やデザイナー、イラストレーターなどならば活躍できるでしょう。

■後退型の額

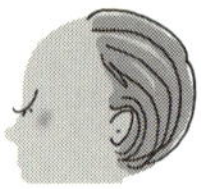

野性的で豪快な性格で、細かいことは気にしません。媚びを売ったり、お世辞を言ったり、空気を読んだりすることが苦手なので、営業には向かないでしょう。ただし、仕事へのこだわりは強く、頑固で妥協を許さない職人気質です。

手先が器用なので、職人や料理人、芸術家などの職業で才能を発揮できるでしょう。

■縦にも横にも広い額

物事を冷静に判断できる知性的なタイプです。その一方で、自分が好きなことや興味のあることには、夢中で取り組む情熱的な面も持ち合わせています。

リーダーシップ力もあるので、組織やグループの上の立場にいくほど能力を発揮できるでしょう。

このタイプの人は、他人が成し得ないような偉業を成し遂げる可能性を秘めているのが特徴です。

■縦に狭く横に広い額

頭が良く、弁が立つタイプです。自分の能力に絶対の自信を持っており、ディベートに無類の強さを誇ります。度胸も満点です。ストレートにものを言うため敵も多いのですが、心からわかり合える友人や慕ってくれる味方も多いでしょう。

このタイプの人は、学者や弁護士、検事などに向いているといえます。

■縦に広く横に狭い額

１人で思索することを好むマイペースなタイプです。誰か他の人とチームを組むよりも、単独で作業をこなす方が向いています。

やや不器用で口下手なところがあるので、自分や何かを売り込んだり、人と接したりする機会の多い仕事は苦手といえます。

本来はとても心優しい人なのですが、それをあまり上手に表現することができないため、周囲から誤解されることも多いでしょう。

COLUMN.5

”人差し指と薬指の長さで性格を見る方法“

指の長さを見るだけでもその人の性格を判断することができます。まず、指をいっぱいに伸ばします。その状態で薬指と人差し指の長さを見比べてください。

人差し指が薬指より短い

平均的なタイプです。周囲とのよけいな摩擦を起こすことはありません。

人差し指が薬指より長い

行動力があり、負けず嫌いのリーダーシップタイプです。

人差し指と薬指が同じ

好き嫌いのはっきりしたタイプ。自分の本心は表に出さず、嫉妬心が強い人です。

薬指がぐんと長い

美的センスの高い空想家。ただし意志が弱く他人の言いなりになりやすいでしょう。

Q3

あごの形は？

あごはその人の指導力や意志力を表す場所です。あごを見ることでその人の仕事処理能力や金運がわかります。

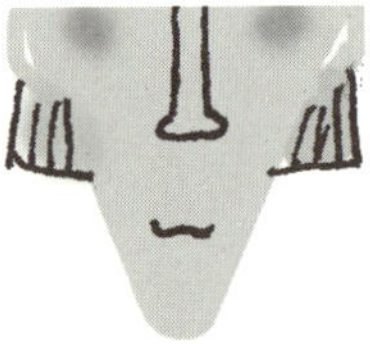

細くシャープなあご

四角形のあご

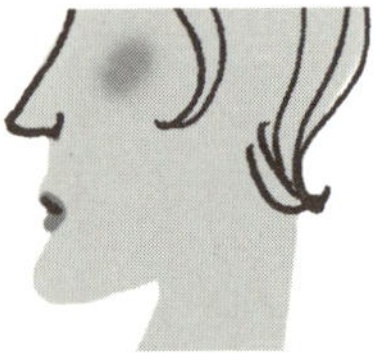

しゃくれたあご

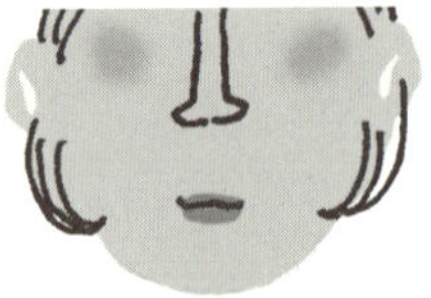

丸いあご

Answer

■四角形のあご

意志が強く、判断力に長けた典型的なリーダータイプです。仕事はできるのですが、人に対してやや冷たい面があります。

情熱を注ぎ込めるものがあると、精一杯の努力を積み重ね、成果を生み出すことができるでしょう。もちろん、その結果により収入もついてきます。

■細くシャープなあご

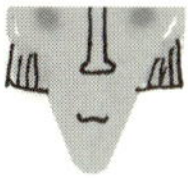

芸術的センスや人と違った発想力を持つタイプです。このタイプの人は、デザイナーやイラストレーターなど、それを生かせる仕事に就けば、活躍できます。

ただし、デリケートな心の持ち主なので、嫌なことがあるとそれに耐えきれず、すぐに転職することがあるかもしれません。

金運はその仕事をどれくらい長くやれるかにかかってきます。

■丸いあご

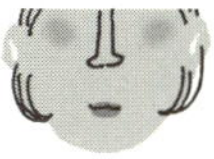

このタイプの人は、喜怒哀楽がはっきりとしていて、かつ、感情の波が激しいものがあります。

基本的にはお人好しです。真面目に働き、お金を浪費することもありませんが、人を疑うことを知らないため、詐欺に遭いやすいのが欠点です。

■しゃくれたあご

外見のイメージと違って、温和でおとなしいタイプです。人に献身的に尽くし、そのための出費を惜しみません。特に、好きになった異性には貢いでしまいがちなので、利用されないように気をつけましょう。

Q4 耳の高さは？

耳が顔全体のどの位置にあるのかによってその人の親切心やお金の使い方がわかります。大まかな感覚で構いませんので、耳たぶのラインと鼻下のラインをよく見てください。

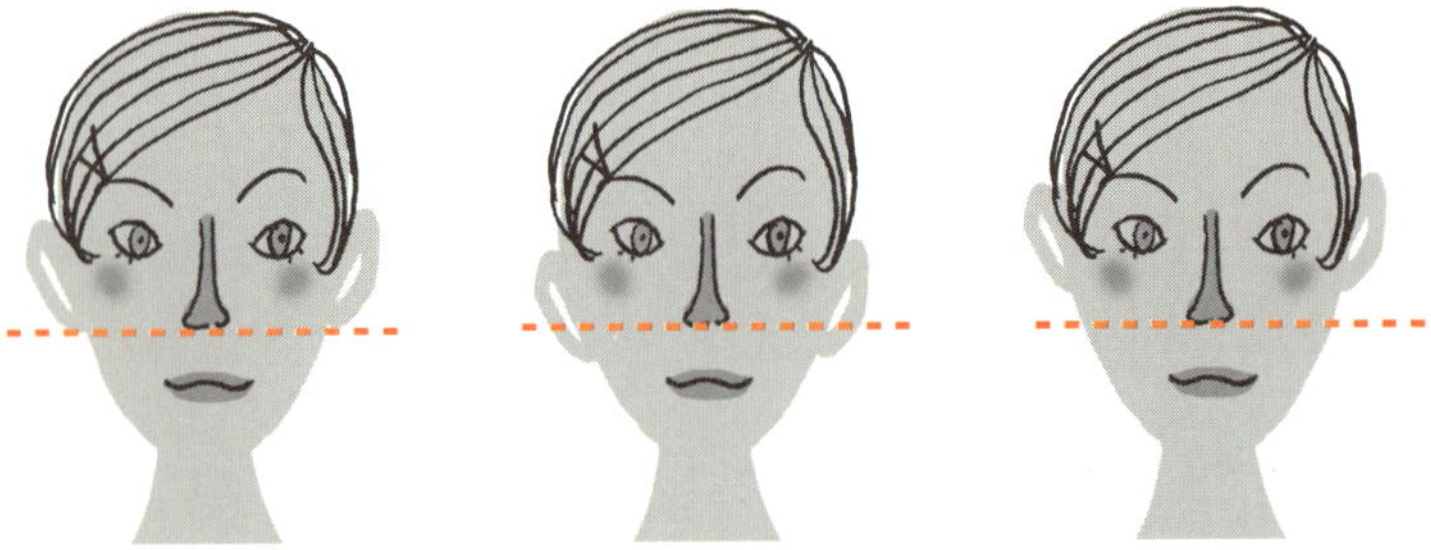

耳たぶと鼻下のラインが同じ

耳たぶの方が鼻下のラインよりも下にある

鼻下の方が耳たぶのラインよりも下にある

Answer

■鼻下の方が耳たぶのラインよりも下にある

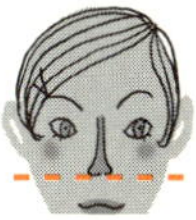

男性の場合は、口下手でおとなしいタイプです。大勢でいるより、１人でいることを好むでしょう。また、繊細で細かいことを気にするので、少々つき合いづらいかもしれません。ただし、美的センスが高く、芸術を愛する人なので、趣味やセンスが合うなどすれば一気に打ち解けることができます。

女性は、浪費家ですがお金がなくてもそれなりに生活を楽しめる人です。おおらかで楽観的なので、話しかけやすいでしょう。

■耳たぶの方が鼻下のラインよりも下にある

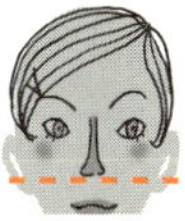

部下や後輩の面倒見が良く、頼りがいのあるタイプです。一見すると、とっつきにくいよう見えますが、実はとても親切で困っている人を放っておけない心優しい人です。このタイプが上司なら、気を使って遠回しな表現をするよりも、はっきりと明確に物事を伝えた方が、関係が良くなります。

■耳たぶと鼻下のラインが同じ

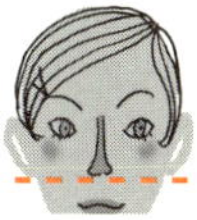

男女共にバランスの良い性格です。明るく思いやりがあるので、悩み事の相談にも親身になって乗ってくれるでしょう。

お金の使い方にも節度があり、無駄な浪費をせず地道にコツコツと貯金をすることができます。

仕事でも家庭でも良きパートナーとして安心して一緒にいられる人です。

人相 心の内を読む

Q5

どんな目をしている？

「目は口ほどにものを言う」といいますが、目は形や大きさだけではなく、黒目と白目の割合などでもその人の性格や能力が見えてきます。

標準の目

大きい目

小さい目

上三白眼

下三白眼

四白眼

Answer

■小さい目

（目の横幅が顔の横幅の４分の１より小さい）

体力はあまりありませんが、精神的な粘りや心の強さを持っているので、それが生かされれば人並み以上の成果を出すことができでしょう。

営業などで外へ出て動き回るよりも、オフィスの中で集中して続ける作業をしている方が向いています。

また、直観型なので分析力や緻密さを必要とする仕事よりも、発想力を生かせる仕事の方が能力を発揮するでしょう。職業ではデザイナーや建築家、エンジニアなどに多いといえます。

性格は優しく他人に対する思いやりがあるので、周りの人から好かれるタイプといえます。

■大きい目

（目の横幅が顔の横幅の４分の１よりも大きい）

このタイプの人は、頭の回転がとても速く、ビジネスマンとして高い能力があります。特に理想的なのは、黒目の大きい人です。

穏和で明るく、協調性があるので、誰とでも上手くつき合えるでしょう。自然と目立つ存在なので、他者への影響力も強いといえます。

■標準の目

（目の横幅が顔の横幅の４分の１とちょうど同じ）

心身共にバランスの良いタイプです。ずば抜けた才能や突出した能力を持っているわけではありませんが、真面目にコツコツと努力を重ね、能力を磨いていくでしょう。結果的に、自分よりも能力があると思われる人よりも良い成績を残し、成功することも少なくないで

しょう。

また、思わぬ幸運に恵まれることもあるので、際立った才能がなくても努力と運の強さでチャンスをつかみ、のし上がっていけるでしょう。

性格的には自分には厳しいが、他人には優しい人です。

■四白眼《よんぱくがん》

（極端に黒目が小さく左右上下に白目がある）

自分から心をオープンにすることがなく、常に孤独を感じているタイプです。協調性に乏しく、人から敬遠されたり、誤解されたりすることが多いでしょう。
また、頑固で人に言われたことを素直に聞かないところがあるので、周りと衝突することもありそうです。

■三白眼《さんぱくがん》

（黒目が上か下に偏っていて三方に白目がある）

冷たい印象を与えがちですが、特に女性の場合は、自然と男性を惑わす不思議な魅力を持っています。映画スターや女優にはよく見られるタイプです。

COLUMN.6

”こんなタイプは何型？“

①電車で熟睡してしまうのは？

B型……電車で熟睡しやすい典型的タイプです。人によっては吊革にぶら下がっているだけでも寝てしまうかもしれません。自分の睡眠欲に正直なタイプだからです。

A型……目をつぶっていることが多いでしょうが、本当は寝ていません。ちょっとでも神経を休めようとしているのです。

O型……おおらかなタイプですが寝ることはないでしょう。

AB型……睡眠不足が苦手ですが、うたたねすることはあっても熟睡はしません。

②借金や保証人を頼まれたら嫌と言えないのは？

B型……「お願いします」と相手に泣きつかれたら嫌と断ることができないタイプです。さらに、それで失敗をしたとしても、また同じことを繰り返します。

O型……損得勘定の高いタイプですが、親分肌の気質をくすぐられると意外とあっさりＯＫを出すことがあります。

A型……典型的な理性派ですから基本的には首を縦に振ることはないでしょう。ところが、意外と詐欺に引っ掛かりやすいのがA型です。これは自分がその気になればあとは何も考えないからです。

AB型……自分のテリトリーを守るのが最優先のタイプですから、堅く断るでしょう。

Q6

どんな鼻をしている？

鼻はその人の知的レベルや行動力、判断力・指導力、性的能力などを表しているといわれています。鼻の大きさ・長さ・形で判断してみてください。

標準の鼻

細い鼻

太い鼻

Answer

■太い鼻
（両目の内側のラインから鼻がはみ出している）

外向的な性格で、行動力があるタイプです。営業や宣伝・広告など外を動き回って人と接する仕事が向いています。

野心が強く、精力的に仕事に取り組むので、チャンスをつかみ取る可能性が高いでしょう。

豪快で細かいことは気にしないため、金遣いは荒いのですが、その分、お金を稼ぐ才能があるので、収入は他の人より多いでしょう。

体力面でも申し分なく、将来有望な人材といえます。

■細い鼻
（両目の内側のラインよりも内側に鼻が収まる）

男性の場合でも、やや女性的で細やかな気配りができるタイプです。周りが気づかない点にも気がつく、気配り・目配りができて察しの良い人といえます。

数字を扱う仕事や細かい配慮が必要となるサービス関係の仕事に向いているでしょう。しかし、実行力と決断力に欠けるため、才能はあってもせっかくのチャンスを逃してしまうこともあるかもしれません。

■標準の鼻
（両目の内側のラインと鼻が同じ幅）

心身共にバランスが良く、健康的なタイプです。また、気さくで人当たりが良いので、誰とでも上手くやっていけるでしょう。

このタイプの人は、部下や仲間を率いるよりは、誰かのサポートに回ることの方が得意です。また、与えられた仕事を忠実にこなすので、有能な部下として重宝されることでしょう。

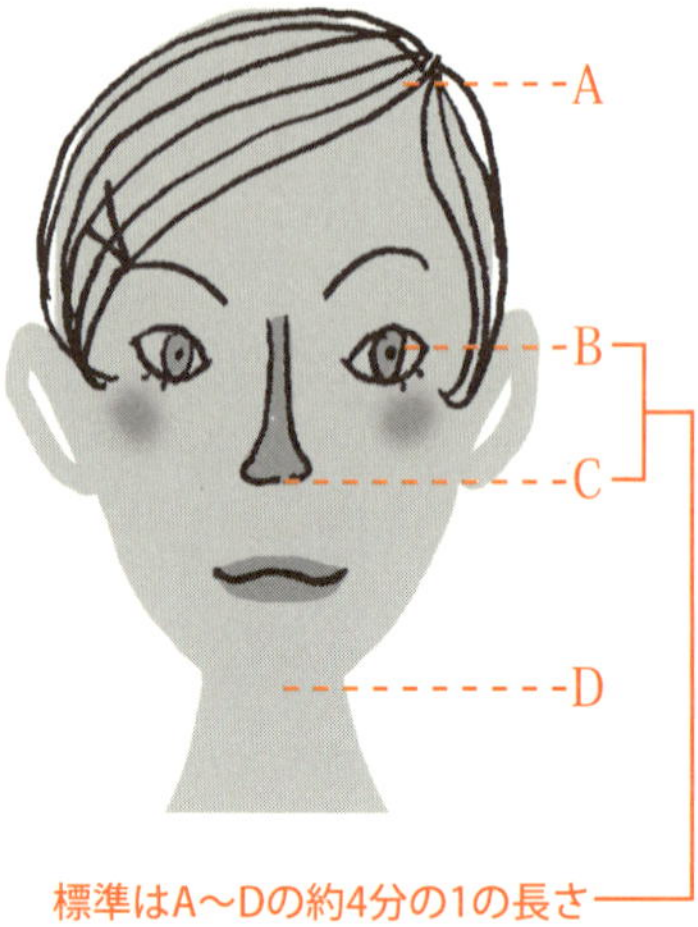

■短い鼻

（顔の長さの4分の1よりも短い）

このタイプの人は、知的能力がとりわけ高いというわけではありませんが、頭の回転が速く、決断力と実行力を兼ね備えており、思い立ったらすぐに行動します。

恋愛面でも押しの一手で相手のハートをつかむことでしょう。男性なら、女性をしっかりリードする頼もしさがあります。また細かいことを気にしない、さっぱりした性格なので、誰からも愛されやすく異性からの人気も高いといえます。

ただし、恋をすると相手に一直線になり、周りが見えなくなることが多いのが特徴といえます。

■長い鼻

（顔の長さの4分の1よりも長い）

このタイプでさらに額の広い人は、非常に理性的で美的センスがあります。興味のあることにのめり込み、研究に没頭しますが、その分、恋愛面が疎かになるおそれがあります。

反対に、額が狭く鼻が長い場合は、男女共に話の上手い、周りの人を楽しませるタイプです。また、相手の心をつかむテクニックを生まれながらに持っている人ですから、異性を惹きつけて、モテるタイプといえます。セックスのテクニックも抜群に上手いでしょう。

■ギリシア鼻

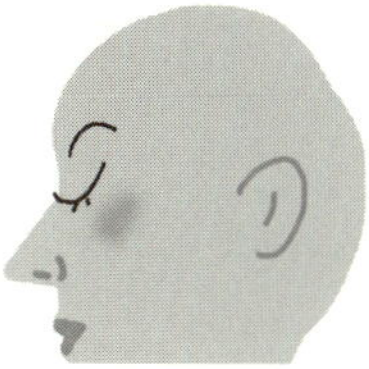

基本的に自尊心が高く、プライドも高いタイプです。

恋愛面でも理想が高く、相手の容姿や職業、経済力や社会的地位などにこだわりがちです。

また、美しいものを好むので、ファッションや美容面にお金をつぎ込むことが多いでしょう。

■低く小さい鼻

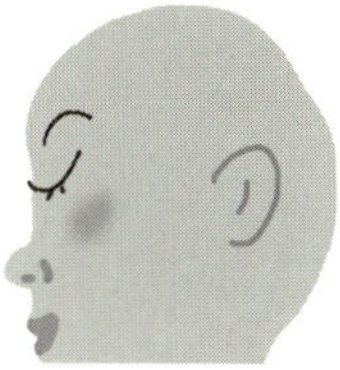

本能のままに生活をしてしまう典型的な遊び人タイプです。怠惰な暮らしを送りがちです。特に目標もなく努力をする勤勉さが薄いので仕事では苦労することでしょう。

セックスにもルーズな面があり、性欲に任せて遊んでしまいがちです。

ただし、このタイプの人は愛嬌があり憎めない性格をしているので、面倒見の良い人からは構ってもらえるでしょう。良きパートナーを得ることで運気が上がるタイプです。

■直線型

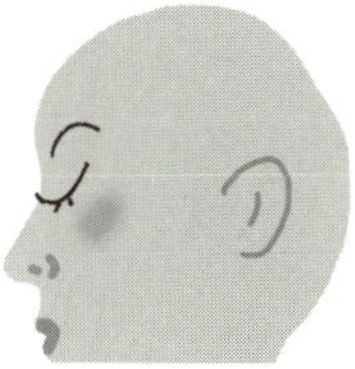

男女共に異性にモテるタイプです。頭の回転が速く、仕事ができるので特に男性の場合は女性に頼られることが多いでしょう。

ただし、少し神経質な面があり、細かいことに気を使いすぎる傾向があります。

性的なスタミナはあまりありませんので、そのことを相手は不満に感じることがあるかもしれません。

■くぼみ型の鼻

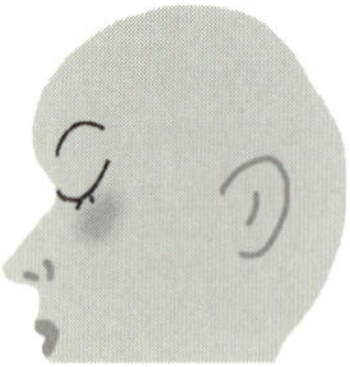

このタイプの人は、実際の年齢よりも若く見られることが多いでしょう。女性はセックスに対して非常にオープンな性格で、求められると誰にでも応じてしまう面があります。そのため、恋人に不安を感じさせてしまいます。ただし、子宝に恵まれるタイプです。

一方、男性は恋愛に対して受け身です。甘えたがりで、年上の女性を好む傾向があります。セックスも女性に主導権を握られたがります。

■かぎ鼻

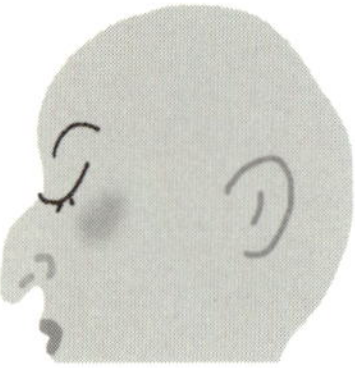

情熱的で、恋愛に生きるタイプです。意中の相手に、ストレートに思いをぶつけ、どんな障害にも屈しないことでしょう。男性は、狙いを定めた相手を確実に落とす才能を持っています。

また、男女共にセックス好きでスタミナもあります。

このタイプの人は、常に恋愛をしていた方が、生活全体が充実して仕事も頑張れます。

■段鼻

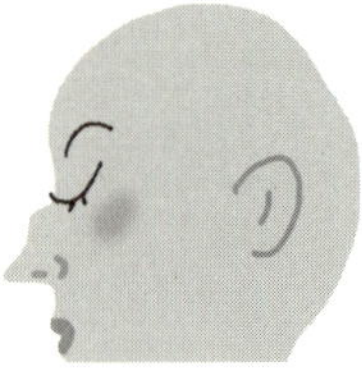

頑固で勝ち気なタイプです。ささいなことでパートナーとしばしばケンカすることが多いでしょう。しかし、行動的で仕事はバリバリこなす頼もしい面もあります。このタイプの人は、働くことによって長所が際立ち、イキイキと過ごせるでしょう。

特に女性は仕事と家庭を両立できる人なので、結婚しても外に出て働いた方がよいでしょう。また、たとえ最初の結婚が上手くいかなくても、2度目の結婚で幸せをつかむことができます。

COLUMN . 7

"血液型と愛犬家"

A型の愛犬家の場合

安全ですぐ馴染む犬を選ぶでしょう。たとえ雑種でも性格のおとなしい犬を好みます。セント・バーナードや秋田犬といった犬に心を惹かれます。また、たくさん犬を飼うより、一匹の犬と心の通ったつき合いを大切にします。

O型の愛犬家の場合

その犬を見ただけで「きっとこんな飼い主だろう」と周りの人にすぐわかってしまうことが多いものです。細かく気を使うタイプですから、犬に対しても上手くトリミングしてあり、自分の子どものように愛情をたっぷりと注ぐからです。

B型の愛犬家の場合

思い切った行動や変化を好みますから、ありきたりの小型のものは選びません。一般に大きな犬で、しかもシェパードとかグレートハウンドといった力強さがある犬を好みやすいでしょう。普通の人には怖いような犬に興味を持つこともあります。猟犬を好み、その犬と共に動き回ることを好みます。つまりB型にとっては、犬はペットというより、仲間とか、競争相手のように感じているのです。

AB型の愛犬家の場合

多くの人が興味を持つ犬種ではなく、あくまでもユニークな犬種に惹かれます。珍しい犬種というよりも、「自分が好きかどうか」で判断します。そのため、雑種を愛する人もいれば、ドーベルマンのようなたくましい犬に関心を寄せる人もいるでしょう。いずれにしても、第一印象の直観で決めることが多いといえます。

Q7

どんな唇や口をしている？

唇はその人の色気を感じさせる部分ですが、人相学では上唇は知的な面と性的願望をコントロールする力を表し、下唇は性欲の強さを表すといわれています。また、歯並びはその人の印象を強く左右する箇所だとされています。

Answer

■上唇も下唇も厚い

女性の場合は、色気はありますが、精力旺盛で欲情をコントロールすることができないので、異性関係のトラブルを招きやすいタイプです。

男性の場合は、健康的でスタミナ抜群です。粘り強く、仕事をバリバリこなす一方、セックスにも精力的です。女遊びも激しいですが、それが元気の源となっており、他のことも充実するタイプといえます。

■下唇が上唇の1・5倍の暑さ

男女共に感情のコントロールができるので、イライラすることがあってもめったに怒らないし、卑屈になることもないでしょう。

知的でさわやかな雰囲気があり、その人柄で男女問わず人から慕われるでしょう。セックスに対しても節度があり、比較的真面目なタイプです。

理性的に物事を考えられるので、危険な恋愛に走ったり、恋をして周りが見えなくなったりすることはありません。

■下唇が上唇の2倍の厚さ

明るく清潔感があるので、異性からの人気も高いタイプです。しかし、10代の頃は何事にも不器用で、恋愛面でも上手くいかないことが多いでしょう。20代後半からは魅力や能力が増してきて、恋愛だけでなく仕事でも実力を発揮できるようになります。

結婚も30歳以降に決めた方が、幸せをつかめる可能性が高いです。

女性の場合もモテますが、その分、悪い男にも引っかかりやすいのが特徴です。

■下唇が上唇の3倍の厚さ

このタイプの女性は、どちらかというとセックスにルーズです。早熟で、10代から異性関係でトラブルを抱える可能性があります。出会ったばかりの人でも、気が合えばつい体を委ねてしまう傾向があります。

男性の場合は飽きっぽい性格の持ち主なので、仕事も恋人もコロコロと変わることが多いでしょう。ただ、明るく気さくな人柄で、女性には紳士的なので、不思議と憎まれません。

■上唇が厚く下唇が薄い

このタイプの女性は母性本能が強く、ダメな男性ほど放っておけず献身的に支えようとします。結婚すれば、良き妻、良き母となって家庭を支えてくれるでしょう。

家の中でもよく働きますが、外に出てボランティアをするなど、人のために自分の時間と労力を捧げることをいとわないでしょう。

男性の場合は、やや意志が弱く、問題が起こると何事もすぐに諦めてしまうことが多いです。また、自分を律することができないので、女性や遊びに溺れてしまいがちでしょう。

■歯並びが整っている

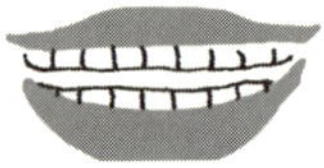

心身共にバランスが良く、健康的な人です。家庭環境に恵まれ、子どもの頃から親の愛情をたっぷり受けて育ったためか、明るくて優しい性格の持ち主です。また、どんな困難にも負けない強さがあるので、人から慕われるでしょう。

■八重歯

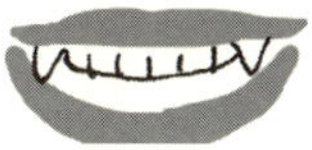

男女共に、子どもの頃から周囲の人にかわいがられるタイプです。愛嬌があり、特に年上の人からの受けが良いでしょう。ただ、30代以降になると、この面が弱まっていきます。苦労知らずなところがあるので、壁にぶつかると弱いのがこのタイプの特徴です。

■口の両端が上がっている

女性的で柔和な印象を与えるタイプです。人の傷みをわかってあげられる人なので、周りから好かれるでしょう。特に男性はまめで繊細な心配りができるので、女性の心を惹きつけます。また、営業職としては理想的なタイプです。

■口の両端が下がっている

やや近寄りがたい印象を与えますが、指導力があるので多くの人が従うでしょう。異性に対しては素直に自分の気持ちを言えないところがあります。

Q8

ホクロはあるか？

その人の印象を左右するものにホクロがあります。ホクロは顔のどの位置にあるかによってその意味するところが変わってきます。特に目立つホクロからその人を読み解いてみてください。

Answer

■額のホクロ

支配欲や権力欲が強く、集団の中にいると必ずトップに立とうとするタイプです。実際にカリスマ性があるので、指導的立場になりやすいでしょう。

女性の場合も活発で、結婚しても家の外で動き回る傾向があります。

■あごにホクロ

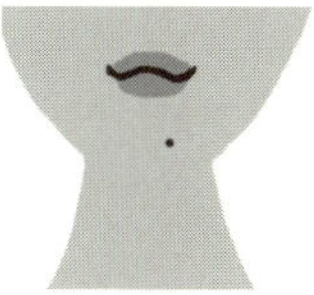

非常に強い金運の持ち主です。若くして思いがけないチャンスをつかむでしょう。ただ、その成功があまりに大きすぎると、敵が多くなり、後々苦労することになります。

強いリーダーシップ力を持っているので、上の立場にいるほど、能力を発揮します。

■右頬のホクロ

女性の場合は、男性を惹きつける不思議な魅力を持っています。特に頬の中心からえくぼの出る辺りにある人は美人が多く、男性からモテます。

男性の場合は、繊細で優しいタイプですが、40代からたくましさが増し、男性的な魅力が高まってくることでしょう。

■左頬のホクロ

女性の場合は、勝ち気で男勝りなタイプです。結婚しても家にいることはなく、外に出て仕事や趣味に没頭することでしょう。特に、この場所に3つ以上のホクロがある人は恋人や夫よりも働くキャリアウーマンです。

男性の場合は、頼れるリーダータイプです。非常に面倒見が良く、どんな悩みでも受け止めてくれますから、男性・女性を問わずに人気があります。恋人や妻、子ども、家庭をしっかりと守ろうとする男らしさがあります。

■鼻周辺のホクロ

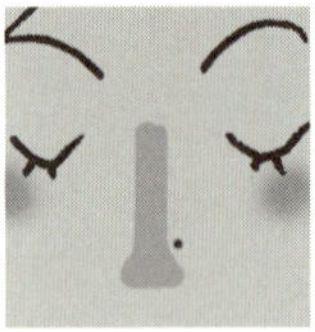

女性の場合は、非常に性欲が強く、男性が疲弊しきってしまうほどセックスの欲求が強いでしょう。何事にも積極的で、年下の男性をリードしたがりますが、やや浮気性です。

男性の場合は、飽きっぽいせいか、仕事も住居も1カ所にとどまることができず、転々としてしまいがちです。

■眉の中のホクロ

男性の場合は、とても野心的で、常に上を目指して新しいことに挑戦していくタイプです。また、亭主関白型で指図されることを嫌がり、奥ゆかしい女性を求める傾向があります。仕事はできますから、家庭を支える経済力はあるといえます。

女性の場合は、子宝に恵まれる上、夫の家族とも仲良くやっていけるので、幸せな家庭を築けるでしょう。典型的な良き妻、良き母タイプです。

■耳のホクロ

ここにホクロがある人は「富と名声を約束する」と言われ、幸運を意味しています。頭の回転が速く、お金を稼ぐ才能があり

ます。

リーダーシップを発揮し、部下や同僚からも慕われるでしょう。出世も早く、ビジネスで大成功しますが、やや独善的で傲慢な面があります。

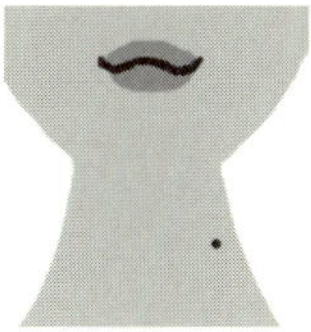

■首のホクロ

幸運を意味するホクロで、これがある人は、衣食住に不自由しないとされています。

仕事で稼ぐというよりは、宝くじやギャンブルなど、ラッキーなお金に恵まれるでしょう。

また、女性は男性を惹きつける魅力を持っており、資金的な援助をしてくれる男性が現れる可能性もあります。いわゆる「玉の輿《こし》」も夢ではありません。

COLUMN.8

“ヒゲでタイプ判断”

ヒゲはその男性を印象づける要因の1つですが、ヒゲにもその人の個性がにじみ出ています。また、ヒゲを生やすことでその人の運勢も変わってきます。

八の字ヒゲ

知性や男性らしさを強調したいという願望があるタイプです。自分の考えを相手に強く伝えたいという時には最適です。教育者や宗教家に多く見られます。

不精ヒゲ

力強さとスタミナを表しています。秘めた闘志を出したいという時に最適です。

あごと口全体を覆うヒゲ

自分の本心をカモフラージュしたいという願望があるタイプです。顔に自信のない人には最適です。

Q1

手の形は？

手は「第2の脳」と呼ばれるぐらい、その人の能力や思考などパーソナリティーを表しています。

手の筋（＝線）を読み取る前に、まずは相手の手の形に注目してみましょう。手の形は生まれつき持っている体質や気質を教えてくれます。

Answer

■肉厚でたくましい手

（手の平が大きく肉厚。指も太く、手全体が丸みを帯びていてずんぐりとした印象の手）

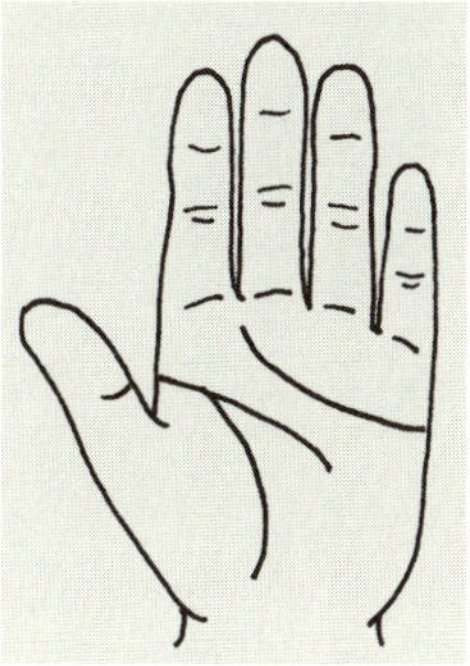

健康に恵まれていて、スタミナがあるエネルギッシュなタイプです。どんなに疲れていても、十分な栄養と休養を取れば、翌日には元気を取り戻すことができるタイプで、いわゆる男らしく頼もしい人です。働き者の典型といえます。

性格はおおらかで、細かいことをあまり気にしません。楽天家ですが、粘り強く下積みの仕事でもやり遂げる努力家の面もありますから、着実に評価を高めていくことができるでしょう。ただし、おおらかすぎて無神経な人と思われることがあります。

■平面的でたくましい手

（手全体が四角張っている。厚みはあまりなく平べったい印象の手）

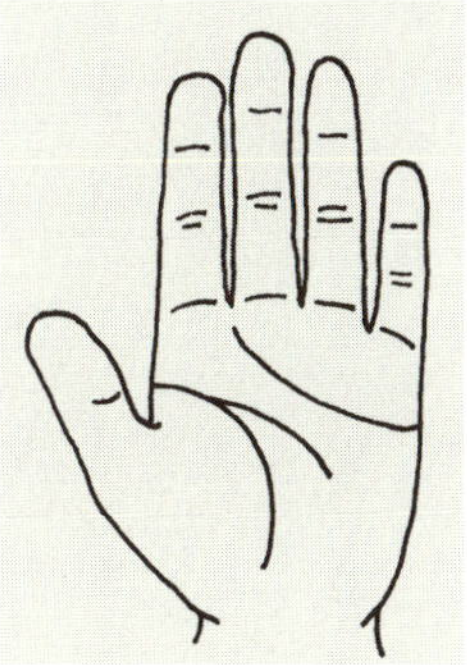

努力型の頑張り屋です。自分がやると決めたことには徹底的に取り組むファイトの持ち主です。

普通の人がやらないようなことでも、率先してやり遂げるガッツがあります。

仕事好きで、人の倍も働くので、上司や目上の人からの評価も高く、職場では重宝されるでしょう。ただし、人の気持ちを酌み取ることや「空気を読む」ことは苦手です。そのため、誤解されることがあるかもしれません。

■指の関節が目立つ手

（手の平が縦に長く、指も長め。指にはあまり肉がなく、指の関節がくっきりと見える。指と指をくっつけても隙間ができ、手の平が薄くゴツゴツした印象の手）

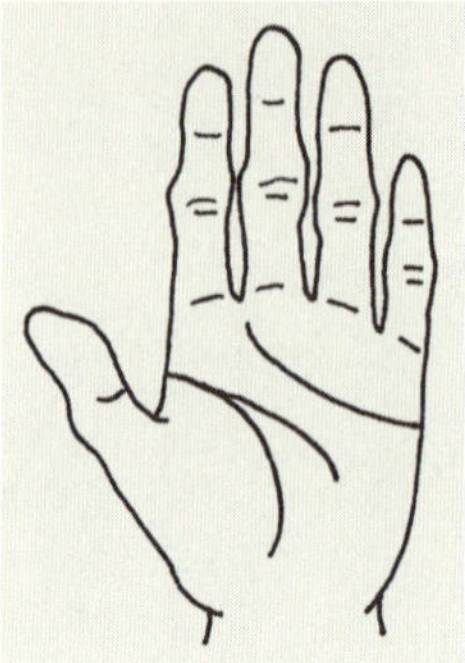

基本的にはスタミナや頑健な身体には恵まれていないかもしれませんが、弱そうに見えて、実はそうそう病気はしないタイプです。精神的な強さがこのタイプの特徴です。

知識欲が旺盛で、自分の専門の分野のことになると、粘り強さを発揮します。経済的な満足よりも、まず知識欲を満足させることに生きがいを感じる傾向があります。そのため、肉体労働よりも頭脳労働に向いているタイプです。一度気を許した相手には、誠実さを示しますが、人の好き嫌いが激しく、頑固で自分の心を開かない面があります。

■ふっくらとした手

（丸みがあり全体的にふっくらとしている。指が長く、指先がやや細くなっていて、反り返っている。柔らかく弾力のある手）

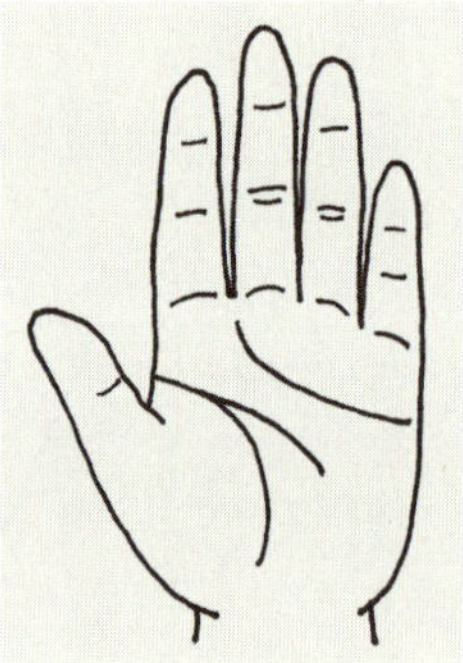

とても社交性の高いタイプです。温和で、自分の主張を人に押しつけようとせず、相手に合わせるのが上手です。ただ、どこかに子どもっぽい面があり、おしゃべり好きです。

創造力が豊かで、芸術的なセンスを持つ人も多いでしょう。その反面、根気のいる仕事や、神経を使う作業は苦手です。

自分の人生設計をあまり深く考えないところがあり、理性よりも感覚を重視する、いわゆる感覚派といえます。食べることや楽しいことが好きで、享楽的な人生を送ることが多いようです。

■小さくて繊細な手

（手全体が小さく、指は先に行くほどに細くなる円錐形。しなやかで柔らかい皮膚を持ち、指の関節もあまり目立たない。繊細で美しい印象の手）

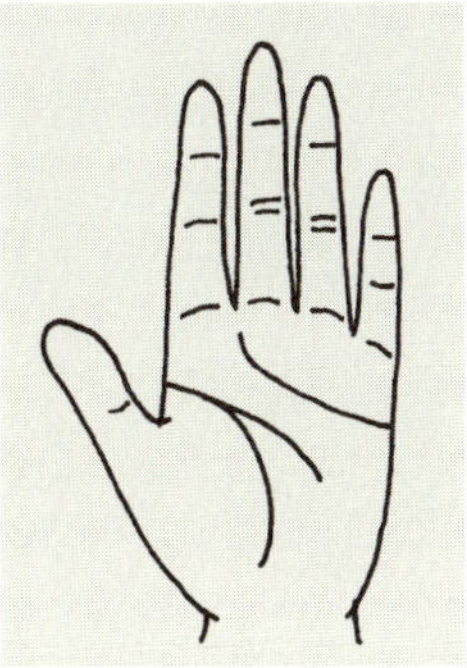

スタミナ不足なタイプですから、活動的ではありません。優しい心と他人に対する思いやりがあり、とても奉仕的です。ただし、人よりかは細かい神経の持ち主でもあります。

美的なものへの憧れはかなり強く、口には表しませんが、直観力とインスピレーションがあり、ひらめきの鋭い人といえます。

世渡りがあまり上手ではなく、人が好すぎたり、夢や理想を求めすぎたりするので、お金儲けとは無縁でしょう。

■貴族的な手

（「小さくて繊細な手」をさらにほっそりと長くした手。指がかなり長く先が細い。手全体も縦長で厚みもない手）

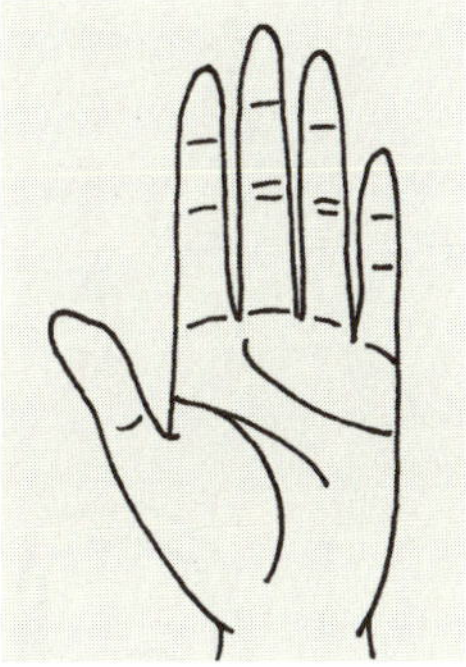

このタイプの手は、呼吸器系統が弱いとか、疲れやすい体質を表していることが多いでしょう。子ども時代に病弱であることが多いかもしれません。ただし、成人してからは体質もガラリと変わってくることでしょう。

「小さくて繊細な手」の人とよく似た性質を持っていますが、それ以上に繊細です。ロマンチストで、美しいものへの憧れも強く、貴族的な印象を与えることでしょう。ただし、あまりに繊細すぎるため厳しい生活に耐えるような根性に欠けています。性格も内向的で傷つきやすいところがあります。

手相　心の内を読む

Q2

爪の形は？

爪でもその人の基本的な性格を読み取ることができます。爪の形で判断する場合には、爪が切り揃っているという形をイメージして判断してください。

Answer

■四角い爪

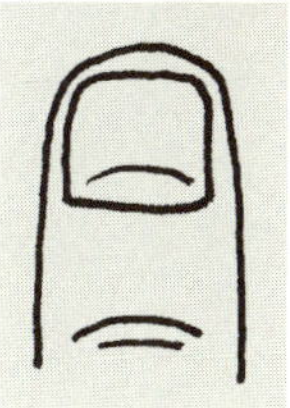

忍耐強さと執念深さを合わせ持つ人です。敵に回すと怖いタイプといえます。

■アーチ型の爪

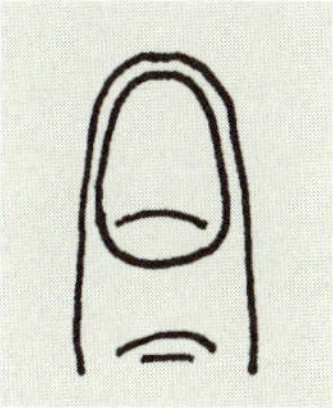

闘争心を表に出さない、平和で温厚なタイプです。ただし、プライドが高いのでそれを傷つけられたとしたら、全く違う態度となるでしょう。

■長方形の爪

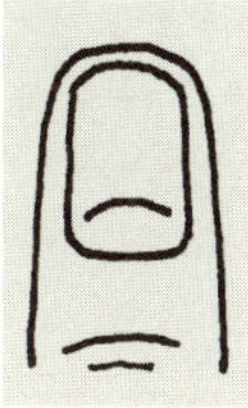

落ち着いた性格の持ち主です。真面目できちんとしていますが、やや潔癖すぎる面があります。

■アーモンド型の爪

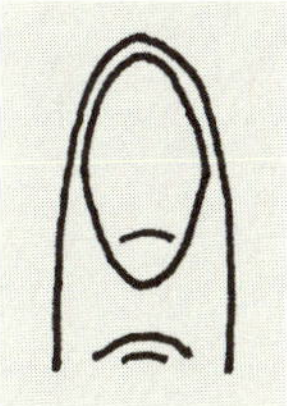

素直で誠実なタイプです。誰に対しても礼儀を忘れませんが、ときにカッとなることがあります。

■剣型の爪

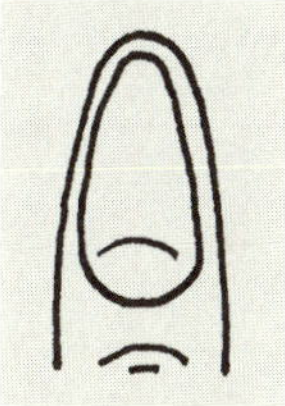

自分が決めたことは何が何でも貫き通す頑固なタイプです。

■幅の広い爪

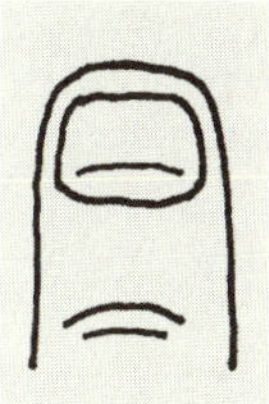

あまりクヨクヨとしないあっさりとした性格ですが、熱しやすく冷めやすい面があります。

Q3

どんな手相になっているか？

「手相」は、手の平に記された多くの筋（＝線）が、どこにどのようにあるかを見て、さらには線が作り出したマークはあるか、手の平の各部分の膨らみ（手相学では「丘」と呼びます）などを総合的に判断するものです。

ただし、手相をちゃんと読み解くにはかなり勉強をしなければいけません。そこで、初めての人にとっても手軽に、かつ、わかりやすくその人の傾向を読み取る方法として、「浅野式48パターン」を紹介します。これは、手相の3大線ともいえる、①「生命線」、②「頭脳線」、③「感情線」がどのようになっているかを分類し、パターン分けしたものです。この48パターンにどんな人でも当てはまります。

なお、どちらの手で見るかということについては、両手を組んだ時に親指が下になった方の手を見るようにしてください。

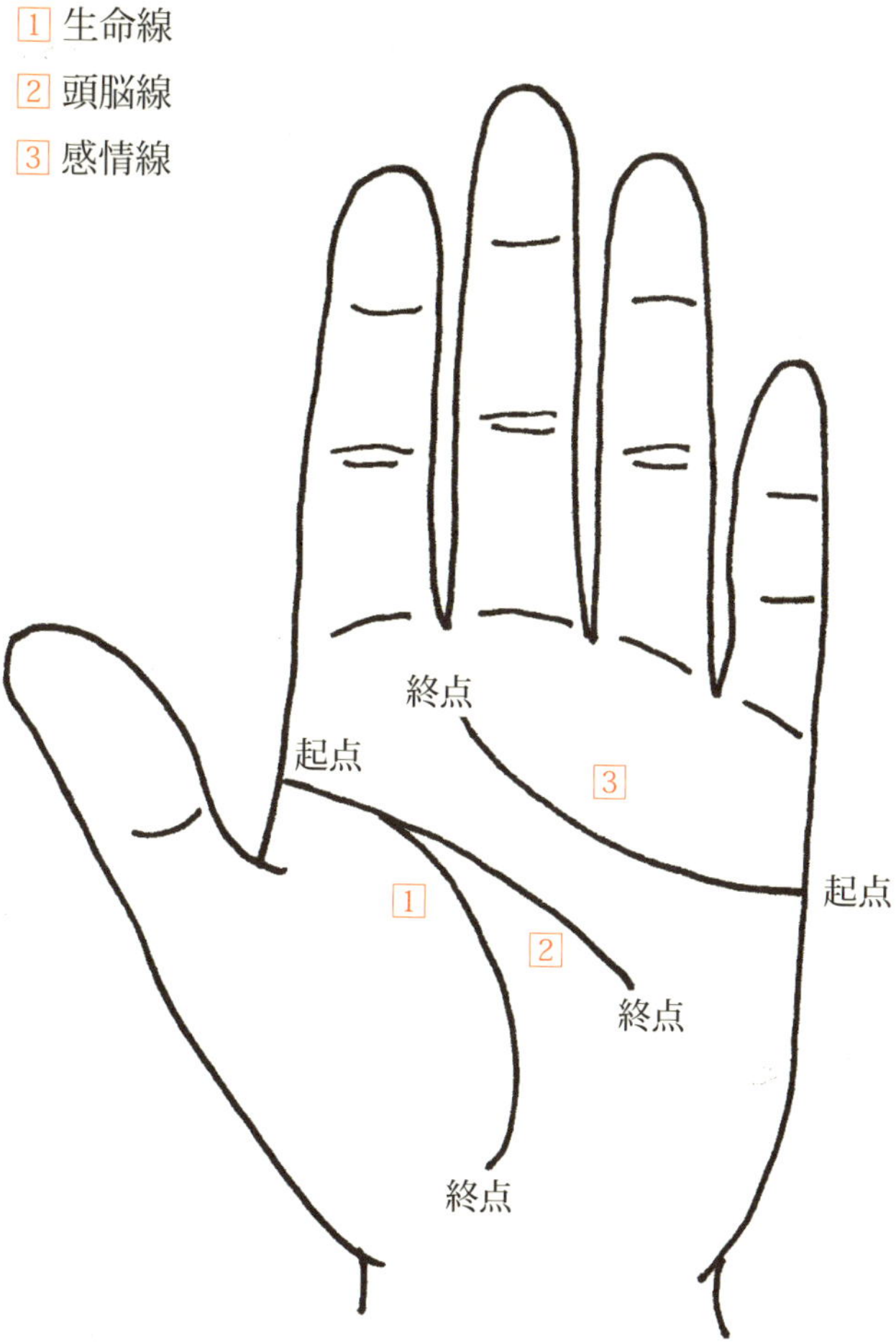

チェックポイント

① 生命線と頭脳線の起点はどうなっているか。
② 頭脳線の終わりはどこか。
③ 感情線の終わりはどこか。

Answer

パターン1

①生命線と頭脳線の起点が同じで、②頭脳線の終点が手の平の外側の感情線の先端から手首までを2等分した位置の下にあり、③感情線の終点が人差し指の付け根で終わる

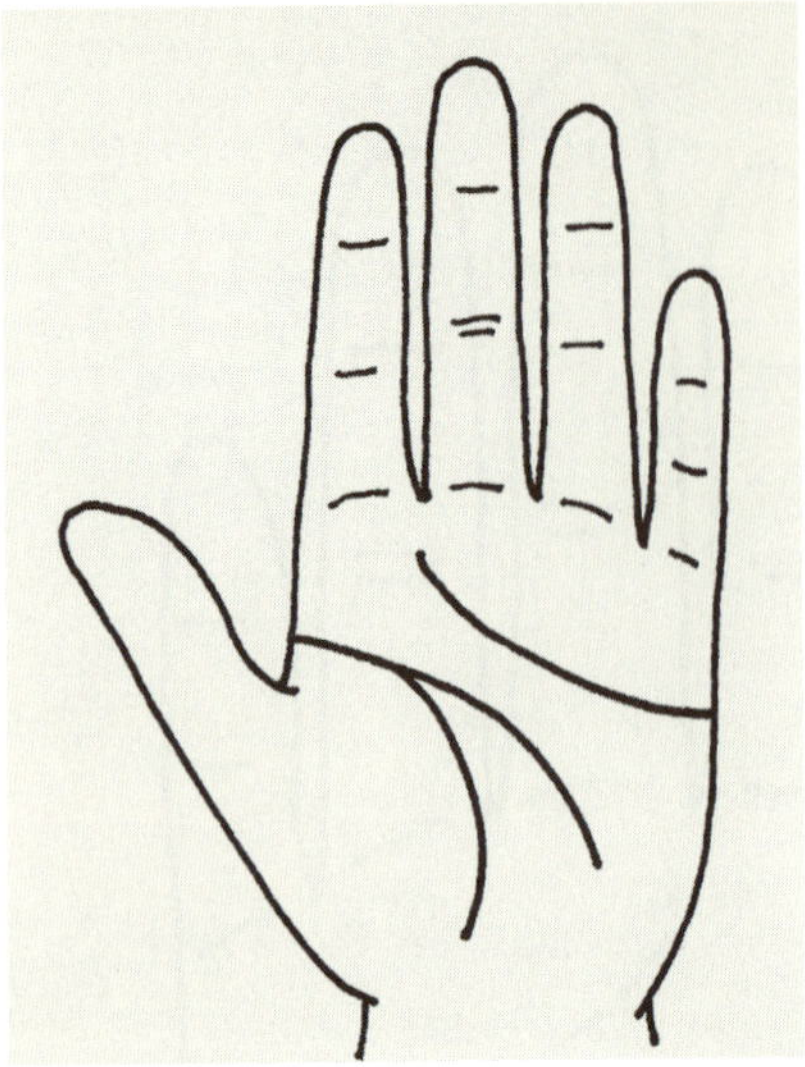

誠実で控えめな思いやりあるタイプ

【性格・ライフスタイル】

控えめで、誠実で穏やかなタイプです。特に年上の人から好かれるでしょう。ロマンチストで直観力も優れていますが、基本的には内気でナイーブです。小さなことを気にしすぎるところがあります。神秘的な雰囲気もありますが、好きな相手には献身的に尽くすけなげな面もあります。

【才能・適職】

文学的な才能があり、特に表現力に優れています。企画やマスコミ関係の仕事に就くと、その才能を発揮できるでしょう。表現力を生かし、タレントとして脚光を浴びる可能性もあります。

パターン2

①生命線と頭脳線の起点が同じで、②頭脳線の終点が手の平の外側の感情線の先端から手首までを2等分した位置の下にあり、③感情線の終点が人差し指の付け根まで届いていない

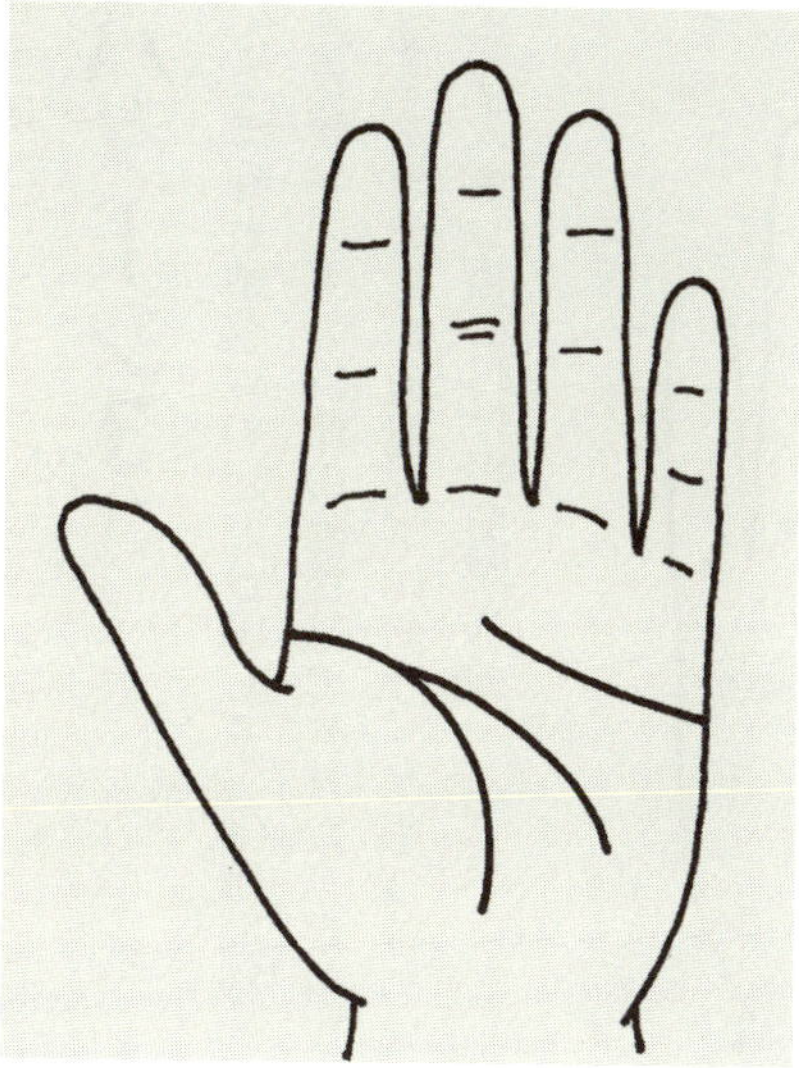

■情操豊かなクリエイター気質

【性格・ライフスタイル】

手の形が細く、美しい人に多い手相で、男性よりも女性に多く見られるものです。美的センスが鋭く、独創的です。恋愛においては、やや夢見がちなロマンチストで、熱しやすく冷めやすい面があります。結婚は早婚か晩婚という極端なことになりがちです。

【才能・適職】

独創性を生かす、クリエイティブな仕事で頭角を現すタイプです。デザイナーやタレントのような個性的な仕事向きの才能といえます。男性には少ないタイプの手相ですが、緻密で専門的な仕事向きです。

パターン3

①生命線と頭脳線の起点が同じで、②頭脳線の終点が手の平の外側の感情線の先端から手首までを2等分した位置の下にあり、③感情線の終点が人差し指の付け根を越える

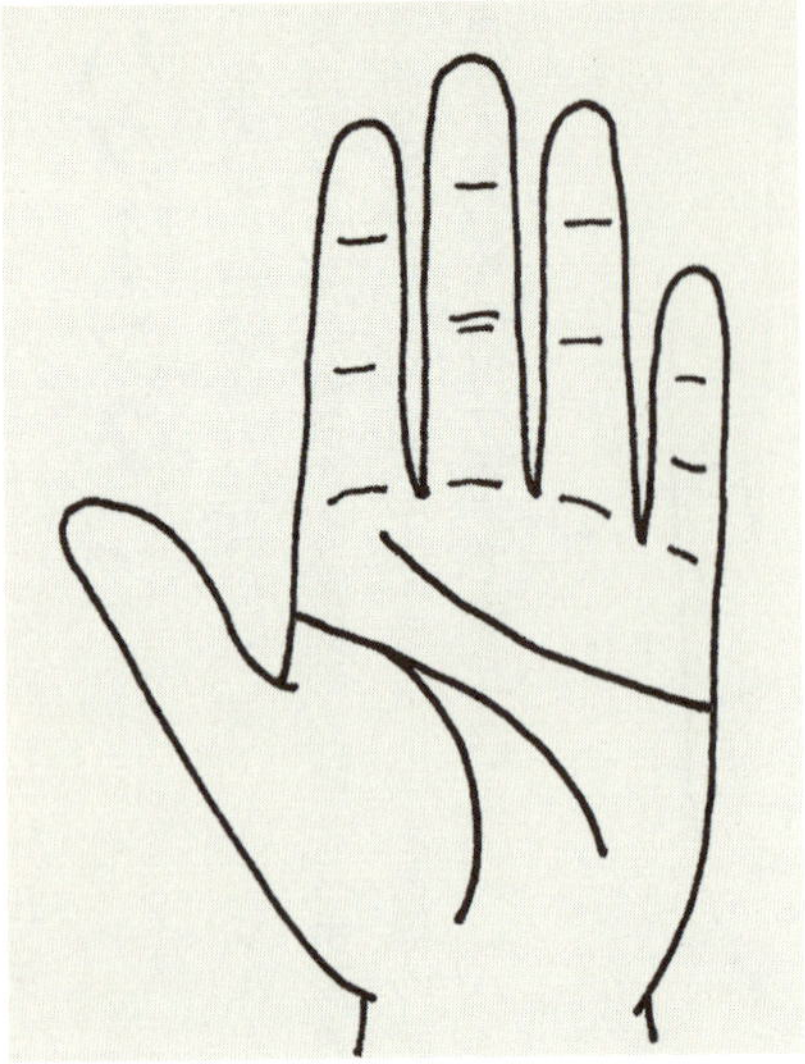

理想に燃えるリーダータイプ

【性格・ライフスタイル】

いつも大きな夢を持って生きる、指導力のあるタイプです。理想が高いので、あらゆる組織の中で目立ってしまうことが多いようです。30歳までは仕事が安定せず、結婚もできないようなことがあります。独身主義者が多いのが特徴ですが、結婚すると別人のように変貌することもあります。

【才能・適職】

自分の理想に人生を賭けるような面があります。情熱的に物事に取り組むことで、チャンスをモノにするタイプです。献身的に社会のために尽くす面もあります。社会運動家や政治家、宗教家にも適しています。

パターン4

①生命線と頭脳線の起点が同じで、②頭脳線の終点が手の平の外側の感情線の先端から手首までを２等分した位置の上にあり、③感情線の終点が人差し指の付け根で終わる

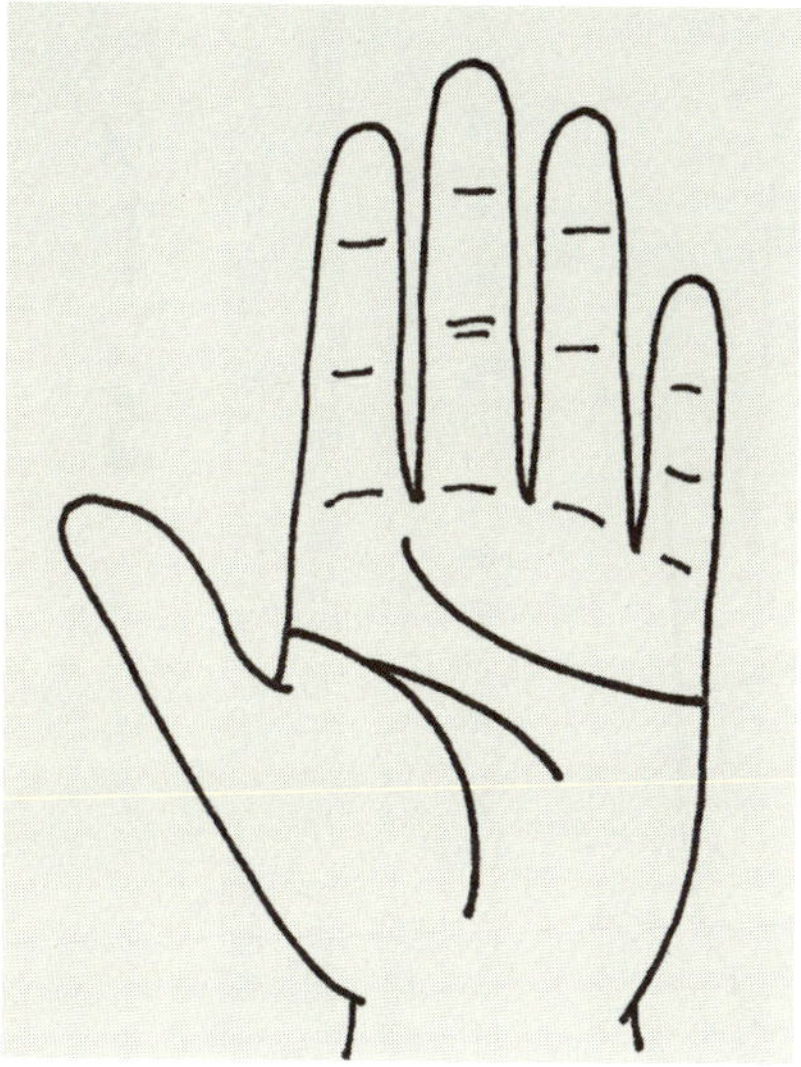

■慎重で真面目な常識派タイプ

【性格・ライフスタイル】

慎重で冒険を好まない真面目なタイプです。明るくて世話好きですが、意志が弱いところもあります。周囲と歩調を合わせて生きていける人といえます。ただし、周りとはソツなくつき合えても、恋愛となると話が別で、やや苦手ということが多いようです。男性の場合はマイホーム主義になりそうです。

【才能・適職】

中堅サラリーマンとして活躍できますが、人を出し抜いて出世するというタイプではありません。資格や特技を生かして成功するでしょう。大胆な変化を望むよりも、着実な努力が実を結びます。

パターン5

①生命線と頭脳線の起点が同じで、②頭脳線の終点が手の平の外側の感情線の先端から手首までを2等分した位置よりも上にあり、③感情線の終点が人差し指の付け根まで届いていない

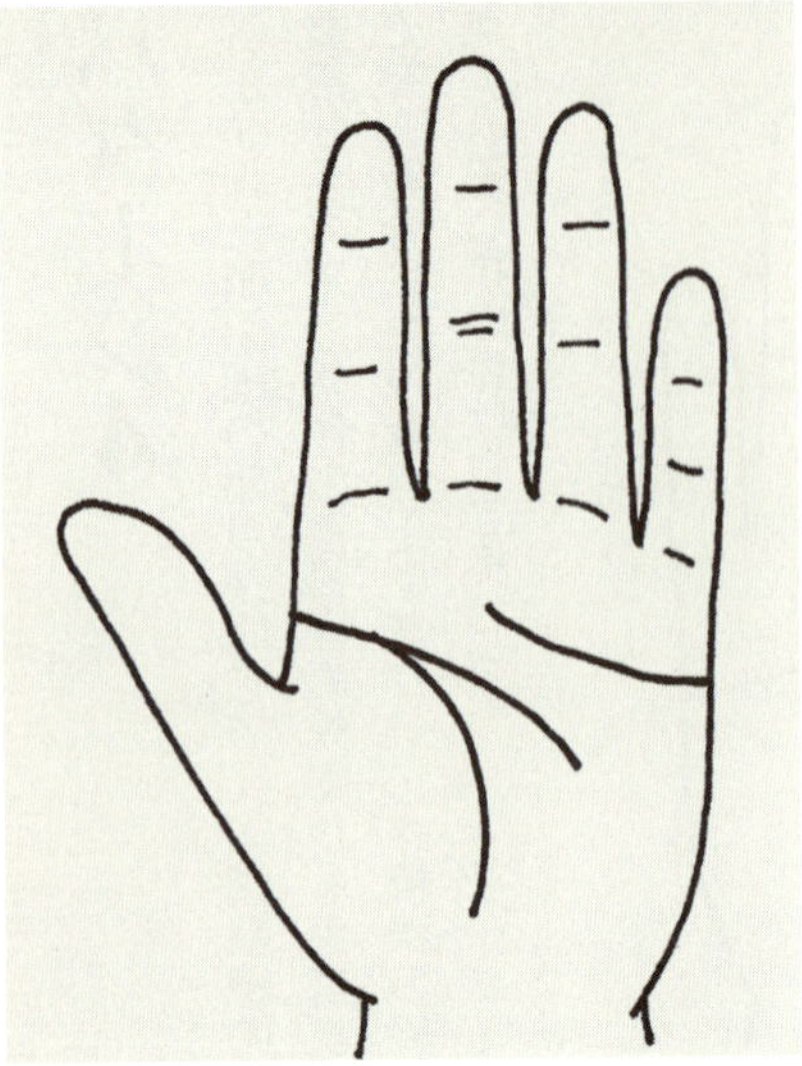

■魅力的で感情が表に出るタイプ

【性格・ライフスタイル】

男性なら、感情の起伏が激しく、多少短気なタイプです。ただし、10代と20代でガラリと人柄が変わる場合もあります。女性はチャーミングなタイプが多く、周囲から人気が出ますが、好き嫌いが激しく、感情的な行動が目立つでしょう。25歳までに大恋愛を経験するのが特徴です。

【才能・適職】

創造力に溢れており、つぎつぎと新しいアイデアを生み出すことができます。芸術関係の仕事が向いていますが、飽きっぽい性格のため、1つの仕事を長く続けることが難しいでしょう。

パターン6

①生命線と頭脳線の起点が同じで、②頭脳線の終点が手の平の外側の感情線の先端から手首までを２等分した位置よりも上にあり、③感情線の終点が人差し指の付け根を越える

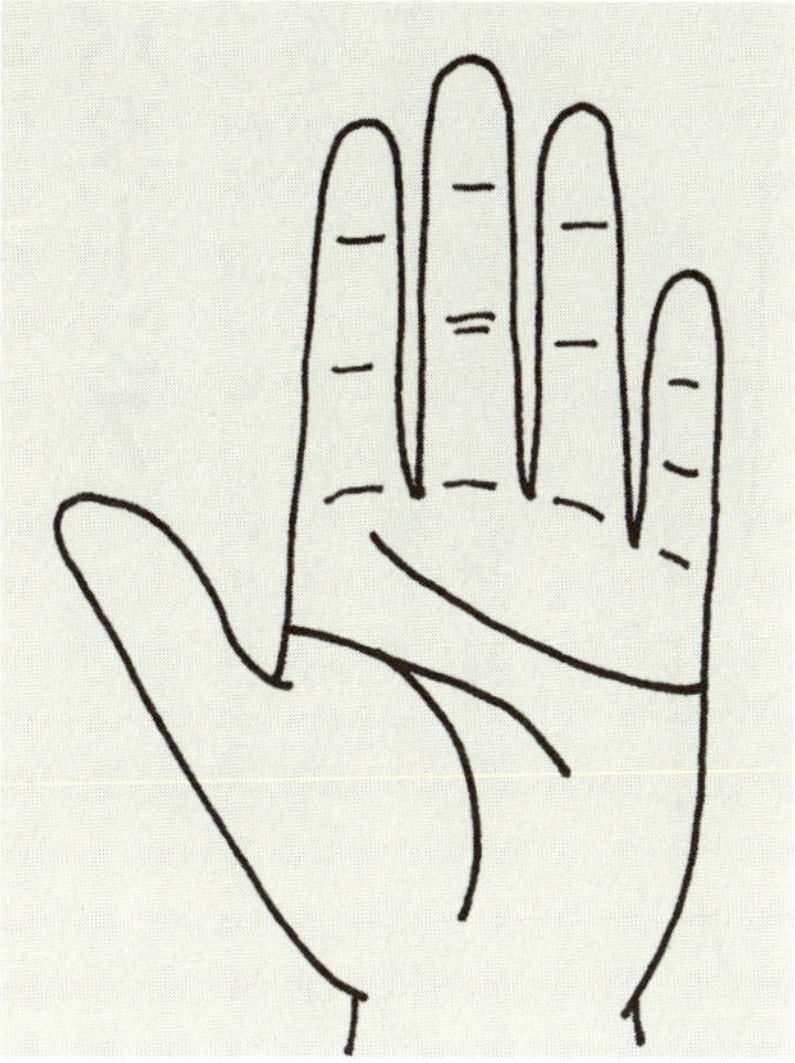

■意志の強い頑張り屋タイプ

【性格・ライフスタイル】

外見的には物静かで冷静な印象を与えるタイプです。しかし、ときには大胆なことをやってのける度胸の持ち主です。意志が強く粘り強さもありますから、組織のリーダーとして活躍できるでしょう。恋愛面ではやや自己中心的な面があり、プライドが高いため好きな相手に本心を打ち明けられずに誤解されることが多いでしょう。

【才能・適職】

政治力と指導力に長けていますから、誰よりも政治家に向いているといえます。ビジネスマンとしても成功する人が多いでしょうが、大器晩成型ですからじっくりと実力をつけていくことがポイントとなります。

パターン7

①生命線と頭脳線の起点が同じで、②頭脳線の終点が手の平の外側の感情線の先端から手首までを2等分した位置の最上部にあり、③感情線の終点が人差し指の付け根で終わる

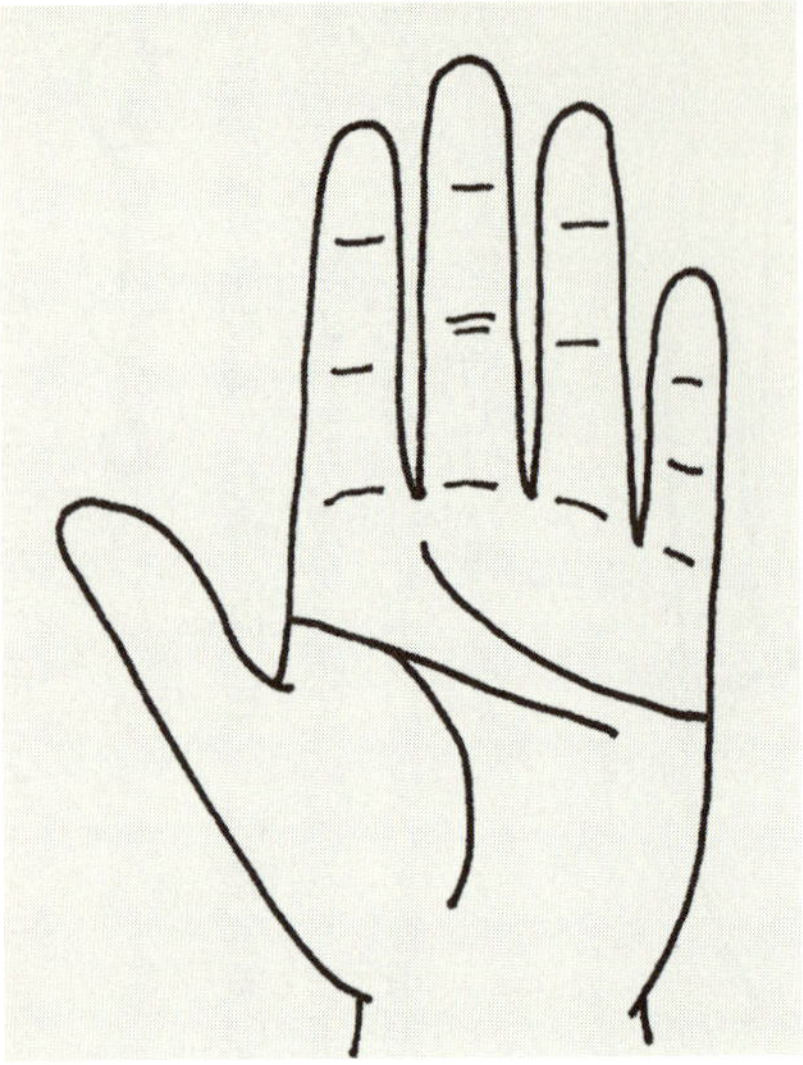

■スポーツマンタイプの行動派

【性格・ライフスタイル】

行動力がありさっぱりとしたタイプです。やや口下手な人が多いでしょう。スポーツマンタイプで細かなことを気にしない、楽天的な考え方の持ち主です。友達が多く、お酒の席やお酒を飲むことが好きな傾向があります。恋愛や結婚に関しては安全第一でいきます。女性の場合は男勝りで有能な人が多いのが特等です。

【才能・適職】

与えられた仕事は忠実にこなしますが、ややミスが多いでしょう。スポーツ関係の仕事に向いているといえます。このタイプの女性は特に頑張り屋で、30代～40代くらいになると仕事も家庭も安定するでしょう。

パターン8

①生命線と頭脳線の起点が同じで、②頭脳線の終点が手の平の外側の感情線の先端から手首までを2等分した位置の最上部にあり、③感情線の終点が人差し指の付け根まで届いていない

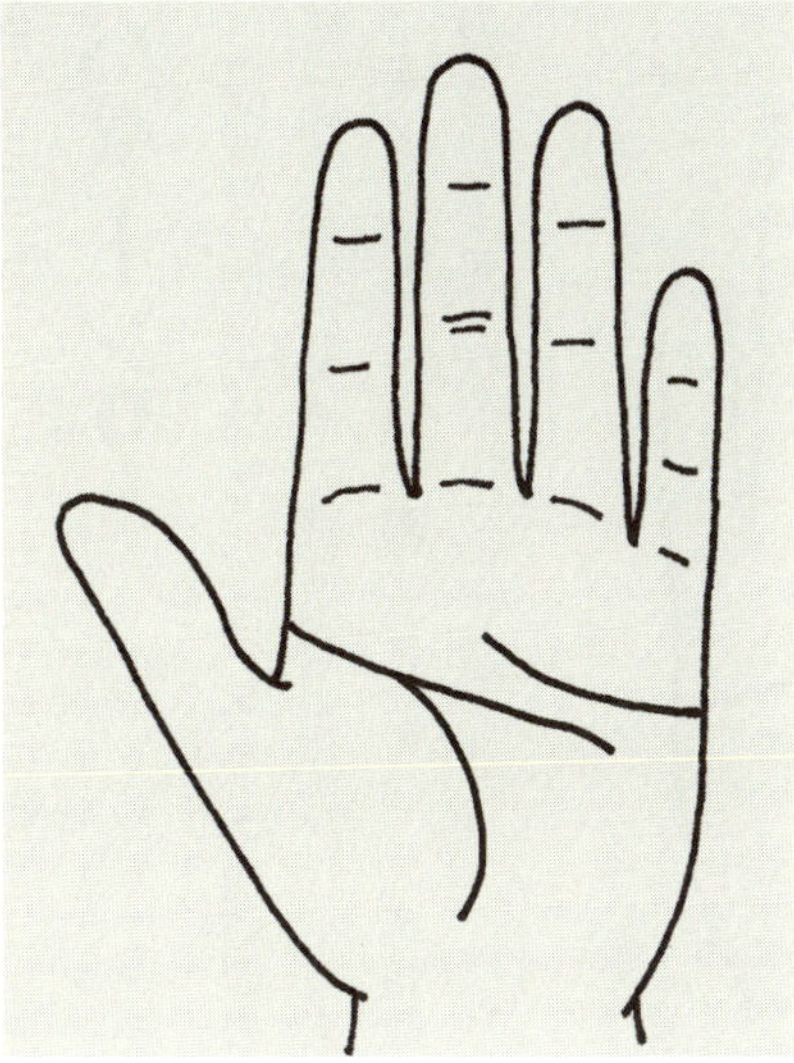

■積極進取の姿勢溢れる個性派

【性格・ライフスタイル】

基本的に自己中心的で負けず嫌いなタイプです。判断力と実行力があり、かなり個性的な人です。どちらかといえば女性に多く見られる手相といえます。趣味や交友関係に偏りがありますが、常に新しいものや変化していくものを追い求めるエネルギッシュさがあります。恋愛でも他の人と同じような平凡なものでは満足しないでしょう。

【才能・適職】

誰にも真似のできない個性と新しいものへの追求心・探求心があります。男女共にマスコミ関係などの新しい情報を貪欲に追いかける仕事が向いているでしょう。

パターン9

①生命線と頭脳線の起点が同じで、②頭脳線の終点が手の平の外側の感情線の先端から手首までを2等分した位置の最上部にあり、③感情線の終点が人差し指の付け根を越える

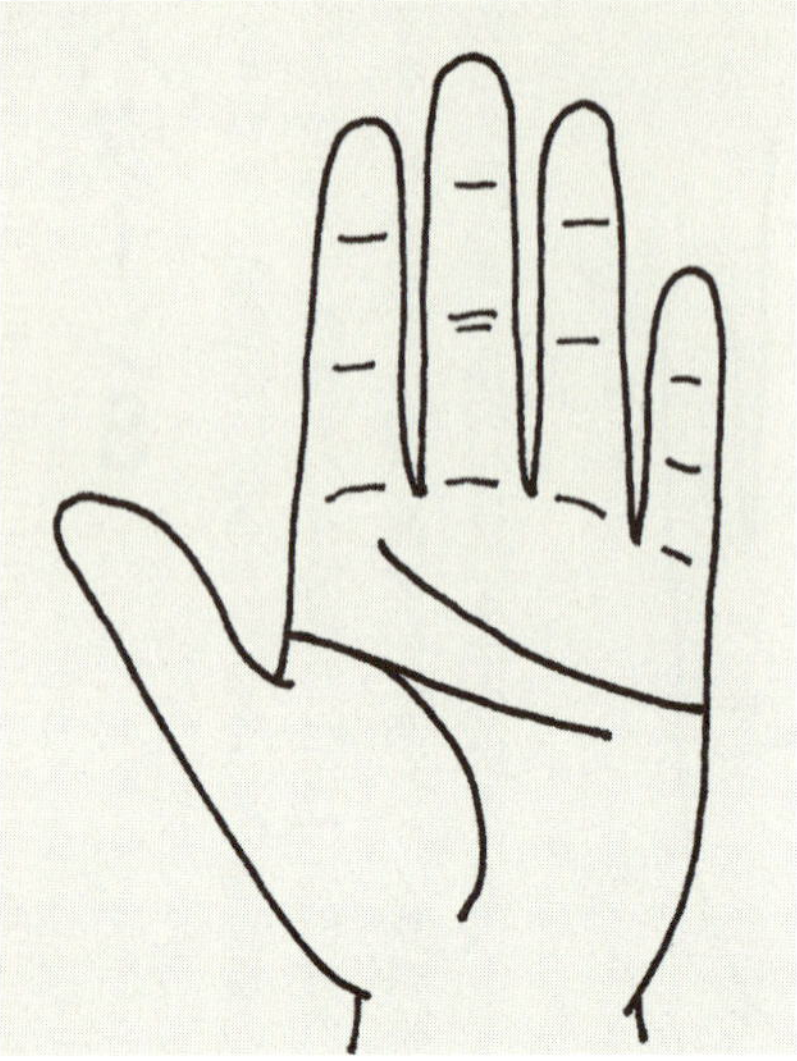

■大胆なゴーイングマイウェイ派

【性格・ライフスタイル】

大胆で、思い切ったこともやってのける行動力があります。その一方で相手の気持ちを意に介さない強引さも持ち合わせています。どんなグループでも目立つタイプで、男性ならば立身出世型です。女性は冷ややかな印象を与えます。男性はやや浮気型で、女性は異性の好みがはっきりしています。

【才能・適職】

金銭に対する強い関心があり、自分の意志を貫き通すため、大企業で人の顔色を見るよりも、小さくても一国一城の主になる仕事の方が適しています。起業家や実業家、商店経営者として成功します。

パターン10

①生命線と頭脳線の起点が離れていて、②頭脳線の終点が手の平の外側の感情線の先端から手首までを2等分した位置の下にあり、③感情線の終点が人差し指の付け根で終わる

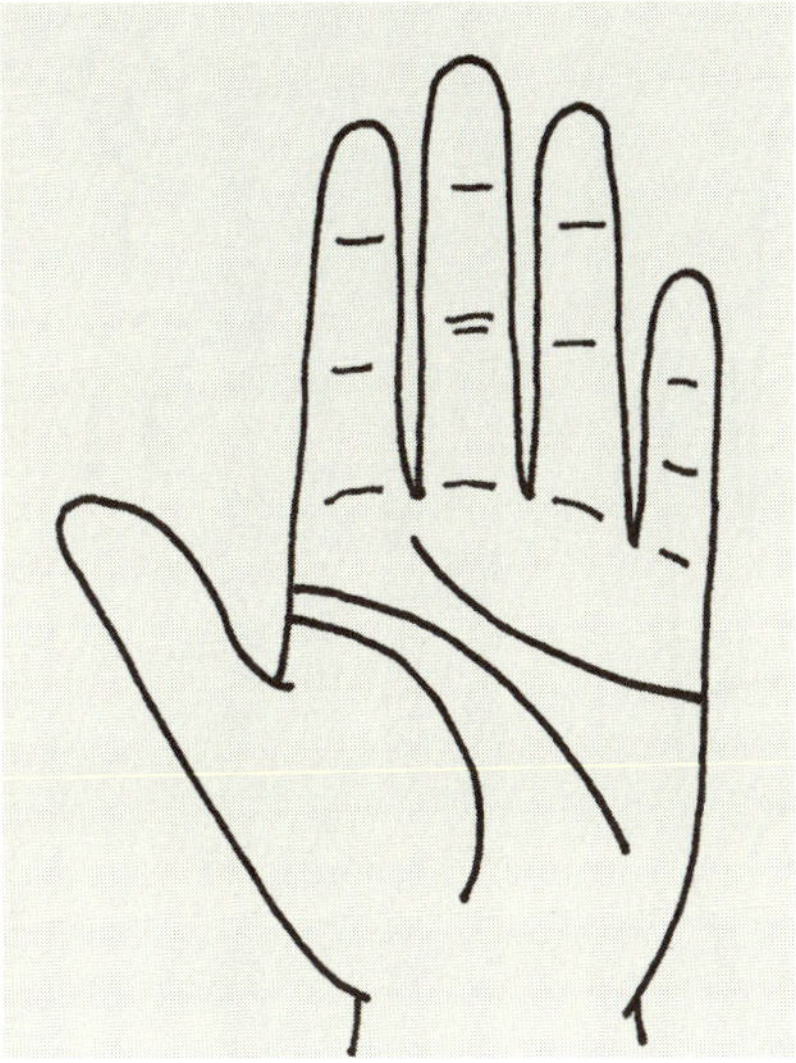

■夢見る芸術家・空想家タイプ

【性格・ライフスタイル】

常に頭の中で現実離れしたことを考えている空想家です。現代社会の出来事への関心が薄く、音楽や文学に強い興味を示します。結婚よりも仕事に生きがいを感じるため結婚は遅くなりがちです。異性の好みは、男女共に年上のタイプに惹かれる傾向があります。

【才能・適職】

現状に満足することがなく、いつも刺激を求めています。また、美に対する感覚も鋭いので、タレントやモデル、小説家のような芸術方面での才能を生かした仕事が向いています。

パターン11

①生命線と頭脳線の起点が離れていて、②頭脳線の終点が手の平の外側の感情線の先端から手首までを2等分した位置の下にあり、③感情線の終点が人差し指の付け根まで届いていない

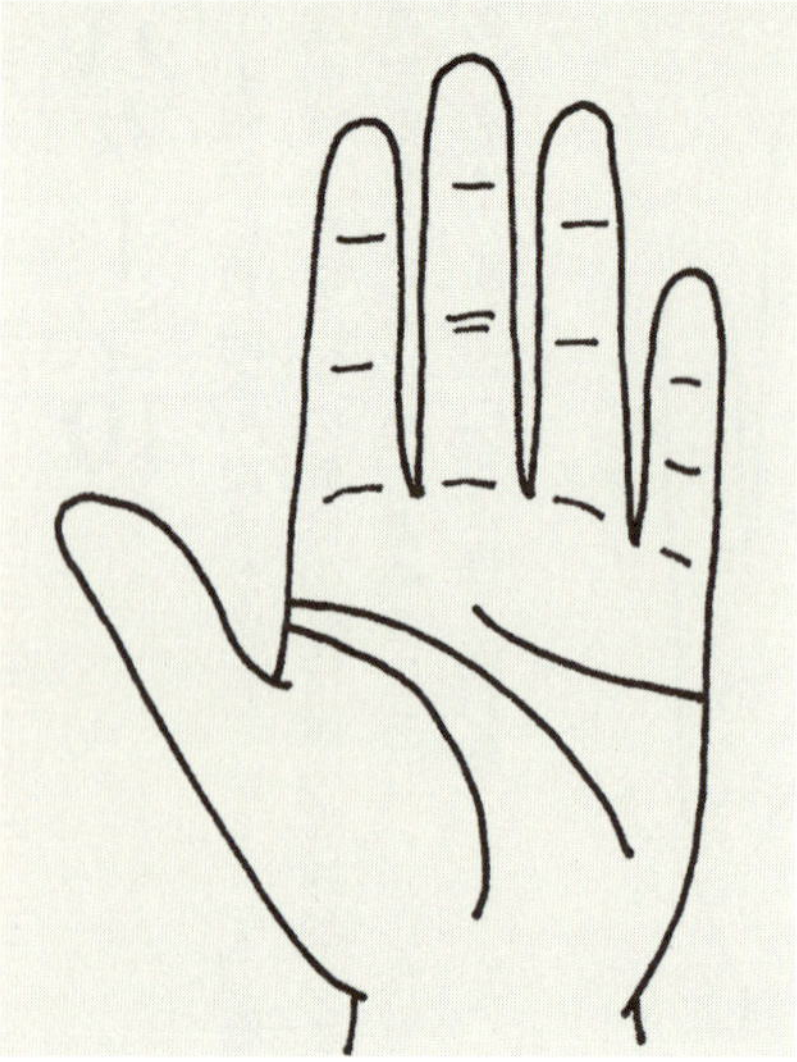

■勝ち気で意志の強いタイプ

【性格・ライフスタイル】

男女共にかなり気が強く、自分の意志を曲げないタイプです。感情表現も正直で、嫌なことはすぐに顔に出ます。特に女性は、一度会うと忘れられない個性的な魅力の持ち主です。かなり年上の男性から好かれることが多いでしょう。一般的に早熟な方といえます。

【才能・適職】

女性の場合、顔やスタイルの良さ以上に、強い個性がその武器になりそうです。タレントやモデルとして活躍する人も目立ちます。大女優として脚光を浴びる可能性もありそうです。

パターン12

①生命線と頭脳線の起点が離れていて、②頭脳線の終点が手の平の外側の感情線の先端から手首までを2等分した位置の下にあり、③感情線の終点が人差し指の付け根を越える

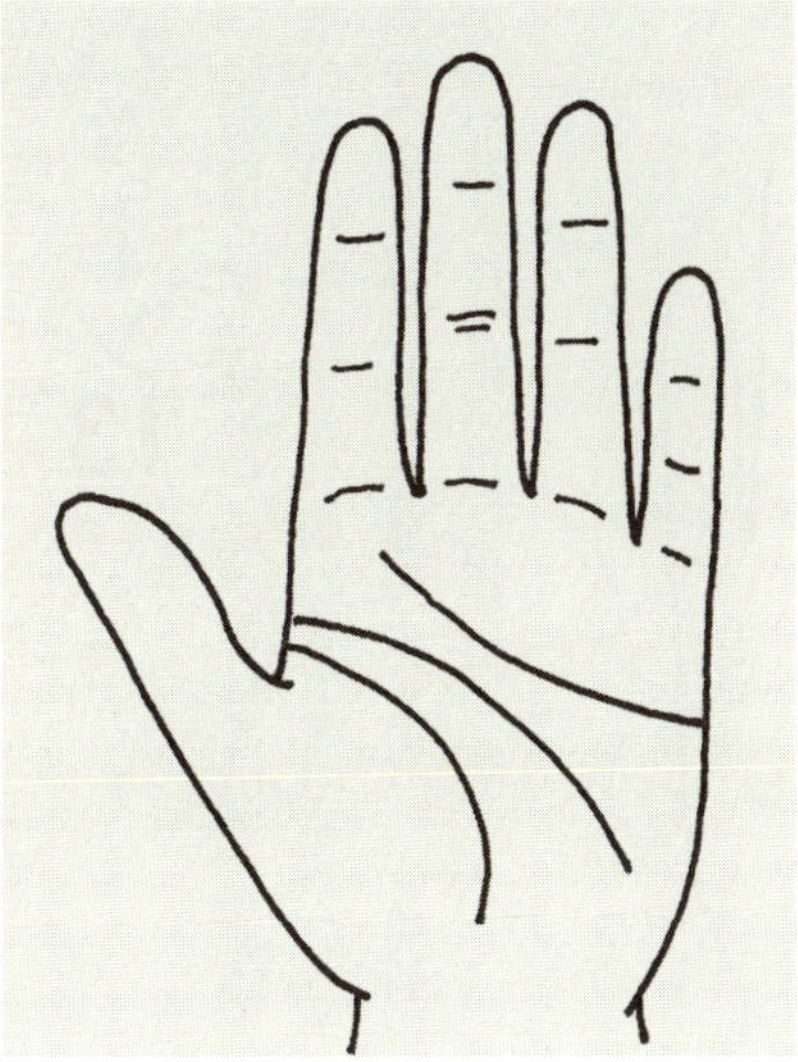

■夢とロマンを求めるタイプ

【性格・ライフスタイル】

好奇心が強く、いつも冒険やスリルを求めています。行動力もありますが、熱しやすく冷めやすい気分屋の面も持っています。女性は独占欲が強く、異性から献身的に愛されることを熱望します。どちらかといえば早熟です。男性の場合は、空想を愛する芸術家タイプです。

【才能・適職】

芸術的な才能に恵まれているタイプです。そのため、実務的な仕事よりも芸術の分野に興味を示します。特に作曲家や演奏家など音楽の道を志し、成功する人もいます。

パターン13

①生命線と頭脳線の起点が離れていて、②頭脳線の終点が手の平の外側の感情線の先端から手首までを2等分した位置の上にあり、③感情線の終点が人差し指の付け根で終わる

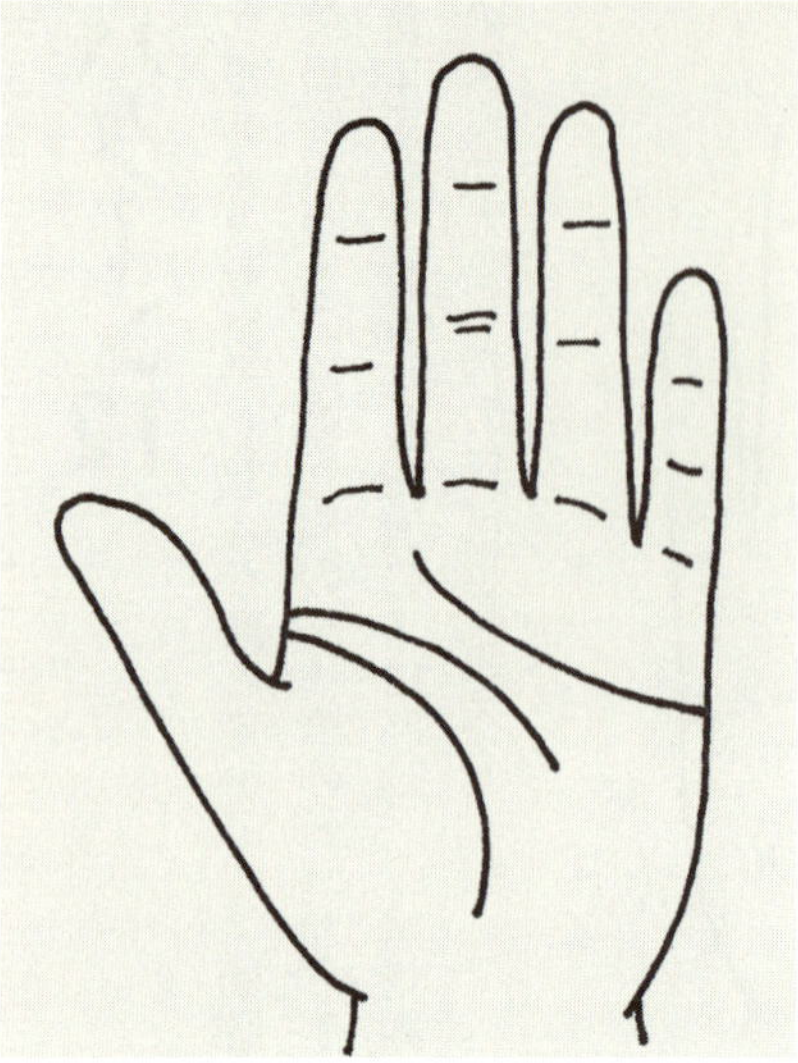

■行動力と思いやりを兼ね備えたタイプ

【性格・ライフスタイル】

行動的で勝ち気、負けず嫌いなところがあります。ただ、相手を思いやる余裕も持っています。女性なら長女に多い手相といえます。結婚は恋愛結婚が主流です。相手を獲得するまで粘り、周囲の反対ももののともしない情熱があります。一度決めたら最後まで諦めないのが最大の特徴です。

【才能・適職】

行動力があるので、デスクワークよりも外に出て活躍する営業のような仕事が向いています。粘り強さもあるのでセールスマンとしてめざましい成績を上げることができるタイプです。

パターン14

①生命線と頭脳線の起点が離れていて、②頭脳線の終点が手の平の外側の感情線の先端から手首までを2等分した位置の上にあり、③感情線の終点が人差し指の付け根まで届いていない

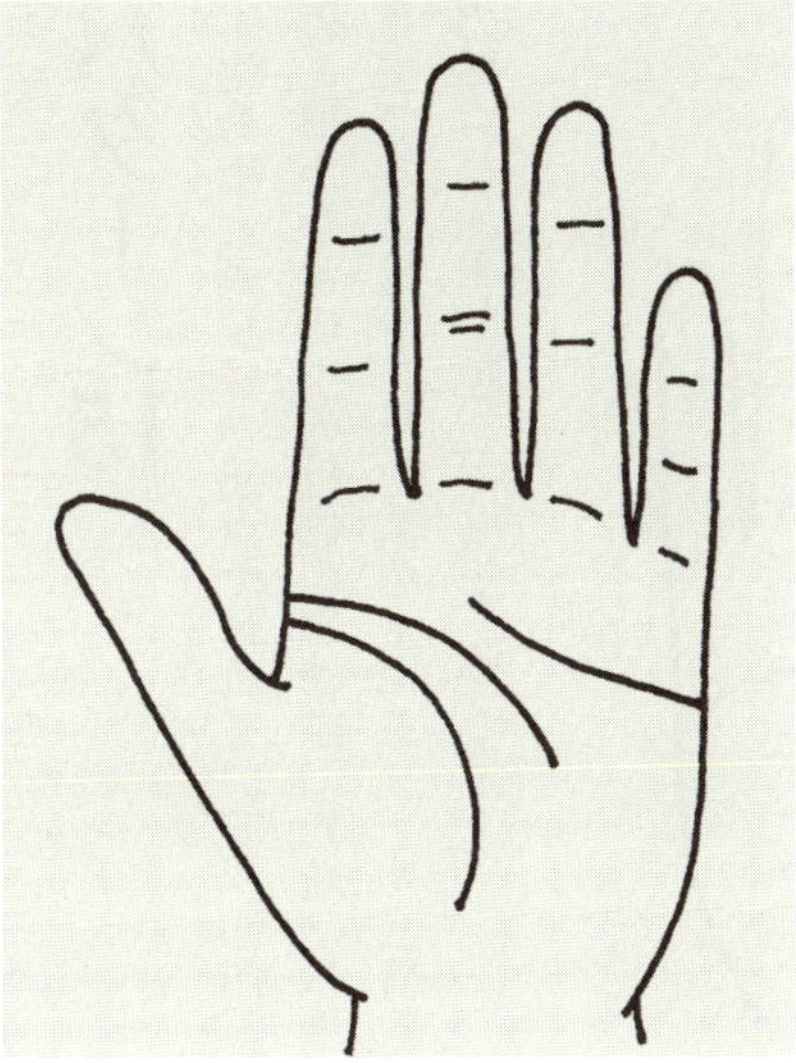

■恋愛と情熱のために生きるタイプ

【性格・ライフスタイル】

恋愛でも仕事でも、平凡なことや中途半端なことは大嫌いというタイプです。特に恋愛にかける情熱は半端ではなく、愛する人が出現すると、生活のすべてを投げうってでも恋に生きる激しさを持っています。女性の場合、ほとんどの人が10代で大恋愛を経験します。

【才能・適職】

女性の場合、結婚しても家に入らず、仕事はずっと続けるでしょう。また、男女共に社会運動や政治に力を注ぐ人もいます。ただし、ライバルを作りやすい傾向があるのが特徴です。

パターン15

①生命線と頭脳線の起点が離れていて、②頭脳線の終点が手の平の外側の感情線の先端から手首までを2等分した位置の上にあり、③感情線の終点が人差し指の付け根を越える

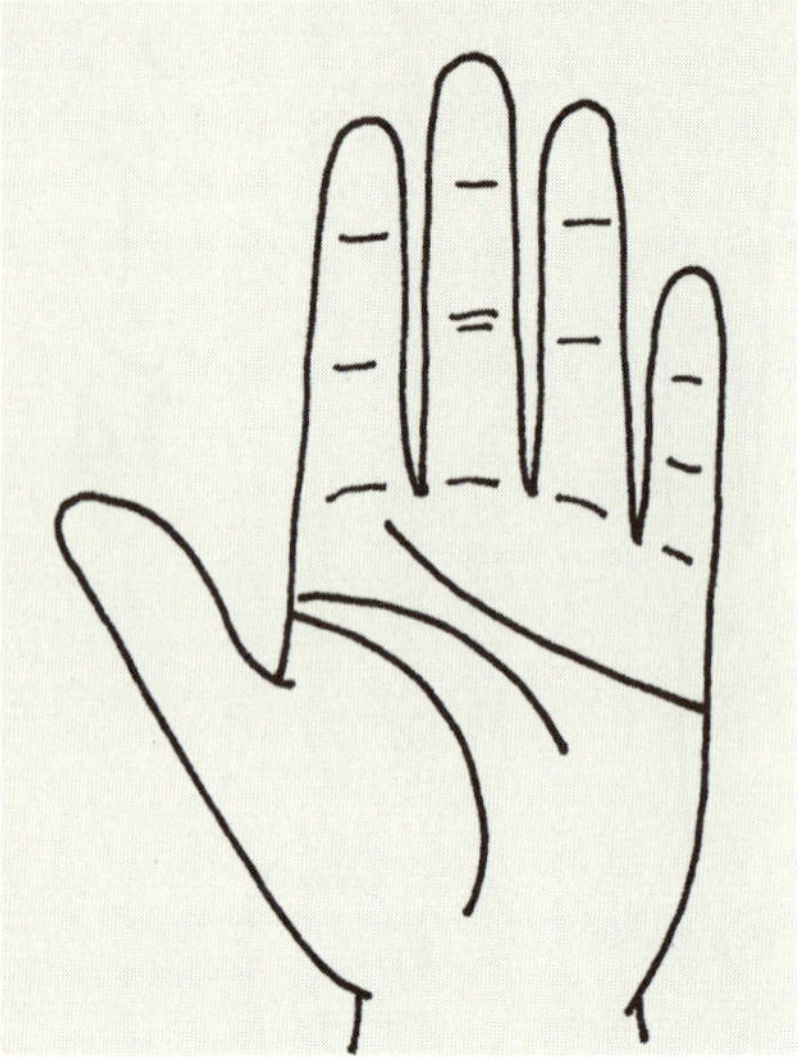

■未来志向の冒険家タイプ

【性格・ライフスタイル】

過去を振り返らず、常に未来を見つめている人です。好奇心があり、冒険心を抱いています。さらに行動力があるので、周囲を驚かせるような大胆なこともやってのけます。頑固なまでに意志が強く、20代のうちは変化が激しい生活になりそうですが、40代近くなると経済的に恵まれます。

【才能・適職】

行動力に意志が備わっているので、政治家や実業家になるとその実力を発揮できます。リーダー的な素質もありますが、計算高くワンマンな面もあるので、成功するか失敗するかの両極端に分かれることが多いでしょう。

パターン16

①生命線と頭脳線の起点が離れていて、②頭脳線の終点が手の平の外側の感情線の先端から手首までを2等分した位置の最上部にあり、③感情線の終点が人差し指の付け根で終わる

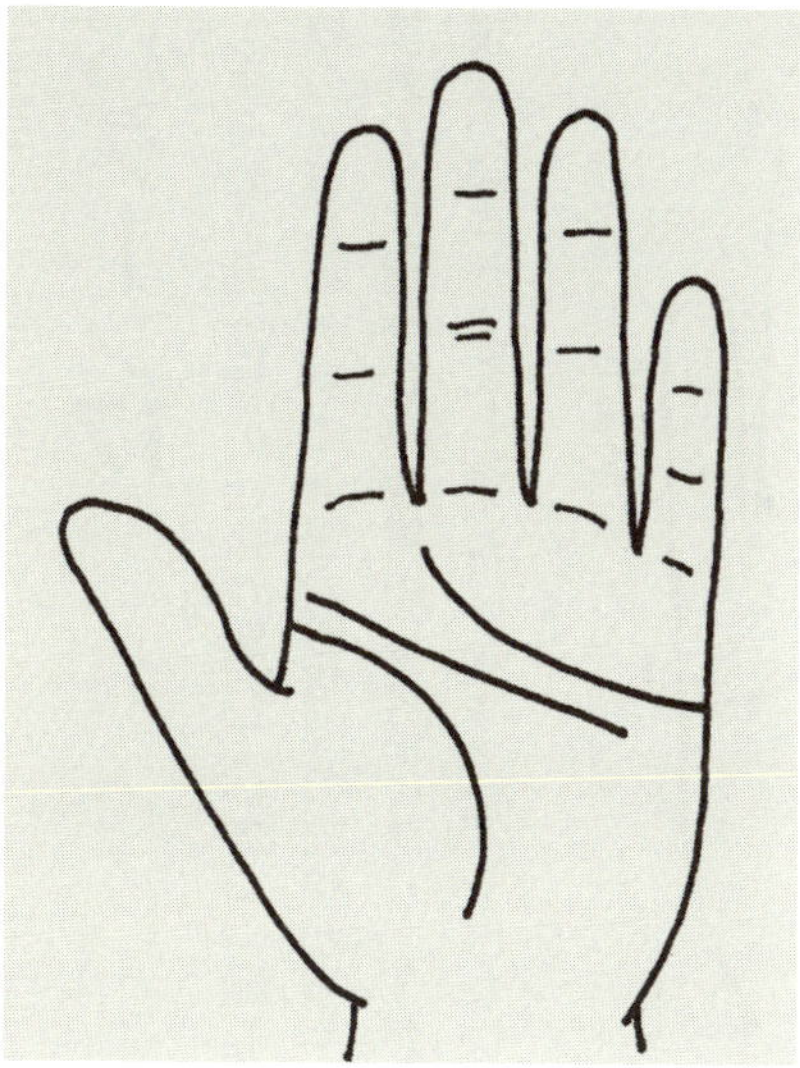

機敏で責任感の強い人気者

【性格・ライフスタイル】

活発で社交的なタイプです。理解力と決断力がありま す。行動が機敏で人気者です。ただ、人の好き嫌いが激しく、好きな人のためなら責任を持って熱心に尽くします。その反対に、嫌いな人のためとなると、何もしない極端な面も持っています。男女共に恋愛が結婚に発展するタイプです。

【才能・適職】

基本的にお金儲けが上手いタイプです。セールスマンや商事関係の仕事での成功者が目立ちます。自分で事業を興し、それを軌道に乗せる素質もあります。サービス業にも向いているでしょう。

パターン17

①生命線と頭脳線の起点が離れていて、②頭脳線の終点が手の平の外側の感情線の先端から手首までを2等分した位置の最上部にあり、③感情線の終点が人差し指の付け根まで届いていない

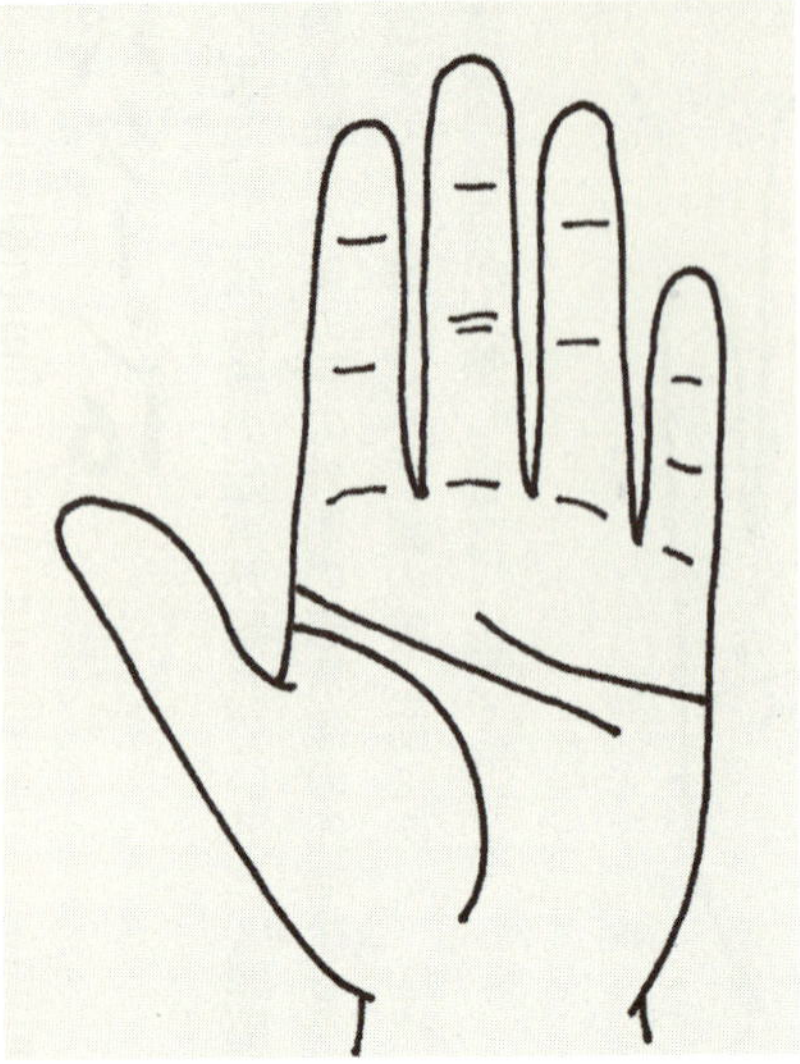

■理想が高く有能なタイプ

【性格・ライフスタイル】

礼儀正しく、仕事も効率良くこなします。高い理想を持っているので、現状に満足せず、変化を求めがちです。またプライドが高く、カッとなりやすいところが短所です。恋愛では、思いやりのなさがトラブルになることもあります。同性からは反感を買いやすいですが、異性にはモテるタイプです。

【才能・適職】

仕事では有能さを発揮するので、多くの成功者を出している手相です。理想の高さを生かした職業が向いており、会計士や弁護士、秘書やコンサルタントなどの職種で、メキメキと実力を発揮するでしょう。

パターン18

①生命線と頭脳線の起点が離れていて、②頭脳線の終点が手の平の外側の感情線の先端から手首までを2等分した位置の最上部にあり、③感情線の終点が人差し指の付け根を越える

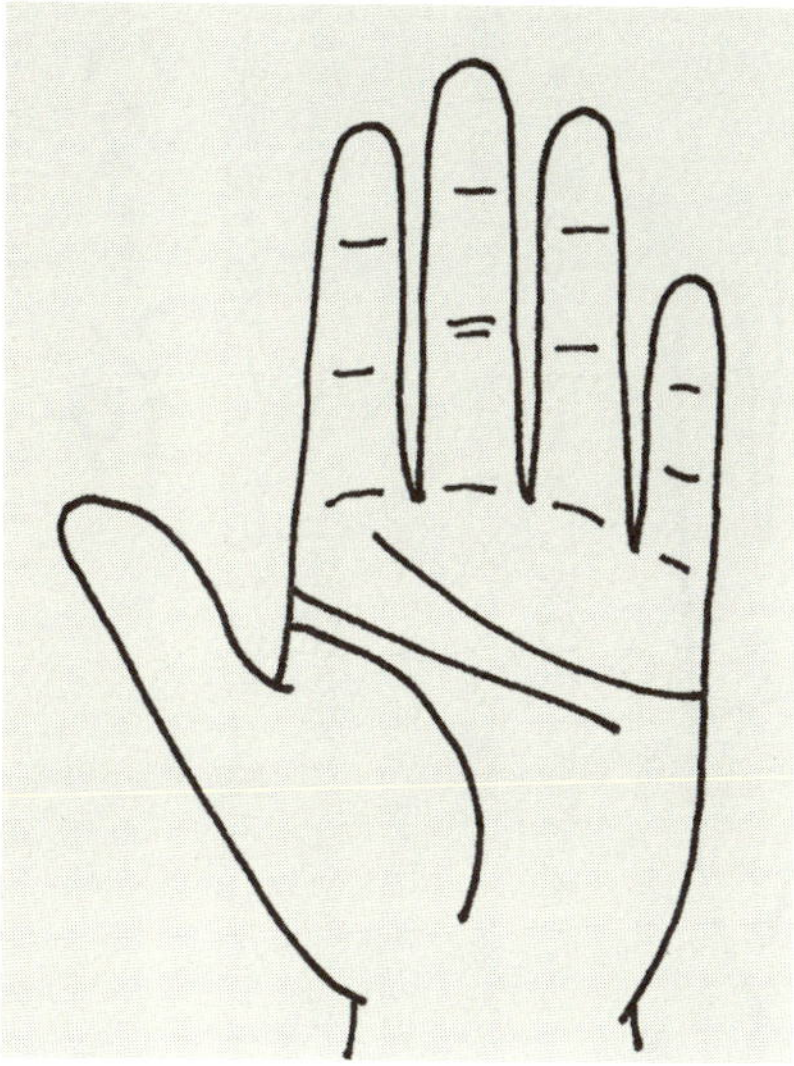

■力強く頼もしいキャリア型

【性格・ライフスタイル】

男性ならば、がっちりしたたくましい肉体の持ち主です。性格的にも頼もしく、責任感のある男らしく女性にモテるタイプです。ただし、自分からは異性への関心は示しません。いわば男の中の男といえる人です。女性なら行動力のある頼りがいがあり、後輩からも慕われることでしょう。

【才能・適職】

男性であれば、恵まれた体格や男らしく頼もしい性格を生かした職業がぴったりです。スポーツマンやパイロットなどが向いています。女性はキャリアウーマンや実業家、代議士として活躍するでしょう。

パターン19

①頭脳線の起点が中指の付け根を降ろしたラインから始まり、かつ、生命線と交わっておらず、
②頭脳線の終点が手の平の外側の感情線の先端から手首までを2等分した位置の下にあり、
③感情線の終点が人差し指の付け根で終わる

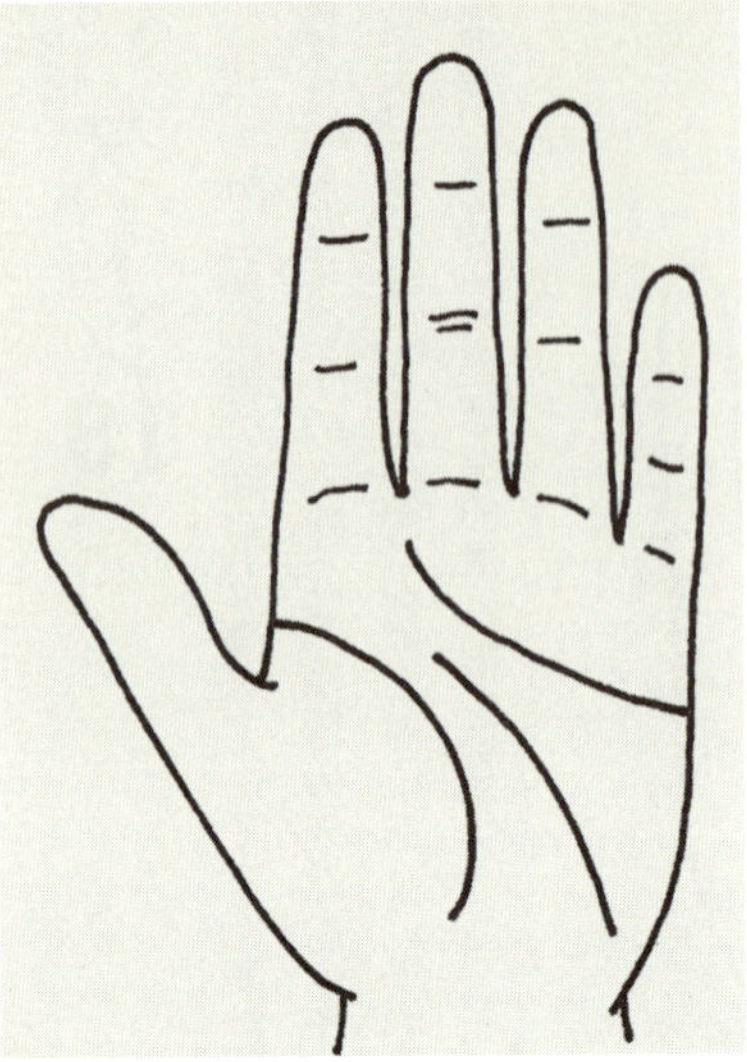

■いつも変化を求める空想家

【性格・ライフスタイル】

夢を見ることが好きで、いつも空想しているようなタイプです。しかし現実は思い通りにはいかず、欲求不満でイライラしそうです。手相としては、とても珍しい型です。結婚は恋愛よりもお見合いの方がよいでしょう。早いうちにパートナー探しを始めるべきです。相手は現実的な人がよいでしょう。

【才能・適職】

単調な生活が苦手なので、会社員や公務員の仕事は長続きしそうにありません。刺激や変化の多い仕事を選ぶとよいでしょう。詩人やフリーライターなどの分野で成功する人も目立ちます。

パターン20

①頭脳線の起点が中指の付け根を降ろしたラインから始まり、かつ、生命線と交わっておらず、②頭脳線の終点が手の平の外側の感情線の先端から手首までを2等分した位置の下にあり、③感情線の終点が人差し指の付け根に届かない

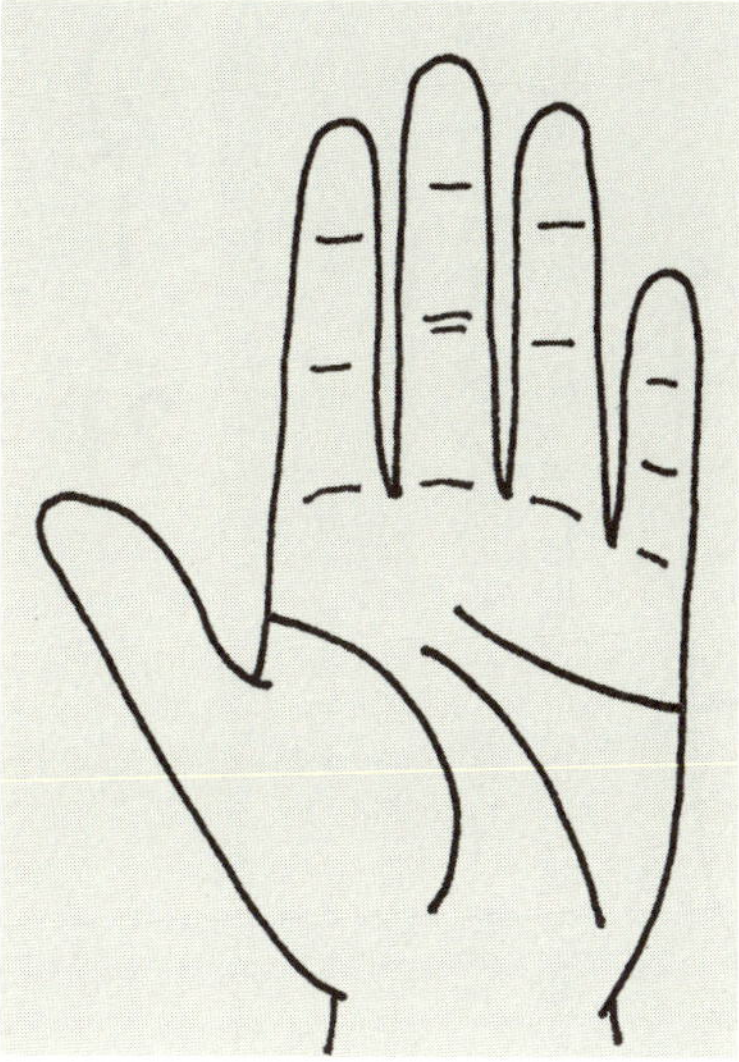

■アイデア豊富で器用な凝り性

【性格・ライフスタイル】

男女共に、柔軟な頭の持ち主で、優れたアイデアを思いつきます。手先が器用な人も多く、凝り性で、物事をとことん追究する粘り強さがあります。異性にはよく尽くし、思いやりもあります。大恋愛から結婚に進展する場合が多く、正反対のタイプと結ばれることが多いでしょう。

【才能・適職】

器用さと探求心、粘り強さを生かした仕事が向いています。薬剤師や医師などの職業に適しています。女性の場合は、結婚後もエネルギッシュに仕事を続けることが多いでしょうが、その方が結婚生活も安定します。

パターン21

①頭脳線の起点が中指の付け根を降ろしたラインから始まり、かつ、生命線と交わっておらず、
②頭脳線の終点が手の平の外側の感情線の先端から手首までを2等分した位置の下にあり、
③感情線の終点が人差し指の付け根を越える

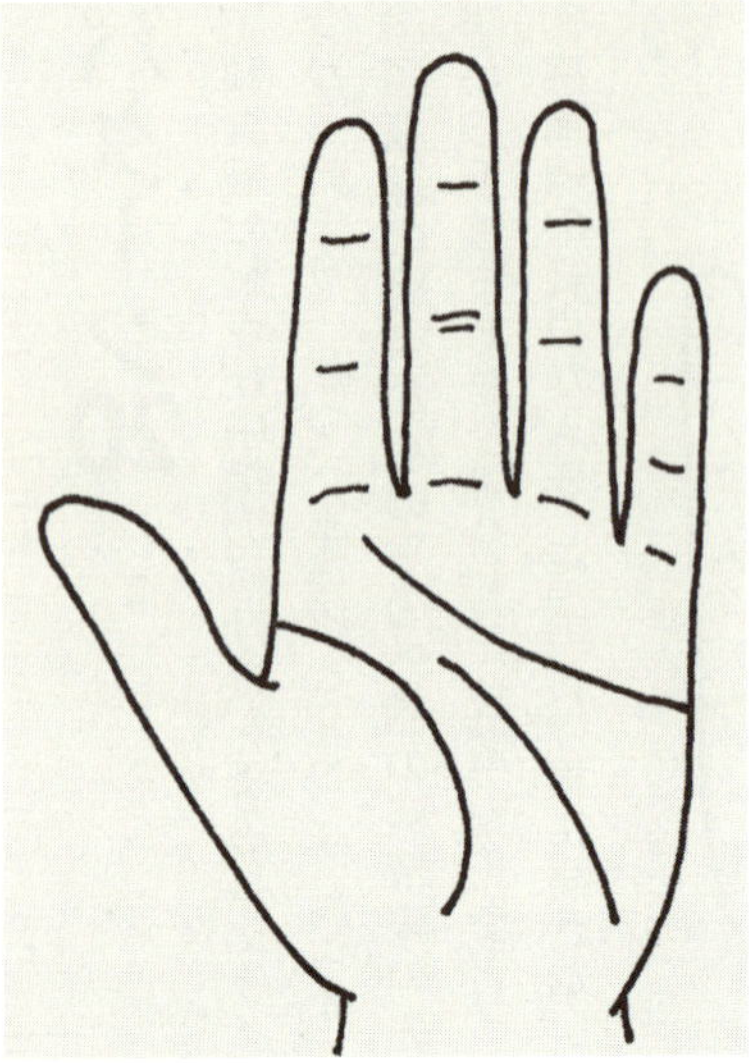

■1万人に1人の天才タイプ

【性格・ライフスタイル】

とても珍しい手相で、1万人に1人程度の割合で出現します。特に理数系に強いといわれ、中には、若い頃にその異才ぶりを認められる人もいます。恋愛は、極めて精神的な愛情を示すか、異性に興味を持たないかのどちらかのようです。結婚はお見合いの方が無難です。

【才能・適職】

器用に仕事をこなせるというタイプではありません。自分の才能を生かした分野、例えば、数理関係の研究職などに就く方がよいでしょう。ただし、若い時には、仕事一筋になりがちです。

パターン22

①頭脳線の起点が中指の付け根を降ろしたラインから始まり、かつ、生命線と交わっておらず、②頭脳線の終点が手の平の外側の感情線の先端から手首までを2等分した位置の上にあり、③感情線の終点が人差し指の付け根で終わる

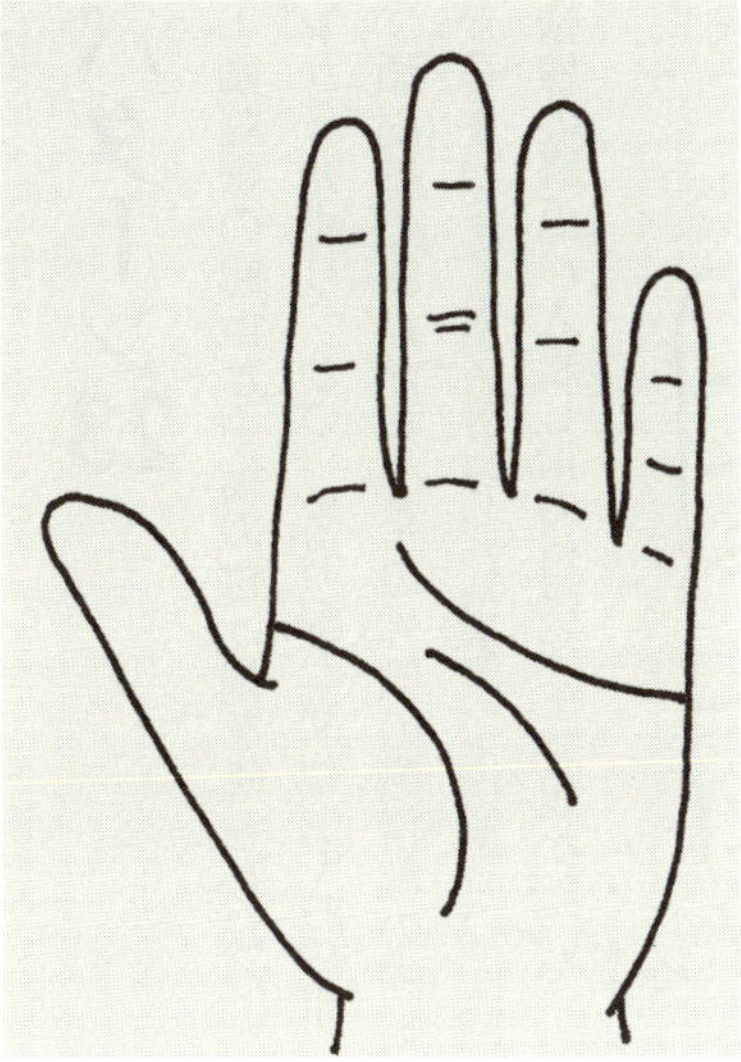

■人の意表をつくアイデアマン

【性格・ライフスタイル】

発想が豊かで、人の考えつかないようなアイデアを出し、驚かせるのが好きです。ただ、結果を考えないで行動するような軽率なところもあります。恋愛面でも、好きになったら献身的で盲目的に尽くします。結果を考えない向こう見ずな行動に出てしまうこともあります。

【才能・適職】

真似のできないユニークな発想を生かした仕事が向いています。発明家や研究家などがよいでしょう。ただ慎重さに欠けるので、成功する時と失敗に終わる場合の落差も相当ありそうです。

パターン23

①頭脳線の起点が中指の付け根を降ろしたラインから始まり、かつ、生命線と交わっておらず、②頭脳線の終点が手の平の外側の感情線の先端から手首までを2等分した位置の上にあり、③感情線の終点が人差し指の付け根まで届かない

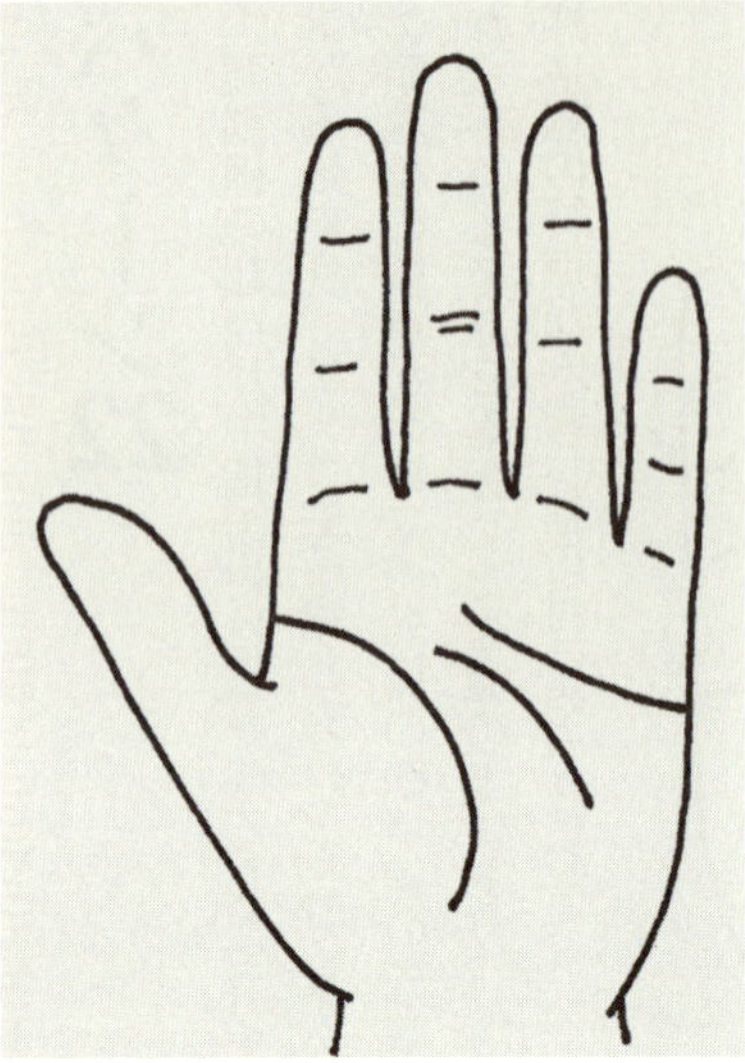

■飽きっぽく内向的だが可能性はある

【性格・ライフスタイル】

めったに見られない変わった手相です。このタイプは内向的で、物事への執着心にも欠け、クヨクヨしがちな面があります。体質的にも虚弱です。ただ個性を伸ばす教育により、道が開ける可能性もあります。恋愛は苦手で、依存心も強めです。

【才能・適職】

持続力のいる仕事や、外向的な手腕を望まれる仕事に就くと、苦痛を感じるでしょう。内向的な性格を生かし、芸術関係の仕事で開花する場合もあります。音楽家として大成功をした人もいます。

パターン24

①頭脳線の起点が中指の付け根を降ろしたラインから始まり、かつ、生命線と交わっておらず、
②頭脳線の終点が手の平の外側の感情線の先端から手首までを2等分した位置の上にあり、
③感情線の終点が人差し指の付け根を越える

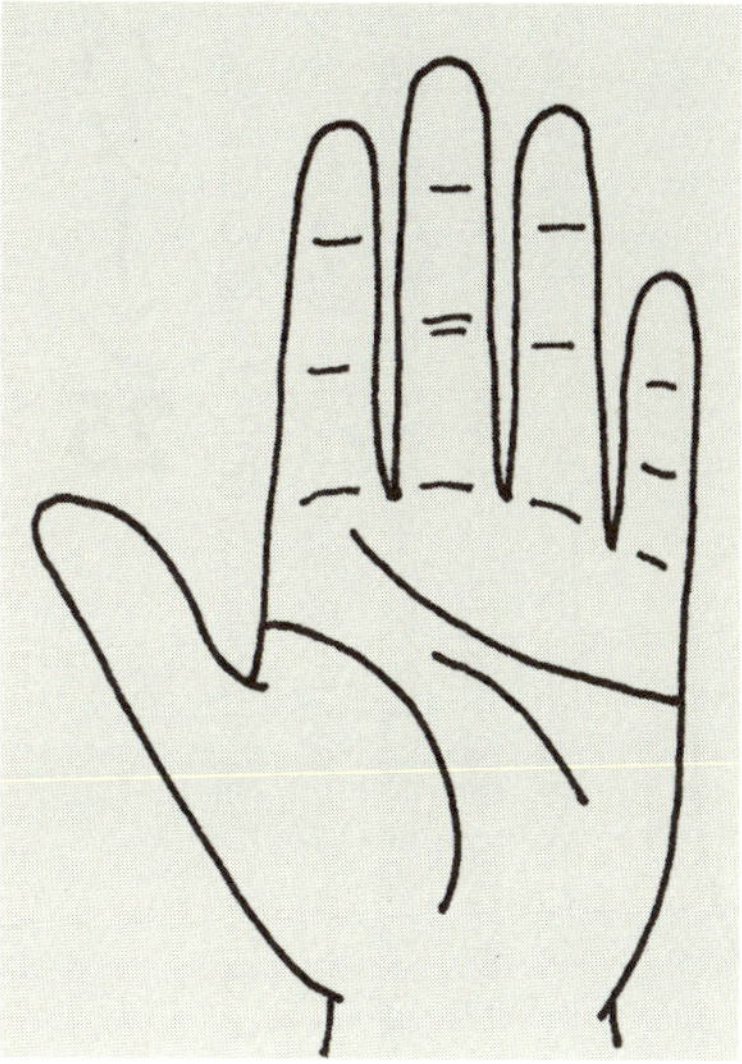

■とことんまで追求する学者肌

【性格・ライフスタイル】

1つのことにこだわる粘り強い性格の持ち主です。ただし、短気で不満がすぐに爆発してしまう面もあります。恋愛面では思い切りが悪い方です。長い交際期間を経て結婚するか、永すぎた春が悲恋に終わることもあります。男女共に年の離れた人を好み、家庭は円満でも、浮気したがることがあります。

【才能・適職】

少しでもわからない点があれば、明らかになるまで追求し続ける、その根性は誰にも負けません。また探求心も旺盛です。そのため大学教授や医師、研究者に多く見られるのが特徴です。

パターン25

①頭脳線の起点が中指の付け根を降ろしたラインから始まり、かつ、生命線と交わっておらず、
②頭脳線の終点が手の平の外側の感情線の先端から手首までを2等分した位置の最上部にあり、
③感情線の終点が人差し指の付け根で終わる

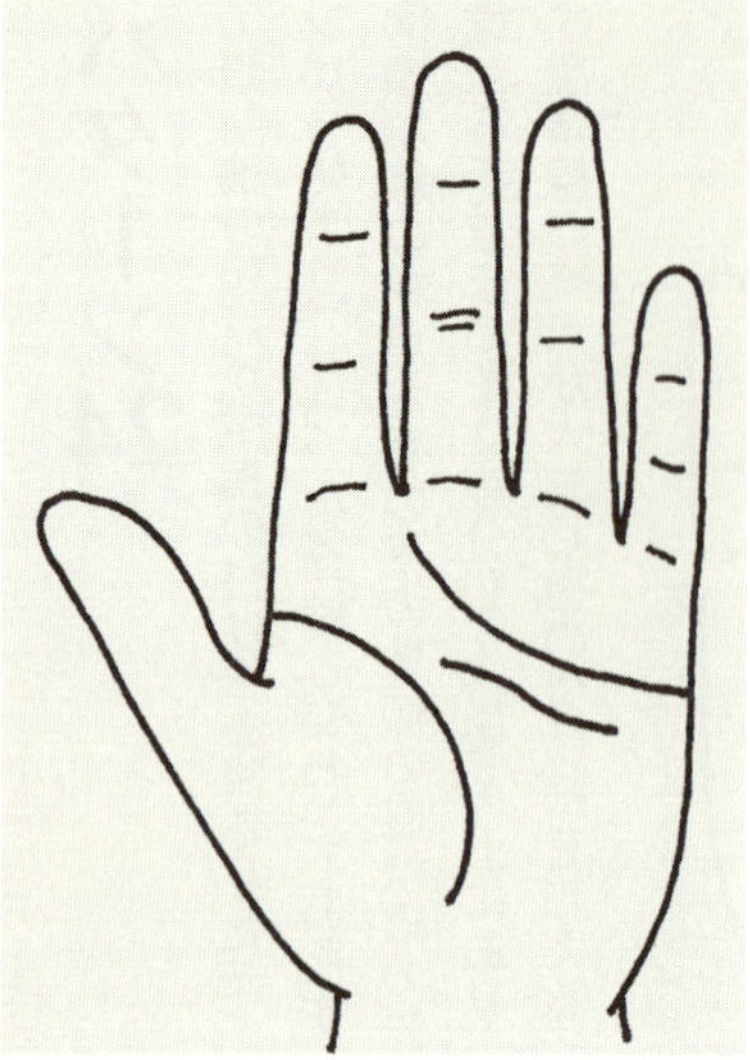

■多方面への関心を持つ積極的な人

【性格・ライフスタイル】

1つのことでは満足せずにあらゆるものに関心を持ち、積極的に行動するタイプです。ただし、多趣味な反面、目移りしやすいところがあります。恋愛面では多くの異性とつき合うと思われますが、その中の1人と大恋愛をすることもあるでしょう。結婚生活は30代を境に幸福になれるでしょう。

【才能・適職】

いろいろな物事に関心を持っているため、複数の仕事をこなすことも可能です。ただし職を転々とすることもあります。サラリーマンならサイドビジネスに興味を持つタイプといえます。

パターン26

①頭脳線の起点が中指の付け根を降ろしたラインから始まり、かつ、生命線と交わっておらず、②頭脳線の終点が手の平の外側の感情線の先端から手首までを2等分した位置の最上部にあり、③感情線の終点が人差し指の付け根に届かない

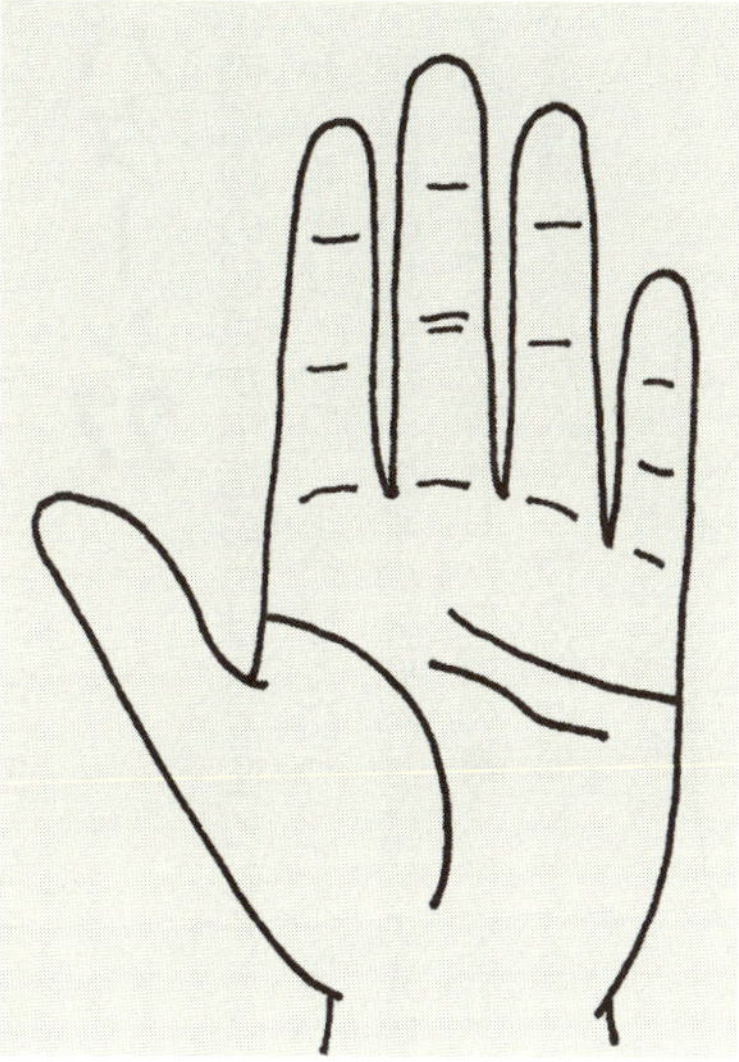

■繊細で神経質なアーティストタイプ

【性格・ライフスタイル】

大変珍しい手相です。繊細な心を持っていますが、ペシミスティック（悲観主義）なところがあります。悲観してとことん落ち込むところがあるのがこのタイプの特徴です。恋愛面では密かな恋心を燃やし、片想いに終わることもあります。結婚はお見合い向きです。

【才能・適職】

繊細さや、神経質なところを生かした仕事が向いています。道を極めて、芸術家として名を残す人もいます。アーティスティックなセンスを発揮できる職業を選ぶことがポイントです。

パターン27

①頭脳線の起点が中指の付け根を降ろしたラインから始まり、かつ、生命線と交わっておらず、②頭脳線の終点が手の平の外側の感情線の先端から手首までを2等分した位置の最上部にあり、③感情線の終点が人差し指の付け根を越える

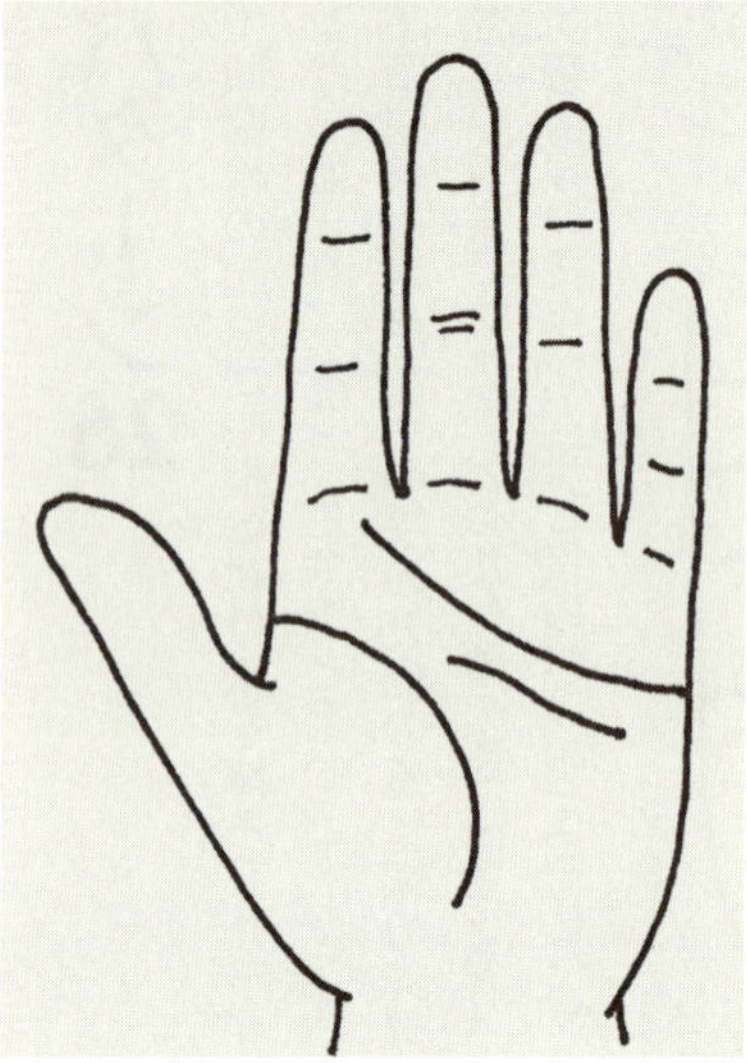

末は偉大な指導者の独立独歩型

【性格・ライフスタイル】

このタイプは男性特有の手相で、女性にはあまり見られないものです。若い時は苦労がつきものですが、いつの時代にも偉大なリーダーとして君臨する素養があります。もし女性ならば、相当に個性的で気丈な性格です。好きになると粘り強いこのタイプは、結婚後、男の中の男として頼りにされます。

【才能・適職】

裸一貫でのし上がるようなファイトがあり、我が道を行く性質があるために、最後まで人に使われる仕事は不向きです。会社経営者などの人を引っ張る職業に就くと、自分らしくのびのび生きられます。

パターン28

①頭脳線の起点が中指の付け根を降ろしたラインから始まり、かつ、生命線と重なっていて、
②頭脳線の終点が手の平の外側の感情線の先端から手首までを2等分した位置の下にあり、
③感情線の終点が人差し指の付け根で終わる

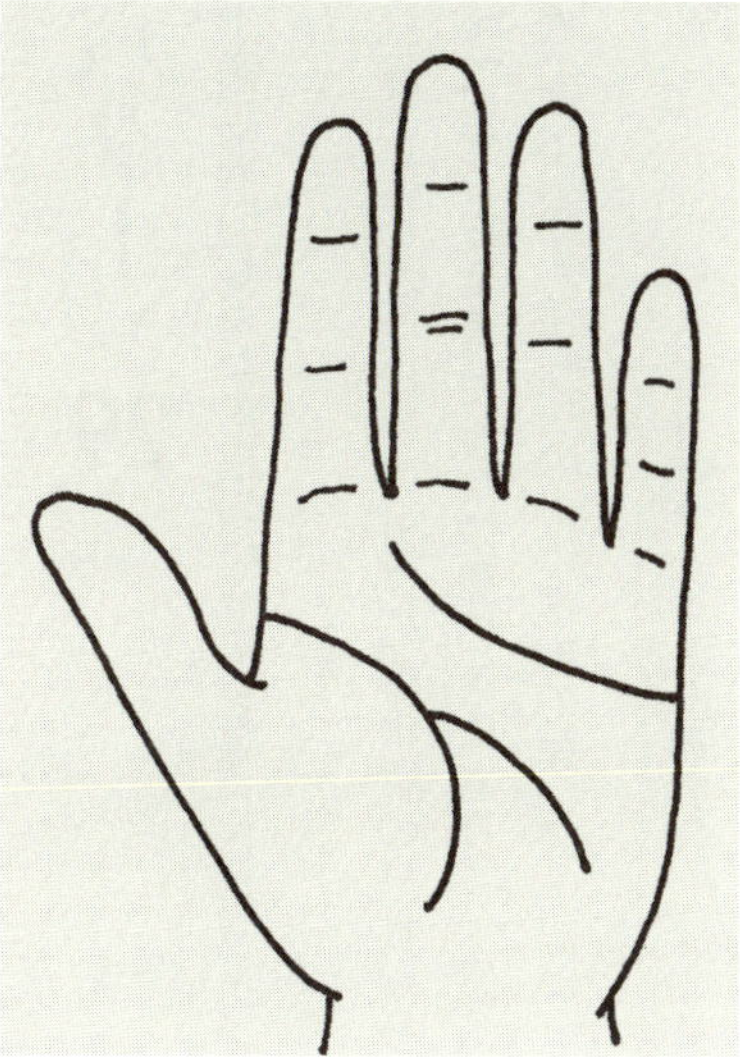

■素晴らしい霊感溢れたロマン派

【性格・ライフスタイル】

空想力溢れるロマンチストです。やや内向的で決断力不足の面もありますが、インスピレーションの冴えは見事です。恋愛は、片想いかプラトニックになりがちです。精力も弱めですがムード作りは上手いでしょう。結婚相手は年齢の近い人ほどよく、中年期に近づくと安定します。

【才能・適職】

他の人が思いつかないようなことを考えたり、霊感が働いたりすることがあります。カウンセラーなどに向いています。また、詩才や文才にも恵まれていますので、文筆業にも適しています。

パターン29

①頭脳線の起点が中指の付け根を降ろしたラインから始まり、かつ、生命線と重なっていて、②頭脳線の終点が手の平の外側の感情線の先端から手首までを2等分した位置の下にあり、③感情線の終点が人差し指の付け根まで届いていない

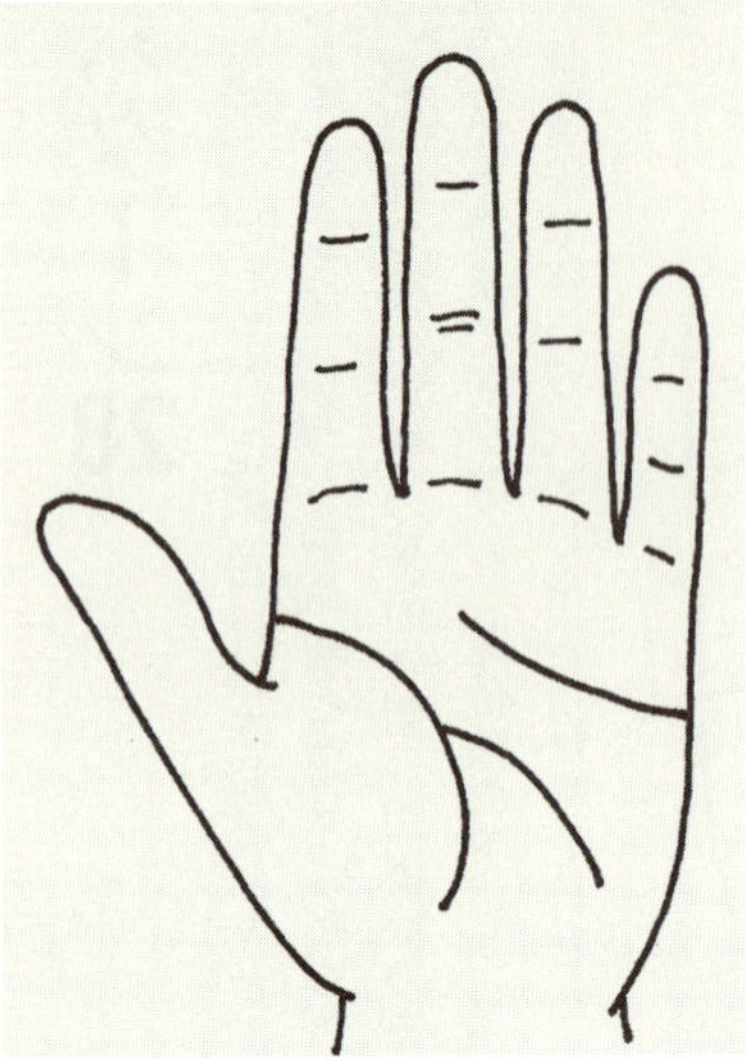

■想像力がいっぱいの美を愛する人

【性格・ライフスタイル】

美的な世界を愛する想像力豊かな人です。ただ、物事を深刻に考えすぎるナーバスなところもあり、チャンスをつかみ損ねる場面もありそうです。女性の場合、一度相手を好きになると誠心誠意尽くします。結果も幸福か、大失恋かの極端となりやすいタイプです。

【才能・適職】

ファッションから髪型、肌の手入れまで、細かいところにも神経が行き届くオシャレな人です。美しさを追求する職業がよくて、着物の図案やインテリア関係など、クリエイティブな仕事も向いています。

パターン30

①頭脳線の起点が中指の付け根を降ろしたラインから始まり、かつ、生命線と重なっていて、②頭脳線の終点が手の平の外側の感情線の先端から手首までを2等分した位置の下にあり、③感情線の終点が人差し指の付け根を越える

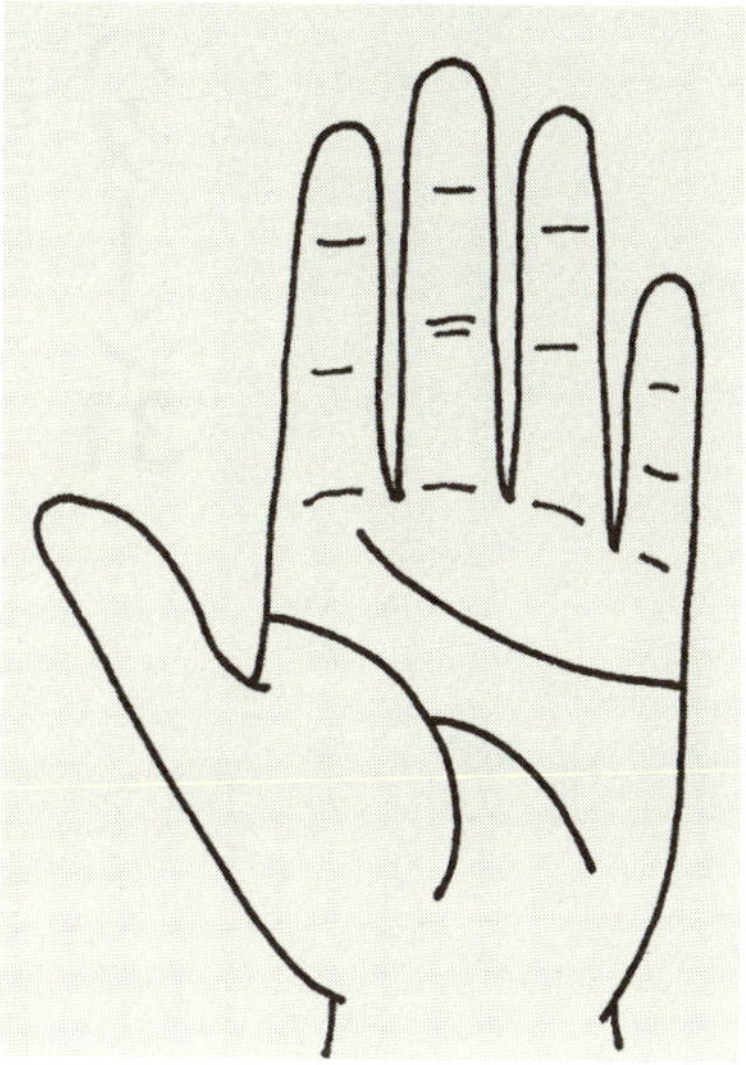

■優雅な趣味を持つエリートタイプ

【性格・ライフスタイル】

頭脳明晰で文学や音楽の趣味を楽しめる風流人です。理想に向かって突き進む精神力もありますが、内向的でつかみにくい性格のため、誤解を招きやすいこともあります。恋愛面でも、自分の気持ちを表に出さないので、相手から誤解されるおそれがあります。男女共に早婚の方が幸福になれるタイプです。

【才能・適職】

シャープな頭脳の持ち主なので銀行や証券などの金融関係の仕事に就くと、中堅として大いなる活躍が期待できます。趣味を生かし、芸術に携わる仕事に就いても、活躍が見込まれます。

パターン31

①頭脳線の起点が中指の付け根を降ろしたラインから始まり、かつ、生命線と重なっていて、②頭脳線の終点が手の平の外側の感情線の先端から手首までを2等分した位置の上にあり、③感情線の終点が人差し指の付け根で終わる

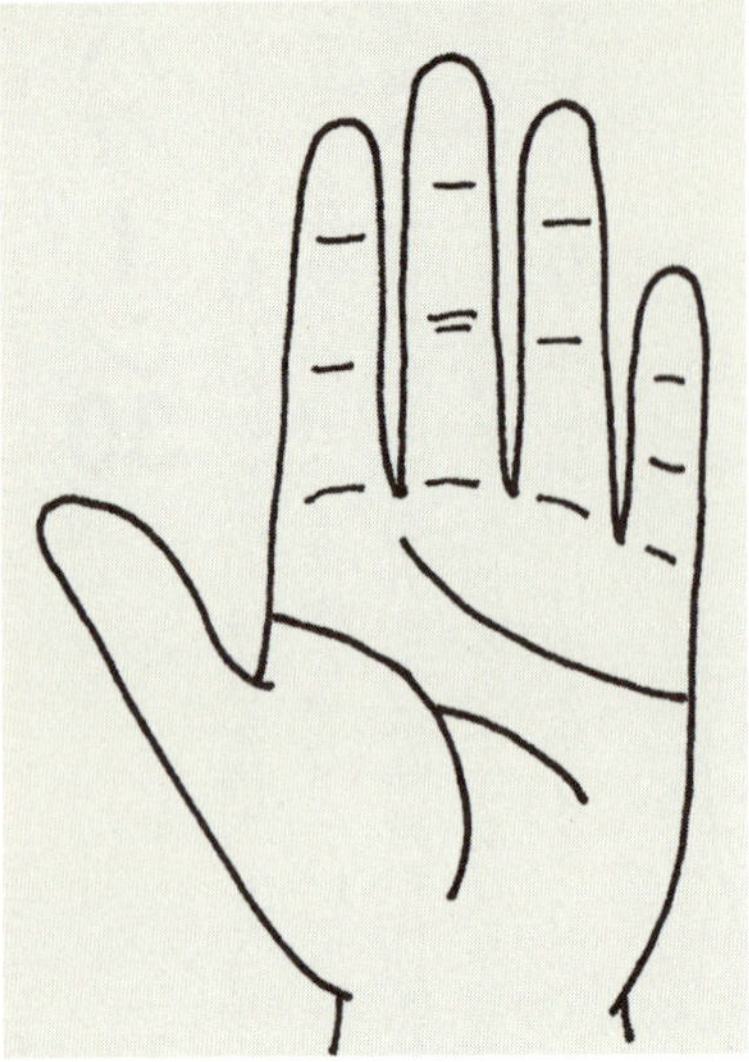

■真面目で堅実な典型的日本人タイプ

【性格・ライフスタイル】

内気で行動や表現は地味でも、コツコツと努力をするタイプです。冒険を避ける用心深さもあります。人当たりが良く、敵を作りません。30歳くらいから本領を発揮することが多く、日本人には多い手相です。恋愛は平凡でも誠実なタイプです。ただ、粘り不足が失恋を招くこともありそうです。

【才能・適職】

慎重な行動と、誠実な人柄を生かせる職業が向いています。しかし実力が発揮されるのはゆっくりですから、すぐに営業成績を求められる仕事では苦労しそうです。公務員や学生の頃から着手した仕事がよいでしょう。

パターン32

①頭脳線の起点が中指の付け根を降ろしたラインから始まり、かつ、生命線と重なっていて、②頭脳線の終点が手の平の外側の感情線の先端から手首までを2等分した位置の上にあり、③感情線の終点が人差し指の付け根まで届いていない

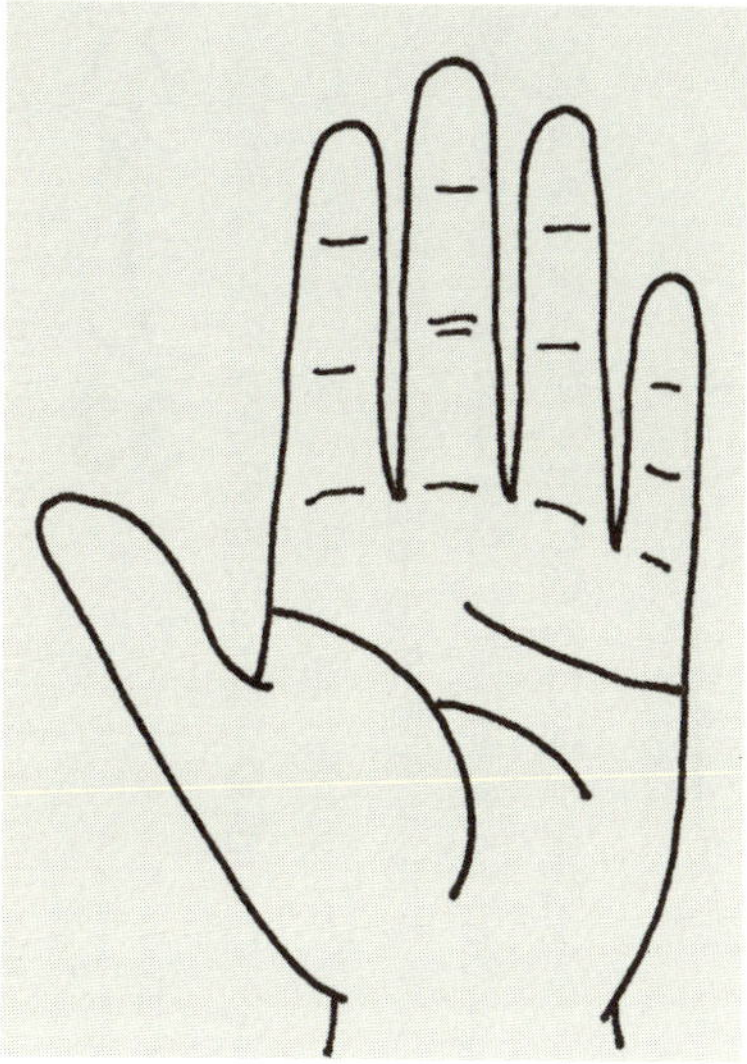

■流行を先取りする鋭敏タイプ

【性格・ライフスタイル】

最先端をいく流行や美しいものをキャッチする感覚に優れています。気持ちの切り替えが早すぎるのは、長所であり短所でもあります。また感覚が鋭すぎるため、イライラして、悩むことも多いでしょう。恋愛面では相手の外見だけに惹かれてトラブルになることもあります。恋愛結婚型といえます。

【才能・適職】

鋭いセンスを生かした仕事がぴったりです。広告やマスコミ、写真、音楽などから、華道などの伝統的な美しさを求める職場がフィールドになりそうです。極度に根気を必要とする仕事は避けた方がよいでしょう。

パターン33

①頭脳線の起点が中指の付け根を降ろしたラインから始まり、かつ、生命線と重なっていて、②頭脳線の終点が手の平の外側の感情線の先端から手首までを2等分した位置の上にあり、③感情線の終点が人差し指の付け根を越える

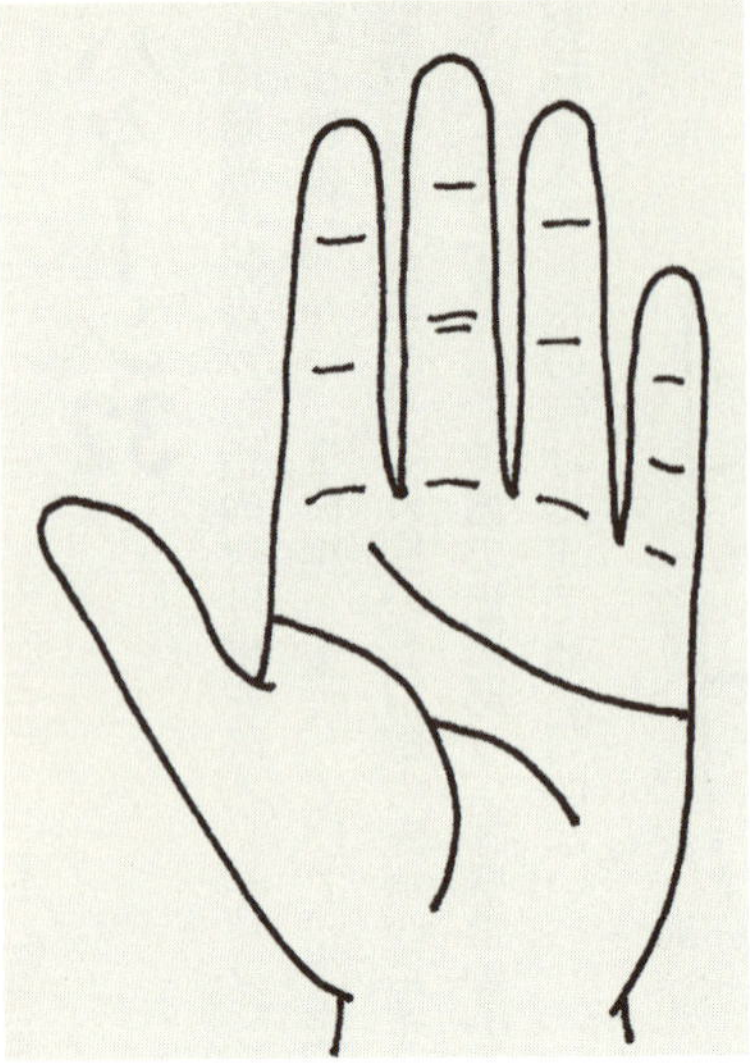

■成功率の高い管理職タイプ

【性格・ライフスタイル】

将来についてのビジョンをしっかり持って行動し、頼りがいがある人です。あらゆる年代の人から一目置かれています。成功率が最も高いのがこの手相の人といえます。ただし、女性の場合は勝ち気な人が目立ちます。恋愛には消極的で、お見合い結婚が主流です。結婚後は仕事中心になりそうです。

【才能・適職】

計画的に貯蓄し、投機の失敗も少ないので、どの組織でも経営者や支配人などの仕事を任せられると、上手に切り回します。店舗の経営などでも手腕をふるいます。特殊な資格を身に着けると鬼に金棒でしょう。

パターン34

①頭脳線の起点が中指の付け根を降ろしたラインから始まり、かつ、生命線と重なっていて、②頭脳線の終点が手の平の外側の感情線の先端から手首までを2等分した位置の最上部にあり、③感情線の終点が人差し指の付け根を越える

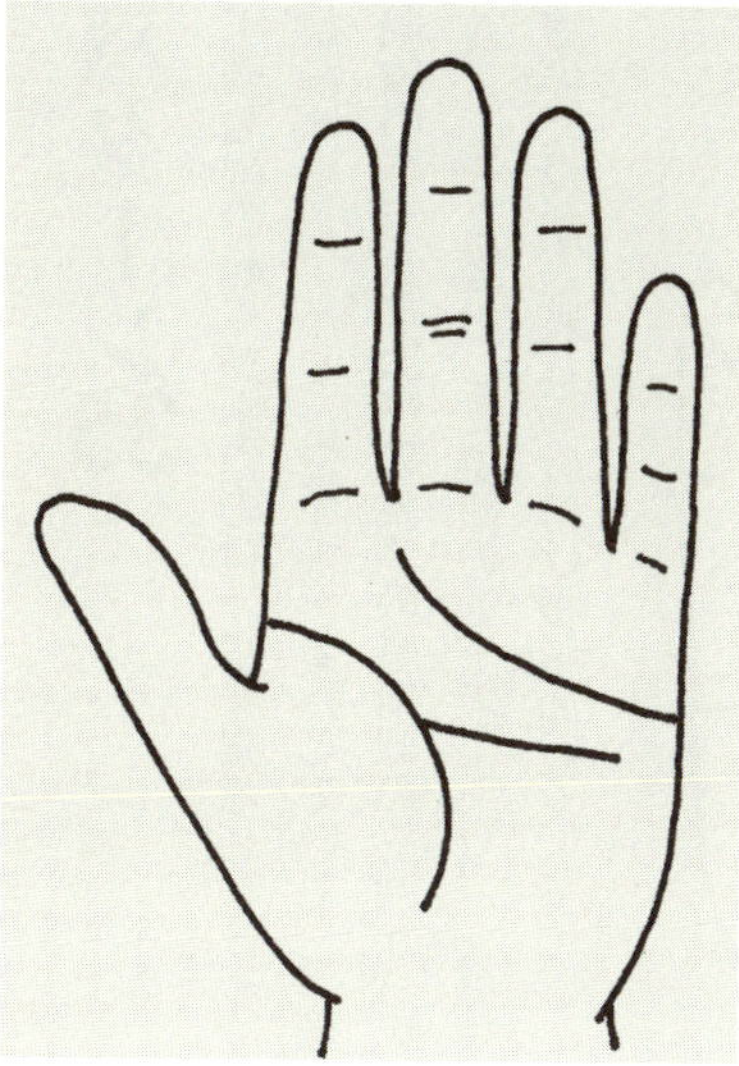

■明るくさっぱりした理論派

【性格・ライフスタイル】

明朗快活な性格です。辛いことがあっても顔に出さず、クヨクヨとこだわりません。論理的に判断する頭脳も持っています。恋愛では、さっぱりしすぎる点がマイナスに作用する可能性があります。仕事や研究に打ち込み、晩婚になることもあるでしょう。お見合いで自分に似たタイプとの結婚を考えた方がよいでしょう。

【才能・適職】

ロジカルで、明晰な頭脳を生かせる職業なら、たいていのことはこなします。特に向いているのは法律家や医師、教師などです。このタイプの人で、発明や発見などで業績を残している例もかなりあります。

パターン35

①頭脳線の起点が中指の付け根を降ろしたラインから始まり、かつ、生命線と重なっていて、②頭脳線の終点が手の平の外側の感情線の先端から手首までを2等分した位置の最上部にあり、③感情線の終点が人差し指の付け根に届いていない

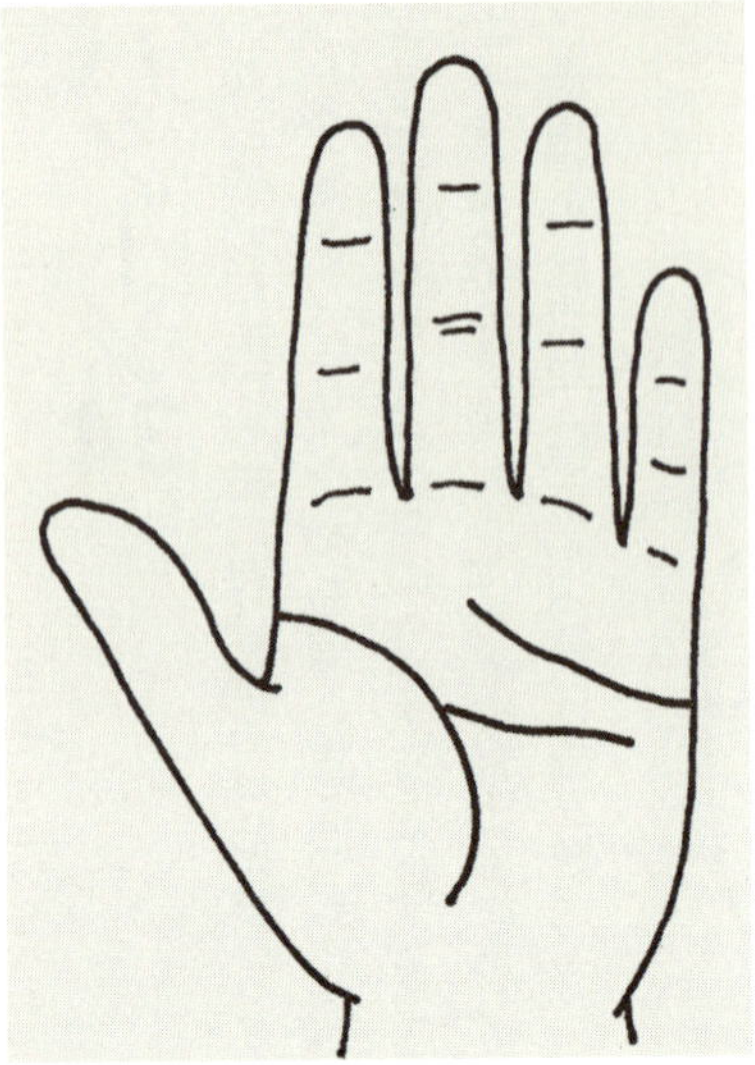

■企画力と実行力のあるエリートタイプ

【性格・ライフスタイル】

男女比から見ると男性に多いタイプの手相です。頭の良い秀才型で、発想も柔軟で、しかも決めたことは最後までやり遂げるファイトもあります。恋愛面では、好きになったら情熱的になり、猛烈にアタックします。しかし結婚後は、浮気をする心配もあります。

【才能・適職】

企画力と実行力があるので、会社に入れば、エリートコースを進みます。その他の職種でも、成功者となる要素があります。転職をしながらキャリアアップをするタイプで、転機は30歳前後に訪れそうです。

パターン36

①頭脳線の起点が中指の付け根を降ろしたラインから始まり、かつ、生命線と重なっていて、
②頭脳線の終点が手の平の外側の感情線の先端から手首までを2等分した位置の最上部にあり、
③感情線の終点が人差し指の付け根を越える

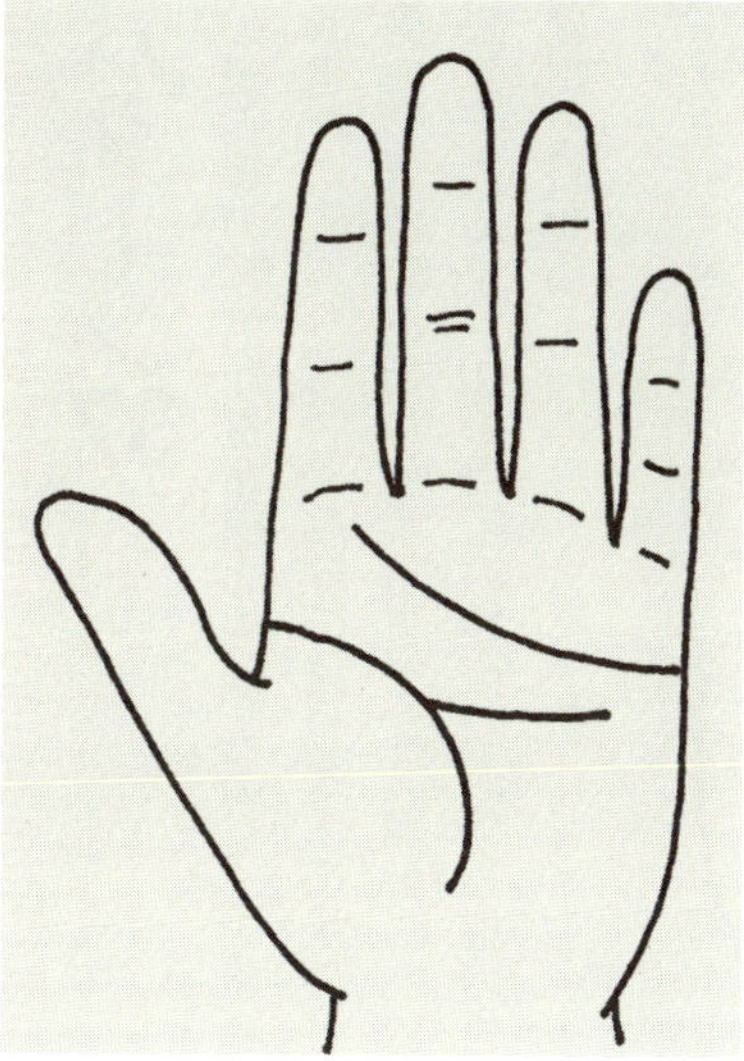

■思い切りの良いファイトマン

【性格・ライフスタイル】

男性は、おとなしそうでも大胆に行動するファイトマンです。一度や二度の失敗にもめげないでしょう。青年時代は不遇でも、30歳以降にメキメキと力をつけます。女性は女傑型で頼もしく、40歳くらいで実力を発揮します。恋愛面では、気持ちを伝えるのが下手でしょう。結婚後は多少わがままになるかもしれません。

【才能・適職】

若い頃は、環境に恵まれなくても、一度目標を決めたら最後までやり抜く、立身出世タイプです。実業家や技術者、芸能人などに多く見られる手相です。女性の場合も男性顔負けの才能を発揮します。

パターン37

①頭脳線の起点が生命線の内側にあり、生命線をまたいでおり、②頭脳線の終点が手の平の外側の感情線の先端から手首までを2等分した位置の下にあり、③感情線の終点が人差し指の付け根で終わる

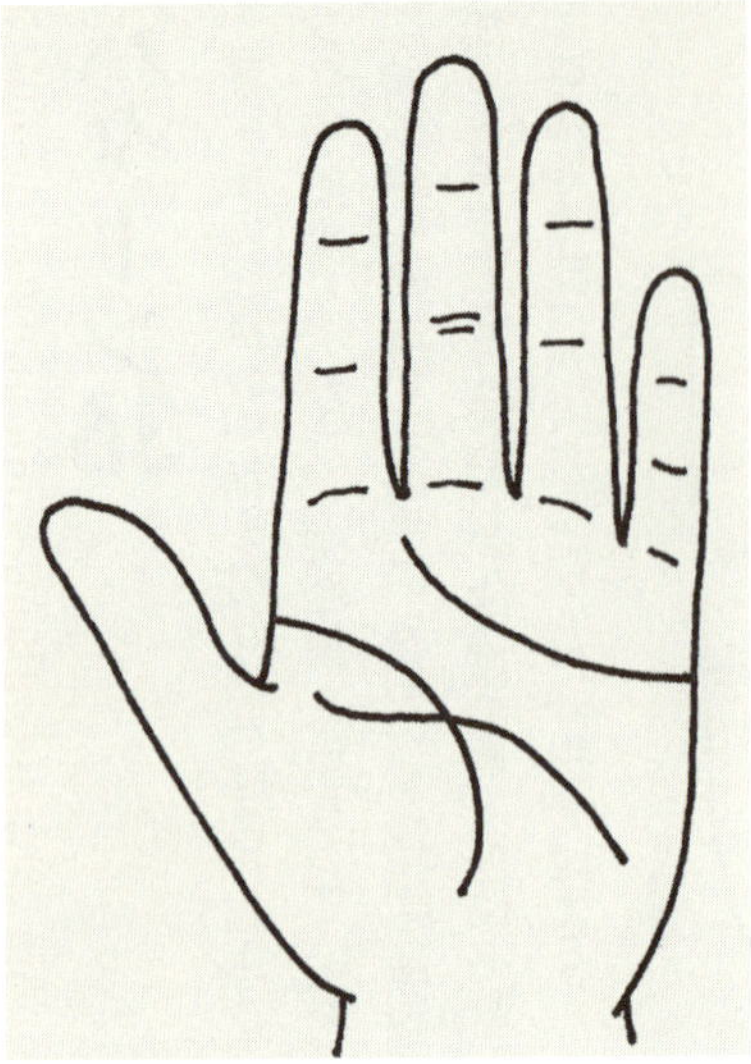

■物静かで思いやりある理知的な人

【性格・ライフスタイル】

理知的で思いやり溢れたタイプです。誰からも好かれることでしょう。ただし、本人は控えめで内気です。1人で読書をするなど、静かに過ごすことを好む傾向があります。その意味においては、騒がしい環境を極度に嫌う繊細な面があります。恋愛でも相手に対する思いやりを見せますのでモテるタイプといえます。

【才能・適職】

生まれながらにして芸術的な才能に恵まれています。直観力と想像力を働かせる仕事が向いています。イラストレーターやデザイナー、童話作家、音楽家、編集者などです。

パターン38

①頭脳線の起点が生命線の内側にあり、生命線をまたいでおり、②頭脳線の終点が手の平の外側の感情線の先端から手首までを2等分した位置の下にあり、③感情線の終点が人差し指の付け根まで届いていない

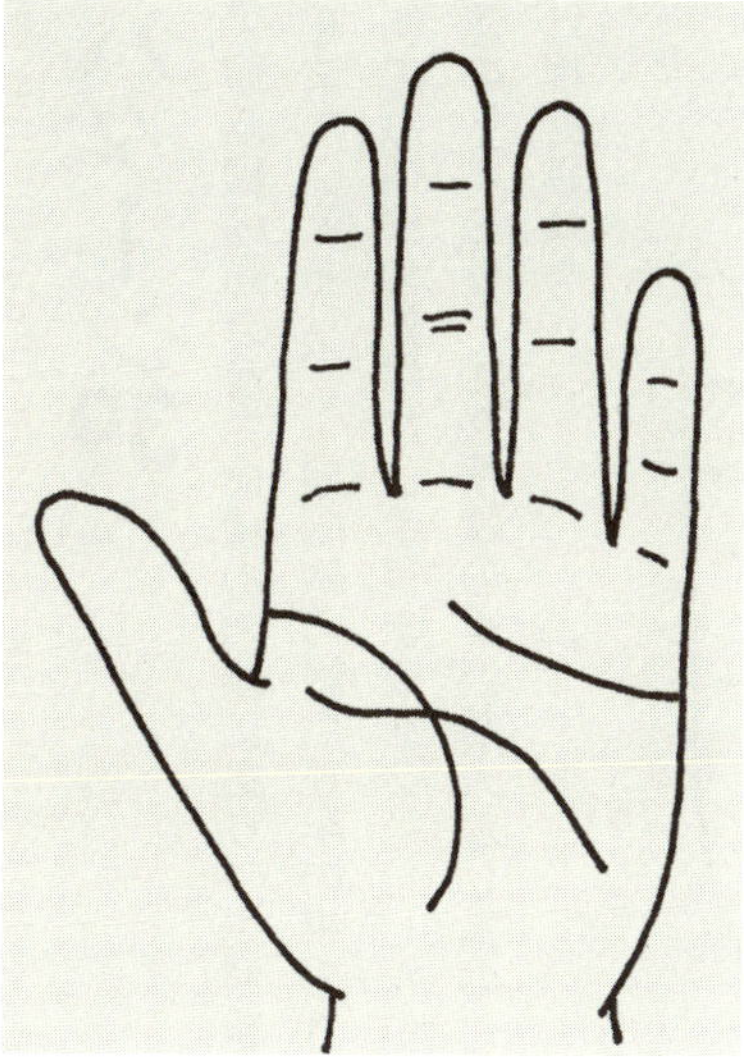

■イマジネーション豊かな夢想家

【性格・ライフスタイル】

美しいものを愛するデリケートな感受性の持ち主です。イマジネーションも豊かですが、現実よりも夢の世界を求めていく面があります。過敏すぎてささいなことにイライラし、興奮することもあります。恋愛では慎重なあまり決断が遅れることが多いかもしれません。

【才能・適職】

芸術的センスと表現力に恵まれています。美容師やデザイナー、華道や茶道が向いているといえます。また、このタイプは語学が得意ですので、翻訳家や通訳などもよいでしょう。

パターン39

①頭脳線の起点が生命線の内側にあり、生命線をまたいでおり、②頭脳線の終点が手の平の外側の感情線の先端から手首までを2等分した位置の下にあり、③感情線の終点が人差し指の付け根を越える

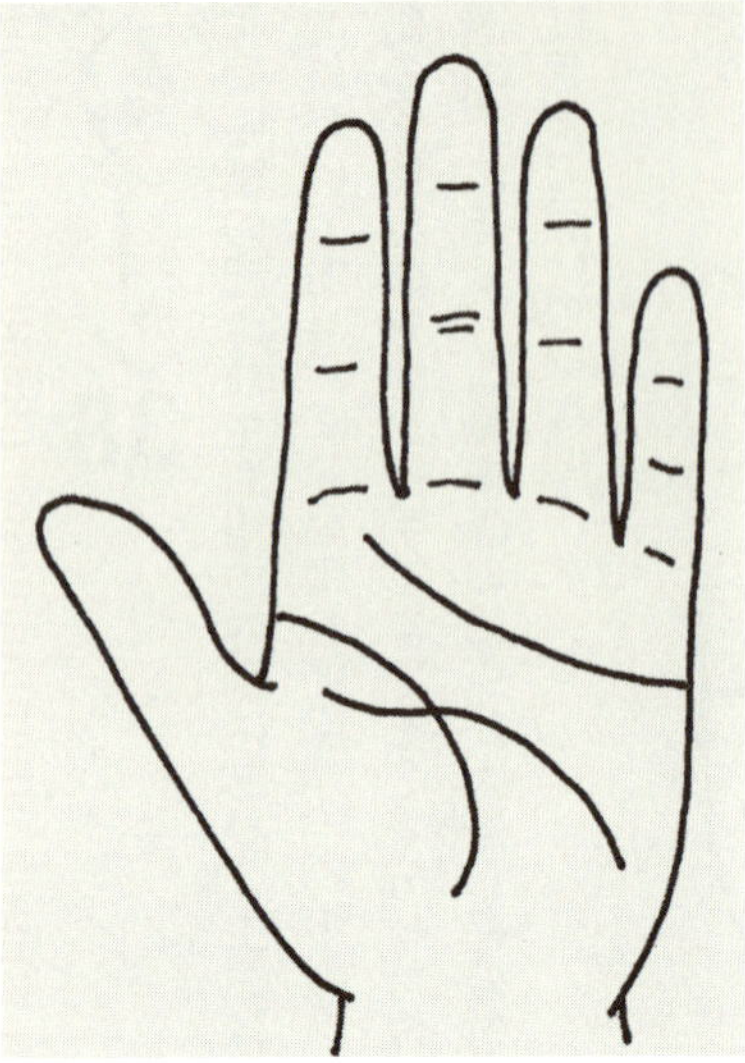

■アップダウンの激しい独創的な人

【性格・ライフスタイル】

気持ちが安定している時は普通ですが、いったん感情が高揚するとそれを抑えきれないほどの起伏差があるタイプです。スランプ時と通常時の落差もかなりあります。恋愛面でも熱しやすく冷めやすいタイプなので、好きになるととことん相手に夢中になります。良き結婚相手に恵まれると、結婚後は落ち着くでしょう。

【才能・適職】

調子の良い時は泉のようにアイデアが湧いてくる独創力があります。この才能を生かした、自由業や芸術家などのクリエイティブな仕事に就くと金運にも恵まれることでしょう。

パターン40

①頭脳線の起点が生命線の内側にあり、生命線をまたいでおり、②頭脳線の終点が手の平の外側の感情線の先端から手首までを2等分した位置の上にあり、③感情線の終点が人差し指の付け根で終わる

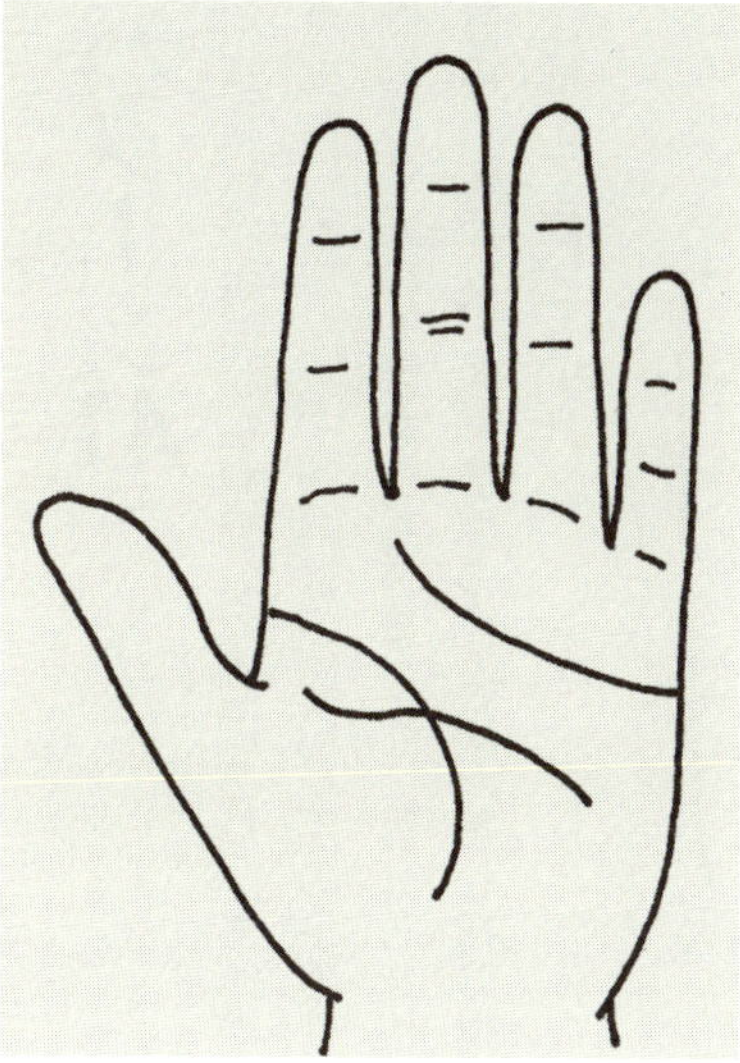

■人の気持ちを読み取る思索タイプ

【性格・ライフスタイル】

感受性が鋭く、相手がどんなことを考えていたかを即座にキャッチすることができるタイプです。ただし、あまり社交的な方ではなく、内向的で静かに物事を考える方が合っているでしょう。異性には大変親切なので、男性の場合は養子にほしいとお願いされることがあるかもしれません。結婚後は思いやりを忘れない、理想的な家庭人になります。

【才能・適職】

時代の流れや人間の気持ちを読み取る洞察力を生かした仕事で実力を発揮することができるでしょう。文才もありますから、マスコミ関係の仕事や文筆業として成功する可能性が高いでしょう。

パターン41

①頭脳線の起点が生命線の内側にあり、生命線をまたいでおり、②頭脳線の終点が手の平の外側の感情線の先端から手首までを2等分した位置の上にあり、③感情線の終点が人差し指の付け根まで届いていない

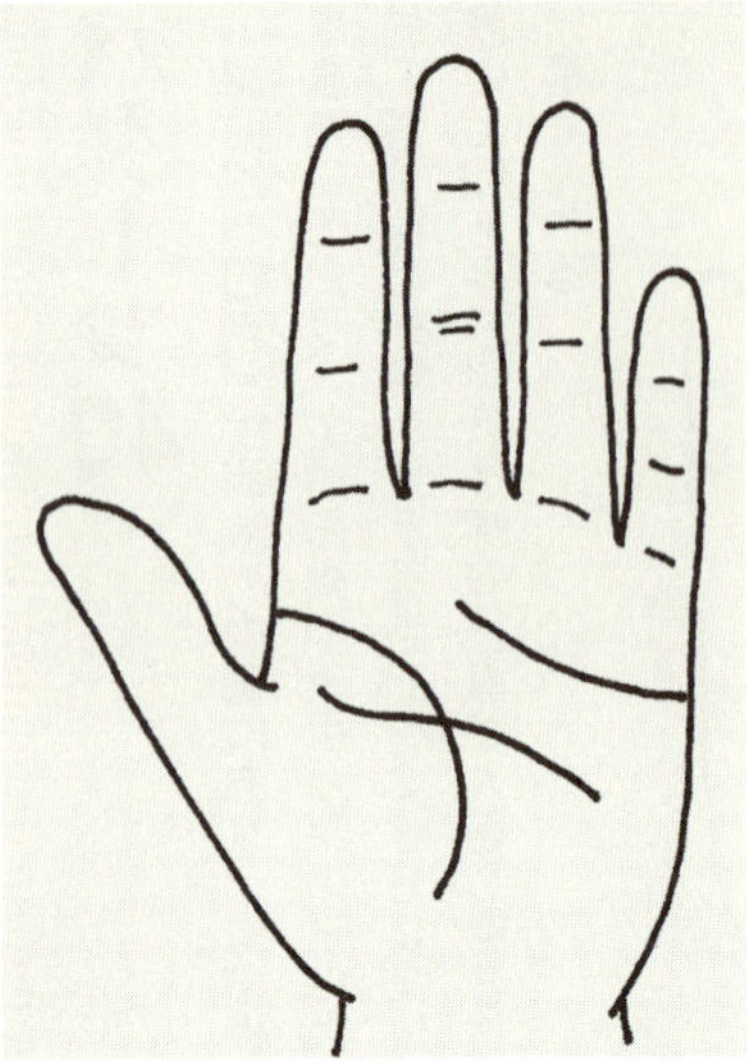

■発想豊かで熱中するタイプ

【性格・ライフスタイル】

好きなことには熱中する凝り性型です。ただ、気分にムラがあり、逆につまらないことにこだわりすぎて、チャンスを逃すこともあります。恋愛面でも取り越し苦労をしそうです。しかし、クラシカルな魅力があるので異性にはモテます。結婚すれば安定するでしょう。

【才能・適職】

自分らしいアイデアを生み出すことができるタイプです。好きな仕事や専門的な分野での才能を生かすと成功する確率も高くなります。女性相手の仕事に就くと水を得た魚のようにイキイキとします。

パターン42

①頭脳線の起点が生命線の内側にあり、生命線をまたいでおり、②頭脳線の終点が手の平の外側の感情線の先端から手首までを２等分した位置の上にあり、③感情線の終点が人差し指の付け根を越える

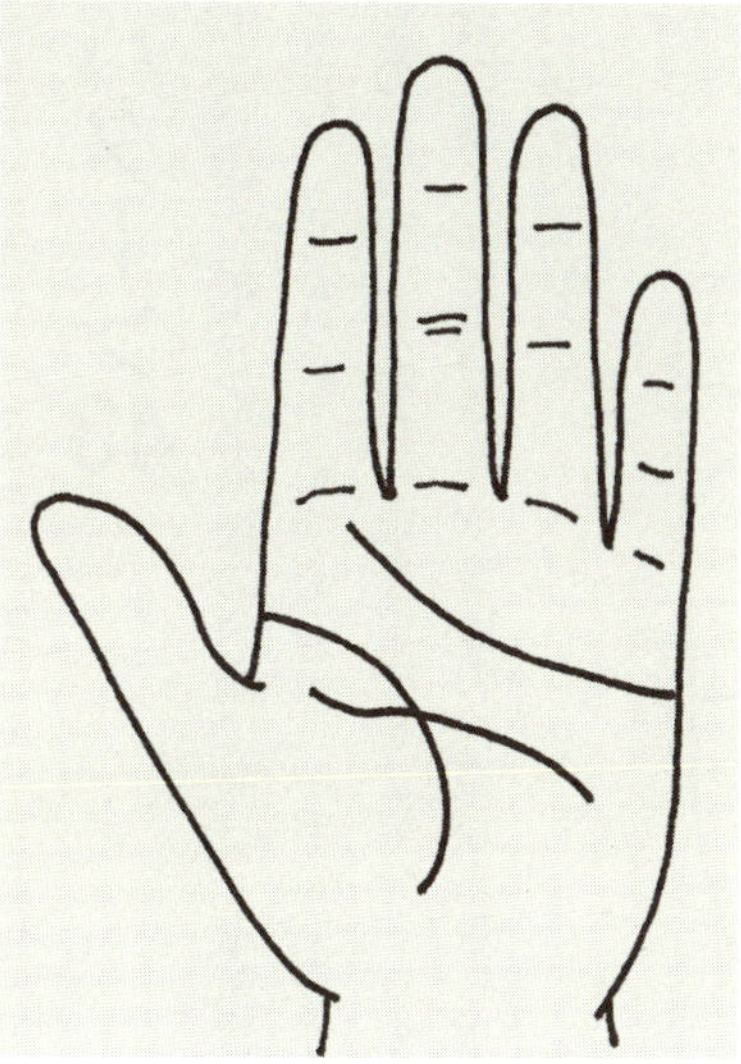

■理解力ある多芸多才型

【性格・ライフスタイル】

平凡なことでは満足できない自己顕示欲の強さが特徴です。とにかく頭が良くて、理解力にも優れています。趣味も豊富で、文学や音楽、絵画などさまざまなものに興味を示します。ただし、とっつきにくい印象があるので、結婚は遅くなりがちかもしれません。結婚後は、配偶者を大切にするでしょう。

【才能・適職】

何をやらせても自分の能力を最大限に発揮します。その多芸多才ぶりで、本職がわからなくなるほどサイドビジネスを持つこともありそうです。自分の実力を十分に発揮できる仕事であれば、それで満足するタイプです。

パターン43

①頭脳線の起点が生命線の内側にあり、生命線をまたいでおり、②頭脳線の終点が手の平の外側の感情線の先端から手首までを2等分した位置の最上部にあり、③感情線の終点が人差し指の付け根で終わる

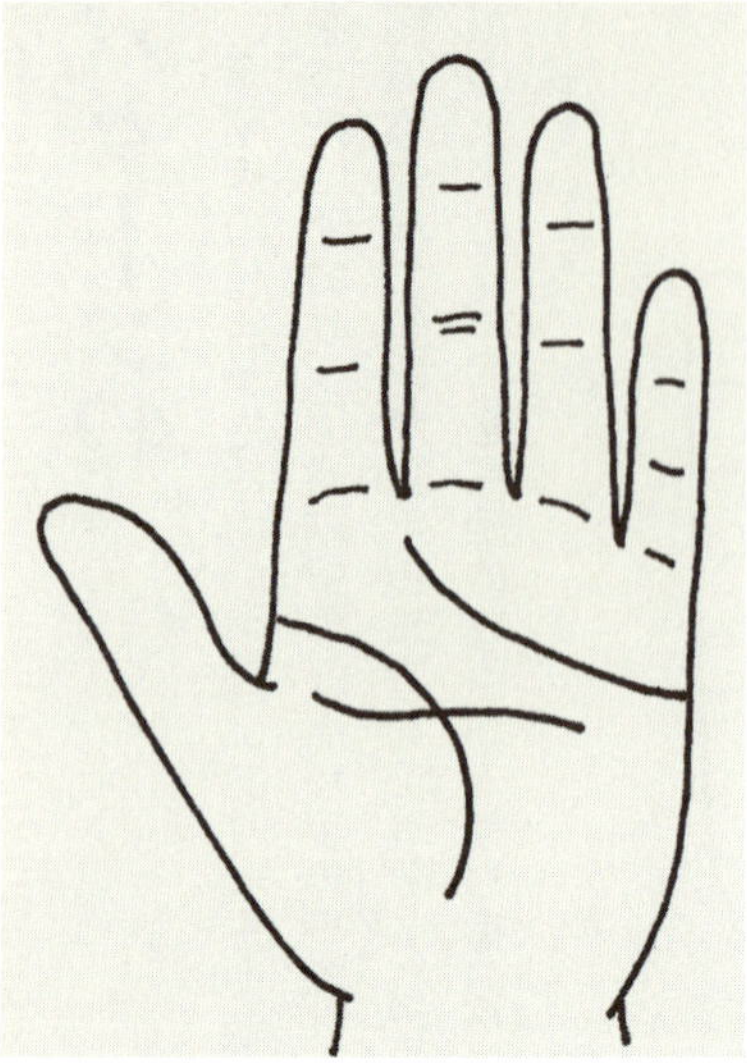

■社交性豊かな常識人

【性格・ライフスタイル】

明るく真面目な性格で、責任感も強いタイプです。また、気さくで物腰も柔らかいので、誰からも好かれるでしょう。常識があり、控えめなところがあるので、危ない橋を渡るようなことはめったにしません。恋愛面では、火遊びや道を外れた恋とは無縁です。平凡でも、温かい家庭を築き上げることができるでしょう。

【才能・適職】

理系・文系のどちらの方面にも興味を持っています。与えられた仕事は最後までやり抜くので、どんな職場においても平均以上の能力を出すことができるでしょう。運動神経も優れ、手先を使う仕事にも向いています。

パターン44

①頭脳線の起点が生命線の内側にあり、生命線をまたいでおり、②頭脳線の終点が手の平の外側の感情線の先端から手首までを2等分した位置の最上部にあり、③感情線の終点が人差し指の付け根まで届いていない

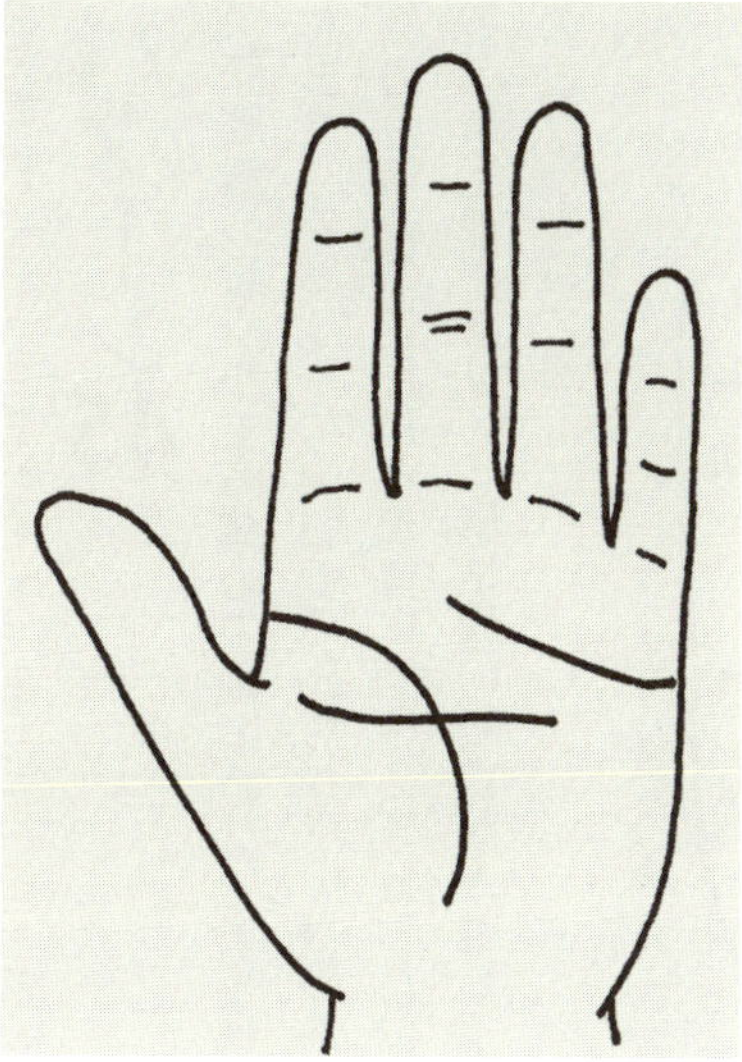

■流行に敏感な感覚が抜群の人

【性格・ライフスタイル】

最新流行や美しいものをキャッチするアンテナを常に張り巡らせています。奇抜なファッションも自分のものとして消化できるセンスがあります。ただ、気まぐれで飽きっぽいところがあります。恋愛面では、異性の好みがはっきりしています。相手を外見で選ぶ傾向もあります。

【才能・適職】

飛び抜けた美的センスを発揮できる仕事が向いています。イラストレーターや美容師、アニメ関係、インテリアコーディネイターなどの分野で自分らしさを発揮する人がたくさんいます。

パターン45

①頭脳線の起点が生命線の内側にあり、生命線をまたいでおり、②頭脳線の終点が手の平の外側の感情線の先端から手首までを2等分した位置の最上部にあり、③感情線の終点が人差し指の付け根を越える

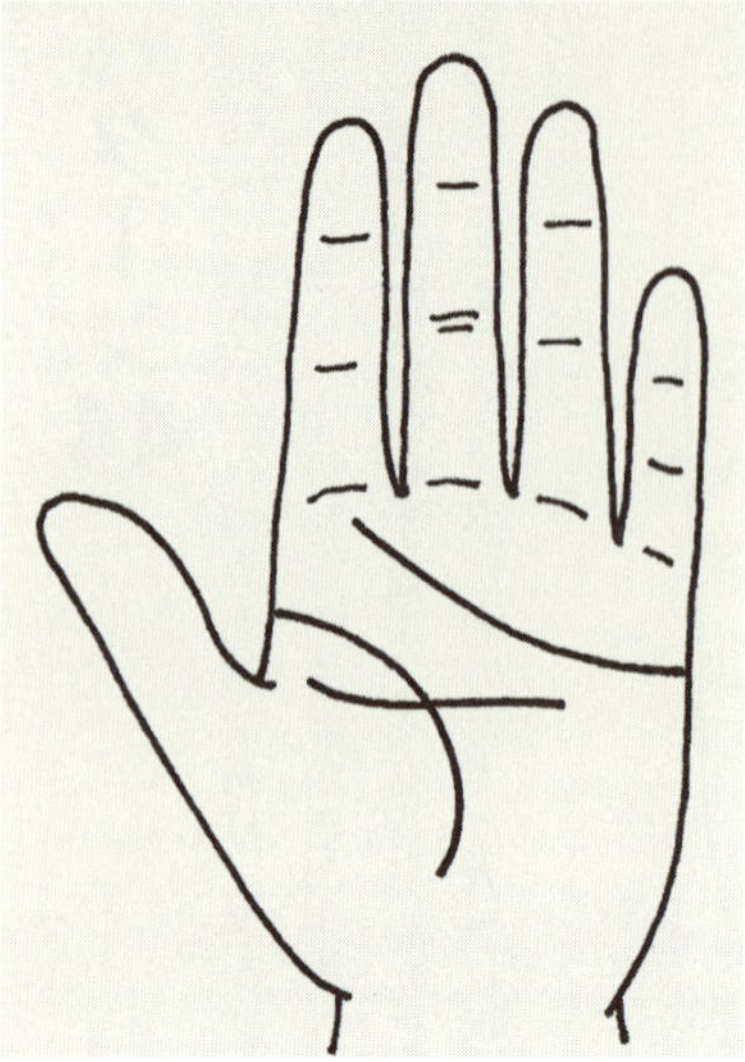

■静かな外見に大望を秘めた人格者

【性格・ライフスタイル】

普段は落ち着いて物静かなタイプです。思いやりを持って人に接します。しかし、その心の中には勇気と行動力があり、大きな夢を持っています。いざという時には思いがけない力を発揮できる人です。恋愛面でも、思いやりのある関係を大切にし、安定した家庭を目標にします。

【才能・適職】

どんな仕事を与えられても、そつなくテキパキこなします。指導力や判断力もあり、意志の強さもあるので大成します。専門的な技術があれば可能性も広がります。検事や栄養士などの仕事にも適しています。

パターン46

生命線、頭脳線、感情線の３本が１つの起点から始まり、線は２本で細かなシワが少なく、はっきりした１本の線が手の平を水平に横切っている

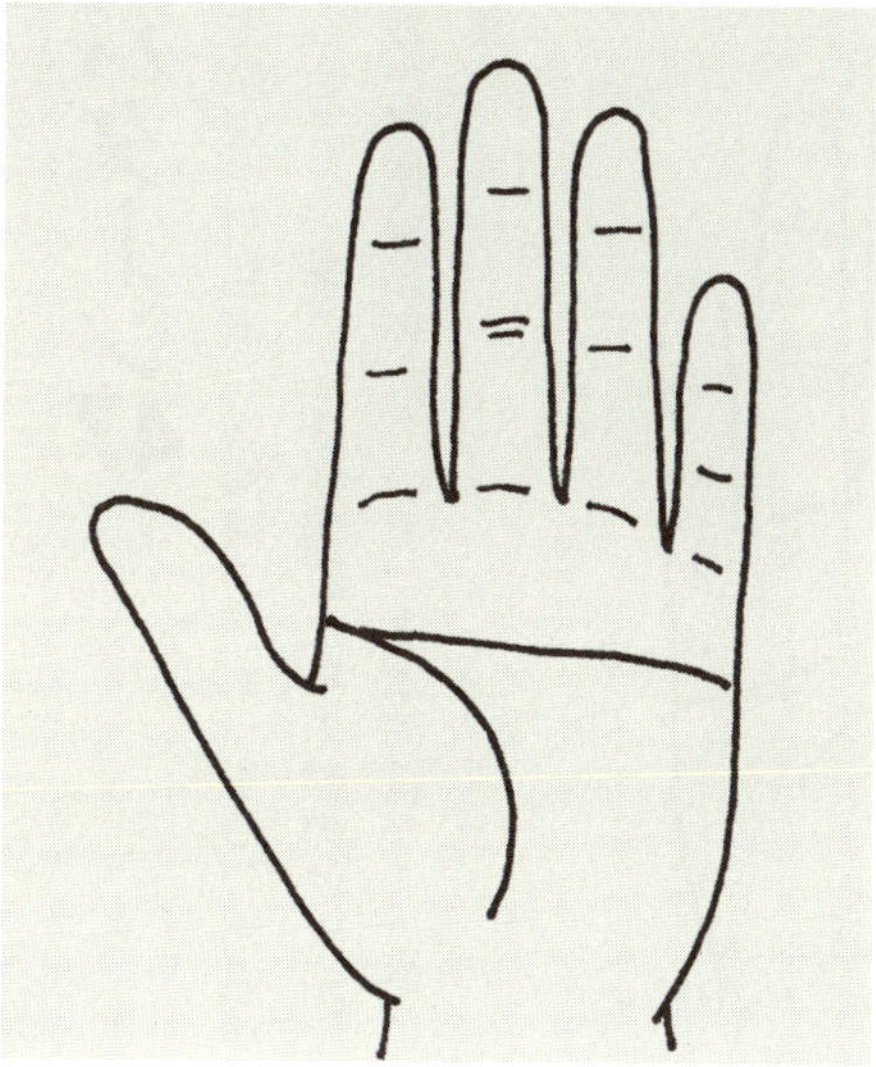

■度胸と指導力ある天才型

【性格・ライフスタイル】

この手相は遺伝しやすく、天才的な素養を持つ家系に多く現れています。人を惹きつけて離さない魅力があり、度胸も満点ですし、指導力もあります。ただし頑固でややワンマンな傾向も見られます。恋愛への関心はありますが、なぜか結婚相手を探す時に苦労し、晩婚になりがちです。

【才能・適職】

どんな職業に就いても、全力を尽くすのでたいてい上手くいきます。機械に強く、技術を身に着ける天才です。指導者や医師、学者、エンジニアとして活躍する人も目立ちます。ドライバーにも適しています。

パターン47

生命線、頭脳線、感情線の3本が1つの起点から始まり、手の平を横切る水平の線の他に頭脳戦か感情線が表れていて、3本の線が1カ所に集まっている

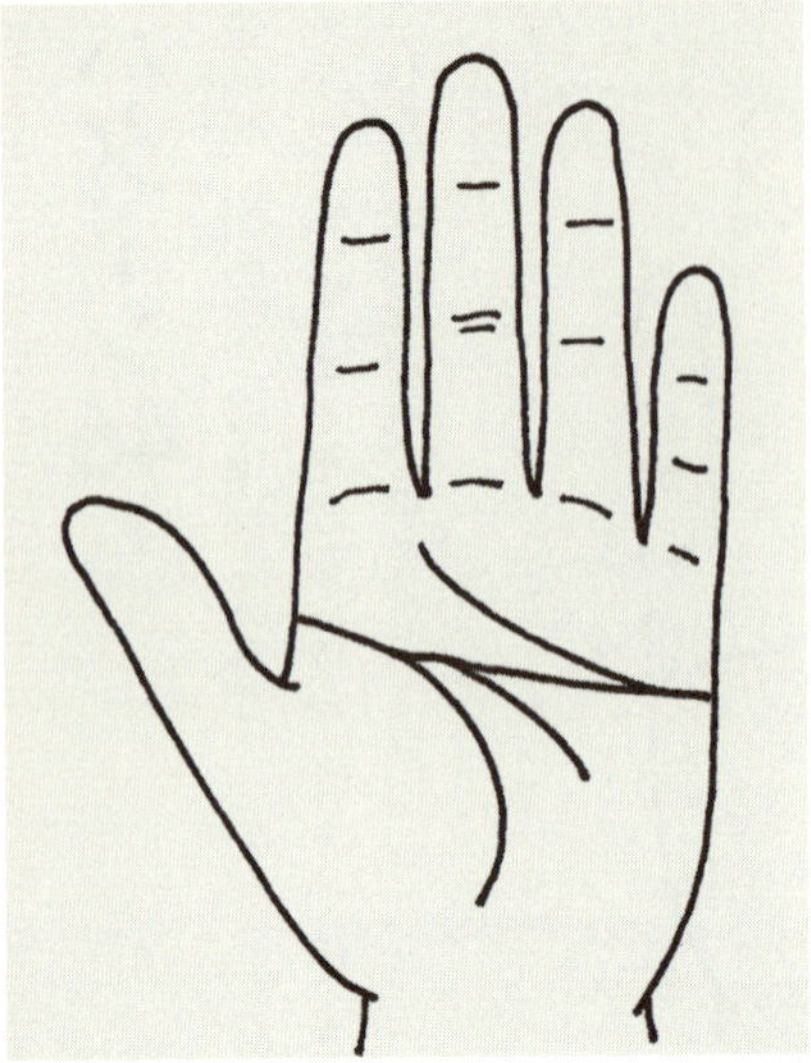

■並外れた創作能力があるタイプ

【性格・ライフスタイル】

大人になっても子どもの心を忘れないタイプです。頼りないところもありますが、普通の人には考えつかないようなアイデアを思いつき、卓抜した創造力があります。恋愛では献身的に異性に尽くしますが、そのために辛い思いをして、泣くこともあるかもしれません。

【才能・適職】

誰にも真似のできないユニークな才能と創造性を発揮し、創作や作曲で頭角を現す人もかなりいます。チャンスをつかむのが上手なので、一夜にして成功者・有名人となる場合もあるようです。

パターン48

生命線、頭脳線、感情線の３本が１つの起点から始まり、手の平を横切る水平の線の他に全体に細かい線が多く、線の形が複雑になっている

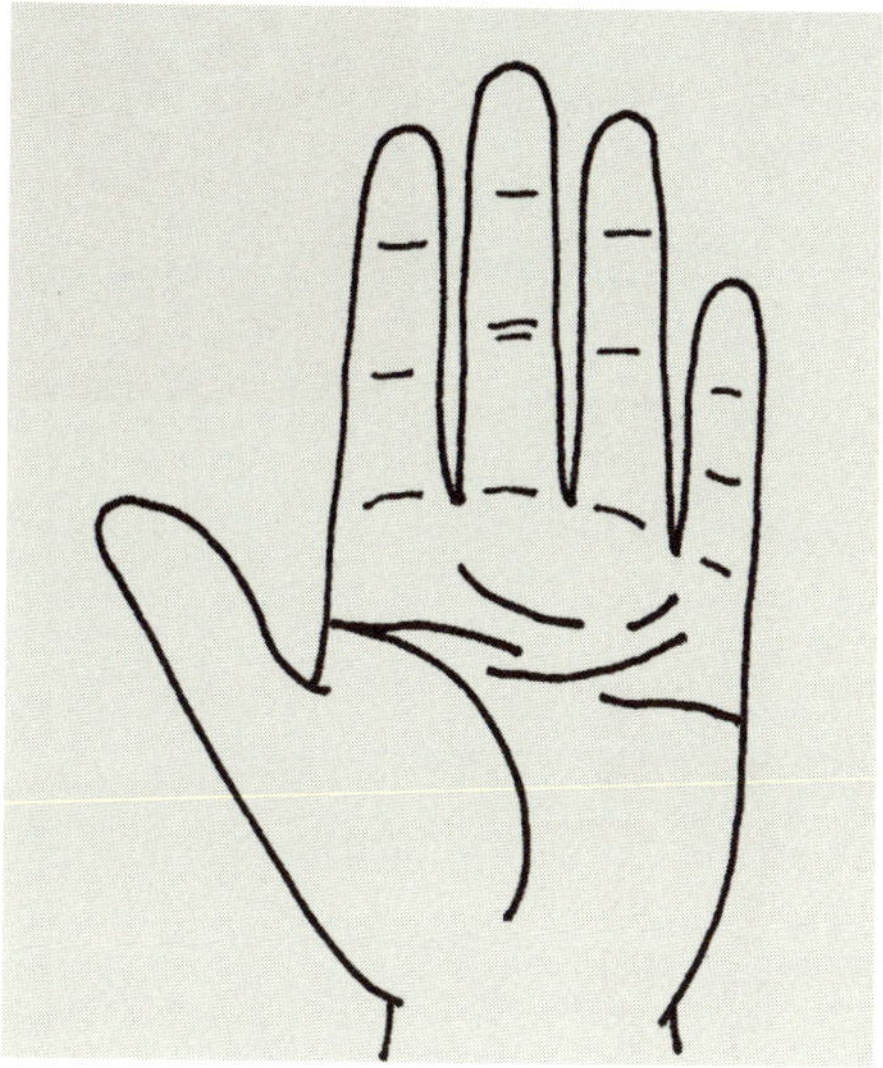

金銭感覚と芸術センスが同居したタイプ

【性格・ライフスタイル】

美しいものを敏感に察知するセンスがあり、直観力にも優れています。ただ人の好き嫌いが激しく、気分にムラがあるので、対人関係に苦労することもありそうです。恋愛では惚れっぽいわりに、結婚に踏み切れず、チャンスを逃す人もいます。

【才能・適職】

美的センスを生かし、芸術・芸能方面で活躍している人も多く見られます。金銭運があり、お金儲けの才能にも恵まれています。ギャンブルで一山当てる場合もあるでしょう。

Q. 運命数は？

生年月日からその人の性格や傾向を読み解くこともできます。それを「カバラ数秘術」といいます。「カバラ」は運命を教えてくれる最も簡単で有効なツールといえます。

カバラ数秘術の出し方はいたって簡単です。

例えば、1972年11月20日生まれの人の運命数は1＋9＋7＋2＋1＋1＋2＋0＝23

生年月日をバラバラにしてすべてを加算した数は「23」となりました。これではまだ1桁になっていませんので、さらにバラバラにして加算します。

つまり、2＋3＝5となり、1桁の数「5」が得られました。これがその人の運命数なのです。

ただし、「カバラ」において、「11」と「22」は特別な数であるということです。ですから、もし、生年月日を加算して得られた数字が「11」または「22」となったら、その場で計算をストップしてください。

つまり、2001年12月23日生まれの人の運命数は、2＋0＋0＋1＋1＋2＋2＋3＝11となり、2桁になったからといって、1＋1＝2とはしないでください。「11」が運命数です。

同様に、1971年3月1日生まれの人の運命数は、1＋9＋7＋1＋3＋1＝22となり、この場合も、2＋2＝4とはしないで「22」が運命数となります。

Answer

■運命数「1」の人

冷静さと大胆な行動力を合わせ持つチームのリーダータイプ

運命数「1」の人は、何事にも成功率の高い人です。エネルギッシュで意志が強く、指導力のある人というイメージを周囲に与えます。どんな時にも慌てず冷静に物事を判断し、かつ、問題を処理する能力に恵まれています。

一見すると物静かに見えますが、その裏には大胆な行動力と勇気を秘めています。いろいろな場所に出かけて、人と会うのが好きな性格のため、常に動いていないと気がすみません。また、機転が利く運命数「1」の人はチームのリーダーとして人の上に立つことが多くなるでしょう。

ただし、運命数「1」のマイナス面が前面に出ると、反抗的な態度になり、利己的な態度になりがちです。運が悪くなると、普通の人なら諦めることも、運命数「1」の人は悪あがきをしてしまいがちです。そのためよけいにダメージを受けてしまい、人から受け入れられなくなることも多くなるのです。

また、気分にムラがあるのがこのタイプの特徴といえます。一人よがりになり、攻撃的になることもあるので気をつけましょう。運が悪い時こそ、無理をしないで他人の忠告に耳を傾けること、客観的に自分を観察することが必要です。

■運命数「2」の人

他者への思いやりを第一に考えるロマンチストな平和主義者

運命数「2」の人は、理性より感情を重視するタイプで、第一印象は「優しいロマンチスト」です。感受性が鋭く、人の言葉に敏感です。気まぐれな人ですが、好きなことに熱中すると、人並み外れた集中力を発揮します。

他人への思いやりがあり、自分を強く主張することなく控えめで、行動する前によく考えるタイプです。争いを嫌う平和主義者です。人の話を親身になって聞く姿は周りから厚い信頼を寄せられるでしょう。

凝り性で細かいことにもよく気が回るのも運命数「2」の人の特徴です。

ただし、1つのことに慎重になりすぎるために決断力が不足してしまい、クヨクヨとあれこれ迷いすぎてストレス過多になるほど悩むことがあります。結果、それが度を越してしまいチャンスを逃すこともあるのではないでしょうか。不運の時は、普通の人よりも深刻になりすぎてしまうのが欠点です。少しくらい失敗しても笑ってすませるくらいの楽天性を身に着けるべきでしょう。友人を大切にすることが開運のカギになります。

また、気分的にもムラがあるタイプですが、思ったことを確実に実行すれば、間違いなく周囲から高い評価を受けられるでしょう。

■運命数「3」の人

ユーモアたっぷりで人づき合いの達人 一度決めたことを押し通す頑固さもある

運命数「3」の人は秀才タイプで明るく社交的です。ユーモアたっぷりの人です。人づき合いを大切にし、自分を周りの人達に合わせていこうと努力をするために、どんな人とでも上手くやっていけるのではないでしょうか。グループの中心人物となるタイプです。

話していて相手を疲れさせないため友人も多く、援助を惜しまない仲間や先輩にも恵まれるでしょう。上司や先輩とのつき合いだけでなく、後輩の面倒もよく見るので、あらゆる人から愛されます。好奇心も旺盛で、常に新しいものを追求することが好きな人です。

ただし、根は負けず嫌いで向こう気が強く、一度決めたことは周囲にどんなに反対されても実行する意志の強さがあります。

このタイプの人は、男性の数としての力強さを持つだけに、運が悪い時にはヤケになり、破滅や混乱を引き起こす可能性も高くなります。

　自分に与えられた仕事がスムーズにこなせず、環境に上手く適応できなくなった時は要注意です。快楽を求める傾向が出てきて、現在の環境である住居や職業を無計画につぎつぎと変えることもあります。アルコールに溺れたり、安易な性的快楽を求めたりすることもあるかもしれません。

　また、経済面においてもいろいろなことにお金を使ってしまうクセがあります。不意に備えた貯金や計画を忘れずにするのが安定して成功するためのカギといえます。

　多忙を極めて健康を害するのが多いのも運命数「3」の人です。

■運命数「4」の人
忍耐と努力で成功を収めるクールな安全第一主義者

　運命数「4」の人の第一印象は「クールな人」です。冷静で自分の感情をあまり表には出しません。そのため、内気でやや神経質なところもあります。「攻撃」より「防御」に重点を置くタイプで、安定した生き方を求め、決して無理をしない安全第一主義者です。そのため枠にはまった生活になりやすく、楽しさが不足しやすいようです。行動するよりも思索を好み、相手が何を考えているかすばやく察知する鋭い感受性も持っています。

　また、真面目で几帳面な性格なので、何事も最後までやり遂げます。コツコツと努力して目標を達成させるタイプなので、若い頃に苦労しても忍耐と努力でチャンスをつかみ、30代、40代になってから成功する大器晩成型の人が多いでしょう。大きな目標を持てば持つほど意欲的になり、不可能を可能にさせる運の強さを持っています。同じ失敗は二度としないように努力していく人でもあります。しかし、「4」の運命数の中でも運命数「22」の要素を持つ人は、若いうちから才能を発揮する天才肌の人が多いでしょう。

人づき合いにおいては、勤勉で実直、正直で素直な性格のため、人から尊敬され頼りにされることが多いでしょう。一生つき合える友人を持つことができます。また、真の協力者にも恵まれるでしょう。まさかの時に良い援助者になってくれる、頼りがいのある友人に恵まれます。自分自身も友人のためにとても献身的になれる人です。

ただし、マイナス面が前面に出ると、変化に対して保守的な面が強くなり、大きな目標を見失いがちになるかもしれません。基本的に堅苦しく考える傾向があり、自分の考えに固執する頑固者になりやすいので注意が必要です。運勢が下降するとますます狭い考え方にとらわれてしまいます。そのような時こそ柔軟な考え方をするよう意識しましょう。

また、人の好き嫌いがはっきりしすぎて苦手な人とはなかなか打ち解けられない節があります。周囲の人の気持ちを深読みして悪い方へと考えたり誤解したりしてしまうと、猜疑心の虜になってしまう危険性があります。最悪の場合、友人や仲間からも敬遠され極端に閉鎖的になってしまうこともあるので注意が必要です。何事も考えすぎずほどほどを心がけましょう。

■運命数「5」の人

考えるよりはまず行動を優先させる野心と決断力に富んだダイナミックな人

運命数「5」の人は、野心と行動力に富んだダイナミックな性格です。敏捷で機転が利きます。世の中の動きに敏感で、先見の明があります。行動や冒険を求め、考えることよりまず実行していこうとするので、ジッとしていることや事前にしっかりと計画を立てることは大の苦手です。ですから、安定を求める人からは

「衝動的」といわれることもあるでしょう。

運命数「５」の人は行動力があるので、若い頃から周りに頼りにされリーダーシップを取ることが多いでしょう。若い時は苦労しても、チャンスを与えられるとやる気を出して運をつかんでいくタイプです。チャンスを与えられるまでは苦労しますが、一度チャンスをつかんでしまえば実力を十二分に発揮できる人でもあります。また、いざという時に勇気や粘り強さを発揮できる人です。31歳、40歳、49歳が幸運の年です。さらに、理解力があり頭も切れるので、何をやらせても独自の魅力があります。趣味も豊かで、文学や音楽、絵画と多方面に関心を示します。そのため、平凡なことでは満足できないかもしれません。

人づき合いにおいてはややせっかちですが、周りを陽気にさせる才能を持っているので誰からも好かれ、人気運の強さは抜群です。思いやりがあり魅力的なので、多くの人から慕われます。

短気ですぐカッとなってしまうところがありますが、冷めるのも早いでしょう。

ただし、マイナス面が全面に出ると、自分中心になりすぎて他人のことには無責任になるおそれがあります。わがままな気質が顔を出し、自分が良いと思ったら家庭や職場をすべて捨てるような大胆なことも平気でしかねません。スランプになったり仕事に意欲を失くしたりした時に、衝動的に放浪の旅へ出てしまうこともあるかもしれません。そうした自己中心的で投げやりな行動が度を過ぎれば、無責任な人と思われ、今まで得てきた周りからの信頼を失くしてしまうことになるでしょう。自分のわがままばかり通すのではなく、ときには先のことも考え辛抱強く耐えることも必要です。

また、自分が正しいと思い込んだら相手の意見をなかなか素直に聞けないところがあります。そうした態度は自分の視野を狭めてしまいかねないので、自分と違う意見も聞き入れる心のゆとりを意識して持つように心がけましょう。

■運命数「6」の人

思いやりがありサービス精神旺盛
夢や理想を持って生きる情熱家

運命数「6」の人は穏やかな性格で、さりげない思いやりを発揮できる人です。何に対しても真面目に取り組むため、周囲から信頼されるでしょう。サービス精神が旺盛で細かい点によく気がつき、人が嫌がることでも率先してやっていくところがあります。物腰はスマートで、ウソはつけない誠実な人です。怒らせると怖い存在ですが、味方にすると頼もしい存在です。

人生に大きな夢や理想を持って生きていく情熱家で、時代より一歩先を進もうとするタイプです。絵画や音楽などの芸術を愛し、美的センスも優れています。その一方で家庭を大切にし、また現実を見極めるシビアな目も持っています。仕事も遊びも一生懸命にやり、人生を楽しみます。何かに偏ることがない、バランスの取れた人生を歩むでしょう。フェアプレー精神があり責任感も強いので、与えられた仕事を忠実に守っていこうとします。

人づき合いにおいては、思いやりがある性格のため人に尽くします。何をするにもまず相手のことを考える、お人好しなタイプです。お世話になった人や受けた恩は忘れない律儀な性格で、人の嫌がることは絶対にしません。友人を大切にし、献身的に接します。いつも心に美しいものやスマートなものを持っているため、多くの人を惹きつける穏やかな優しさがあります。それは特に初対面の人にとって魅力的で印象に残るでしょう。いったん人気をつかむと爆発的に広がり、たくさんの人を味方にできます。

ただし、マイナス面が前面に出ると、相手のことを考えすぎたり必要以上に神経質になりすぎて、行動に移せなかったり実力を出せなくなってしまいます。潔癖すぎると、責任を感じすぎて自信を失う心配もあります。他人の批判を気にしすぎて持ち前のバランス感覚を失うと、自分を悲劇の主人公のように考える節があります。その結果、極端な人間嫌いになり、警戒心を持ちすぎて人間関係がぎくしゃくしてしまうことになりかねません。ミスをいつまでも気にしてささいなことで落ち込むクセを直すように心がけましょう。

とても真面目な性格なので、相手の言い訳にも耳を貸さずに責めてしまったり、相手が時間にルーズだったりすると厳しく注意してしまったりします。また、責任感が強いので命令や約束事をかたくなに守ろうとしますが、それが度を過ぎると融通の利かなさを指摘されることになるので気をつけましょう。

■運命数「7」の人

周囲とは一線を画するクールなタイプ
何事においてもマイペースを好む

運命数「7」の人は孤独を愛し、集団に所属するより個人で生きることを選ぶ人です。自分独自の世界観を持っているため、常にマイペースで行動します。どんなに親しくなっても自分の本心を打ち明けないクールな人といえます。また、思慮深く分析的で、知識や美の追求に夢中になります。他人の意見を受け入れようとせず、完全主義になりがちです。

実現できないほどの高い目標を掲げるために、周囲から孤立することもよくあるでしょう。何事も自分で体験しないと、それを信じない頑固人間で、やたらたくさんの人とつき合うよりも、信頼できると判断した人だけを友人に選びたがる傾向があります。

また、クールなため人前では絶対に涙を見せないけれど、自分一人になった時に声をあげて泣いたりする、意外な面もあります。

品位がありますが控えめな性格です。孤独を好み、パーティーのような人の多く集まるところを嫌うので、人に近寄りがたいイメージを与える傾向も見られます。占いや宗教など神秘的なものに夢中になりやすく、若い頃からどことなく老けた感じを与えやすいようです。

ただし、極端にパワーダウンした時は、他人に対して攻撃的になり、深刻な人間関係に悩まされることがあります。自分の基準で物事を運ぼうとするので、判断ミスが増える可能性も出てきます。

逆境の時は、スランプが長くなりやすく、疑心暗鬼になって、大切な親友を失うこともあります。しかもリラックスするのが苦手なので、ストレスを溜め込みやすいのです。自分から気分転換をするようにしないと、身体面に問題が出てくるので要注意です。

■運命数「8」の人

何事においても「勝つこと」が最優先「8」のパワーは適度に使うことが大切

運命数「8」の人は精力的で活動的な人です。何事にも情熱を注ぎ、集中力もあり、自分の信じる道にチャレンジしていくファイトの持ち主です。途中で諦めることなく、最後までやり抜こうとします。それが吉と出れば成功しますが、無理とわかっていてもやり通して失敗することもあります。

ただし、何でもかんでも「成功か失敗か」、「敵か味方か」と二極化するため、周囲とトラブルを起こすことも少なくありません。野心があり個性が強いため行動は極端となります。あれこれ考えるよりも行動優先型です。男性も女性も初めから順風満帆な恵まれた人生ではなく、波乱万丈でドラマチックな人生を送るでしょう。ゼロからスタートさせて、そこから新しいものを生み出し、大成功を収める力強さも持っている人です。ただし、平凡で単調な生活を嫌うあまり、家庭的な幸せをつい疎かにする場面もあります。不動産に関しては強運の持ち主といえます。

いずれにしても、有り余るエネルギーは人生の成功のために使いましょう。

このタイプの人は、一度自分で思い込むとブレーキが利きません。そのため運勢がダウンしてくると、慎重さに欠ける面が出てきて、大きなミスを繰り返すことになるでしょう。

また負けず嫌いな面も大きな問題点になりそうです。ライバルが出現したらそれだけで熱くなってしまい、前後の見境なく行動を起こしそうです。焦れば焦るほど、よけいに悪い結果を招いてしまうもの運命数「８」のマイナス面です。慎重に行動することと、ときには諦めることを学ぶことも必要でしょう。

■運命数「9」の人

つかみどころのないナイーブさ
敵、味方がはっきりと分かれそう

運命数「９」の人はナイーブな神経の持ち主です。感じやすく傷つきやすい性格で、理想を追い求める人道主義者です。人間に対する深い愛のまなざしを持っているため哲学とか心霊的な世界を好む傾向が強く、現実社会にしばしば絶望感を抱きます。このため、ある人にはとても好かれますが、半面、ある人からはかなり嫌われてしまいます。冷たそうに見えても、内面は優しいし、強そうに見えても、とても感受性が豊かであるというように、ちょっと見ただけでは、なかなかつかめない性格です。

秘密主義でなかなか本当の自分を見せようとしないところがあるようです。強がっている時は自分の弱さを知られまいと隠しているのです。ただ、思いやりがあり、細かなところによく気がつき、年下の人をかわいがる心の優しさを持っていますから、周囲の人に頼りにされているはずです。身に着けるものにもかなりうるさく、目立つ格好や個性的なファッションを好みますが、どことなくアンバランスになってしまうことが多いかもしれません。

繊細な心を持っていますが、身体は丈夫で、病気らしい病気もせず、ケガにも強いでしょう。風邪などをしてもすぐに回復するでしょう。

30歳までの人生と、それ以後の人生がまるで違うことも珍しくありません。

このタイプの人は、人のためにと思って取った行動が、その人にとって迷惑になり、相手にだまされて犠牲になることもあります。これが重なると仕事や現実生活に嫌気が差し、空想の世界などに逃避することになりがちです。芸術や宗教などに昇華できればよいのですが、ひたすら現実逃避する怠惰な生活にならないように気をつけたいものです。

また情熱的ですが、ムラっ気も強く、熱中していたことを投げ出してしまうことがよくあります。

強い身体ですが「自分は大丈夫」と過信してムチャな行動を起こしやすいのも欠点といえます。暴飲暴食をするかと思えば、逆に全く食べないとか、睡眠時間も不規則になったりすることがあるので要注意をした方がよいでしょう。

■運命数「11」の人

考え方も見た目も人生もすべてがエキセントリック

運命数「11」の人は個性的で進歩的です。この「個性的」という意味合いも一桁の運命数の人よりも際立ってということです。現状に満足することができず、いつも夢を求めて行動する人です。常に刺激を求めているので、面白いことや新奇な流行などにも敏感です。考え方や行動がすべて前衛的なのです。同じ所にとどまるのを嫌うために旅を好み、放浪癖がある場合もあります。

洞察力や勘も鋭いものがありますが、人づき合いにおいては寛大な心構えで人気があるでしょう。

人生はもちろん、ファッションや言動も、平凡なことでは満足しないので、エキセントリックな雰囲気が漂っています。

ただし、このタイプの人は、自分の運勢や運気が低下すると現実の世界の何もかもが嫌になり、自分の世界に閉じこもってしまったり、人間嫌いになったりすることがあります。周囲の人を信用せず、自然の中に喜びを見出そうとする傾向があります。

内向的になってしまうため友達が多い人でも、急にコンタクトを取らなくなるので友人が少なくなりがちです。せっかくチャンスに恵まれている時でも、自分からそれを受け入れようとしなくなってしまいます。また、神経質になり、人の言葉を気にしやすくなることも多くなります。

なお、補足として、運命数「２」のタイプを読んでおくとよいでしょう。

■運命数「22」の人

リーダーシップとバランス感覚
不思議な運も味方につける実力者

運命数「22」の人はワンマンタイプです。自分を中心に物事を考えます。運命数「１」のリーダーとしての資質と運命数「４」のバランス感覚を合わせ持っています。

運命数「22」の人は人生において不運を味わうことはないでしょう。それくらい不思議な幸運があるのです。ダメだと諦めていると、どこからともなく協力者が現れて助けが得られます。最高にラッキーな人です。

願望を若いうちに実現させていく魅力を備えた人です。周囲から自然と注目され、その中で実力を伸ばしていきます。若くして出世コースを進むエリートも運命数「22」の特徴といえます。ただし、性格的には自分の能力を過信しやすいでしょう。

運命数「22」の人はずば抜けた運と実力の持ち主ですが、特に混乱期から安定期、安定期から変動期といった境の時期に力を発揮します。

ただし、何でもかんでも自己中心的なため、決まりやルールを無視する傾向があります。また自分が意識していないのにトラブルに巻き込まれてしまい、知らず知らずのうちに違法行為に手を出すことがあるかもしれません。

組織の中では部下の声に耳を貸すことのないワンマンになりがちです。好き嫌いの感情が激しく、表現も極端なので、敵を作ることもよくあります。ときには、自分の味方まで敵に回すこともありますので、他の人よりも特に過信しないよう日頃から注意するべきでしょう。

なお、補足として、運命数「４」のタイプを読んでおくとよいでしょう。

Q.

星座は？

Answer

「人間は、自分の生まれた日の宇宙の星の位置関係によって、その性格や運命を支配されている」とするのが占星術です。その中でも特に大きな意味があるとされているのは、やはり「太陽」です。星座占いなどでみなさん見聞きしたことだと思います。太陽はその人の基本的なものを表し、個性やバイタリティの元とされる星です。いつもその人が気にしていることや独創力、行動力、意志が太陽の星座が何であるかによって見えてくるのです。さらに1つの星座を3区分（10日ごと）に分けることで、それぞれの個性や特性が際立って見えてくることでしょう。

♈ 牡羊座（3月21日〜4月20日生まれ）

【基本的なタイプ】

向こう見ずで性急、強情な星座、何をするにもハッスルする人です。また、理想主義的なところがあり、人をリードしていく力もある、いわゆるやり手です。じっくり考えて行動するというより、突然の思いつきで行動することが多いようです。

【恋愛】

小悪魔的で、どうしても自分中心に考えてしまう愛情の持ち主です。自分が情熱的に高まっている時は優しさを発揮しますが、ひとたび冷めはじめると、かなり相手に対してつっけんどんになってしまいそうです。

そのため、素晴らしい人や縁に恵まれても、恋愛は不安定でトラブルが起こりやすいかもしれません。

また、恋人に対して、愛していながらも、どうしてもプライドが高くなるので、なかなか素直になれません。恋人が浮気などしたら、決して許せないでしょう。

恋人が自分のところへ戻ってくるまで、じっと耐えて待つなんていうことはできないタイプです。

ですから、たとえ恋人に背を向けられたとしても、寂しくないように、自分の仕事や趣味を持った方がよいでしょう。

■3月21日～3月31日生まれ

性別問わずに闘争心と正義感に溢れており、バイタリティがありあまっているタイプです。いちかばちかの大勝負も性に合っているようです。権力を得たいという気持ちも強くなります。また、自分自身の理想に対しては、真っ直ぐに進んでいく人生を好み、心の中にはいつも夢と希望があります。ただ、このタイプの人は短気になりやすいのが特徴です。

■4月1日～4月10日生まれ

牡羊座の性格に、誇り高さや人を惹きつける魅力が加わります。落ち着きのなさにブレーキがかかるのと、常にトップでありたいという気持ちが強いので、努力家で自分で決めたことを完成にまでもっていくことができます。ただ、このタイプの人は、やたらいばりちらし、わがままになってしまうことやプライドだけが高い人という面もあります。

■4月11日～4月20日生まれ

他の牡羊座のタイプと比べて柔軟性も出てきて、心も広い人が多いでしょう。人の面倒をよく見ますから、多くの知人や友人ができそうです。上司や先輩など年長者にかわいがられる得な一面もありそうです。芸術家肌で進歩的な人生を好みます。ただ、このタイプの人の特徴が悪く出ると物事の完成能力において、やや劣ってくるかもしれません。

♉ 牡牛座（4月21日～5月21日生まれ）

【基本的なタイプ】

大変に現実的で無理をしない人のようです。何をするにも、まずじっくり時間をかけてやろうとします。我慢強い人で、普通の人が諦めることを諦めずに頑張ります。また、声の美しい人が多いのも特徴です。

【恋愛】

誠実で温かく、愛の美しさと尊さを知るタイプです。そのため、パッと咲いて、すぐに散ってしまうような愛ではなく、強く深くそして長い愛を好みます。

1人の人を好きになれば、ずっとその人を愛し、尽くしていきます。

ただしその半面、強いジェラシーの持ち主でもあります。相手に愛されている時は優しく尽くすことを忘れないのですが、相手がちょっとでも別の人の方を向いた途端に怒りが爆発してしまいます。

恋を失ったら自分はとても傷つくタイプだとわかっているので、相手を選び、その人を愛することにとても慎重になります。

このタイプの人は、相手を好きで好きでたまらなくても、現実的な目を持って相手をよく観察することが必要です。また、本来は非常に良い愛の縁を持っているのですが、慎重すぎるために結婚はかなり遅くなることもありそうです。

■4月21日～4月30日生まれ

女性らしい優しさが牡牛座の中では最も強く出るタイプです。また、愛情深く、穏やかで他の人とも馴染みやすく、良識があります。ただ、固定観念の強さからくる頑固な性格がマイナス面としてあります。また、このタイプの人は、快楽に流されやすいという特徴があります。ただし、優れた直観力は、仕事にも生かせることでしょう。

■5月1日～5月10日生まれ

元来の人当たりの良さに加えて知性とおしゃべりが

プラスされたタイプです。そのため、他の牡牛座に比べて、愛想は良くなり、サービス精神も出てきます。ロマンチストで理想主義者です。几帳面さも出てきます。ただし、多少、自己肯定的でうぬぼれ屋に見られてしまうことがありそうです。うぬぼれが過大だと人の悪口や批判を多く言って周りから白い目で見られることもありそうです。

■５月11日～５月21日生まれ

牡牛座の優しさに、着実さ、落ち着きを与えます。感受性の強さは、芸術や音楽に対する興味を表しています。頑固な面が強調されて、消極的な感じがします。愛想の良さは消えてしまうかもしれませんが、忍耐力は人一倍あります。堅実さで成功しそうです。ただし、このタイプの特徴として怠け心にブレーキが利かなくなり、物事を完成までもっていくという力がなくなるという面もあります。

Ⅱ 双子座（５月22日～６月21日生まれ）

【基本的なタイプ】

活発で頭の回転の速い人が多いでしょう。じっとしていることができず、落ち着きがないといわれることもあります。物事を理論的に考えることが好きな人ですが、ムラがあり、いろいろと考えた末に、計画だけで終わってしまうこともあるようです。

【恋愛】

明るくからりとした恋を楽しむタイプです。愛する人を退屈させず、一緒にいるととても楽しい人ですが、実は本質は冷めています。

そのため、愛で相手を束縛することはありませんし、自分を束縛されることも嫌がります。

チャーミングな愛情表現が上手なため、異性からの受けは良いでしょう。軽い気持ちの恋愛を多く重ねるタイプといえます。

ただし、その状態がずっと続くと結婚に踏み切れず、あれこれ迷っている間に年を重ねてしまうことがあるかもしれません。

その反対に、おつき合いをしていくうちに一緒にいて楽しいという理由だけであっという間に結婚をする場合もあるでしょう。

どちらにしても、愛が終わったとしてもあまり傷つくことはないでしょう。

■5月22日～5月31日生まれ

双子座本来の性格が一番強く出ているタイプです。非常に頭の回転が速い人といえます。それだけに、自分の考えには自信を持っています。そのため、みんなに自分の正しい考えを伝えなくてはと思っています。感情よりも知性の方が勝るため、どちらかというと冷たい人に見られがちなこともあるようです。また、大きな視点から物事を見るのが苦手です。ただし、このタイプの人は仕事において、人並み以上の活躍ができるでしょう。

■6月1日～6月10日生まれ

冷静な判断力に、人当たりの良さと温かい感情が加わったタイプです。美的感覚と創造性にも優れています。芸術的な面でも、かなりの才能を発揮できそうです。ただし、このタイプの悪い面としては少し知性が鈍くなると感情的になりやすい点があります。また、怠け者になりやすい傾向もあります。

■6月11日～6月21日生まれ

シャープな頭脳の中に、独創的な要素を多く秘めたタイプです。つまり、物を生み出す力を持った人といえます。女性でも仕事に就けば、男性顔負けの社会的な活躍が期待できそうです。しかし、自由を愛し、自分の行動を制限するものを嫌うので、あらゆる規則を破り、他人と協調していくことが難しいという面もあります。

♋ 蟹座（6月22日～7月23日生まれ）

【基本的なタイプ】

感受性が強く、思いやりがあり、母親のような愛情を示すタイプです。周りの人のことをよく考え、同情心がある人です。女性は特に家庭的な人が多いようです。

【恋愛】

母性愛にも似た、親切心溢れる愛情を持っているため、一度恋をしたら相手に献身的に尽くすタイプです。恋する相手以外には目もくれないことでしょう。

ただし、このタイプの人の特徴として、自分が相手を愛するように、相手も自分を愛してほしいと思っていることです。

そのため、相手が応えてくれないと手が着けられない状態になりやすいでしょう。また、面倒見が良すぎて相手にうるさがられることもありそうです。

異性に対してだけではなく、家族に対する愛情も深いため、なかなか恋に踏み切れないという面があります。

■6月22日～6月30日生まれ

蟹座生まれの中でも特にロマンチックでナイーブ、親切で、社交性があり、周囲にいつも明るくて楽しい雰囲気を作り出しています。良妻賢母になれる要素をたくさん持っています。ただ、感情が不安定になり、論理的に考えることができなくなる面があります。また、物質的に欲望を抑えにくい特徴があります。

■7月1日～7月10日生まれ

鋭い直観力と粘り強さを兼ね備えた人です。本来の生産性と活動性に根気強さが加わってくるので、仕事ではおおいに活躍できそうです。ただ、人の心にグサリとくるような言葉で敵を作ることも多いでしょう。また、物質欲と金銭欲は他の人よりも強く表れます。

■7月11日～7月23日生まれ

どちらかというと親しみやすく陽気なタイプが多いでしょう。頑張り屋で辛抱強い人です。困難な境遇に挫けたとしても、積極性を失うことはないでしょう。

情緒性もあり、趣味も専門的な分野に達しそうです。ただし、人よりも幻想を信じてしまいやすく、儚い望みにしがみついてしまいそうです。

♌ 獅子座（7月24日～8月23日生まれ）

【基本的なタイプ】

自信があり、冒険を好みます。華やかな雰囲気のあるタイプです。人に命令されることが大嫌いです。グループのリーダーになる素質も十分に持っています。

【恋愛】

開放的な愛を好むタイプですから、好きな人ができれば、それを隠そうとはせず、人目など構わずに仲良くしたいと思っています。

また、甘えん坊ですが、愛の主導権は常に自分が握っていないと、機嫌が悪くなることでしょう。デートの時でも自分の思い通りに展開すれば上機嫌ですが、ちょっとでも気に入らないと機嫌が悪くなるというような、喜怒哀楽の激しいところがあります。

しかし、それがまたあなたをキュートに見せて、多くの異性が近づいてくるでしょう。ですが、あなたの方が好きになる異性は、そう多くはないでしょう。というのは、あなたはいわゆる望みが高い人で、また、愛してもらうより、自分が愛してあげるタイプだからです。

あなたの愛が中心になることが何よりも重要なのです。

■7月24日～7月31日生まれ

おおらかな心と抜群の行動力、そしてカリスマ性を兼ね備えたタイプです。気迫のある強い性格の持ち主で、独立心が強く、人々を指導する力もあります。ただ、あまりに自信満々で、他人に厳しすぎたりすることもありそうです。また、同情心や細やかな心遣いがなくなり、自分本位になってしまう面もあります。

■８月１日～８月11日生まれ

威厳に理想主義が加わったタイプです。正義感が強く、明るくて誠実な人柄です。また、人気運もあります。学者肌のところと親分肌のところを半々に持ち合わせているので、生涯にわたって、他人の面倒をよく見ることになりそうです。ただし、このタイプの人は高慢になったり、偏狭になったりする時もあります。

■８月12日～８月23日生まれ

カリスマ性に勇気や大胆さが加わって、熱情の込もったかなり個性の強いタイプです。明らかにリーダー的資質の持ち主といえます。活発で開放的ですが、それが行き過ぎると短気となり独断的になります。そうなると当然、周囲からは反発を招くことになります。また、興奮しやすく、衝動的でケンカ好きになり、人を支配したがるという一面もあります。

♍ 乙女座（８月24日～９月23日生まれ）

【基本的なタイプ】

考えたり、文章を書いたり、人と話したりすることで才能を表すタイプです。何事にも真面目で熱心です。自分のことより人のことを気にかける性格ですが、度が過ぎるとそれがお節介として出てきてしまいます。

【恋愛】

遠慮深いタイプのため、恋や結婚に憧れを持っても、実際、恋に積極的になるのは少ないタイプといえます。むしろ、一歩下がって、冷めた目で相手を見てしまうところがありそうです。そして、「相手が変われば、幸福になれるかもしれない」と数多くの恋をし、結果的に「多情な人」と誤解を受ける人と、冷めた目を持ちすぎて、「恋らしい恋もしない人」と、大きく２つのタイプに分かれるでしょう。

どちらにしても、あなたの恋する相手には、寛大でクールで大人なタイプを選ぶべきです。

恋や結婚にロマンチックな夢を見すぎて、結果として失敗してしまうのもこのタイプの特徴といえます。数多くの恋をして、男と女の結びつきを理解することが大切です。

■8月24日〜9月1日生まれ

非常に合理的で、建設的な思考力を持つタイプです。感情は細やかで感受性が強く、ときとして神経質なところがあります。手先も器用で忍耐強く、拘束されることによく耐えます。ただしその分、とても苦労性になり、細かいことがいちいち気になるようになり、臆病になってしまうという面があります。

■9月2日〜9月11日生まれ

ナイーブな心と、その反面に強情さと忍耐強さを合わせ持ったタイプです。自立心が強い、頼りがいのある人柄です。組織的な思考力があり、自分の信念に基づいて人生を大きく切り開いていく人といえます。ただし、ときに怠惰となり、欲ばかり考えて、実際には何もしないということもあります。

■9月12日〜9月23日生まれ

利発的で活動力のあるタイプです。機敏で器用で、生活に根ざした本能的な賢明さが身に着いています。しかし、物質に執着しすぎる面もあります。何よりこのタイプの人は、食べものや着るものに関してうるさく、わがままになる傾向があります。

♎ 天秤座（9月24日〜10月23日生まれ）

【基本的なタイプ】

芸術的センスが優れています。調和の取れた考え方をするタイプで、争いを好みません。友達にも恵まれます。ただし、決断力がなく、迷いやすいのが欠点です。ダメだと思うと諦めるのも早いでしょう。

【恋愛】

細やかな愛情と豊かな恋愛感情を合わせ持っていて、上品で優雅な華やかさがありますから、常に異性の憧れの的といえます。

愛するというより、異性に愛される方が合っているでしょう。

そのため、自分から人を好きになってアタックすることはめったになく、いつでも相手の愛を受け入れるようになっています。このようにすべてに恵まれているがために、かえって燃えるような恋はできません。

ただし、恋のライバルが現れると一変しそうです。

また、あなたは選択の自由が多いため、よほど情熱的にアタックされないとその気になりません。自由な生活をエンジョイし、フリーでいる人も多いのがこのタイプの特徴です。

■9月24日〜10月1日生まれ

愛情深く親切で愛する者に忠実なタイプです。生まれつき美しい顔立ちと調和の取れたスタイルが多いのも特徴といえます。人気運があり、子どもの頃から多くの人に愛される人です。ただ、このタイプの人は判断に迷いが生じやすく、そのために運勢を悪くしてしまうことがありそうです。

■10月2日〜10月12日生まれ

とても知的なタイプです。また、ヒューマニズムが加わって、他人の苦しみや悲しみを少しでも理解してあげたいという気持ちの持ち主でもあります。しかし、強情な面があり、自分の意見を絶対に曲げようとしません。ときに自己主張が強すぎて、周囲から疎まれることもありそうです。

■10月13日〜10月23日生まれ

このタイプの人は、天秤座が持つ本来の社交性に、さらに軽妙で知的な要素がプラスされ、よりいっそう周囲からの人気も高まるようです。また友情にも厚く、目上の引き立て運もあります。しかし、人の粗探しや、高慢で少々ずる賢い面があり、そこを非難されることも多そうです。

♏ 蠍座（10月24日〜11月22日生まれ）

【基本的なタイプ】

力強くて情熱家です。勇気があり、恐れるということがありません。独占欲が強いヤキモチ焼きでもあります。周りの人からはつかみにくい人だと思われます。

【恋愛】

深く激しい情熱の持ち主で、その愛情は強烈なタイプです。ただし、自分がそれほどまでに相手を愛しているということを周囲はもちろん、相手にも隠そうとする面があります。

自分でも気づかないうちに色気や魅力を出しているのが特徴です。

その一方で、愛に対しては用心深く、異性からアタックされてもそれほど喜びませんし、また、なかなか心を開くことはないでしょう。

しかし、ひとたび相手の好きな部分を見つけ、愛を感じはじめると、とことん尽くすことになります。さらには相手を独占しようとする傾向が出てきます。

もともと好き嫌いの感情の激しいタイプで、激しく愛されることもあれば、その裏返しとして裏切られることがあるかもしれません。

■10月24日〜11月2日生まれ

善にも悪にも強く、測り知れないほどのエネルギーを内に秘めた人です。忍耐力も抜群で、目的を持ち、決心をしたら、我慢強く物事を最後までやり遂げる力を持っています。しかし、人をライバル視する傾向が強く、その競争心の強さから、敵を多く作ってしまうことがあります。

■11月3日〜11月12日生まれ

このタイプの人は、蠍座の基本的な性格に感傷的な情緒が加わって、かなり、人当たりも柔らかくなり、魅力的になります。多くの人から慕われる運を持っています。独立心も旺盛で、指導力もあります。その反面、情に溺れやすく、善と悪の区別がつきにくく、人が驚くようなことを平気でしたりします。

■11月13日～11月22日生まれ

蠍座の中でも比較的、陽気なタイプです。社交運もあり、友達も多いでしょう。感情豊かで、どこにいっても人々の愛情を受けて、感化してしまう人です。適応力と多様な創造力があって、広い分野で活躍できるでしょう。ただし、夢物語を追い求め、現実感覚を失いがちな面もあります。

♐ 射手座（11月23日～12月22日生まれ）

【基本的なタイプ】

正直で、自由を求める人です。思ったことはすぐ実行し、間違ったことを嫌う正義の人でもあります。あらゆる方面で活躍できる可能性を秘めています。それぐらい、このタイプの人は豊かな才能に恵まれているのです。

【恋愛】

とても情熱的で、一度心に恋の火がついてしまったならば、それを消すことはできないタイプです。理性で抑えるなんて器用な人ではないし、いくら燃えさかる自分の気持ちを人に悟られまいと努力しても、人目にははっきりとわかってしまうでしょう。

好きになったら相手に恋人がいたとしても、そんなことはお構いなしです。それは一見すると身勝手なようにも思えますが、いけないとわかっていても、自分の感情が熱しきってしまうまで、自分をコントロールできないからです。

ですから、このタイプは不倫の恋をする可能性も高いのです。

しかし、自分の感情がある程度まで燃焼してしまえば、その後は相手の気持ちだけを確認しておけば満足で、むしろ、しょっちゅう一緒にいたいとは思いません。離れていても心は結ばれているというかたちが理想であり、かなり気まぐれな面があります。

■11月23日～12月2日生まれ

自由な精神と探求心の持ち主です。ユーモアに富み、決断や行動も早く、自分の人生を開拓していくバイタリティに溢れています。多才であり、幅広い趣味を持つ人が多いでしょう。しかし、やや落ち着きがなく、無責任で気分屋です。辛抱するということが苦手なのです。

■12月3日～12月12日生まれ

人情家で、他人の面倒をよく見るタイプです。意志強固なエネルギッシュな人となります。勇気と実行力があるばかりでなく、愛情深い面があります。ただし、ひどく気まぐれで、衝動的で頑固になってしまうことがあります。また、感情も平静を保っていられず、ささいなことでケンカをし、大切な友人を失ってしまうこともありそうです。

■12月13日～12月22日生まれ

明るくて人情家なので、多くの人から好かれるタイプです。感受性も豊かで、哲学的で秩序正しさがあります。社交性に富み、とても高尚なことや、物を望みます。ただし、他人の意見を聞かないで、独断的になってしまう面があります。また、弱い者を労るという気持ちが薄いというのも特徴です。

♑山羊座（12月23日～1月20日生まれ）

【基本的なタイプ】

責任感が強く、辛抱強い人です。賑やかにワイワイと騒ぐことよりも、1人で静かに過ごすことを好みます。根気がある人ですが、ややわがままな面も見られます。

【恋愛】

甘いムードは全くなく、思いを言葉や態度で表現するのがあまり上手ではありません。極端に内気で、恋人と２人っきりになると、相手がリードしてくれないと、どうしてよいのかわからなくなることでしょう。

そのため、２人の間にぎこちない空気が流れ、相手を退屈させ、相手は何とも思ってなくても、あなたの勝手な思い込みで失恋してしまうおそれもあります。

その一方で、年の離れたスマートな異性はあなたの初々しさに惹かれて夢中になることもあるでしょう。

若い頃は、大きな恋の痛手を受ける可能性がありますが、もともと恋について奥手なタイプですから、年を取るほどに安定した愛の幸福を手に入れることができそうです。

恋をくすぐる相手が現れないと恋を経験せずに過ごす可能性があります。

■12月23日～12月31日生まれ

山羊座らしい忍耐力と野心で優れた外交手腕を持つタイプです。計画実行に際しては、冷静に状況を分析し、強い克己心で、必ず完成までもっていくことができます。また、他人の感情を直観的に読み取ることができます。ただし、少し臆病で疑い深い面があります。自分の考えに自信が持てなくなることもあるかもしれません。

■1月1日～1月10日生まれ

山羊座の中では最も人づき合いがよいタイプです。そのため、多くの友人を得ることができます。勤勉で実行力があり、いざという時にも理性を失うことなく困難を打破していくことができます。しかし、高慢になり、怒りが激しくなることがあります。また、人の好き嫌いも激しいという面があります。

■1月11日～1月20日生まれ

基本的にはとてもクールなタイプです。客観的な思考力と論理性が特徴といえます。物の価値を見抜く力が備わっていて、鋭い金銭感覚の持ち主ということがいえそうです。ただし、やや悲観的で、少々シラケがちになり、損失を過度に恐れるという面もあります。

♒ 水瓶座（1月21日〜2月19日生まれ）

【基本的なタイプ】

理性的で、もの静かなところがあります。公平な判断力を持ち、友情を大切にする人です。いろいろな人と友達になれます。

【恋愛】

おおらかで、1人の相手を愛するというよりも、人間すべてを愛するという、博愛精神の持ち主です。そのため、1人のために愛の炎を燃やし、命までかけるという恋にはあまり縁がないかもしれません。

感情を重んずる愛よりは、友情ムードのさわやかな愛を好み、他人と調和しようとする心が働きます。

相手をがんじがらめに束縛しない代わりに、自分も束縛されるのを嫌がり、べたべたした愛情表現を避けます。

外からは熱烈な恋をしていると見えることがあるのかもしれませんが、それは相手があなたに夢中になっていて、あなたは相手の歩調に合わせているにすぎないことが多いでしょう。

自立心があり、さばさばしたタイプですので、恋愛中でも「相手は相手、私は私」というスタンスを崩すことはないでしょう。

■1月21日〜1月29日生まれ

理知的で、判断力に優れており、鋭敏な感覚の持ち主です。生涯を通じて、多くの友人にも恵まれています。芸術や科学に人並み以上の才能があるといえます。常に現状に満足することを知らない、向上心を激しく持つタイプです。ただし、神経質になったり、また、反抗的になったりしてしまう傾向があります。

■1月30日〜2月8日生まれ

頭脳明敏な学問好きなタイプです。論理的に物事を進めるため、一見冷たそうに見えることもありそうです。また、社交性があるように見えて、実は人に対する好みが激しかったりします。ときに神経質になり、自分をコントロールできなくなる可能性があります。また、過剰なまでに冷酷になってしまうという面もあります。

■2月9日〜2月19日生まれ

社交性の高い、人間的魅力に溢れたタイプです。移り気で、運勢は起伏に富んでいますが、豊かな生涯を送れることでしょう。創造的な面を持っているので、あらゆる分野にその才能を生かしきることができます。しかし、快楽や情感に溺れがちな面があります。または、幻想に振り回されて、現実を直視できなくなるということもあるでしょう。

♓魚座（2月20日〜3月20日生まれ）

【基本的なタイプ】

親切で同情しやすく、涙もろいタイプです。詩や芸術を好み、美しいものへの憧れが強いでしょう。感受性の強いロマンチストのようです。

【恋愛】

ウエットで人情味のある、優しい愛の持ち主です。そのため、相手に求めることは少なく、ただひたすら、献身的に愛を注ぐタイプといえます。また、あなたは自分が傍にいることで相手を苦しめていると悟った時には、自ら身を引くタイプなので、相手の心には美しい思い出の人として残ることが多いでしょう。

悲恋で終わったとしても、決して後悔はしないでしょう。人を愛し、その人にひたむきに愛を注いだプロセスを大事にするからです。その結果、明るく希望ある人生を送れるでしょう。

感激屋さんで、同情心に富み、恋する相手はもちろん、他の困っている人に対しても、愛の犠牲心を発揮します。

ただし、このタイプの人は情に流されやすく、恋に溺れがちな面があります。

■2月20日～2月28日生まれ

直観的で鋭敏な感覚の持ち主です。神秘的な事柄に非常に興味を持つ人が多いでしょう。情緒性に富み、人を信じやすく、落ち着いて静かな人生を送りたいと思っている人が多いようです。しかし、弱気になりやすく、また消極的な面が強く出て、成功から遠ざかってしまうこともありそうです。現実逃避しやすいタイプなのです。

■2月29日～3月9日生まれ

感受性が高く、直観に優れた実行力の持ち主です。人間関係の状況を見抜く力があります。同情心が厚く、多くの友人にも恵まれ、人気は上々です。しかし、移り気で気ままになる面があり、現実から逃避してしまうこともあるかもしれません。そうなると、全く役立たずの人になってしまうおそれがあります。

■3月10日～3月20日生まれ

このタイプの人は、何事においても中庸がなく、感情の起伏が激しくなります。弱音を吐いているかと思うと強気になったり、臆病かと思うと大胆であったりします。周囲に影響を与えやすい人といえます。感情が理性に勝って、わがままになりがちです。また、妄想に走りがちという面もあります。

COLUMN.9

手相に関する名言

本書でも紹介している手相は洋の東西を問わず、長い歴史を誇る占術の1つです。ここでは手相術がどのようにとらえられていたのかを、その時代時代の書物から拾い上げてみたいと思います。

ウィリアム・シェイクスピア『ヴェニスの証人』

「（掌を眺めて）このお手を、こいつを聖書にのせて誓ってもいい、イタリア中をさがしてみろって言うんだ、これ以上運のいい手相があったら……それ見ろ、こいつが、自慢にもならない、長生き筋というやつだ」

イマヌネル・カント『人類学』

「理性的動物としての人間を特徴づけているものは、じつにその手、指および指先の形と組織のうちに存している」

オノレ・ド・バルザック『従兄弟ポンス』

「手相術の根拠は、つまりここにあるのだ。ある人にむかってその手の様子からその生活のいろんな出来事をあらかじめ告げるということは、予言者という能力をそなえている人にとって別段ふしぎなことでない」

菊池寛

「人間の運命が掌中の紋様にあらわれているなどということは考えられないことであるが、人間の身体についているものだけに、まだ易などよりは信じられる。ことに私自身手相が相当信じられるような気がする」

ハンス・カロッサ『美しき惑いの年』

「『わたくしはいいカルマ（業《ごう》）を持っていますから。手相に出ているのです。』——読める者には読めるのだ」

Q.

血液型は？

Answer

人間の性格というのは、なかなか一言で言い表せるものではありません。ケースバイケースで、人間の感情は微妙に変化しますし、相手によっても性格が穏やかになったり、強気になったりと変化します。

しかし、いくつかの傾向は見られます。それが「類型」です。類型化することによって、およその傾向をつかもうというわけです。

その類型化の1つが血液型です。

血液型は、「生まれながら、その人が持っている気質を知る重要な手がかりであり、生物学的心理学とでもいえる時がやってくるかもしれない」といわれるほど、実はさまざまな情報が隠されているのです。

愛情表現や人間関係の態度は、生まれつきの素質によって影響を受けるものですが、その意味では、血液型から愛情や人間関係を知ることは十分に可能といえます。

それぞれの血液型の特徴を知ることによって、あなた自身はもちろん、相手のことをより深く考えることができ、また周囲の人間とのより良い関係が築けるようになるはずです。

ここでは、ヨーロッパで血液型と性格の結びつきに初めて注目し、『血液型と気質（原題：Sangs et temperaments）』を記したフランスの医師、レオン・ブールデル（Leone Bourdel）の説も含めて、各血液型のタイプを説明していきます。

A型　典型的日本人といえる気質

【基本的なタイプ】

A型の特質は「火」の気質です。つまり、燃える情熱を持ち、相手を自分のペースに巻き込んでいく頑固なタイプです。自分の思うようにならないことがあると、自分の殻に閉じこもり、逃避的になったり、孤独な生き方を見せたりすることもあります。

A型はとても礼儀正しい人に見えますし、上司、先輩に対しても従順です。しかし、心から相手を尊敬するということより、自分を認めてくれる上司や先輩に対して示す演技であることが多いのです。

その一方、自分より年下の人や部下、後輩には口うるさい面があります。

性格的な明るさや社交性において、ハード型とソフト型に分けることができます。ハード型はあまり笑顔を見せないムッツリ型で、ソフト型は明るさがあり、人前でいつも笑顔を見せる開放的な性格と考えられています。

【ブールデル説】

ブールデルはA型を、音楽用語を使って「ハーモニー型性格」と名づけています。

用心深く、集団の中で自分の個性を表していく際に、比較的細かなところにも気を使い、とても敏感で大きな変化を嫌いやすいのです。

生活のパターンは保守的で、自分のスタイルを大切にし、なかなか自分の考えを変えようとしないことも多いようです。

おとなしそうに見えるのに自己顕示欲も強く、温和な顔と頑固な顔があります。自分の気に入った環境ではすごく調和的な性格を出していきますが、自分の考え方や気に入らない環境となると強い不快感を覚えるところがあります。

【恋愛】

慎重なA型は、思いきった冒険ができません。日常の枠からはみ出していくことが怖いのです。そのため、

A型の恋は平凡な恋であることが多くなるでしょう。ごく普通なアタックとおつき合いに安堵感を覚えるはずです。

一度や二度のデートは、A型にとってはまだほんのお友達程度のつき合いだと考えていますので、もしそれぐらいのタイミングで恋人のように扱われると、「厚かましい人だ」と思うでしょう。

いわゆる性の生々しい面を見たり感じたりすることは苦手です。

A型は誘われたら断ることはせずに、「とりあえずはお友達だから」という理由でデートはしてくれますが、そこで、自尊心を傷つけるようなことをすると恋人への発展はしないでしょう。下心が見え見えのデートもNGです。

A型は警戒心が強いので、ガードも固いのです。むしろ会社や学校帰りなどで、たまたま一緒になって、「お茶でも飲まない?」と誘われるのが好きでしょう。

食事をするにしても、きちんと順を追って出てくるフルコースの料理を好むところがあります。

恋も手順を踏むのが好きなタイプですから、背景と道具立てがちゃんと整ってからでないと、キスも許さないこともあるでしょう。仮に、ホテルに誘われた時であっても、何か他の名目がないと嫌なのです。

また、A型は計画通りに生活するのが好きなので、スケジュールが変更されるのを極度に嫌がります。

A型女性は、他人の目を気にするので、たくさんの仲間と騒ぐことをあまり楽しいとは思いません。大勢の中で気の利いた冗談も言えず、そしてそういう自分に自己嫌悪を感じてしまうのが特徴なのです。

そのため、A型女性は知的で尊敬できる男性が好きです。また、プライドが高いため、自分以外の女性を見ている相手に対しては、諦めやすいところがあります。

ファッションセンスにもうるさく、センスが悪いものでは逆効果になります。自分の好みや趣味にぴったりのモノだったら、「好みをよく知っていてくれたのね」と思って、プレゼントそのものより、その行為を嬉しく思うことでしょう。

【人づき合い】

たいへん内気なタイプですから、細かいことを気にしすぎてかえって孤立してしまう傾向があります。

誰とも上手くつき合うことができず、自分では意識していないのに、人の好き嫌いが表情や態度に出てしまい、人づき合いそのものを面倒だと感じることがあるかもしれません。

また、自分は誠意を尽くしているのに、相手にわかってもらえなかったり、一生懸命やっているのに、怠けているように思われたりすることがあるかもしれません。

そんなあなたにとって必要なことは、まず明るさを忘れないことです。相手の笑顔を求める前に、自分の方から微笑むことです。

物事を楽観的に見て、ゆったりとした気持ちで人に接していくことがプラスになります。イライラして、ムカムカする時には、鏡で自分の顔を見てみることです。そしてハキハキと明るい笑顔で話すというように話し方を工夫してみるとグッと人づき合いが楽しくなっていきます。

【A型とのつき合い方】

A型の人は、周囲の人にどのように自分が見られているかを気にしやすく、また、そのことに対してとても敏感です。

なにげなく笑って話しているのを見ても、自分の悪口を言われていると誤解してしまうかもしれません。自分がのけものにされることに、普通以上の被害者意識を持つわけです。

仲間を求めていますから、常にグループの輪にいることで安心するタイプです。

A型の人が話す時には周りで明るい雰囲気作りをするとよいでしょう。

学校や会社で決められたことをしっかりと守ろうとしますが、それがかえって、災いしているかもしれません。A型は心を許してフランクなつき合いをするまでに時間がかかりますが、理解し合うと、長くつき合える親友になるでしょう。

特にA型とAB型は、仕事や勉強におけるライバルであり、互いに励まし合っていける友情を結ぶことができるでしょう。

O型

落ち着きはない分
底抜けに明るい

【基本的なタイプ】

O型はとても純粋で魅力に溢れたタイプです。しかも、本当に素直な性格で、あまり小さなことにこだわらず、少年のような感じのする人が多いようです。

本質的には楽天家で、物事の明るい面ばかり見ようとする傾向があります。みんながダメだと諦めてしまうことでも、進んで取り組む勇気があります。

周囲を楽しくさせますから、話しやすく、友達になりたいと思う人も多いかもしれません。

その反面、八方美人になりやすいところがあります。また、ときに「無神経な人」と思われることもあるでしょう。

【ブールデル説】

ブールデルはO型を「メロディ型性格」と呼んでいます。社交性があり、楽天的な判断をし、流行に敏感なタイプです。

どんな環境にでも上手く対応していける適応能力が高いのです。

O型は「風」の要素を持ち、落ち着きのない面がありますが、それ以上に要領良く生きていく人が多いのです。

近くにいるだけで楽しくなり、こちらが嫌な気分でいたとしてもすぐに明るい気分にさせてくれるような人です。

楽天家ですから嫌なことを引きずることなく、顔にも出さないでしょう。幅広く人づき合いをしていける人です。

ただし、気分の良い時は調子も良いのですが、少しでも嫌なことがあるとヘソを曲げてしまうこともあります。気分の上下は激しい方ですから、理由もなく落ち込んだムードになったり、その逆にうるさくなったりします。

ケンカをしても後に残りませんから、一度その性格をつかめばつき合いやすいタイプといえます。

【恋愛】

O型は、デートは「毎週何曜日」など定期的に会うことが好きです。あらかじめ決めておけば、自分の生活リズムに、デートを組み入れておくことができるからです。

自然が好きなO型は緑に囲まれた公園でのデートを喜ぶでしょう。都会よりも、海や山などの自然を好みます。

また、個性的なものが好きですから、ちょっとお茶をするにしても、ユニークなお店を選びたがります。

リーダーシップを取りたがるO型ですから、できれば自分の好きな店で、特別なオーダーで決めてみたいと思っているものです。

グループの中心になりやすいO型は、友達と集まっている時も自分のことばかり話しがちです。これは相手と2人っきりになっても同じです。

また、スキンシップが大好きで、2人で街を歩く時は必ず手をつなぎます。しかし、それは2人だけの時のことです。友達といる時は、相手を無視するような態度になります。これは、O型にとっては、仲間同士の和が最も大切だからです。それに加えて、自分の仲間の前では良いところを見せたい、相手にベタ惚れしている姿を見せたくないという気持ちもあるからです。

O型にとっては2回～3回のデートでは恋人とは認めません。また、いちいち「昨日、一緒にいた人は誰？」などと聞かれることを嫌がります。開放的なO型は、恋に関係なく異性とつき合うのが上手く、それを求めているからです。

男と女の間に友情は生まれにくいとされていますが、O型にはそれができるようです。

O型はプレゼントのやりとりが大好きですから、誕生日や記念日を覚えていてプレゼントをされると、とても喜びます。何を贈ってもオーバーなくらい大喜びするO型ですが、そこに少しロマンチックな演出が加わると、感動はもっと大きくなるでしょう。

【人づき合い】

頼まれたことを嫌と言わず、テキパキと処理し、明るく人懐っこいイメージを与えるタイプです。そのため、誰からも愛され、かわいがられ、少しくらいミスをしても、みんなから大目に見られるはずです。

すべてにおいて、それは人柄の良さのためです。

いつまでも子どものような純真な心でいることで周囲は自然とあなたに声をかけてくれることでしょう。

同僚や年上の人も、まるで妹や弟のように思って大切にしてくれるでしょう。

ただし、頼りすぎと甘えすぎには注意してください。

O型の人の良さは人の嫌がることも、嫌な顔をしないでやっているところが素晴らしいのです。

【O型とのつき合い方】

O型の友人がいると生活が明るくイキイキとしたものになります。特に、A型の人にとっては、O型のものの考え方や生活態度がいろいろな面でプラスになるでしょう。

O型は周りによく適応し、つぎつぎに新しいものに取り組んでいく、進歩的なところがありますが、お互いに仲間意識を強く持ちすぎて失敗することもあります。

O型は、誰とでも上手くつき合っていこうとしますから、自然と友達も多くなります。仲間内でのパーティーや飲み食いが好きです。

ただし、心からのつき合いができず、表面だけの形式的なものになってしまうことが多いかもしれません。

仕事だから話し合うとか、「あまり乗り気はしないけれど」ということになりやすいタイプです。

O型の友人とは1回や2回のつき合いでは友情は生まれません。困ったことがあったり、病気をしたりした時、相談をしてくれるような友人に心を動かされるのがO型です。

B型　積極的だが感情起伏が激しい

【基本的なタイプ】

B型は活発で行動力があるタイプです。考えることより行動することが早く、テキパキしています。こちらが迷っていると、「私に任せて」と、決断してくれる人が多いようです。迷ったり、グズグズしたりすることが大嫌いで、じっとしているよりも動き回ることが大好きな人です。

勝ち気で負けず嫌いな性格ですから、周囲から意見されると途端に機嫌が悪くなります。何事にも自分の思い通りにならないと気が済まないのです。

グループの中心になりたがり、自分を良く見せようと一生懸命になります。プライドが高いので少しでもバカにしたような対応を取ると猛烈に怒り出します。当然、自分の欠点を指摘されるのは大嫌いです。

しかし、こちらが困っていると誰よりも親身になり、優しくなってくれるタイプです。Ｂ型が一番嫌いなのは「優しそうなことを言っていても、本当は不誠実な人」です。そのため、人によって態度が変わる人をＢ型は嫌います。

【ブールデル説】

ブールデルはＢ型を「リズム型性格」と呼んでいます。自分の考え方を進んで周りに押しつけようという積極性を示し、外交的で変化を好み、常に新しいものを求め、枠の中に閉じこもることを嫌います。

Ａ型とＢ型では、感情表現の方法にはっきりとした違いが見られます。その行動の仕方も、喜びと悲しみの表現のスタイルもかなり違っています。

Ｂ型の感情表現は大胆であり、感情のコントロールが悪く、グループの中で目立つ存在であるといえます。このタイプの人は上司からも同僚からも信用され、その仕事ぶりや交際態度が信頼を高めているはずです。

そして意外なことに、この人の礼儀正しさや慎重さが、年齢に比べて安定した人だと思われるかもしれません。

会社のルールを守り、命令されたことは確実にやっていこうという態度が、年上の人や上司からの信頼感を高めていくのです。

【恋愛】

常に誰かが傍にいないと生きていけないように感じるのがB型です。寂しがり屋で、いつも他人から相手にされていたいB型は、電話やメールが大好きです。ただし、生活のペースを乱されるのは嫌なので、自分の都合の良い時にだけ電話やメールをします。

一直線タイプのB型は、恋人と毎日でも会っていたいので、デートから帰ったその夜に電話することもあるでしょう。どんな時でも「傍にいてあげる」と思わせてくれる相手に弱いのです。たとえ、わずかな時間でも会ってくれたり、どうしても会えない時は電話をしてくれたりする、そういう温かさにB型は弱いのです。

B型は社交性があるし、初対面の人にも、どんどん話しかけます。相手がその話題に興味があろうがなかろうが、その反応を気にしません。特に、自分の興味のあることについて話す時には、熱中します。そして何時間でも話し続けることができます。そのため、その話を笑って聞いてくれる人が好きなのです。

嫌いな人からの誘いははっきりと断わるのがB型です。また、デートに誘っておきながら手もにぎってこないような男性を「つまらない人」と思うタイプです。「ただの友達のつもりなのか」と判断してしまうわけです。

他の血液型の場合、「部屋を訪ねてくる男性には下心がある」とか「いやらしい」と思いますが、B型にかぎっては、そう思わない人がいます。

B型は、自分に好意を持っている男性なら、意外な訪問でも歓迎します。しかし、自分の部屋のレイアウトやインテリアにとやかく口を出されると、カチンときます。片づけ方も、乱雑に見えるかもしれませんが、B型は自分なりにお気に入りの片づけ方をして満足しているからです。

B型の女性は、他の人の前で甘えたり甘えられたりするのは喜びません。照れ屋ですから人前でイチャイチャするのは恥ずかしいのです。しかし、2人だけになれば、相手のどんな甘え方も許すでしょうし、自分も相手に甘えてきます。

【人づき合い】

B型には人と妥協しない頑固なところがあります。ありきたりな考えや、行動をしたりすることが、つまらなく思えたりします。そして、間違ったことのできない正義派です。

潔癖で、自分から頭を下げることはしないでしょう。そのため、あなたを理解してくれる人には認められますが、あなたを嫌う人からは、徹底的に嫌がられることがあります。

上司が替わったり、職場が変わったりする時、あなたの不満が高まることもあります。

あなたに求められるのは、「自分以外にもいろんな考え方をする人がいる」ということを、まず理解しようとすることです。自分の考えを相手に押しつけようとするとか、あまり堅苦しく思いつめてしまうのはマイナスです。

つまらないと思っても人の話にまず耳を傾けてみることです。つまり、上手な聞き役になる楽しさを発見してみるのです。趣味の会やスポーツを通じて、多くの人とつき合ってみることも自分の視野を広げるのに役立つでしょう。

【B型とのつき合い方】

ときどき大ゲンカをして、「もっとこちらの気持ちがわかってくれたら」と思われることが多いのがB型の特徴です。B型以外の人たちは、はじめからB型の人の考えがよく理解できず、変わった人だと思ってしまうのです。

B型は、絶対に自分を人に合わせようとしません。自分を認めてもらいたい、また認めてもらえるはずだと思っている自信家です。ですからつき合っていくには、まずその人の素晴らしさを知ることです。自分にはないものをB型の友人の中に発見することで友情が生まれます。勉強や研究会、音楽、絵画などを通じて友達になっていくのも、B型の友人です。B型の個性に驚き、教えられることも多いはずです。

AB型 ユニークで複雑な性格の持ち主

【基本的なタイプ】

性格的にもたいへんユニークで、自分でも自分の性格がよくつかめないところがあるのかもしれません。

独創的な考えを持っていますので、現在のような複雑な高度情報化社会においては、力を発揮している人も多数見られます。

類型化するのが最も難しい血液型ですので、その特徴にバラつきが多く、はっきりとした傾向が表れてこないのが、ある意味、特徴なのかもしれません。

【ブールデル説】

ブールデルはAB型を「複雑型性格」と呼んでいます。疑いやすく、几帳面なところがありますが、決断するのに時間がかかり、グズグズと迷いやすいところもあります。A型的特徴を持ちながら、B型的な傾向も示しているのです。

【恋愛】

AB型は相手のペースに合わせるのが上手く、聞き上手という点では一番かもしれません。

しかし理性的なのでウソは大嫌いです。また、批判精神に富んでいますので、自慢話も嫌がるでしょう。ざっくばらんな会話が好きなのです。

大きな特徴としては、スキンシップを好まないことです。部屋で2人だけでいたとしても、ベタベタした感情むき出しの甘えは生理的に受けつけないでしょう。

AB型は「好き」と言われるのさえ、避けたがるところがあります。また、甘えたり、甘えられたりすることも好みません。やたらに甘えるのは、動物的本能の現れであって、その動物的本能自体が嫌だからです。

いくら親しい人からでも、「声が聞きたかったから電話した」と言われると返事に困ってしまうのがAB型です。だからこそ、「愛している」とか「好きだ」などと直接的な表現でささやかれるのが苦手です。

プライバシーに敏感ですから、自分の城を簡単には見せたがりません。センスにうるさい人ですから、自分の部屋も1つの美学で構築します。しかも、その雰囲気に絶対の自信を持っています。そのため、心を許さないと自分の城も見せないのです。

恋人とベタベタしたつき合いよりも、気心の知れた数人での会話を楽しむ傾向が強いでしょう。その場の雰囲気に合わせて上手にやりとりできる社交家ですから、恋人の友達を紹介されてもすぐに打ち解けることができます。自分の友人を恋人が気に入ってくれる場合、とても嬉しく思いますし、反対に友達が自分の恋人を素敵だと言ってくれることも喜びます。これは、両方に自分の趣味の良さを認められたからです。

AB型は自分を冷静な目で見るせいか、センスの良い人が多いのも特徴です。着たいものを着るのではなく、自分に似合うものを着るという傾向が強いでしょう。

デートするなら、センスの良い店に誘われるのを他のどの血液型の人より喜びます。態度はクールなのですが心の中ではとても喜ぶはずです。

あまり混んでいる店や人混みだとよけいな気を使わなければならないので好まないでしょう。

自分の感覚を大事にしますから、プレゼントされるのは嫌いではありませんが、むしろプレゼントする方が好きです。これは、自分の好きなものだけを自分の周りにおいておきたいと考えているからです。

しかし、相手のペースに合わせたため、プレゼントを受け取った時、たとえ気に入らないセンスのものでも、喜んだフリをします。

AB型は自分が得意なことを頼まれることが好きです。頼まれれば嫌と言えませんから、さんざん苦労した挙げ句、ついにできないとなると「自分はダメなんだ」と落ち込みます。しかも落ち込んだ姿を他人には見せたくないのです。

その点、自分の得意なことを頼まれると喜ぶのです。自分の客観性と合理性を発揮できるような理路整然とした考えを聞かれるのが好きなのです。

【人づき合い】

AB型は人づき合いをわりきって考えていくことが上手いタイプです。少しくらい嫌なことでも、仕事のためなら我慢しようとしますし、他人と合わせていく順応性に優れています。

年上の人や上役の気持ちをよく考え、相手に嫌われるようなことは、決してしない人です。

ただし、自分から進んで人と合わせていこうというのではなく、「仕事のため」ということで妥協する合理主義者です。どうしても嫌なことは「ノー」と言う一面も持っています。

注意しなければならないことは、上司や同僚とは上手く合わせていけても、本当に好きな人や愛する人が同じ職場に現れた時には、なかなか本心が相手に伝わらないという点です。

AB型の人にとっては、ときには自分の好き嫌いをはっきり示していくことも大切です。仕事と私生活をはっきり区別し、本心をさらけ出すべき人には、本当の自分らしさを示していくことが必要なのです

【AB型とのつき合い方】

AB型の性格はA型やB型、O型のどの性格も、少しずつ採り入れているといった複雑な性格だといわれています。

確かにAB型の人は、AB型以外の人にとっては、わかるようでわからない、つかみどころのない性格の人であることが多いでしょう。「私と似ている」と思う時があるかと思うと、「まるで違う」と感じてしまう時もあると思います。

すぐ友達になってくれますが、気が変わって冷たくなるとか、ケンカ別れしてしまうということも多いようです。

それなのに、AB型の友人とは、久しぶりに再会したり顔を合わせたりすると、とても親しみを感じます。こちらが忘れてしまったことでも、よく記憶していて、最も懐かしく感じる友人になるのがAB型といえます。思い出を大切にしていれば、上手くいくのがAB型です。

参考文献

（すべて浅野八郎・著）
『手相術〜自分で、自分の成功が予知できるか〜』（光文社）
『相性心理テスト　あなたの人生を明るくする本』（池田書店）
『彼と彼女の性の潜在意識をえぐる！　ＳＥＸ心理度テスト』（池田書店）
『敵を知り、おのれを知れば……55のカギ　人間心理テスト』（池田書店）
『愛と欲望とタイプを解き明かす不思議なテスト　心理テスト』（池田書店）
『相手の秘密をさぐり出すチャート心理学　あなたは心理学者』（青春出版社）
『ホントの自分にビクッドキッ！　浅野八郎のおもしろ心理テスト　Part ２』（日東書院）
『知らなかったもう一人の自分にびっくり！　浅野八郎のおもしろ心理テスト Part ３』（日東書院）
『ギャンブル適性テスト』（東京スポーツ新聞社）
『あなたを心理分析する　性格テスト』（河出書房新社）
『ホントウの自分・相手のホンネが読みとれる！　おもしろ心理ゲーム55』（日本実業出版社）
『目の前の相手の心理を見ぬく法』（日本実業出版社）
『一瞬で相手の心を透視できるフェイス・リーディング』（実業之日本社）
『浅野八郎の【秘伝】占い全書７　フランス式血液型診断〜もっといい人間関係のために〜』（ＫＫ ベストセラーズ）
『浅野八郎の【秘伝】占い全書３　西洋占星術〜あなたの明日を決める〜』（ＫＫ ベストセラーズ）
『いま世界で大流行の　人間テスト』（ＫＫベストセラーズ）
『ひとり占い〜愛情ズバリ60秒判断術〜』（廣済堂出版）
『ひとり占い　第４集〜人相鑑定編〜』（廣済堂出版）
『相手のココロがよくわかる　60秒心理ゲーム』（廣済堂出版）
『絵とき　占い全書』（ナツメ社）
『手相診断』（説話社）
『「カバラ」占いの書』（説話社）

おわりに

「占い」や「心理テスト」というと、「日本人は好きだよね」と思われる方が多いかもしれませんが、そうではありません。日本人だけではなく、アメリカ人も中国人もインド人だって占いは好きです。

占いの歴史は古く、聖書でも占星術師の話は出てきますし、紀元前数千年前の古代エジプトにおいても占いは「明日を知るためのツール」として活用されていたのです。

私は、占いは人間が存在するかぎりなくならないものだと思っています。なぜなら、人はこれから先に何が起こるのかを常に知りたいという生き物だからです。もう少し砕けた言い方をするのならば、人は謎っぽいものを求めずにはいられないのです。

そして、もっと踏み込んで言うならば、占いは常に私たちと関わりを持っています。「占いなんて信じません」という人であっても、おみくじはごく普通に引くでしょうし、日取りなどを気にするはずです。仏滅には結婚式を挙げるのを避けて、友引には葬儀は執り行わないのです。もちろん、「そんなことを気にするわけがない」という人もいるでしょうが、実際に行うのはかなり大変かもしれません。なぜなら、例えば葬儀業界では友引は（葬儀がないものと考えているため）お休みとなるケースが多いからです。

このように、その人が信じる・信じないに関わらず、影響を与えているのです。その一方で、占いを無条件に信じすぎてしまうがゆえに起こる問題というものもあります。私が占いに対するスタンスは「明日を信じ、今日を生きるための道具」です。信じすぎないことです。これは何事に対してもいえることでしょう。「過ぎたるは及ばざるがごとし」なのです。

プラス思考で生きるために、決してネガティブな感情だけにとらわれることがないように、本書に記されている私の半世紀に及ぶ研究の成果と私の思いを感じていただければ、筆者としてこれに勝る喜びはありません。

２０１３年７月　浅野八郎

本書は参考文献に挙げております、浅野八郎の著作物の一部を加筆・修正して再編集したものです。

浅野八郎
（あさの　はちろう）

1931年6月18日、名古屋生まれ。早稲田大学卒業後、同大学院よりフランスに留学。以後、人間心理学とパーソナリティーの研究を続ける。帰国後、1962年に『手相術』を発表し、大ベストセラーとなる。1964年に全米各地で講演活動を行い、"Face Never Lie"を、1986年に"Hands"を出版し、ニューヨークアカデミー・アクティヴ会員に選出される。心理学、西洋占星術など、すべての占いに関して造詣が深く欧米にも信奉者が多い。日本占術協会会長。国際予想科学協会会長。アメリカ人間心理学会員。ニューヨーク科学アカデミー国際会員。
浅野八郎オフィシャルサイト＜ http://www.asano-8.jp/ ＞
携帯サイト「浅野八郎縁結びの神様」＜ http://enmusu.jp/book ＞
携帯サイト「浅野八郎姓名判断」＜ http://rt.nepro.net/254 ＞

浅野八郎《あさのはちろう》の占《うらな》い心理学大全《しんりがくたいぜん》

発行日　2013年9月20日　初版発行
著　者　浅野八郎
発行者　酒井文人
発行所　株式会社説話社
〒169-8077 東京都新宿区西早稲田 1-1-6
電話／03-3204-8288（販売）03-3204-5185（編集）
振替口座／00160-8-69378
URL http://www.setsuwasha.com

イラスト・デザイン　市川さとみ
編集担当　高木利幸

印刷・製本　株式会社平河工業社

ISBN 978-4-906828-02-9 C2011